Yakkun Nattannawā
by John Callaway

Orie

* O

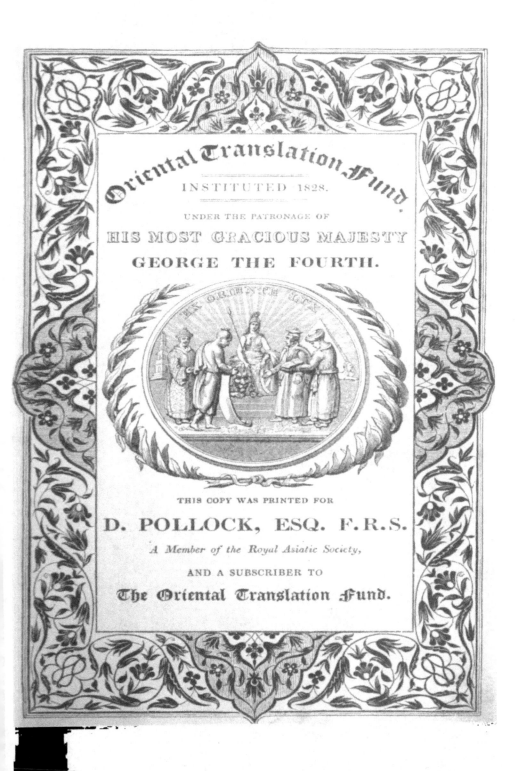

Oriental Translation Fund.

INSTITUTED 1828.

UNDER THE PATRONAGE OF

HIS MOST GRACIOUS MAJESTY

GEORGE THE FOURTH.

THIS COPY WAS PRINTED FOR

D. POLLOCK, ESQ. F.R.S.

A Member of the Royal Asiatic Society,

AND A SUBSCRIBER TO

The Oriental Translation Fund.

YAKKUN NATTANNAWĀ:

A CINGALESE POEM,

DESCRIPTIVE OF THE CEYLON SYSTEM OF DEMONOLOGY;

TO WHICH IS APPENDED,

THE PRACTICES OF A CAPUA OR DEVIL PRIEST,

AS DESCRIBED BY A BUDHIST:

AND

KÓLAN NATTANNAWĀ:

A CINGALESE POEM,

DESCRIPTIVE OF THE CHARACTERS ASSUMED BY NATIVES OF
CEYLON IN A MASQUERADE.

TRANSLATED BY JOHN CALLAWAY,

LATE MISSIONARY IN CEYLON; AND MEMBER OF THE
ORIENTAL TRANSLATION FUND.

ILLUSTRATED WITH PLATES FROM CINGALESE DESIGNS.

LONDON:

PRINTED FOR THE ORIENTAL TRANSLATION FUND,
BY A. J. VALPY, RED LION COURT, FLEET STREET.
SOLD BY J. MURRAY, ALBEMARLE STREET;
AND PARBURY, ALLEN, & CO., LEADENHALL STREET.
1829.

ADVERTISEMENT.

THE Yakkun Nattannawā was translated by way of ascertaining the sentiments and usages of the Cingalese in their system of demonology; and is submitted to the public in order to promote correct views on the subject, and to stimulate to missionary exertion. The Translator gratefully acknowledges the liberality of the *Oriental Translation Committee*, to whom this and the following poem were presented as an expression of interest in their proceedings, and under whose auspices they now appear.

Prevalent as *devil-worship* is among Brahminists and Budhists, it should be distinguished from *planet-worship* and *masquerades*. The ceremonies and songs relating to the former are contained in a large volume, in which directions are given for worshipping the planets, the Zodiac, and five thousand five hundred stars. That system pretends to avert the influence of the planets as indicated by astrology; and is called *Bali Arinnawā*. They are represented by figures in relievo, mostly in the human form, wrought in a striking manner on a screen of split bamboo ten or twelve feet square. Before this scenery songs

b

are chanted, and ceremonies performed, on behalf of a sick person, or any one desirous of planetary favour. Happily, the history and doctrine of Budhism are popularly illustrated by Mr. Upham in his valuable work on that subject; in which also are Notices of the Capuism or Demon-worship, and of the Bali or planetary incantations of Ceylon; embellished with forty-three lithographic prints from original Cingalese designs. The contents are founded principally on manuscripts and drawings in the collection of Sir Alexander Johnston, late President of His Majesty's Council and Chief Justice of Ceylon, to whom the volume is handsomely dedicated, whose interest in every thing connected with Oriental literature cannot be estimated too highly, and whose plan for the emancipation of slaves in that island deserves universal adoption. Seldom do we observe an inquiry so abstruse, antique, and multifarious, conducted with such acuteness and judgment. The reader will find himself entertained and instructed in the most delightful manner, and rise from the perusal of the work with quickened sympathy for the miseries of the three hundred millions who follow such awful delusions, and renewed thankfulness for the blessings of the Christian revelation.

Necromancy is professed in Ceylon, by persons called *Yakka Duro*, or devil-dancers. They provide the people with charms consisting of incantations written on a piece of *Ola*, or palm-leaf, which is afterwards rolled up and fastened to the arm. They are openly worn by all classes; and some are so superstitious as to have ten or twenty of these amulets about them at once.

Devil-worship seems not sanctioned by Budhist books, but it

is now so generally associated with Budhism, as almost in some places to threaten its supercedure. The rewards and punishments of transmigration are uncertain and remote,—those of demonology are immediate, and apparently within the scope of popular observation. The *Capua* pretends to inflict, continue, or remove bodily pain; and the bondage in which the people are held by these impostors is almost incredible. In a time of general sickness they have full employment. A series of pictures would be necessary to afford any thing like adequate ideas of the hideous figures done in relievo, on frames of different sizes, and glaringly painted; and the masks worn on different occasions by the dancer.* Impressions made by such objects affect the minds of the people with terror. Hence their dread of beholding spectres and devils, and their marvellous stories of haunted habitations. Even the Budhist priests appear so much governed by the popular superstition as to have, in some cases, dances performed for themselves; and to suffer a house for offerings to devils to be erected contiguous to a temple.

The worship of malevolent beings appears equally prevalent among the votaries of the Brahminical superstition. The Abbé Dubois on this point observes: "In many parts we meet with temples specially devoted to the worship of wicked spirits. There are districts also in which it almost exclusively predominates. Such is that long chain of mountains which extend on the west of Mysore, where the greater part of the inha-

---

* These are depicted and described in Mr. Upham's Illustration of Budhism just referred to. The plates of Bali and of demons are from No. 28 to 43.

bitants practise no other worship but that of the devil. Every house and each family has its own particular Bhuta, who stands for its tutelary god, and to whom daily prayers and propitiatory sacrifices are offered, not only to incline him to withhold his own machinations, but to defend them from the evils which the Bhutas of their neighbours or enemies might inflict. In those parts the image of the demon is every where seen, represented in a hideous form, and often by a shapeless stone. Each of these fiends has his particular name; and some, who are more powerful and atrocious than others, are preferred in the same proportion." *

The *Practices of a Capua* annexed to this translation, is a longer poem than the Cingalese often compose in modern times. It affords a gratifying display of zeal on the part of a heathen against demon-worship; and in a striking manner exposes the impositions of a class of men of boundless influence. It was written by an inhabitant of Matura, and transcribed by request. In that province, Budhism, planet and demon worship were often witnessed by the translator with painful feelings. But there he saw the priest lay aside his robe, the Capua abandon his incantations, listen to the truths of Christianity, and betake himself to trade. There and in other districts of Ceylon, many adults and numbers of native youth have renounced idolatry, and read the Holy Scriptures instead of fabulous legends, while advancing in life a credit to the Christian profession.

In *masquerades* the natives take much delight. Amusement is their ostensible object; but indelible impressions in favour of

* Mœurs, Institutions, et Cérémonies des Peuples de l'Inde. Tome ii. 441.

the most degrading form of idolatry are likely to be produced
on the youthful mind by their exhibition. This is painfully
evident from the translation of their *Kŏlan Nattannawā*. It
affords no very exalted ideas of heathen taste; while the fre-
quent introduction of malignant fiends shows how familiar
must be the minds of the people, even in their recreations, with
images of the most terrific order.

The natives enumerate no less than sixteen different performances of the masquerade kind; and if translations of
the books describing them were made, and accompanied by
sketches of the masks, they would much interest the general
reader, and afford a missionary to Ceylon a fruitful source of
the ideas current among the people. A regular masquerade is
said to begin with the night, and to end with the dawn. A tong-
tong beater in the court attached to the house announces that
the maskers are come, and that the people must be ready to
witness the performance. After reading the prologue, the actors
advance, while two chanters, accompanied by torches, stand up,
and, as the performers act their respective parts, repeat the
legend by chanting alternately two verses each.

Influenced by common propriety, one is surprised at the
perverted taste which could introduce one of the concluding
parts into a piece like this;—but in the present case, it seems
purposely done for the satisfaction of the pregnant queen.
This, however, is delicacy itself compared with objects beheld
daily by natives of India from infancy to hoary age, and with
"descriptions in books put into the hands of children when
learning to read, as if they deliberately intended to lay the basis
of a dissolute education."

When engaged in this work, accompanied by Don Nicholas Perera,—whose assistance is gratefully acknowledged,—the Translator repeatedly visited the chief of the Galle tong-tong beaters at Tallapittea, for the purpose of sketching the masks alluded to in this poem. The old man showed chests full of masks of various kinds, and readily produced the ones inquired for. They were of beautiful workmanship, and brilliantly coloured. A few of them were sketched by way of specimen, and accompany the translation. On inquiring after masks used in devil-worship, he disclaimed all concern in such employments.

The structure of the verse, and of Cingalese versification generally, reminds one of Bishop Lowth's remarks on Hebrew poetry. It is disposed into stanzas of four lines, each ending with the same *letter*, but with little regard to rhyme. The words are written without spaces between them, in conformity with native usage in verse and prose. The commencement of the Kōlan Nattannawā in Cingalese characters is given as a specimen. Some stanzas are formed of lines double the length of others. Nothing further in translating is attempted, than to give the sense with as much perspicuity as the idioms of the two languages will admit. A very few lines are omitted for their grossness or obscurity.

The *Drawings* are selected from a collection formed without reference to these poems, or any view of publication. They agree in substance with the descriptions they accompany; but a slight variation in posture or costume does not affect the identity of the personage.

Great attention has been bestowed on the mysteries and other representations of the middle ages; and romances illus-

trative of the period of chivalry are among the most popular of
the day, though relating to principles no longer tenable, and
customs long since obsolete. It is observed, that though ancient
opinions may be revived, an exploded superstition never regains
its credit. The Greek and Roman mythology, though embellished with all the beauties of literature, and supported by the
influence of government, has fallen to rise no more. An attempt,
therefore, to unfold usages of the most extensive influence and
pernicious tendency, which by multitudes of our fellow men are
still followed with avidity, will be viewed with equal interest
and candour by all who have at heart the illumination of the
world; and may contribute to the downfall of heathenism,
which, according to past example and the voice of prophecy, is
destined, when prostrate, to lie in ruins for ever.

Launceston, 30th June, 1829.

YAKKUN NATTANNAWĀ.

1. TO the supreme *Budha* named *Lowtura*, and to his doctrines and priests, I make obeisance.

2. The greater One is God! The goddesses named *Pattinees* will ever protect us, and all men. By success, the goddess *Pattinee* is equal to the goddess *Omawanganawa*.

3. Her beauty shows her forgiving temper. O blessed goddess *Pattinee*,* forgive us, if thou beholdest any offence in us!

4. In the island of *Black Marble*, beyond the Seven Seas, a golden palace was erected.

5. The Queen that was in the palace, named *Karandoo Bānā*, or the *Fishing Baskets*, conceived; and, ten months after, brought forth a son.

6. Seven months after the birth of the child, they gave it food; and named it, the *Great Black God*.

7. He grew from day to day; he shone like the full moon; and, accompanied by the god *Riddee*, reconnoitred every place.

8. He received power from the god *Riddee*, and came to the world of men, and caused the people of the world to be sick.

9. He received authority from four temples to accept offerings. Through the power of gods he received permission to obtain offerings.

10. He always walks and plays in the midst of the

* See the accompanying plate of the goddess Pattinee.

Seven Seas by the power of *Riddee*. From the influence he received at three different times, he causeth the people who behold him to be sick; he having pleasantly descended into seven lakes, his hair being purified with lemon-juice, and his person decorated. O thou *Great Black God*, take away the sickness of this person!

11. He was conceived in the pure womb of *Karandoo Bānā*; and was born with influence and power after the expiration of ten months. Having discovered a lucky time, they gave him food in the seventh month. From thence the name of this great prince was, the *Great Black God*.

12. He walks and plays with the four queens of the four banks. He seizes men, and terrifies them with devilish fear, causing them to be sick. We have accordingly dressed sweetmeats, and presented them without any mistake in the articles. O thou *Great Black God*, bless and preserve this person!

13. There is no other god besides thee in the midst of the sixteen hundred queens. Thou seizest men, and causest them to be sick by placing them in solitude. We have accordingly prepared sweetmeats, and offered them to thee without any mistake. O thou *Great Black God*, preserve the sick person by cheering him!

14. In the place of water, and the burying-place, having prepared and garnished them by tying five sorts of clusters, and five sorts of flowers, and made five standings, and placed upon them four meat-offerings of five tastes,—make the offering to the *Black Devil* with due consideration.

15. Make four seats in the four corners. In the middle bed, offer beetle-leaves—make the undressed

offerings burn and smell with charcoal, and describe the five persons severally.

16. He received permission from sixteen hundred queens ; he has a black turban on his head ; he has four arms ; a sword in one hand, and a shield on the other. A mask was fastened to his head in order to make sixteen faces, like those of a tiger and deer.

17. Having held a great elephant with his two hands and head, he sucked its blood with his mouth, and covered the whole body with the entrails. He is dressed in black habiliments, having a picture of the black devil for a vestment, and rides on a bullock.

18. His whole body is black, and he rides on a black bullock. The breast also is black, and a demon is in it. In his left-hand is a pool of blood and white food. May the sickness caused by the *Black Prince* be taken away this day !

19. He is dressed with golden chains ; he looks always upon this world, observing the manners. He loves the smell of the flowers. Thou *Black Devil*, see the light of the candle this night !

20. Thou continually livest in the temple *Maya*. Thy power exists from a thousand periods. Now hear my supplications ! O thou *Black Devil*, come out from the said temple *Maya*.

21. Thou livest continually in the streams and in drains ; thou dearly lovest white and clean things. Thou livest in every place by observing. Come thou *Black Devil* out of the lake called *Rellipatan*.

22. Thou hast taken a false form. If he take the bow into his hand, he will shoot and kill. He will also drive away and chastise the devils.—The sickness caused by the good and *Black Prince* he will take away.

23. Thou didst come in that day like a royal mes-

senger, and pretend to sovereignty. Thou didst spring in that day from the rock in the foul water, through the power and by the authority of the *White Prince*.

24. The *Black Female Devil*, who dwells under the rocks and stones of the Black Sea, looks upon this world, and having seen the infants, causes them to be sick. Come thou *Black Female Devil* upon this stage!

25. Make decorations carefully, and tie an arch with plantain-leaves, trees resembling a dressing ornament of the Malabar women. Thou playful *Black Princess*,* take away the sickness which thou hast caused, by accepting the offerings without being ashamed.

26. Thou *female Devil*, who acceptest the offerings at the place where three ways meet, thou causest the people to be sick by looking upon them at the place where four ways join together. Take away the dreadful sickness and grievances which have been so violent. O come now thou great *Black Female Devil* to the performance and offerings!

27. The streets of *Black Sāmy* will appear, and the pools will appear contiguous to the streets. She will come after having played in the water of the seven pools. O thou *Black Sāmy*, take away the sickness thou hast caused!

28. The cloths shine in which she was dressed. The sick person has no [refreshing] sleep by night by reason of dreams. She dresses with chaplets of flowers. Come, thou *giddy-brained Queen!*

29. The cloth is put on with trimming. The hair is tied with a garland. Sugar, jaggery, and the juice of sugar-cane are fully prepared. Why does not *Black Sāmy* come to-day?

* See the accompanying plate of the **Black Princely Devil.**

30. Having previously seen the power of *Budha*, he frightens the people a great way off by looking at them. Come, thou *sanguinary Devil*, through the power of the god *Saman*.

31. *Saman* previously received power from seers and from *Maha Bamboo*. All the devils received power from every god. Come, thou *Devil*,—but you have no permission to touch the neck.

32. As it was said formerly by *Budha* in his doctrine, and as power was given by *Maha Bamboo* over the golden breast, you have power to play on my heart. Come thou to my breast for sanguinary play.

33. The god called *Mangirre* will appear at a distance like a flash of lightning. He has already shown his strength. Come, thou *furious Devil*, who art playing and standing in the air at the height of twenty-eight miles. Come and accept me.

34. He plays in the pool of blood. He loves the blood, and the smell of food made by burning. Accept thou the offerings made with fried fish, and take away the sickness which thou hast caused. O, befriend me, thou *blood-thirsty Devil*.

35. Here are incisions full of blood in my breast. Look upon the fowl in the left-hand—accept the boiled rice or the meat-offering which is on my breast. Come, thou *sanguinary Devil*, I will prepare and give thee the blood on my breast.

36. Thou standest afar off—thou lookest and meditatest. The friends and all the retinue of the devil are gathered together by themselves. Without fear, accept the offerings prepared. Come thou, I will give thee blood by lacerating my throat.

37. Thou standest playing in the shade of the tree called *Dombey*. Take away the sickness which thou hast inflicted on this person. Thou art fond of incense

and fragrant flowers in the evening. Look upon the fowl which is called a two-footed victim.

38. Thou standest constantly in the western corner. Thy hair is curled, and thy teeth project beyond the gum.   Accept these offerings which belong to thee, and take away the grievances of this sick person who belongs to me.

39. Thou dwellest in the house, and playest in the laundry. Thou causest the burning colic, and inflation of bowels.   Accept the meat-offerings, and the offerings made with reddish boiled rice, and prepared in the shade of the tree *Dombey*.

40. I fast under the tree of flowers, and bathe in a pool. He cried and called out a great deal in the evening, and in the morning. He watches travellers by night in the road. Accept the offerings, thou *violent Devil*, after this manner !

41. Take sandal, flowers, beetle-leaves, flesh of aquatic and land animals, and offer, after preparing a meat-offering, with reddish boiled rice. Lay round about this offering the blood and flesh scented by burning. O, accept the offerings !

42. Thou dwellest in the continent of blood. Thou art satisfied with blood and scented meat-offerings. Come, thou *sanguinary Devil*, at the sixth hour. Come, thou *fierce Devil*, upon this stage, and accept the offerings made to thee !

43. The *ferocious Devil* seems to be coming measuring the ground by the length of his feet, and giving warnings of his approach by throwing stones and sand round about. He looks upon the meat-offering which is kneaded with blood and boiled rice.

44. He stands there and plays in the shade of the tree called *Demby*. He removes the sickness of the person which he caused. He will accept the offerings

prepared with blood, odour, and reddish boiled rice. Prepare these offerings in the shade of the *Demby* tree.

45. Make a female figure of the *planets* with a monkey's face, and its body the colour of gold. Offer four offerings in the four corners. In the left corner, place some blood, and for victims a fowl and a goat. In the evening, place the scene representing the planets on the high ground.

46. The face resembles a monkey's face, and the head is the colour of gold. The head is redish, and the bunch of hair is black and tied. He holds blood in the left-hand, and rides on a bullock. After this manner make the sanguinary figure of the planets.

47. Put plenty of blood in the left-hand. Make the right-hand to lay on the effigies of planets. Make a high footstool for it to stand upon; and give the offerings of the ferocious spectre after this manner.

48. The fierce and wanton devil will bless every day. He has a golden rope, and a goad in his hands. He walks for pleasure, and blows flutes. He deceives the people by looking upon them and making noises.

49. In that day, thirty thousand devils obtained permission from the ancient and former king; and much influence for taking pleasure; who were conceived in the womb of the woman called *Peddooma*, and were born in the afternoon of the first Sunday of January.

50. On the day the devil called *Maha-Sohon** came into this world to dwell, he showed many wonders. He fell into the water—the depth of it was eighty cubits, and he swam, and came again out of the said water. According to the preached doctrine of *Budha*, there is not a devil equal to thee in this world. O thou great

* See the accompanying plate of Maha Sohon.

devil *Maha-Sohon*, preserve these sick persons without delay !

51. On the way, as he was going, by supernatural power he made a great noise. He fought with the form of *Wessamoony,*⁕ and wounded his head. The planet *Saturn* saw a wolf in the midst of the forest, and broke his neck. The *Wessamoony* gave permission to the great devil called *Maha-Sohon*.

52. O thou great devil *Maha-Sohon*, take away these sicknesses by accepting the offerings made frequently to thee.—The qualities of this devil are these : He stretches his long chin, and opens wide his mouth like a cavern : he bears a spear in his right-hand, and grasps a great and strong elephant with his left-hand. He is watching and expecting to drink the blood of the elephant in the place where the two and three roads meet together.

53. Influenced by supernatural power, he entered the body of the princess called *Godimbera*. He caused her to be sick with severe trembling sickness. Come thou poor and powerless devil *Maha-Sohon* to fight with me, and leave the princess, if thou hast sufficient strength.

54. On hearing these sayings, he left her, and made himself like a blue cloud, and violently covered his whole body with flames of fire. Furiously staring with his eyes, he said, " Art thou come, blockhead, to fight with me who was born in the world of men ? I will take you by the legs, and dash you upon the great rock *Maha-meru*, and quickly bring you to nothing."

55. Thou wast born on Sunday, the first day of the month, and didst receive permission from the *King of Death*, and didst brandish a sword like a plantain-leaf.

⁕ See the accompanying plate of Wessamoony.

Thou comest down at half-past seven, to accept the offerings made to thee.

56. If the devil *Maha-Sohon* cause the chin-cough, leanness of the body, thirst, madness, and mad babblings, he will come down at half-past seven, and accept the offerings made to him.

57. These are the marks of the devil *Maha-Sohon* : three marks on the head, one mark on the eye-brow and on the temple; three marks on the belly, a shining moon on the thigh, a lighted torch on the head, an offering and a flower on the breast. The chief god of the burying-place will say, May you live long!

58. Make the figure of the *planets* called the emblem of the *great burying-place*, as follows : a spear grasped by the right-hand, an elephant's figure in the left-hand, and in the act of drinking the blood of the elephant by bruising its proboscis.

59. Tip the point of the spear in the hand with blood, pointed towards the elephant's face in the left-hand. These effigies and offerings take and offer in the burying-place,—discerning well the sickness by means of the devil-dancer.

60. Make a figure of the *wolf* with a large breast, full of hairs on the body, and with long teeth separated from each other. The effigy of the *Maha-Sohon* was made formerly so.

61. These are the sicknesses which the great devil causes by living among the tombs : chin-cough, itching of the body, disorders in the bowels ; windy complaints, dropsy, leanness of the body, weakness and consumptions.

62. He walks on high upon the lofty stones. He walks on the ground where three ways meet. Therefore go not in the roads by night : if you do so, you must not expect to escape with your life.

63. Make two figures of a goose, one on each side. Make a lion and a dog to stand at the left-leg, bearing four drinking-cups on four paws—and make a moon's image, and put it in the burying-place.

64. Comb the hair, and tie up a large bunch with a black string. Put round the neck a cobra-capelle, and dress him in the garments by making nine folds round the waist. He stands on a rock eating men's flesh. The persons that were possessed with devils are put in the burying-place.

65. Put a corpse at the feet, taking out the intestines through the mouth. The principal thing for this country and for the Cingalese, is the worship of the planets. This custom prevails in the world, and is appointed to mankind as a painful duty. The representation of the planets in the burying-place has been made from the beginning.

66. Make seven sorts of cake of a red colour. Take the flesh of land and aquatic animals, and odoriferous meat-offerings. Put these offerings in a pot, and cover it with a black cloth. Thou devil *Oddy,** look upon these offerings now, and recognise these signs!

67. Put the land-turtle's shell in a buffalo's horn, and fasten it with the clay used in the blacksmith's forge. The devil *Oddy* is watching at the roads by opening wide his mouth and doing mischief. He stands where three ways meet. Therefore understand, you that perform the ceremony dexterously, that the said enchantments are buried in one of these roads. O thou powerful devil *Oddy*, cure this sickness speedily!

68. Scatter black sand, and offer camphor, sandal, flowers, beetle-leaves, and all sorts of fragrance. Accept the various offerings by looking at the lights of the

---

* See the accompanying plate of Sooniyan Yakshaya, or Oddy.

candle, and inquiring every where. Take away these sicknesses, namely, swelling, fever, and head-ache. O thou devil *Oddy*, heal this sick person to-day, and bless him!

69. Make offerings with mustard, and two sorts of grain called *telle* and *mun*, and grain burst by parching; also flesh of land and aquatic animals. Prepare and offer the meat-offerings with reddish, green, yellow, black, and white boiled rice, and with cow butter. Tie up two arches with plantain-leaves on both sides, and tie up a black cloth above. Reserve a fowl for a victim for the devil *Oddy*, in order to heal the sickness.

70. The following sicknesses the devil *Oddy* will take away, and confer blessing and preservation, namely, inflammation of the bowels, phlegm, coughing, consumption, asthma, pain in the lungs and gall, pain in the breast, vomiting, and all manner of other diseases, especially such as are attended with loss of appetite.

71. O thou devil *Oddy*, who hast devilish power, take away the following sicknesses, namely, dreadful dreams, appearances by night of bullocks, wolves, and swine; cold, fever, coughing, phlegm, colic, pains of the legs, burning of the whole body, and inflammation of the breast.

72. Make the top like a turret, and prepare racks with the wood called *Ruckattene*. Make two arches at the two sides, and tie up seven logs for the footstools. Offer the five different colours of boiled rice and cakes by putting them into a pan. Thou devil *Oddy*, heal this sickness by looking upon these boiled rice offerings!

73. The goddess called *Thackery*, and the goddess called *Mackery*, are standing to the right-hand. The goddess called *Yame-dooty*, and the goddess called *Kalle-*

raksy, are standing to the left-hand.   Accept these offerings in this manner with these four females.   O thou powerful devil *Oddy,* heal this sickness immediately !

74. Thou devil *Oddy,* take away the following sicknesses of this person, and preserve and bless him : the phlegm that is brought on by the wind, pains of the body, fearful madness, bad temper, inflammation of the bowels, dreadful appearances, cold, fever, and all manner of diseases.

75. Thou devil *Oddy* dwellest in the desolate temples, and in solitary rest-houses, and art constantly swearing. Thou observest the places where great noises are made, and quarrelings and disputations.   Thou art fond of fish, boiled rice, high-seasoned offerings and sandal smell. Thou friend, thou devil *Oddy,* heal this sickness immediately !

76. The boils that were in the whole body are become offensive ; and they grow worse from time to time.   Repeat incantations, fasten with thorns the fruit called *ahu,* and put it under the mud.   Thou devil *Oddy,* preserve the sick person by curing the sickness which affects the body !

77. If thou causest heat, inflammation, swelling, windy complaints, pains in the lungs, phlegm, coughing, violent pains, and grievous sicknesses,—look upon these offerings called the offerings of *Wadigay,* and accept them.

78. Make three eyes, a devil's face, and five hoods on the head, two hoods on the knees, a bell, and an empty pot in the hand.   On the belly, on the two ancles, on both arm-pits, and on both shoulders, make devils' faces properly.

79. Two swine's figures on both ears and on the

head—bullocks' figures and devils' figures on the left side. A cobra-capelle is curled round about the two hoofs, and round the waist of the swine. One finger in the left-hand, and three fingers on the right-hand. Keep the figure of the sorcery of *Oddy* till morning.

80. The devil called the *Devil of the Victim* was conceived in the pure womb of the princess, and was born. After seven months were fulfilled, food was given him, and he was called the *Devil of the Victim.* He received permission and influence from the holy god *Mangirre.* O thou *son of the holy princess*, and the *Devil of the Victim*, preserve the sick person ever.

81. By this exceeding great power he sailed, and came in a boat made with plates of gold. Having obtained permission from the *Sun god*, he proclaimed the offerings in the world of men. Having seen the people and entered into their bodies, he frightens them with devilish fear, and causes them to be sick. O thou *Devil of the Victim*, accept these offerings, and deliver the sick!

82. Tie up wooden stakes to the eastward, and offer, in the midst, flowers and beetle-leaves abundantly. After having garnished the place, tie up seven logs for the footstools, and offer boiled rice in the four corners. According as it was said by the preceptors of old,— Sacrifice at the corners, and offer the offerings. O thou *Devil of the Victim*, preserve always by taking away the miserable sicknesses and grievances!

83. He causes fever, head-ache, madness, foolish talking, consumption, conversations about death, and violent shakings of the whole body. Knowing this, the masters of the performances offer the meat-offerings without omitting the customary ceremonies. O thou *Devil of the Victim*, heal the sick and preserve him!

84. He passes and plays in the seven lakes, and,

searching every where, he catches cattle.   He causes
the people to be sick by looking at them in the three
different stages of his madness.   The most blessed and
holy god *Mangirre* gave him much power and permission.   O thou *Devil of the Victim,* gladly receive the
offerings, and remove the sickness!

85. He walks round about the sea and looks for apparitions. He walks and plays constantly in the channels,
and in the drains where there is a noise of water.   He
watches and looks upon the people, and causes them
to be sick at the place where three roads meet, and
where four ways meet.   In accepting these offerings,
thou *Devil of the Victim,* deliver and preserve the
people.

86. The two ears being pricked up—the two eyes
gazing—the ten fingers rubbed with blood—the devil
called *Garanda,* gazing and jumping, went away.

87. His teeth project beyond the lips—both sides of
his chin are glistening.   He is like a tender white
cocoa-nut leaf in the dike of a field.   His chin is long
like a rock.

88. The *Mahamooney* gave him a glistening golden
crown.   The son of *Nimmenome* gave him two possessions.   The god *Ganne* gave him a golden bell respectfully.   The other gods gave him a drum respectfully.

89. He has a long and black face.   He has a man's
face, rubbed with blood and oil.   He is seizing a fowl
with his hand.   He always rides on a cat.

90. He makes noises in the enclosures.   He causes
the head-ache, swelling and diseases in the bowels. In
order to chase away the evil of eating boiled rice with
milk and cakes, put these offerings in the shadow of a
rock.

91. Put on the back about a spoonful of boiled rice.

Offer for scent, sandal, beetle-leaves, and flowers round about. Prepare and garnish a wooden paling round about to the height of the knee. Put these offerings in a northern direction for the god *Imaney*.

92. The devil *Imaney* is cut down. By his tricks he causes sickness. Accept the fowl for a two-footed victim! Receive at this moment the offering called *Sameyan!*

93. He always walks in the enclosed places. He holds a cudgel in his hands. He rides, and his seat is always a cat. Thou devil *Molangarawa*, accept willingly these offerings!

THE PRACTICES OF A CAPUA,

DESCRIBED BY A BUDHIST.

1. All the people of the three worlds, (whom God and *Budha* preserve !) I will honour.
And after them, I will honour enemies, teachers, and superiors, and father and
   mother.
I will describe useless, unauthorized devil-worship, according to my ability :
May my faculties be preserved, that I may commit no error !

2. I will always honour God in holiness.
I will honour *Budha*, who confers good fortune on all the people of the world.
I cannot relate minutely, but I will relate what I know.
May the highest God, by his blessing, keep me from error !

3. Ignorant of *Budha's* doctrines, and teachers, they follow thievish devils.
They offer sandal-wood, fragrance, camphor, raisins, all-smelling flowers, and beetle;
They bow, offer, and dance, according to thirty-one rules.
Omitting nothing, they set up ornaments, and act as if it were an ordinance.

4. Young girls, and young men, when they get fever, or head-ache,
Go to the dancer and inquire what occasioned the sickness ;
Then the dancer, counting ten fingers, shakes his head, and looks fierce :
[Saying,] Though it be a misfortune, I will effect a recovery with one thread.

5. [*Applicant.*] I will truly speak. Hear me, my uncle.
Though we inhabit our house, it is haunted by a great many ghosts :
We know not if this be a misfortune, or an infliction of devils ;
But if you visit the sick person, then she will recover.

6. [*Capua.*] I never defrauded, because I never wanted in my life.
You may incant, and prepare medicine, and yet kill the sick person.
I will make her a little better, if you attend to what I say.
Tuesday morning is an unpropitious time ; I will come in the evening without fail.

7. [*Applicant.*] Now is the time—now is the opportunity to come. I have left work
   in the field ;
I came, though I have been four months working exposed to the sun.
Yesterday, the sick person said, I will go if I creep along—
I entreat you to accompany me. If not, I cannot escape.

8. The dancer comes to the sick man's house, and sits on the high seat ;
   He peeps into the room like a monkey, and looks up and down;
   And says, I will endeavour to restore her to health. The dancer takes a thread,
   And whispering and menacing, ties seven knots in it, and, after rubbing it with saf-
       fron, ties it on the sick person's head.

9. You may come [he says], and tell me whether or not she is better.
   The men afterwards go to the dancer, and report that she is now very ill.
   Since she is not better [says the *Capua*], it is evidently a great devil's sickness ;
   And it cannot be cured without performing the devil's dance.

10. [*Applicant*.] Though we do not show it, we are very poor.
    [*Capua*.] Do not think about your poverty ; but make the expiation
    According to your ability, by taking three bags of paddy, and some money for the
        offering,
    In order to live long like the *bo* and *iron-tree*, for so do they that offer thus.

11. If you attend to what I say, the sick person will recover.
    If not, do as you please, and people will laugh at you.
    If you do not attend to me now, you must not blame me hereafter :
    So you must call a person directly who likes you, and dance away this devil.

12. [*Applicant*.] Though we brought many persons here, there is no one to help us.
    From our birth to this day, you only know whether we are well or ill.
    They are dancing [in honour of] devils, and drinking spirits, and don't mind us.
    Your presence is worth a thousand of theirs.

13. If she gets a little better [replies the *Capua*], I will do my utmost.
    Capuas say many things, but I will not deceive as they do.
    I will return again, and act as may then be necessary.
    Many things may be done in a devil-sickness, and some of them I know.

14. Servant of the sick person, you must not be angry :
    If she be not better with that thread, an offering must be made to devils ;
    And if you do not prepare as you ought, the thread will be of no use.
    The sick person becomes worse than before.

15. The sick person's servant goes to the devil-dancer's, and cries as he speaks.
    Then the devil-dancer is glad and laughs.
    He hears the servant say, It is difficult to effect this recovery ;
    And replies, I shall try all I can, but if the thread on the hand have done no
        good,
    I cannot tell whether or not she will recover.

16. I cannot ascertain yet what devil's sickness this is ;
    I cannot ascertain exactly if it result from necromancy, or what.
    If it be a devil-sickness, she will not be allowed to die ;
    But if it be a misfortune, no one can effect a recovery.

B

17. Wash the sick person's head, put on her a clean cloth, and clean her room.
The sick person and her relatives call the dancer and tong-tong beater in the evening.
They sit on the high seat, and partake of the best victuals ;
And are besought to recover the sick person.

18. Whereupon the sick person and others, hearing what the dancer says,
Give all things according to rule, omitting nothing.
The dancer saying meantime, She will recover, but not yet.
[They say], My Uncle, Try to cure the head-ache and fever.

19. [Capua.] If the recovery be not effected, you will be sorry, but must not blame me.
Then the dancer rises from the place where he sat, takes the fan, and inquires what the sickness is.
[And says] Get fifty-six sticks, and twelve bunches of cocoa-tree leaves, and three areka-tree flowers, and nine limes.
You must employ a good servant to attend to this without fail.

20. 'I will direct you in order, so attend to what I say.
Get cocoa-nut flowers, red flowers, rosin ; and take the charcoal pot,
Oil, and cocoa-nuts, and beetle-leaves, saffron-water, and a new water-pot.
Of these articles you must procure too much rather than too little.

21. By dancing and sacrificing, I will ascertain what devil has made this sickness.
By giving rosin and rice to the devils, I will remove the complaint.
Sandal fragrance, camphor, and three measures of rosin, will be necessary.
A place must be prepared in the yard to offer these things one by one to the devils.

22. The people now offer to devils as if it were a regular usage.
They make two places, and put clean cloth above, about, and on the floor ;
Take the old fans, and make the offering ; fire the rosin near the sick person's face,
And make the offerings according to the thirty-one versified rules.

23. [Capua.] Take to the place seven bags of paddy, not less than one rix-dollar, and one hundred and thirty-seven cocoa-nuts.
If you give this without fail, you will be always fortunate.
The former custom was to offer pounded rice,
But I offer unpounded rice, this being the custom now in all places.

24. First eat the clean fine rice, and get ready for the dance ;
And beat the first tong-tong to the thirty-one versified rules without mistake [the Capua chanting them].
He flies like lightning to the spot, and begins to dance like a mad dog.
The sick person beholding the dance, bows down her head.

25. Through the thirty hours [or the whole night] they proceed according to the thirty-one rules,
Performing the music, and holding the banners ;
Singing, fiddling, and winnowing ;
And asking the favour to live from one hundred and twenty years to two hundred and forty.

26. It was not the custom formerly, but he dances for twenty hours in a white cloth dress.

He has an old piece of red cloth on him, and a red hat on his head;

He makes a noise like jackalls when they associate to drink dregs of fermented liquor;

And sleeps in the yard when the devil which seems in him permits him.

27. He dances the fire-devil with rosin and sandal fragrance;

He comes like an arrow—barking like a dog;

On his coming and jumping, two persons hold him.

The dancer observing the offering, asks the sick person if it shall be so? who answers, Yes.

28. Then the *Capua* puts his two hands on the shoulders of those who hold him,

And, like a chief of the country, boldly looks about.

Then the servant inquires of the dancer what appears in the fan?

When he falsely answers, By this dancing the sick person will be half-recovered.

29. Though the recovery should not be effected by this dance,

And though the sick person should not recover by reason of your belief of the falsehoods of other people,

Yet if I dance the *Samayan* the sick person will recover, and you will know whether I speak truly or falsely.

Yea—I will perfectly recover the sick person, if I dance the *Samayan*.

30. As a dog runs after something, the devil-dancer runs to the place offering to devils—

Crying out like a jackall, uttering falsehoods, and trembling all over;

And thus by falsehood deceiving the sick person.

[The *dancer* says,] The sick person will recover by means of the *Samayan* dance, and you will cast no reflections on me.

31. I know the good and evil of my life, but will tell neither.

Deceivers are always telling lies—cheating the people, and living by cheating.

Now I see the devil *Samayan* making the person sick. The sickness is occasioned by no other devil.

Let me tell you what apparitions I saw. Then do as you please.

32. [*Applicant.*] Hear me, Uncle, without jesting.

Who that knows our poverty will help us, except yourself?

Whatever others do, you are the person who knows the dance suited to this person.

We will hear what you say, and request you to dance the *Samayan* yourself.

33. What shall we provide for that purpose?

[*Capua*] There are many dancers; and if you ask them, I will not tell;

But if you bring without fail what I direct,

I will undertake to save her life.

34. Ye three servants, can I trust you?

Get tree water, stone water, and lake water.

Get three large red cocks to offer,
And all evil apprehensions and devil's disease will be removed.

35. Take water from [the cavities of] the iron-tree ;
Take water from a brick-kiln, and a place where clothes are washed ;
Take water from a place haunted by devils, and from a blacksmith's trough ;
The devil's disease will be removed without delay, and to a distance. To this
the dancer swears.

36. A pumpkin and a medicinal weed,
A pine-apple, some other seeds, and limes ;
Flowers, small king's cocoa-nuts, and red spinage :
Gather all these things, omitting nothing.

37. Get a plantain-tree, and a date-tree, some more weeds,
Sweet potatos, and some other vegetables ;
Mustard and palm-seeds, fish, and flesh of land animals, fried even to scorching.
Keep these things, one by one, in a prepared place.

38. Bring the eight new earthen pots, and put them in eight places.
Eight bundles of beetle, and some money for the offering. Put in the earthen pot,
Eight measures of rice, and eight cocoa-nuts.   Take clay lamps,
And eight measures of rice, and thus prepare the place for the devils.

39. The place is adorned with flowers and white cloths.
Then the sick person is invited to the place, and there set down,
As if the Capua could impart good without evil.
He asks for a bill-hook, a small knife, and a nut-cutter to cut off the sickness.

40. [*Capua.*] If you bring the necessary things to the place,
I will attend to the rules without mistake, and relate what I saw.
I will cure the disease by offering the rice and money,
And if not, the illness is a misfortune.

41. From head to heel the sick person is covered with weeds.
As in climbing a tree they shake a bunch of leaves,
The disease is swept out by the mango twig.
Then the dancer swears that all the violence of the disease is off.

42. In the morning the dancer lies down in the yard
Covered with a cloth.   There lies a bill-hook, a cock, and a golden *fanam.*
The dancer says with a loud voice,
All the weeds on the sick person's neck and feet are false charms !

43. The things are procured by three servants.   [*Capua.*] They have gathered all
things
By my order, and must dance the devil accordingly.
The *Samayan's* disease is gone off ;
Now give more offerings to the devil for long life.

44. You are a dunce.   Inquire of me.
    You must not acquaint the other dancers with my anger.
    The remaining illness I will remove very soon.
    Do not trouble yourself about your property, but soon make the offering.

45. [*Applicant*.] Very good ! But hear me, my Uncle.
    The sick person says she cannot suffer the pain and ache :
    She troubles me, therefore do not go home.
    What shall I gather, to offer the sacrifice of *Pedāni* ?

NOTES.

Page 1. No. 6.—The natives usually wean their children at the age of seven months, and on that occasion have a feast, and give the infant a name. On asking a child's name, they will say, it has none, *not having eaten rice*. The natives, besides titles appropriate to their respective castes, give their children singular names. Of both an interesting collection has been made, which with á curious series of names of places may hereafter be submitted to the public. C.

Page 1. No. 9.—This passage merits particular notice, because it marks the line between the Budhist doctrine and the Demonolatry of the Cingalese : "*He* (the god or *demon Riddee*) *received authority from four temples to accept offerings.*" The Budha Guadma being unable to subdue or convert the natives from their predilection to devil-worship, (a fact admitted in all the ancient histories, and testified by its continuance to the present day,) he therefore skilfully neutralized its opposition by admitting the four Pattinee deities or devils, and their four temples or dewales, to a species of co-partnership ; but hoped to lessen, if not extinguish, its influence by declaring the deities or devils to be enemies of man, and also by strictly forbidding their followers from any acts of worship, and restraining them solely to the making of offerings.—See Budhism Illustrated, 49, 52, 114.

Page 2. No. 10.—*In the midst of the Seven Seas.* These seas are the region of the Pattinee deities, being within the seven rows of rocks of the Chrackravatte : they are the seas encircling the centre Maha-meru stone, and forming the atmospheric region of the air, which covers the earth as a dome, the seat of the stars and planets, and the abode of the inferior gods of the woods, trees, and rivers, under the various titles of Yakseya or giants, the Goroloo or fatidical birds, the Naga or snake-enchanters. See Plate xxi. pp. 46, 73. Budhism Illustrated.—*In the midst of Seven Lakes.* These are also placed in the same region, and the Budhist doctrine deduces from them the rise of the five great rivers, the Airivati, or elephant river of Ava, the Ganga, the Irtish, the Oxus or Jihon, and the Yang-tse-Kyang, the largest river of China. Budhism Illustrated, page 45.—Bathing the person and purifying the hair with lemon-juice before dressing and decorating, is in exact conformity with native practice.—*O thou great black god, take away the sickness of this person!* V. 14. *The black devil.* This personage is depicted in plate 41, and described in page 132. "The great black devil, who is one of the foreign demons, has the boon of 16,000 queens. His figure is to be made of mud, having a cap on his head, four hands holding two swords, a shield, and a pointed iron ; besides which, four buffaloes are to be made round about him, and on his head, breast, and belly, sixteen heads of tigers ; a cobra-capelle twisting round his waist, and also having on his crown a cobra-capelle. This demon inflicts diseases upon women and children only ; for the recovery of such diseases, devil-dancing is to be performed, and offerings and sacrifices prepared."

Page 3. No. 20.—*Thy power exists from a thousand periods.* This refers to a very important co-incident portion of the Budhist doctrine with the celebrated Bacchic and Dionysiac orgies or rites of antiquity, namely the thousand years of inebriation of the gods at the festival of Sekkraia, the regent god of the sun. See Asiat. Res. vi. 207. and Illustrations, 78.

Page 5. No. 31.—*Saman previously received power from Seers and from Maha Bamboo.* The Budhist doctrine declares that Guadma, coming to Ceylon, hovered in the air, and produced a thick darkness over the whole earth, &c. He then gave to Saman Dewa power and the charge over Ceylon with a handful of his hair, &c.— Budhism Illustrated, 113.

Page 7. No. 50.—The picture of *Maha Sohon* in the History of Budhism, plate 40, agrees in substance with the description in the poem. This figure the translator once saw in clay in a cocoa-nut garden near Matura, on the same frame with a female in the human form, which a native present said was *Maha Sohon's* wife !—The ceremonies could not have been long concluded. Lamps had been placed all round the frame of split bamboo, and by night the spectacle must have been dreadfully imposing. C.

Page 8. No. 51.—*He fought with the form of Wessamoony, and wounded his head.* The obedient demons obey their chief Wirve-wenne, and make war against the enemy of Sekkraia. The wars between the Assuras and Wesse-warty Raju (the same being as Wessamoony) form the subjects of many Budhist writings. For many particulars, see Budhism Illustrated, 59, 60, 63, 65, 69, 70, 114.

Page 10. No. 63.—*Bearing four drinking-cups on four paws.* The drinking-cups or bona patrya of the Budha are interwoven intimately with his rites and doctrine : the birth of each Budha is expressed in the sacred books by the term that he was received in a cup or golden vessel or seine held by the god Maha Brahma : he also completes his various ceremonies for accomplishing his initiatory steps, and is recognised as the Budha, when he throws his golden cup into the sacred stream Kani, and it floats upwards to the Hemavunta mountains, where it awakens the king of the Yakseya or giants from a slumber of a thousand years, by its ringing against the rock of his cave. The doctrine expresses that this event, also the appearance of the lion Chilarasi, the subject of a succeeding note, only occurs on the appearance of a Budha on earth. The particular veneration and application of the figure of four by the Budhist doctrine deserves some remark : there are four Pattinees, that is demons or devils, and their forms appear to class them as representatives of the four elements, the earth, the hades, the water, the sky, they being giants ; devils which inhabit the abyss ; snakes inhabiting the Sancha *Neritta*, page 70 ; and gigantic birds, the air. They have also four heavenly guardians for the universe ; four rulers for the day ; also four superior deities over the Dewa Loka, above whom are the Maha Braghma dewa and the Budha. They have four great hells or api ; four great rivers flowing through four symbolical heads, and four sides or cardinal points of the universe.

known by the colours of the four guardian deities, Dirtheraach Shetheire, god of the east, Wiroedi of the west, Wirve pakshe the north, Wirve wenne the south. These, being distinguished as of white or silver, red or ruby, blue or the ether, black or the Asura regions, inhabit the first Dewa Loka Tjaturun. An application of these remarks will supply a curious example of the figurative style of their writings, and the necessity of illustrating them by a careful examination of their import. A passage of the Mahavansi relates thus the first appearance of falsehood into the world : after rehearsing a state of innocence, longevity, and happiness, such as the golden age of the poets, it proceeds thus : "King Chateyanam resolved to appoint the Brahmin Corakambakanam-Camoona to the situation of the king's supreme adviser, who deceived him by a falsehood as being superior to the king's adviser Capilanam-pura-hitayaii ; which being spread throughout the realm, the inhabitants crowded from every part, saying, 'We will see this day *what falsehood is*, whether it is white, black, red, or blue.' On this occasion the seer Capilanam-maha-Iuhan interfered to prevent the king's resolution ; but it was in vain, so the falsehood came into the world, *and the king and his city were taken in (swallowed up) by the earth :*" Mahavansi. Now the real import of this passage is, that not knowing falsehood, and considering it a gift from one of these heavenly guardians, they should know from which of the four guardian gods it came, by its resembling his celestial colour, &c. See Illustrations, page 55, plate 6.

Page 10. No. 67. *The devil Oddy is watching at the roads . . . . where three ways meet.* This demon appears in plate No. 39, with the name Sooniyan. The following is a description of him in the History. "Huniyan-yakseya demon was originally called Oddy-yakseya. He has the power of transforming himself into three different shapes ; namely, Huniyan-y, Oddisa (Plate 43), and Sanny-y. When one person does an injury to another through this demon by means of magic, the demon takes the shape of Huniyan-y, and the disease which he inflicts under that shape is called in Cingalese, Huniyan Dosa. When he inflicts the disease called Sanniyah upon mankind, he takes the shape called Sanny-y. His dress is formed of twenty-eight cobra-capelles, who are twisting round his body ; his eyes are blue, his body is of a gold colour ; he has a fierce face, and is mounted on a horse, having about him a pot of fire. He has on his head twenty beads of cobra-capelles, holding in his hands a set of beads called in Cingalese, Laccawella, and a book.—This is a most fierce and cruel demon, through whom dangerous diseases are inflicted on mankind by magic ; such as swelling and stiffness of the joints ; crookedness in the mouth, legs, and arms ; burning and pain in the body. This kind of Huniyan, or evils, are to be cured by means of magic, and by making offerings and sacrifices."

The reader may compare with advantage the case of the queen mentioned in verse 5, with pages 124 and 125 of the History. The queen, it seems, is the centre figure in plate 38, or the 10th of the Bali, which "refers to the intercalary period, and to those who may be born during the complementary days, whereby they are deprived of the necessary sign for the asterism." But see the article and the excellent remarks with which it concludes. C.

Page 11. No. 73.—*Thackery and Mackery.* Mackery is the fish god or Capricorn of the Zodiac, the same cognate deity as the Oannes or fish god of the Chaldees, and the Dagon of Phenicia. It forms the centre figure of plate 31, as ruling the Bali, and the writer most probably infers that it was deemed astrologically the ascendant sign of the incantation.

Page 12. No. 78.—Compare the mask described with the centre figure of Usali, plate 35. These plates of the Usali present such striking points of co-incidence with the dramatis personæ of the Yakkun Nattanawä, as proves their identity of character. The elucidation of these points of heathenism is yet indeed in its infancy ; but if ever any clear insight be attained into the earlier ages of pagan apostacy, it must be acquired through a patient and inductive analysis, step by step, of these minute and seemingly common and insignificant practices. These are as light planks floating at random on the ocean—the relics of the shipwreck which has ingulphed the vessel ; and they often retain some slight token or mark whereby the original fabric may be conjectured.

Page 13. No. 81.—*Permission from the Sun god.* It deserves notice, that nine of the ten established Bali, or formulæ of the planetary worship, are presided over by the Sun god or Irru, with his distinguishing symbol of the white horse ; for the legend of which see Faber's Pagan Idolatry, vol. ii. p. 427.

Page 16. No. 1.—*All the people of the three worlds.* These three worlds have different titles in the doctrine : they are sometimes termed Kame Lowa, Rupa Lowa, Arupa Lowa ; *the Kame* designating the world of mankind, of material substances ; *the Rupa Lowa,* the heavens of visible gods ; gods with bodies, but possessing and exercising the power of assuming any form at will ; *the Arupa,* invisible or immaterial beings, (from *a* privative, and *rupa,* figure, or form) the Budhist and others passed into Nirwäna : but these three worlds in Budhist doctrine are also called *the Brahma Loka, the Dewa Loka,* and the *Manoespe Loka ;* that is, the heavens of the Brachmas, the heavens of the Dewa gods, the world of mankind. These regions are described at length in the Illustrations of Budhism, p. 67.

Page 16. No. 4.— *Yakka durā* is one who dances in honour of devils, makes amulets, and professes necromancy. A *Capua* acts the part of a devil's priest, though, according to some, the word means a priest of the Hindoo deities. C.

Page 16. No. 5.—By *misfortune* is to be understood, in many cases, ill-luck in this life from bad behaviour in a former transmigration, which seems the meaning of the word here, and in other parts of this description. C.

Page 17. No. 10.—*The Bo and Iron tree.* The subject of trees is made a very prominent portion of Budhist doctrine, for whenever the gods are represented as gratified by any act of piety, the heavenly trees shower down gold and flowers, &c. on earth ; all the prominent actions of the Budha, namely his assumption of the Budhaship, &c. is declared to take place under a tree, thenceforth consecrated to his service ; Sekkraia, the god who governs the world and examines into the actions of men, takes his cognizance from a magical balance *placed underneath the celestial tree ;* he also celebrates a festival every thousand years by partaking with all his gods of the fruit of *an immortal tree,* which lasts the whole kalpa, and the fruit whereof inebriates the gods, and produces drunken orgies of long continuance, the real prototype of the Bacchic and Dionysiac festivals of antiquity, and which we still perpetuate in May-day. See Note, page 68. Illustrations of Budhism. Thus also the gods of the Dewa Loka, and every region, even the rebel Asuras in the subterranean abyss, claim and have a *heavenly tree,* that is, which lasts for the whole term of the actual universe or period being in progress. Every Budha consecrates to his worship *the tree against which he reclines* when he assumes the nature of Budhu. Thus Guadma reclined against or chose the *Bo* or *Ficus Indicus* ; and the doctrine declares that Maitri, the future Budha, will select *the Iron* or demby tree. And it is in reference to this selection that these two trees are here named. The allusion to trees of heavenly growth and paradisiacal beauty and odour breathes in every page of the Budhist imagery.

Page 18. No. 19.—Flowers, ashes, and rosin, are put on the winnowing-fan, and offered to devils. Then the Capua inquires what devil has occasioned the sickness, and pretends to divine while looking on the fan. C.

It is with pleasure that the Translator acknowledges his obligations to Mr. Upham's kindness for his invaluable Letter on the Origin of Masks, prefixed to the following drama, and for nearly all the notes by which these poems are illustrated. For those marked C. the translator is answerable. The following abstract of the general doctrine, with which he has also been favoured by that gentleman, is highly valuable ; and could only have been produced by one deeply read in Oriental lore :

"The link by which Budhism connects itself with the Demonolatry, is the admission of the Demons, Great Birds, Yakseya, or Giants, and Tigers, to be gods of the Juganderi, or the atmospheric region, where they are invested with precisely the same powers over the elements and transformation of forms as are exhibited by the enchanters and evil spirits of Arabian fictions. They are represented as subject to Samana Dewa, a Pattinee deity, who resides on Adam's Peak, and exercises a delegated authority received from the god Sekkraia, to whom the Budha Guadma at his death gave Ceylon in charge."—See note, page 114. History of Budhism.

To show the precise co-incidence and intercourse in Budhism and Capuism, the following extract from the History of Budhism is given, p. 42.

"The four Pattinee gods are :

> The Pattinee.
> Samana Dewa, who reigns on Adam's Peak and governs the whole class of genii, &c. entitled the Koombandeo, or inferior gods.
> Kande Kumara, who is worshipped at Katregam.
> Wiebesanne, the god of power at the temple of Calany.

(N.B. All these gods are also demons, and their figures are given in the plates.)

In illustration of the rank and importance which these agents, or inferior gods, hold in the opinion of the votaries of the Budha, we subjoin the following ceremonial, at the interment of the late king of Siam, wherein these deities were the chief characters exhibited.

The funeral of the late king of Siam took place on the 23rd of April, 1825, and among the crowded procession were introduced the following representations of the divine inhabitants of the Budhist aerial and celestial regions.

Two figures of elephants on a sledge or carriage with low wheels.			These are all
—————— horses	similar.		the masks of
Four—————— large monkeys, two and two.			the gods of the
—————— eagles	ditto		Juganderi, the
—————— cocks	ditto		Koombandeo,
—————— giants	ditto		and also are
—————— lions of immense size, ditto			demons.

These were followed by the figures of a variety of other indescribable beasts and birds, two and two, *and each figure bore its supply of dresses for the priests.*

Eight hundred men dressed in white with white caps or helmets—these represented celestial messengers."

The reader may consult to great advantage, the History and Doctrine of Budhism from page 113 to 115, for a very interesting account of Capuism, as practised by Budhists. Likewise the whole of the 11th Chapter on The Demons, with the plates. C.

A LETTER

FROM

EDWARD UPHAM, ESQ.

TO THE

REV. JOHN CALLAWAY,

ON THE ORIGIN OF MASKS.

MY DEAR SIR,

THE perusal of your manuscript of the Kōlan Nattannawā has given me the highest gratification, as it seems to supply a key to the feelings of the natives on the subject of the demonolatry of Ceylon, to which we are strangers; for these minute traits and observances often go further to explain the past than all the records of the written page.

No subject has called forth more discussion than the origin of ancient masks as used in the theatric exhibitions of the Greek drama; but through your little dramas I cannot but hope that some useful hints may arise upon the subject. I had hastily thrown together the few suggestions that arose from a rapid perusal of the drama, meaning to thoroughly sift them out and complete the investigation; but a very serious illness instantly followed, and has left me in a state of weakness which for the present interdicts the slightest literary exertion. Under these circumstances I can only offer you these remarks as hints for notice, not as proofs or even as assertions, for I will not vouch for the accuracy of my quotations.

Pollux, in the eighteenth and nineteenth chapters of his fourth book on masks, says, that the tragic masks of all the actors *had a gigantic air*, from the enormous size of their masks, robes, and other parts of dress ; which, according to Philostratus, arose from an impression, or rather tradition, that all the heroes of antiquity were giants, Cyclopes, and beings of preternatural bulk. This idea is perfectly in unison with the Banā or doctrine of the Budha, and his statues are frequently of the most enormous dimensions ; and all the deities of the Metempsychosis are giants, prodigious birds, like the fictitious roc of Arabian celebrity, snakes, &c.

Clemens Alexandrinus asserts that masks are mentioned in the poems of Orpheus and of Linus. We have no traces of the Orphic measures, but, singular to say, the strains of Linus are found in an Egyptian fragment of the Isis and Osiris of Plutarch ; *and these numbers are declared to have been brought to Egypt from the East.* We will therefore endeavour to collect into one point the various notices which appear so evidently to connect these interesting fragments with the East ; for the kindred tenets of Egypt, India, and Greece, link together data of peculiar interest, which infer most strongly the unity of character between the Egyptian deity Osiris, and Maneros the Indian Cupid, with Orpheus :

> Chaos, of all the origin, gave birth
> First to her offspring the wide-bosom'd earth.
> The abodes of hell from the same fountain rise,
> A gloomy land that subterranean lies ;
> And hence does Love his ancient lineage trace,
> Excelling fair of all the immortal race.
>
> HESIOD's THEOGONY.

" Chaos existed first, and Night and black Erebus, and spacious Tartarus. And there was neither air, nor earth, nor heaven. Then night, clothed in sable plumage, in the boundless bosom of Erebus first brought forth an egg spontaneously conceived, from which, in the revolution of ages, sprung the beautiful Eros or Love, resplendent with golden pinions, swift as the whirlwinds." Thus also in the Orphic Hymns, " Phanes is described as being born by Erebus and Chaos, from an egg, and with beautiful wings, and is the same personage as Love or Eros."—Birds of Aristophanes.

In the consideration of this personage as an allegory, we perceive his manifold distinction from the urchin described as the son of Venus, the deadly archer Cupid ; for in this ancient fragment Eros appears as the great father of our race after the deluge, or chaos and darkness, emerging from the ark or egg, its constant symbol, into the light of day, and begetting our race; and the same fragments declare the race of mortals to have proceeded from Eros.

Of the same mystical Eros, but referring to the conjunctive character of interment, mourning and death, identified with his entrance into and confinement in the Ark, are the following narratives of Herodotus and Plutarch.

" Among other customs, *the Egyptians sing the song of Linus as it is sung by the Phœnicians, Cyprians, &c.* I confess my surprise whence the Egyptians had this knowledge of Linus, because they seem to have celebrated him from time immemorial. The *Egyptians call him Maneros*, and say ' he was the only son of the first of their kings.' " Herodotus, Euterpe.

To this song Plutarch refers, but as connecting Osiris with it ; for he justly observes that the sacred dirge or lamentation which they make over Osiris, is, " bewailing him who was born on the right side of the world, and who perished on the left:" Isis and Osiris, page 42; clearly alluding to the idea of his having seen two worlds, the one previously to the entrance into the ark, or the right ; the other, the post-diluvian world, of which he became the head and father. Hesiod also, alluding to the doctrine of two principles, has it in view, when he supposes

Chaos and Earth, and Tartarus and Love, (or Eros,) to be the origin or first elements of all things : if we substitute Isis in the place of the Earth, Osiris for Love (or Eros), and Typhon for Tartarus, we have the precisely similar delineations. Thus Maneros, or the Egyptian Isis and Osiris, Cupid, page 79, appears as Osiris, compelled by the diluvian Typhon to enter the ark, whereby he became the god of death ; and as in the Orphic hymn he is represented having the keys of the universe, and alike presiding over the sea, and air, and earth, having equal power in Hades, he is deemed to be a double divinity. Maneros being equivalent to *Eros the Menû,* we find that the lamentation of the Egyptian women over Maneros, is precisely the commemorative strains of the death of the Indian Cupid previously to his enclosure in an ark, and being set afloat on the ocean, when thus lamented by his consort Rheti, in the sweetest measures of Sanscrit, bearing the name of Rheti's dirge,— Asiat. Res. vol. 3. page 187. And these strains have alike been made the matter of the universal rites of the Pagan world in the fictions of Osiris, of Adonis or Thammuz, Attis and Dionusus.

Thus we find, throughout the East, traces of the last song of Orpheus, and the burden of it, manifestly referable to the Sanscrit measures, which closely bind in a connective link Greece, Egypt, and the East, in the important doctrine of their celebrated mysteries. These views may help us in the precise subject of this letter, namely, that of the masks so commonly exhibited in the mysteries as well as in their dramatic representations. Aristotle, in the fifth chapter of his poesies, confesses that in his time the author of masks was unknown ; to be therefore hidden from such an intelligent investigator, is ample proof of their remote antiquity. It is stated that they came into use in the time of Æschylus, about the seventieth Olympiad or seven or eight hundred years later; but that period may refer solely to the innovation made by Æschylus, who, perceiving, most probably, the gross absurdity of the disguise, actually brought upon the stage a class of beings suited to the frightful usage ; for his Eumenides wore the head-dress of the serpents or Naga deities, such as your drama and the Bali of Ceylon present to our eyes.

The masks which Clemens Alexandrinus speaks of, were, according to the observations made by Pollux and Aulus Gellius, *entire head-pieces* : they were frequently made of the wood of trees. Lucian remarks on their great deformity, dwelling on the *widely-gaping mouth* and distorted eyes : his words are, "Can any thing be more shocking or frightful than a man of huge stature, mounted on high heels, and carrying on his head an enormous mask, the very sight of which fills with dread and horror—for it gapes as if it were to swallow the spectators ; not to mention the artificial belly, and all the arts used to.make the shoulders, arms, legs, and every other part, corresponding to the excessive stature !"

Justin Martyr, in the second century, observes : "The actor representing Orestes appears huge and terrible to the wondering spectators, because of his buskins with high heels, trailing robes, false belly, and frightful mask, *roaring also with all his might*." How entirely these descriptions accord with the Cingalese drama, will appear from the slightest comparison.

The exquisitely satirical comedy of the Birds by Aristophanes, illustrates the machinery of masks with a humour that is as inimitable as its fidelity to ancient Myths and Oriental doctrine is most striking. The comparison of this drama with the Budhist doctrine of the heavens, the region of Jugandare, its inhabitants, the king of the gigantic birds, the rock of the Himmaleh and its enchanted caves, gives a richness to his imagery that renders its perusal a delightful treat. It is impossible to peruse his drama, and compare it with the Budhist doctrine of a hemisphere or region covering, as a celestial cope, the earth

C

tenanted by gigantic birds, gooroolas, &c., and their position in the mid air, the very region of the Greek Satirist, and suppose him to be ignorant of the great pivot of Oriental doctrine, or the inventor of the exquisite machinery of his drama. How truly do the following elegant and spirited lines open the doctrine of the Metempsychosis, whose judiciary inflictions are placed exclusively in this very region by Guadma's Banā!

> "Oh come, ye men, ye brittle things, *mere images of clay,*
> *Ye flitting leaves, ye shadowy shapes,* ye creatures of a day,
> Poor wingless wretched mortals ye, *like nothing but a dream,*
> Give heed to us, and list for once to an immortal theme."

These few imperfect hints show how closely the masks of the theatric spectacles of Greece resemble the sacred exhibitions of Oriental doctrine.

Were I to define the origin of the mask, I should term it, "the Type of the Metempsychosis," exhibiting to the spectator, scenically, the changes and forms which in different stages of mundane existence attach to the vital principle, called in the Budhist doctrine Winyanas Kandaya. The body is a mask shifted off by death, when another vehicle is ready for the Winyanas Kandaya, or vital spark, which fastens on thereto, and as a leech, according to the Budhist doctrine, always takes hold of its vehicle with one end before it quits with the other.

Changes and transformations such as enchanters can work, were truly masks or illusions, and, when inflicted with cruelty, they were degrading punishments; while to the possessors of these preternatural powers, such as Naga or snakes, Rakses or giants, the power of transformation is in Budhism expressly stated to be a divine privilege.

It cannot therefore be doubted that very important desiderata to the true origin of masks are opened to inquiry by your valuable translation of the Kōlan Nattanawā. It exhibits the masks of the demons, and of the Jugandari, so as to show them to be the true prototypes of the Birds of Aristophanes, of the Giants of Pollux, and the frightful forms of Lucian.

The description of these distinguished writers applies literally as if written for the Bali and the Kappooism of the East.

We find the character and form of these masks held sacred and preserved, even on a stage which could taste the depth of power, the sublimity and grandeur of Æschylus and Sophocles; but they could not keep their ground against the wit and satire of Aristophanes. Had masks originated with the Greeks, it is fair to conclude that, instead of such frightful specimens which abound in every museum, they would have given the human form as they have beautifully embodied it in their painting and sculpture; hence the physiognomical character of the masks may be said to decide their origin and locality to the East.

For if we turn thither our eyes from Greece, we find their myths peopled with these very personages, and the whole machinery so indelibly ingrafted on their system of belief, as to defy every effort of rooting it out. It was the creed of Ceylon when Guadma commenced his career, 450 years before the Christian era, and it is the creed of Ceylon at the present day.

To exhibit the proneness of the Cingalese to their demon-worship; according to his legend, there was not room for the Budha to place even the sole of his foot; and he was compelled to exert his power to terrify the devils, that he might even alight on the island. Potent as his worship became, and deeply rooted as his system of doctrine has grown up, he found the demonolatry too powerful for his efforts to overcome; and he therefore craftily intertwined it with his own rites, and admitted the humble dewales and kowiles of the demons to a subordinate jurisdiction with his splendid Vibaris; and however the Budha may be the object of veneration to a numerous and powerful priesthood, it admits of a reasonable doubt whether the largest portion of the population of the Island are not still the devoted followers of the Bali and their ruling demons.

I regret the imperfection of these remarks : they are not what I would wish; but such as they are, with the notes, they are the offering of friendly esteem ;

And I remain, dear Sir,

Your faithful friend and servant,

Bath, Oct. 17.   EDWARD UPHAM.

P. S. I should observe, that the quotations from Pollux, &c. were supplied chiefly from an excellent pamphlet on the Origin of Masks, the further remarks of which I am wholly precluded from availing myself of, by my very serious indisposition.

කෝලන් නාට නවා

සතරකිත්තිරුමාකරාධිකරාවන්අස්වාපුරුරා—

දලනෙන්අත්බරණඤ්සයනහිවකරාතෙයලත්කලුවකයකිදුව

කුගොන්හන්ග නදරාඔ නදරාවිහිකත්ගුරුරුරුරුරා—

නත්කිත්පනලවඳුරායඣධිසරායවුඳුසනවසොන්දවන්—

අත්යමයවෙම්   න්

නරගීයලග්‍රන්සුකි   නත

නෑගිවාගනනොනු   නත

කිනෙන්දෙවිපදවඩිම්බකියෙ   නත

යතන්කරකිම

යානත්කිවගෙලෙදුකි   ල

කිනෙන්කරනුඩ   ල

රකින්යවුසනවරඟමඩ   ල

KŌLAN NATTANNAWĀ.

INTRODUCTION.

1. LET us worship sincerely the god called *Iswarè*, who is covered with an elephant's hide, who holds a man's head in one of his hands, and who rides on a bullock. * * * *

2. In the following way, the notice of the dance on the stage was brought to the queens, to induce them to come and see the dancing.

3, 4. It happened formerly, that the chief queen of the supreme king of *Dambe Deewa*, named *Piliat*, being pregnant, her face was disfigured, her nipples grew green, and she had no appetite for delicacies; so she longed to see a masquerade.

5—7. On hearing this, the king was grieved, and, being perplexed about the course to be taken, consulted his ministers; but, unable to advise him, they trembled in his presence: then the king, becoming angry, left the throne, and retired to his bed to sleep without taking any food.

8—12. Meantime a certain goddess, who dwells in the fan of the said king, went to the god *Sekkraia*, prostrating before him, and said as follows: "O god *Sekkraia*, the queen of the king *Piliat* is anxious to see

masks, but none of the dancers of *Dambe Deewa* understand what is meant by them.   The said king, in consequence of taking no food, is almost dead."   The god
Sekkraia, listening to her, paid attention to her complaint. He desired the *god of curiosities* to go and make
masks for the said queen.   Accordingly, the *god of
curiosities* came down to the king's garden and cut
down sandal-wood ; and having made many different
masks, and put them on several places of the said
garden, together with this book, he went away.

13—17. That very day, the king's gardener went to
the garden, and, having seen the masks, was afraid ;
and went and informed the king, saying, "There is a
great multitude of devils entered into the garden." The
king, on hearing this, gathered many people together,
and accompanied them to the garden to ascertain what
was there. The king, having found the aforesaid masks
and the book, was highly pleased, and took them to
the palace. On the following day the king commanded
the performance of the masquerade, and had the book
chanted for the purpose of satisfying the queen.

18. From this time, masquerades were in fashion ;
and therefore may it please the gentlemen to present
many gifts on seeing the masks, and hearing the songs
repeated.

19. Hear the names of the maskers who danced to
please the queen of *Piliat*, whose beauty resembled
that of the goddess *Sirretak*, whose nipples resembled
a flower, and were soft as a gosling.

20, 21. All the following masks were exhibited to

the handsome and beautiful queen of the said king *Pi-liat:* first, the mask of a bird called *Gooroola;* secondly, the mask of a demon, *Behereya;* thirdly, the *arch* in honour of the god *Anangeyā;* fourthly, the mask of *Wierebaddene;* fifthly, the horrid mask like a *great cemetery;* sixthly, the mask of *Death* which frightens people; seventhly, the mask of the devil called *Pana Nanda Girre.*   *   *   *   *

22. The god *Sekkraia* gave all these masks to the king *Piliat* after satisfying the longing of the said queen; and a lascorine followed them with a manuscript containing the whole subject.

KŌLAN NATTANNAWĀ.

1. [*Reader.*] WHAT is the use of other masks?—Come, you lascorine, quickly, with a sword and a shield in one hand, and a walking-stick in the other.

2, 3. See how the lascorine comes!* How you fought! Behold your eyes and nose are dropping blood, and you are become lame. Look how the lascorine is dancing in this assembly, having finished the business on which he came!

4. [*Lascorine's wife.*]† From whence come you, lascorine, having a sword and a walking-stick in your hand? Why do you limp? What is the matter? Your lips, ears, and nose, are too offensive to behold.

5. [*Lascorine.*] I am the man that went to fight with the Malabars. I fought gallantly, and was taken prisoner. But though I have lost my nose, and broke my lips, I am your own husband, your slave, by the name of *Gampelle.*

6. [*Wife.*] My husband is a very handsome lascorine of *Gampelle.* When he goes to the king's gate, he returns very soon, but you are an old lame man, and

---

* The Lascorine's Mask is represented in the accompanying plate, No. 1.

† See accompanying plate, No. 2.

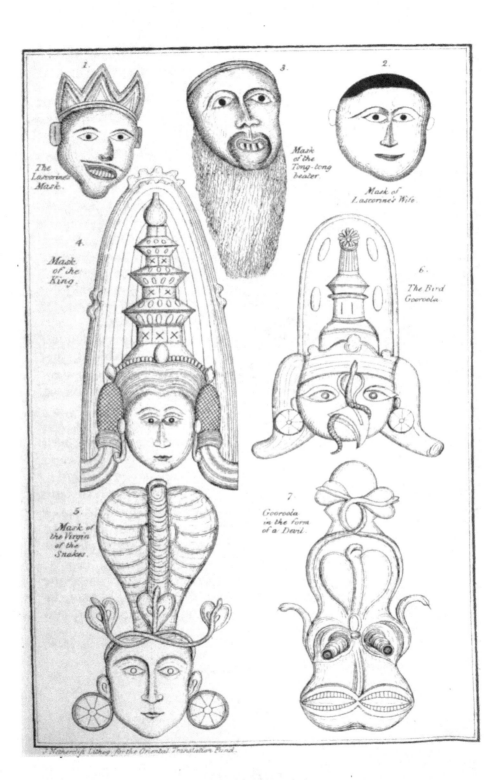

1. The Lascorine Mask.

3. Mask of the Tong-tong beater.

2. Mask of Lascorine's Wife.

4. Mask of the King.

6. The Bird Gooroola.

5. Mask of the Virgin of the Snakes.

7. Gooroola in the form of a Devil.

J. Netherclift Lithog. for the Oriental Translation Fund.

have lost your lips and nose. Therefore if you say, I am your wife, I will box your face as much as I can.

7. [*Lascorine.*] Did you not hear about the battle fought at the field of *Gampelle?* in which I not only lost my nose, but hundreds more lost their noses; and your eyes being dim, you say you do not know me. However, I am your husband, a noted man in this country, although I have lost my nose.

8, 9. [*Reader proceeds*]. Behold now the tong-tong beater * comes with a drum on one of his shoulders, dressed in old rags, and his mouth covered with his hands! Thus he came and stood in the midst of the assembly, and asked permission to beat the drum in order to give notice. Accordingly, being ordered, he has beaten the drum like a thunder-clap, saying the masks are coming speedily.

10. Having put a drum on one shoulder, and on the other five instruments of music, he takes a stick in his hand, and as he walks with a thick leg, his body shakes.

11. See how the thief comes, holding a stick in his hand, and a drum on his shoulder; and stumbling with the thick leg!

12. He comes with a drum hanging on his shoulder; walking boldly with his thick leg; and holding the stick with both hands. He is a butter-tooth man.

13. He strengthens himself, and stands in the midst of the assembly; and having turned up one head of the drum, and beaten like a thunder-clap, declared the king's command.

14. Do you ask me the character of this fellow? It is unknown to whose or what country he belongs;—

* See accompanying plate, No. 3.

he boasts of himself greatly on his dexterity, but is nevertheless very clever in beating the tong-tong.

15. He is an old man, come to beat the tong-tong. His person is white; he has a long chin, and he walks and leaps by means of a stick in his hand.

16. He has copper-coloured hair on his head, and is dressed in a piece of cloth. He is a hump-backed man, and has a disgusting thick leg. He has a drum on his shoulder, and a walking-stick in his hand. He is an old man, come to beat the tong-tong, according to the custom of his caste.

17. As soon as they knew of the coming of the king, they erected a great many booths, and tied canopies on the top, and hung cloth about the same. Besides, there were many other curious things wrought.

18. They have tied decorated arches and plantain-leaves; they have prepared beds with bed-clothes; chairs and tables; and without fail they have provided every sort of eatable provisions as much as they could find.

19. They have prepared lamps, oil, torches, candles, beetle, areca-nuts, tobacco, chunam, camphor, mangos, attembe, honey-mangos, parrot-mangos, plantains, paloowire fruit, pomegranates, and all other sorts of fruits.

20. You are commanded to prepare beds, chairs, oil, lamps, hot water, camphor, beetle, and every other necessary thing for the coming of the powerful king.

21. A beautiful and handsome *Virgin of the Snakes,** and who dwells in the world of snakes, comes now to this assembly.

22. She will come instantly, having the figure of the

* See accompanying plate, No. 5.

*King of Serpents** on her head, and three hoods round about her head, in a manner pleasing to every one.

23. On hearing the songs of the handsome and good men of this country, this virgin loved them, and came and stood here.

24. The face of this beautiful virgin is like the moon, and she bears the king of serpents on her head. Who can see her without loving her?

25. The bird called *Gooroola*,† which devours the hoods of the snakes, and penetrated the midst of the world of cobra-capelles, is coming to this assembly.

26. His colour is green, he has a snake in his mouth; and the years of all those who hear the character of *Gooroola* shall be prolonged.

27. The *Gooroola* comes flying in the air, roaring like a devil, and gnawing a snake. His face is green, like the face of a devil.

28. Having penetrated into the world of serpents, and seized them by the mouth, and divided the water of the sea, shown forth his power, and danced in the assembly, *Gooroola* comes to accept the offerings made to him, and to chase away all wickedness.

29. By seeing the wonders wrought by *Gooroola*, the eyes of every one were struck; and now the *Gooroola*, who has taken the form of a devil,§ having troubled the water of the sea by his wings, and accepted the offerings made to him, he has permission to go.

30. The famous *Gooroola* comes flying, and opening his red mouth horridly.

31. Behold a *Gooroola* comes seizing snakes, and

* See accompanying plate, No. 4.
† See accompanying plate, No. 6.
§ See accompanying plate, No. 7.

drinking blood furiously, and displaying his power and authority.

32. His two hands are shining like golden chains— his face shines in candle-light—and whoever sees this *Gooroola* coming to the king's masquerade, their hearts will be gladdened.

33. Behold how the *King of Gooroola* dances, who has a shining gold crown on his head, who bears the form of a powerful renowned king, and has a snake in his mouth.

34. Behold, ye gentlemen of this assembly, how this *Gooroola* dances in your presence, dressed in sixty-four habiliments, and having a golden crown on his head! He puts out his tongue, and, having two fiery eyes, looks angry enough to make the heart tremble. Taking another snake in his hand, without shaking their two tongues, he makes them open their hoods.

35. Hear ye with pleasure and without anger the handsomeness of this *Gooroola*.

36. His face is green, his body shines like the colour of gold ; he holds two snakes in his hand ; and he is embellished as a *Gooroola* should be.

37. In opening the wings and taking a snake in his mouth, this mask of *Gooroola* was made according to ancient custom.

38. A *Gooroola* makes a furious noise like a devil, and bears five hoods of serpents. He now comes to this assembly, and dances without getting displeased. His two great eyes are looking sternly like a shepherd to deter people. All ye of this assembly, behold how a devil dances by assuming the shape of a *Gooroola!*

39. In taking a devil's form in order to frighten every side of the heaven and earth, he is dressed in sixty-four habiliments, with the dart of death in his left-hand

—a fire comes out of the crown of his head, with thunder roaring and lightnings flashing. The thundering devil, in the form of *Gooroola*, came down and danced on the stage.

40. *Five women* link themselves together, and bear a pot on the top of their head. Their bodies shine like gold and precious stones. In this form the woman consisting of five women comes quickly.

41. Their paps are like goslings; their persons are dressed in all sorts of habiliments; and without fail they will attract the heart of every man. Come forward, you group of women.

42. Now comes a woman consisting of five women, whose golden body shines. She is dressed in variety, and thereby pleases the heart.

43. See a flower-pot on the head, and women standing within; their hands and legs entwine like embroidery. The beautiful woman consisting of five came down to this assembly, and she will get presents from every one that sees her dance.

44. They are adorned with golden chains, and splendid garments. Their paps, like golden dishes or goslings, are trembling. Whoever beholds the handsomeness of this woman resembling a golden image, their hearts will be agitated, and they will be subject to a great evil.

45. These five women embrace perfectly in a flower-pot. They shine in beauty surpassing an image of gold. Their hearts are not backward in animal affection; and the gazing gallant is affected and distracted.

46. Behold these women, so formed that their whole bodies shine beyond the beautiful island of Ceylon!

How could the gallants turn away without surveying the paps which project on their breasts?

47. The pleasing persons of these women display the utmost sexual affection. Therefore how can those who love, and stand here, depart without giving presents to them?

48. Their faces shine like a full moon—their bodies tremble—their paps are like golden cups;—and those gallants that saw them will desire them. If they have golden coin (*massuran*), they will be disposed to give heaps of it.

49. I think there is no such woman to satisfy the mind when gazing on her with both eyes. Nevertheless you five-bodied woman, depart to your dwelling without being troubled.

50. Who knows the wickedness of the *Moorman?* He kills bullocks. Now comes the mask of the *Moorman.*

51. A certain corporal of the Moors gave merchandise to this man to sell; and now he comes here smartly driving a bullock.

52. He tied the load on the bullock, and put cords on his neck. He rapped him with the goad, and now comes here shouting.

53. This bullock eats tender grass, and is below, standing afar off. The bullock rubs his neck, and comes to this assembly.

54. His forehead has a star. His tail resembles a woman's wig. His fore-legs are white, and he is not vicious. Every one will rejoice on seeing this bullock.

55. Hear the character of the owner of this bullock. He is a person having nothing to eat, and therefore suffers hunger.

56. He is thus arrayed : He is dressed in a common cloth, trimmed. He has a shawl on his shoulder, and a handkerchief neatly tied round the waist; with a cap on his head. His teeth when rubbed are like a string of pearls. Now survey this man, who came respectfully to this assembly.

57. Hear ye the character of the *corporal*, who came and stands here. Wherever he goes, he inquires about fowls, ash-coloured plantains, and hen's eggs. He stands here and there on dung-hills, and worships God. You *corporal*, my friend, why come you here now ?

58. Whatever he finds, he ties on a bullock's back ; and a lascorine comes and drives the bullock with the Moorman, shouting fearlessly.

59. You went to fight in the country *Makanda*, and you were conquered. Now you are come here, my friend. Though we cannot understand why you speak so loud, you may die on this journey.

60. While on the road, repeating this, he loved his wife, and, indulging his love, contrived to avoid the journey.

61. You inferior village headman are the only support of my loving wife. Therefore, by way of postponing this journey, take charge of this bullock to-day.

62. Then the village headman took charge of the bullock, and said, There are furious tigers in the midst of this forest ; and if there happens any accident, you, my lascorine friend, cannot make it good.

63. The lascorine went away, repeating a charm round a certain space. The bullock followed, eating tender grass ; and a furious tiger came rolling and jumping, and caught the bullock, and ate the flesh off its neck.

64. The body of the bullock having the star in the

forehead belonging to the lascorine, was putrid after the tiger that caught it went away. The jackalls came and stood round, and ate up the carcase.

65. The carcase of the bullock killed by the tiger, is a feast for the dogs and jackalls. The lascorine, having taken his pleasure, came the next day in high spirits.

66. The well-behaved lascorine returned again, saying, I am going to *Roona*. He said to the village headman, Give me the bullock I gave in charge to you.

67. The village headman hearing this said, I cannot undertake a journey into that forest now, because the bullocks are resting amid the noise of dogs, tigers, and jackalls.

68. The properties of a tiger are, that he kills human creatures, lies wait in the forest, and frightens whoever beholds him.

69. His claws are like the point of a dart ; his hairs are curled like locks of hair ; his teeth for keenness are like a row of glasses ; his body is like a picture.

70. His spots are like those of a leopard. The people that see him will be pleased with him. His body is of the proper size. Now comes the *tiger*, and enters the assembly.

71. He lies in the bushes, looking about and shaking his mouth and lips. He has great appetite for animal food. He stretches out his foot and fangs, and is always rubbing them. The tiger, following the bullock, watched his opportunity.

72. His mouth, breast, and back, are covered with hairs ; the spots on both sides are black and reddish. My friend, this fellow is clever to jump here and there. Now the tiger comes in and dances.

73. The furious *lion* dwells in a golden cave in the forest, and his peculiarities are as follow :

74. His hair is curled ; his fangs and teeth are of the proper size, and his tail is erect. No creature is so noble.

75. His eyes are reddish. Shining in varied beauty, he astonishes his beholders. The good lion will come to this assembly.

76. By his roaring he will paralyze the people. He will spring four miles. He breaks the proboscis of the elephant, and drinks the blood. Now the lion runs and dances in this assembly.

77. His tail is bent backwards. Opening his red eyes, he looks around as he pleases. Opening his mouth, he puts forth his tongue. He runs in the assembly, and dances according to his pleasure.

78. His roaring entered the ears of the people, and paralyzed them with fear. Wherever he jumps he will not stop without killing an elephant. There's the lion ! How he comes running in the assembly !

79. The dancers are accustomed to cause the wolves to dance. After pleasing every one in this assembly, they will ask money.

80. Behold, ye dancers ! A *wolf* comes into this assembly, tied. He has red eyes and a blue breast, and makes a furious noise.

81. *   *   *   *   *

82. His shining face is black-coloured, and has three white lines on each side of it. His reddish eyes are shining, and he looks angry. He jumps forcibly, and dances to the tinkling of the bells. Gentlemen of this assembly, behold the dancing wolf !

83. He breaks up the hillocks, and eats up the white ants from place to place with hunger. He jumps furiously on the body, and crushes and eats the face.

D

Whoever sees him will fear his cruelty. Who will give presents to the wolf which dances in this assembly?

84. The head and body are dark, as if covered with blue cloth. He will allow none to go through the forest by day or night. Thus the wolf prowls and eats continually. What must be done to the wolf that came from *Kalla*?

85. Let every one behold the mask of the *Paddy Bird!* His beauty consists in a long neck.

86. Like the paddy bird which eats worms, he comes reconnoitring. He knows what dances are calculated to please every one. He has a melodious sound, and resembles gold. What is his function? He pecks the precious ground with his bill.

87. The paddy bird is accustomed to eat the fish of the lakes. In his foolishness he dances on both sides of this assembly. He merely bears the name of a paddy bird, but has no feathers on his sides. He would eat rice and curry always, could he obtain it.

88. His body is of a golden colour, and will frighten his beholders. He catches fishes, and eats them without letting them go. Hearken! I will repeat the songs of the mask of the paddy bird. In playing he walks to receive presents from the women.

89. His body resembles a quivering white flower. By beholding masks he neglects to seek his prey. Instead of eating the fish of a dried lake, he comes pecking his bill in the ground. Behold, every one in this assembly, the foolishness of this creature!

90. See how the *Giant*, who bears a giant's head, is arrayed! He comes to dance in this assembly.

91. Full of power, he bears the head of a giant. According to custom, come quickly to this stage.

92. He has got the strength of a youth as .well as agility and influence. Formerly, this was not customary as it is now. See him arrayed, and coming to this stage!

93. His body shines like gold, and is ruddy; his hands and feet embrace. The peacock's feathers are shining round about; and thus the giant is prepared to fight.

94. Good and handsome giants are put on the head. Retaining the strength of his youth, and displaying strength and vivacity, he came to dance in this assembly. The people being fond of the giant, will give presents upon presents.

95. No one has seen a curiosity equal to that of the giants. Whoever is like-minded with me, will give presents willingly.

96. A mask was made for the name of *Poorneka*. He dances to the rhyme, and comes to this assembly.

97. He came to this assembly having a devil's face, and making a devilish noise. His face was ruddy, and he was dressed out.

98. This mask pleased all the stewards of the masquerade. As soon as it was carved, it was brought to this assembly.

99. Be pleased to see how the devil *Poorneka* dances! His face shines reddish; his teeth and ear-rings are white; and he has a club in his hand to frighten beholders. This mask is seen no where but here.

100. Believe it. This is the devil called *Poorna*. As to his character, he formerly received power from *Wessamooney*. As in the world of serpents, he bears the glass and crystal-like stone. If there be any evil in making this mask, may we be saved and blessed by chasing it away!

101. The devil called *Ratna Kootaya* is coming. His two eyes look sternly. His lips and teeth are shaking; and he makes a devil's noise.

102. Four cobra-capelles are on his head; and two cobra-capelles on each ear. He is gallantly arrayed, and comes quickly to this stage.

103. His body is girded round with snakes, and dressed with habiliments. Without fail he comes to this assembly.

104. The devil *Ratna Kootaya* dances in this way: his face shines likes a fiery pillar; four cobra-capelles are curled on his head; and entwined with the ear-rings.

105. Having the form of a cobra-capelle, he is become furious. Both eyes are reddish, and his mouth is like a cave. He frightens beholders with his nose. Therefore he bears the name of *Ratna Kootaya*.

106. His infernal face shines; his nose resembles a bow; and his eyes are like young cocoa-nuts.

107. Now the devil called *Neela Gerê* is coming. He is expert at making curiosities; at redressing all grievances; at removing all sorrows; and able to support us all.

108. Not very easily he bears a large face of a devil, nine hoods on the crown of his head, and two devils on both sides. In the midst of them is the goddess *Gerê Dawê*. Every one in this assembly will be pleased by viewing these beauties. This *Neela Gerê* by dancing to-day will chase away the evil of us all.

109. He has a devil's face on each side; and nine hoods of cobra-capelles. In the midst of them all, the face of *Gerê Dawê* shines. Looking furiously

with his eyes, and shaking the body, he cries out. Who can bear to behold the great face of *Neela Geré*?

110. A devil called *Nanda Geré* is coming. His body is arrayed with habiliments resembling alum, and the colour of gold.

111. In his hands are two torches; his manners are diversified. He knows the *Tune of Torches*. Therefore the name *Nanda Geré* was conferred upon him.

112. Behold the devil called *Nanda Geré* in this assembly, having a devil's face at top, and five hoods together! The two corners have men's faces. The face shines like gold. He waves torches at the sound called *Dewadda Gunda*.

113. The devil's face and five hoods are properly adjusted on the head. The two men's faces shine like gold on the two corners. The devil's face resembles alum, and he gnashes his teeth furiously. You devil *Nanda Geré*, dance, and accept our offerings according to your pleasure.

114. The mask called *Chandra Kāwa* is of this kind : The head is red and white ; and both sides are arrayed with images of gods and two goddesses.

115. The *Chandra Kāwa* comes, wearing a crown. On the top is a cobra-capelle, and in each hand are two cobra-capelles.

116. Two large cobra-capelles are opening their hoods, and making a singular great noise. Behold how the powerful devil comes and dances !

117. Two eye-brows are green, and the two eyes are as if rubbed with eye-salve. The minds of young people will be affected. The face of the *Chandra Kāwa* that comes to dance is like the moon.

118. A *devil king* by assuming different forms is

coming quickly. He dwells in a certain forest in this famous island of Ceylon.

119. He bears fifteen cobra-capelles; his two reddish lips shine; he has two furious eyes; and looking round about, he makes a noise.

120. By this means he surveys the country every where. On hearing the sound of the drum, he comes pleasantly to the stage.

121. The king of the devils, called *Wessamooney*, was pleased with the form. That king gave to this mask the name of the *Apparition of Cobra-capelles*.

122. The devil called *Māraka* is coming speedily to this assembly, having an iron rod in his hand. His body is blue-coloured.

123. Behold, ye assembly all, the devil *Māraka*. He deafens the two ears with his furious noise.

124. On the top of his head is a furious image which shines reddish; and two hoods of cobra-capelles are held in each hand. His face is of the colour of a parrot, and four cobra-capelles are curled on the forehead. The devil called *Māraka* is coming intoxicated by drinking fermented liquor, and makes a furious noise.

125. He has a furious blue and broad face, and four cobra-capelles curled on the forehead. Both sides shine with red colour. Three devils' images and cobra-capelles are on the head. The reddish hand bears furious cobra-capelles. Behold now, all this assembly, according to your pleasure, and to the satisfaction of your eyes, the devil called *Māraka*!

126. Ye learned, understand now the actions of the devil *Māraka* bearing the iron rod in his hand, and making a noise to deafen the ears. He seizes the people that pass, and eats their flesh as he sheds their blood on each side of their mouth. If with his

red eyes he beholds any one, he will not let him go without depriving him of life.

127. By constantly making furious noises, and drinking abundance of fermented liquor, he comes to this assembly intoxicated, and dances, asking money of the beholders. Ye gentlemen in the assembly, behold this dancing with satisfaction, and give each a handful of money to this devil !

128. The devil *Asooraya* is coming boldly, making a great noise. He is dressed in a red coat, and has white palm-leaves on his head for hair.

129. You devil *Asooraya*, come quickly to this assembly, making incessant noise to please the people.

130. This is the devil *Asooraya* coming, making a furious noise, and looking sternly with his angry eyes as he brandishes the iron rod in his hand.

131. Behold with pleasure the devil *Asooraya* coming to this assembly and dancing ! He has a furious reddish face, and five hoods are curled on his head. His mouth and teeth are opened wide like a cavern to frighten the people, and he looks round about, making a devilish noise, and gazing with his furious eyes.

132. Behold how the powerful devil named *Asooraya* dances in this assembly ! He has a crown on his head, a devil's face ; a red coat on his back, and his hair tied behind. He dresses by tucking the clothes round his waist. Every one who sees him, will with pleasure give presents.

133. May God always forgive ! May it not seem amiss to him ! Now therefore the power of the gods will appear to general satisfaction.

134. Five cobra-capelles are curled round the head ; a devil is on the top ; and the forms of the women are on the two extremities.

135. The devil *Nāta Geré* is coming from afar, and making fearful and frightful noises like a devil.

136. He lifts up his two ears and stares angrily. He hisses like a cobra-capelle sitting in the ear-rings.

137. By these powers, the evils of humanity are chased away. By the power of the supreme gods, the devils came to this stage and danced.

138. The mask of the devil *Nāta Geré*, who dances here : A devil was formed on the top of the head, and two women's figures on each side. In the midst and round about, five hoods were prepared and curled. The breast juts out like a devil's heart. On the two ear-rings, cobra-capelles are sitting.

139. The devil having searched every where in the forest, caught several cobra-capelles. His body is that of a devil. He shakes his two eye-brows, and he demands from every one forcibly and wrathfully whatever he wants. He stares in looking, and in dancing shakes his whole body.

140. Walking every where, and looking round about, he dances like a devil. His whole body is covered with hoods, and in one of his hands he holds a club. He came at pleasure, and entered the assembly brandishing his sword. The face of the devil called *Nāta Geré* shines brightly like a cloud.

141. His countenance is of a gold colour; so are his lips. He catches his hair with his two hands, and holds it with his mouth as if to eat. He walked through the forest, haughtily seizing and frightening creatures. By giving him offerings he will be induced to depart, and will not appear again even in dreams.

142. An *old man and woman* are coming to this assembly. Their countenances and chins are wrinkled. They tremble, having no strength in their feet, and are dressed in rags.

--

143. Having no strength, their bodies tremble. The tears fall about their whole body. They talk querulously. Where are you going, old woman?

144. There are persons in this assembly who borrowed from me when young ; and I have now nothing to spend, being indigent. I came therefore to demand my right.

145. Why are you, my grand-daughter, angry with me? Give me a salt fish for a trifle. What signifies talking about bargains? Give me quickly, that I may go.

146. You old man, come here and inquire of the persons who borrowed from me. Demand our due directly by force. Though we die, we will not go empty.

147. Behold a *pregnant woman* coming to this assembly! She never uttered lies with her lips. She was separated from her own husband. She pants from longing, having no rest.

148. She cannot get up to dress herself. She has no appetite even for rice and beetle. Husband, if you are well affected towards us, abandon us not now to this misery.

149. Though I bring pine-apples and cocoa-nuts, and every sort of sweetmeat, and wholesome food to her, they are loathsome on account of her pain.

150. Husband, * * * * * ? Oh! don't you see the misery I suffer? I cry with my hands on my head. Go quickly, and call the midwife.

151. My husband will tarry in returning. Are these the pains of child-birth? At all events, pray to God. Make a shed where I may rest.

152. I will present a thread to God, a jewel called

Hotteya, with sixty weights of iron; and will likewise weave a veil for the face.

153. O God, have pity on me! and if I bring forth in safety, I will offer the straw after rubbing out and taking the corn.

154. The visitors will advise different things ten times over.   Some will give oil and incant.   Some will sit near the head, and advise her to bring forth.

155. O may I have no more anguish!   May I bring forth favourably and agreeably!   May the features of the child be joyful to the heart and pleasant to the eyes!—Love to the son is thus displayed.

156. O infant son!   O son!   May thy blessings abound!   There is none to see my misery, or to help me.

157. The beauty of the child I have now got is like a flower.   His prattle will be pleasant, and he will like much to chew beetle.

158. He is like a flower that blossoms on a branch. He is like a picture painted on a board.   Certainly you will open your eyes, and look upon my son.

159. The child requires the midwife's services.   Cry not, my precious son, which God gave me.

160. Thou wast fortunately born for us both.   You *Hattan*, my lucky child! you must not suppose you were born now, but dance, saying, *Tey-nā-nā*.

161. Talk till you can understand the words.   I will carry you till my sides are sore.   My son, cry not for nothing.   You shall suck milk without getting tired.

162. The anguish that mothers suffer is great!   The child will suck the milk of both breasts.   He will know his parents: and suck milk from the breasts he sucked before.

163. He is my fine son.   Take and dandle him lov-

දළරස

Dalla Rassee, or The Tusked Devil.

J. Netherclift Lithog. for the Oriental Translation Fund.

ingly. Kindly induce him to eat rice. May he grow favourably !

164. Now comes *Dalla Raja* * to the stage, crying and roaring incessantly like a devil.

165. He comes to this stage staring and looking about with both eyes, elevating his eye-brows, and bending his two ears.

166. Now comes *Dalla the Prince.* He glances with his two eyes, and shakes his lips and teeth to frighten the creatures.

167. The beautiful *Pel Madulla* is like one of the princes of the devil called *Dalla.* He has the form of the devil *Garā*, and has a victim-offering in his hands. He bears the dart of death, and raves as he plucks the branches off the trees. He departs angrily, and springs to the sieve making his first ceremony.

168. The *Pel Madulla* is descended from the powerful royal pupils of the beginning of this age. He received the energy of animal affection from the four majestic gods. Therefore if any one ventures to dispute with him, he will seize him by the hand, and cause him to dance. The *Pel Madulla* has a stripe in the forehead for the sake of handsome people.

169. Now a devil named *Garāyah* is come to this assembly, having the form of a devil, and of his own accord making various signs.

170. Behold, ye gentlemen of this assembly, how the devil called *Dalla* dances! If we have done any wrong, pardon the offence.

171. Now we will declare the origin and history of the devil *Dalla*, and please the hearts of every one that considers them wisely.

* See the accompanying plate of Dalla Rāsee, or the Tusked Devil.

172. In the beginning he was born a prince with various excellencies ; but through the power of *Garā-yah* he got a black devil's face.

173. He has a crown of gems, and three hoods shine on his head. His two eyes resemble small cocoa-nut fruit. He has two reddish lips, and his teeth are white.

174. Behold, all ye gentlemen of this assembly, without looking off, how the devil *Dalla* dances ! His countenance is black. He opens his mouth a little like a devil, and his white teeth shine. The crown of gems on his head, and his eyes and ears, are covered with hoods. His nose is like the proboscis of an elephant, and by staring with his eyes he frightens the people.

175. The *Pel Madulla* is one of the devils that lives with the devil *Dalla*, and he comes capering and dancing to the sound of the drum. Shaking the red cloth, he takes a bounce, and springs to the meat-offerings, asking a little food. He dances to the sound of the drum as he shakes the little bells and red cloth.

176. The devil *Dalla* comes, keeping his right-hand on his side, and frequently asking offerings. He catches fowls, goats, and hogs, and cuts and tears them asunder. By beating them with his iron-hammer, he drinks their blood, and quickly eats the slices of flesh. When he goes on foot, the ear-rings of both ears are shaking.

177. Now comes cruel *Death*.* He has teeth sharp as glass. In one of his hands he holds the dart of death. He has on his head three crowns.

178. *Death* is now very near. He has a devil's face ;

* See the accompanying plate of Yamma Rāksaya, or the Death Devil.

Yamma Rāksaya,
or
The Death Devil.

J. Netherclift Lithog. for the Oriental Translation Fund.

and a looking-glass; with grinning teeth; and his body is rubbed with red sandal.

179. His two eyes are staring round about, and he has the dart of death in his grasp. Now every one in this assembly will behold *Death* with undivided attention.

180. *Death* dances in the assembly, and terrifies the people, having hold of the reddish and black dart. He will come running, and staring with both eyes. He will not give up the soul he has got.

181. Having looked sternly with both eyes, and terrified the people round about by perplexing their minds, now *Death*, having danced and got money, you may depart.

182. Here comes *a foreign beggar, a pilgrim*. He has a purse, a conch hangs on his shoulder, and he pleases the people.

183. A pilgrim came, and here he stands. Having rubbed himself with ashes, he has circles of bony beads on his hands; and holds in his hand a shining glass.

184. He shakes the circles of both hands, and terrifies. He has bundles of peacocks' feathers which beautify the country. You speak through your nose, and you have curious teeth. Every one will be afraid. Why came you here, pilgrim?

185. The power of God and righteousness, the Budhist religion and honour, exist gloriously. Of sardonyx and Ceylon rubies there are plenty in this island; and I went every where and danced. By drinking much fermented liquor, I come here now to obtain support from a woman named *Weragam Natcherree*.

62

NOTES.

Page 37. No. 1.—*The god Iswaré.* Iswaré and Maheswaré are designated as subordinate deities governing the earth under the god Sekkraia.—Nos. 8—12. *A certain goddess who dwells in the fan of the said king went to the god Sekkraia, prostrating before him.* This accords with the interesting details found in page 114 of the History. It was "the duty of the devils to obey their head, the god Warss-rewsenne, and with him to make war against the enemy of Sekkraia, the god Wepetsiette-asura-drea: and they eat the flesh of dead people; and although according to the Budha's doctrine they are entitled to no honours, because they are the enemies of the human race, yet the Cingalese pay honours, and do service to the devils, because they fear that they have the power to visit the human frame with sickness; and therefore in cases of sickness they conjure the devils, and make offerings to them of money, as well as of boiled and unboiled meats, and they also cause the throat, arms, legs, and body of the sick person to be loosely tied by the conjurors with necklaces and threads dyed yellow with saffron-water." The Budha, it appears from an erudite note, remained in practice of bana and good works for forty-five years; then about to enter Nirwana, he foretold that his law should last for five thousand years, and gave Ceylon in charge to the god Sekkraia, who deputed the god Wisme-karma, when the Budha died blessed on the 15th of May. C.

Page 40. No. 5.—*I am the man that went to fight with the Malabars.* The Mahavansi, the Rājā-rātnacāri, and other sacred books are filled with details of the bloody wars which raged for centuries between the Cingalese and the Malabars, the latter race exerting every effort to extirpate the worship and existence of Budhism from the region of Ceylon.

Page 43. No. 29.—*And now the Gooroola, who has taken the form of a devil.* This passage substantiates the remark made of the magic power ascribed to this demon, which in page 31 is called the bird, and here assumes the shape of a devil.

Page 44. No. 34.—*Dressed in sixty-four habiliments.* The number sixty-four is the most prominent figure of the mysterious calculations of the Budhists. If the numbers of Antakal as 80 be multiplied by the number of Budhas 5, it will give 400 : now the Assankaya is described by sixty-four ciphers, and if sixty-four be multiplied by five, it will give 320; these two numbers added together make the quotient of 432,000; divided by 600, a period famous as the great Saros among the Chaldeans as well as the Indians, 432,000 representing the Cali of the Bramins : an Assankay of years is thus also the duration of life assigned in the Mahavansi to the twenty-eight kings of the first race of the sun, who are named Maha-summata. Their names are recapitulated with the addition " that the succeeding kings by degrees lessened their age and beauty."—Illustrations, page 5.

Page 46. No. 50.—*He kills bullocks.* The crime consists in shedding the blood of animals, which is forbidden by the doctrine of Guadma ; and the consequence of dis-obedience to this precept may be traced in the punishment in the hell Taw-paya, page 107, plate 27, which the doctrine declares to be its doom. Its consequences also are depicted as well as in the Jutaka of Useratanam Raja, page 35.

Page 48. No. 70.—*Now comes the tiger.* See Plate, No. 39, for Kaloo Kumára. The description is as follows : " Kalikumara-yakseya is a demon of a fierce black countenance, with four arms : he wears three cobra-capelles on his head, and a spotted ocelot or tiger's head from each shoulder ; in one hand he holds a cock for sacrifice, and in the other a naga branch ; on his girdle appears the bird or garada, as worn by the Pattinee goddess."—73. *The furious lion dwells in a golden cave.* That is the allegorical lion Chilarasi inhabiting the mounts Hemavunta, or the Imaus, crowds of forms of which are arranged around every Vihari of the Budha ; and two gilded specimens are now deposited in the Museum of the Royal Asiatic Society, attached to the complete establishment of the service and worship of the Budha, of the most splendid character ; which were formerly belonging to the chief priest of Guadma.—Illustrations, page 46.

Page 54. No. 118.—*A certain forest.* The forest of Yakgiri, wherein Guadma confined the rebel devils and enchanters in his first visit to Ceylon, and transported them finally to the Jugandare region of the Himmaleh mountains.—Illustrations, page 113.

Page 55. No. 132.—*Asooraya devil* is depicted under the centre form of the Bali, plate 32, which is presided over and takes its name from him. The Asooraya or Asura Raja is termed in the doctrine a very powerful god, and equal to the god Sek-kraia, with whom he wages constant war. These two conflicting essences, the one be-nignant, the other malign, are perfect counterparts of the angels Michael and Satan of our great poet Milton ; and the Budhist doctrine exhibits them conformably as capable of inflicting on each other much of temporary injuries, corporeal hurts, and even wounds ; but as never endowed with any actual overwhelming preponderancy.

PLATES OF THE DEMONS GIVEN IN THE HISTORY OF BUDHISM.

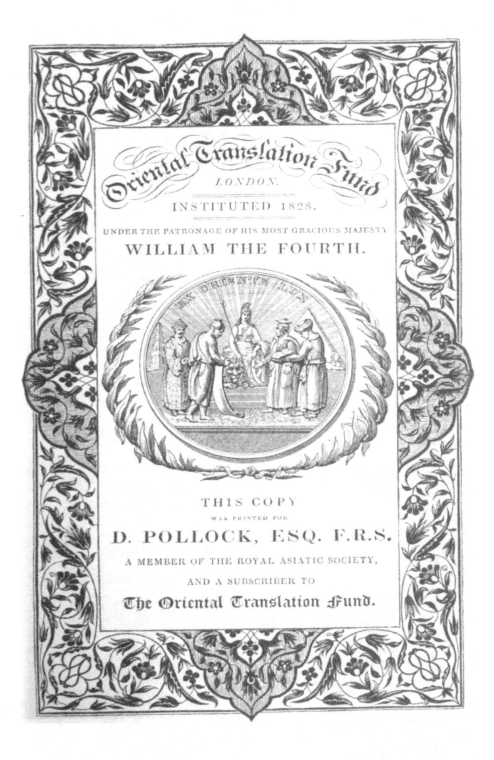

Oriental Translation Fund

LONDON.

INSTITUTED 1828.

UNDER THE PATRONAGE OF HIS MOST GRACIOUS MAJESTY

WILLIAM THE FOURTH.

EX ORIENTE LUX

THIS COPY

WAS PRINTED FOR

D. POLLOCK, ESQ. F.R.S.

A MEMBER OF THE ROYAL ASIATIC SOCIETY,

AND A SUBSCRIBER TO

The Oriental Translation Fund.

記闌灰

HOEÏ-LÁN-KI,

ou

L'HISTOIRE DU CERCLE DE CRAIE,

DRAME EN PROSE ET EN VERS,

TRADUIT DU CHINOIS ET ACCOMPAGNÉ DE NOTES;

PAR STANISLAS JULIEN.

LONDON:
PRINTED FOR THE ORIENTAL TRANSLATION FUND
OF GREAT BRITAIN AND IRELAND.
SOLD BY
JOHN MURRAY, ALBEMARLE STREET;
AND PARBURY, ALLEN, & CO., LEADENHALL STREET.
M.DCCC.XXXII.

À LONDRES:

De l'Imprimerie de Cox père et fils, Great Queen Street, Lincoln's-Inn Fields.

À

SIR G. T. STAUNTON, BARONET,

DOCTEUR EN DROIT, MEMBRE DU PARLEMENT,

DE LA SOCIÉTÉ ROYALE,

VICE-PRÉSIDENT DE LA SOCIÉTÉ ROYALE ASIATIQUE,

&c. &c. &c.

HOMMAGE DE RESPECT

ET DE RECONNAISSANCE,

OFFERT PAR

LE TRADUCTEUR.

PRÉFACE.

——————

Le drame que nous offrons aujourd'hui au public, est tiré du répertoire du théâtre chinois,* intitulé *Youen-jin-pe-tchong*, c'est-à-dire, " Les cent pièces composées sous les Youen," ou princes de la famille de Tchingkiskhan, qui ont régné sur la Chine depuis 1259 jusqu'en 1368.

On connaissait déjà en Europe trois pièces du même recueil : *L'Orphelin de la famille Tchao*, mis en français par le P. Prémare, missionnaire à Péking ; *Le Vieillard qui obtient un fils*, et *Les chagrins du palais de Han*, par M. Davis, attaché à la factorerie de Canton.

Toutes les pièces de la collection des Youen se composent de deux parties bien distinctes, d'un dialogue en prose et de vers irréguliers, qui ressemblent beaucoup aux ariettes de nos opéras. Ces morceaux lyriques, que l'auteur réserve pour les endroits les plus pathétiques et les plus passionnés, sont écrits souvent dans un style poétique très élevé, qui est à peine connu en Europe. On

---

* Cette pièce est la 64e. de la collection.

doit donc regretter que le P. Prémare et M. Davis*
n'aient pas jugé à propos de nous donner une traduction complète de ces passages en vers, qui
occupent ordinairement la moitié et quelquefois
même les trois quarts de chaque pièce.

Monsieur Davis† motive ainsi cette omission :
" Plusieurs passages ont été incorporés dans notre
version, mais le traducteur ne les a pas donnés
tous, par la même raison qui a empêché le P. Prémare d'en donner *aucun*. Ces chants‡ sont diffi-

---

* On n'accusera point ces deux savants d'avoir passé ce qu'ils n'entendaient pas. Ils ont fait leurs preuves. Monsieur Davis a traduit littéralement
tous les vers du roman *Hao-khieou-tchhouen*. (Voy. sa préface, p. xxii.)
Le P. Prémare a composé, sous le titre de *Notitia linguæ sinicæ*, un vaste
répertoire grammatical, qui, au jugement de son biographe, contient " plus
de douze mille phrases bien traduites, et près de cinquante mille caractères
chinois."

Cette grammaire a été imprimée à Malacca, sur la copie qu'en avait faite
en 1825, la personne qui écrit ces lignes. En la transcrivant on a fait disparaître un grand nombre de fautes de latin et de chinois qui existent dans
le manuscrit que possède la Bibliothèque royale de Paris. Ces fautes doivent
être attribuées aux deux copistes dont s'était servi l'auteur. Mais pour les
corriger toutes, il eût fallu joindre à l'ouvrage un travail critique qui
n'entrait pas dans le but de l'éditeur. Le P. Prémare annonce (p. 262)
qu'il a été forcé de laisser sa grammaire incomplète, faute d'avoir le second
volume de l'ouvrage intitulé *Kou-hio-keou-hiouen*. Nous tâcherons de
remplir cette lacune, si nous pouvons nous procurer le cahier qui contient
les phrases de cinq caractères et au dessus. Ce serait peut-être une
occasion favorable pour publier, à la suite de ce supplément, les *emenda-
tiones* que semble réclamer l'état actuel de l'édition, et un *index* universel
des mots et des phrases.

† Préface de *Han-kong-thsieou*, pag. 3.

‡ Dans ce passage, les mots *ces chants*, jusqu'à *apercevoir*, appartiennent à la préface de *L'Orphelin de la famille Tchao*. Voyez Duhalde,
tom. iii. p. 421.

ciles à entendre, surtout pour les Européens, parce qu'ils sont remplis d'allusions à des choses qui nous sont inconnues, et de figures de langage dont nous avons de la peine à nous apercevoir. Ordinairement ce ne sont que des répétitions et des amplifications des parties en prose, qui, étant plutôt destinées à flatter l'oreille que les yeux, paraissent mieux convenir à la scène qu'à la lecture du cabinet."

Il ne m'appartient pas de me prononcer sur ce jugement de monsieur Davis, qui réside en Chine depuis vingt ans, et qui connaît sans doute à fond tout le théâtre chinois. Je dirai seulement que dans vingt autres drames, comédies et opéras, que j'ai lus * jusqu'ici, les vers chantés m'ont paru jouer absolument le même rôle que dans *L'Histoire du cercle de craie*. Nous laisserons donc au public instruit le soin de décider si les passages lyriques, qui font souvent partie du dialogue,† pouvaient être omis comme redondants, et si le lecteur eût été à portée de remplir, d'après ce qui précéde, les lacunes qu'aurait laissées leur retranchement. En nous efforçant de traduire en entier tous les vers de *L'Histoire du cercle de craie*, nous n'avons fait

---

* Les pièces 3, 7, 8, 13, 19, 22, 25, 32, 53, 61, 73, 75, 76, 80, 85, 86, 89, 91, 94, 100. Nous nous proposons de publier bientôt quatre de ces pièces que nous venons de traduire : *L'Avare* (91), *Pheng-iu-lan* (100), *Le Ressentiment de Teou-ngo* (86), et *La Chemise confrontée* (8).

† Voy. pag. 15, 16, 17, 18, 28, 29, 30, 31, 46, 47, 48, 49, 62, 63, 64, 81, 82, 83, 84, 85.

que suivre le conseil que donne monsieur A. Rémusat, dans le Journal des Savants, en rendant compte de la dernière pièce traduite par M. Davis. " On ne connaîtra véritablement le théâtre chinois que quand un littérateur,* profondément versé dans l'intelligence de la langue, s'attachera à traduire en totalité plusieurs drames chinois, pris parmi les plus estimés, sans aucune suppression, et en ajoutant, s'il le faut, un commentaire aux parties qui ne sauraient être complètement entendues sans ce secours."

Nous nous proposons de publier un choix de pièces de théâtre, prises parmi celles que nous avons lues, ou qui nous restent encore à lire dans la même collection. Mais nous attendrons pour continuer que des juges compétents se soient prononcés sur le système de traduction que nous avons suivi. S'ils s'accordent à regarder comme superflus les passages lyriques, notre tâche se trouvera abrégée de plus de moitié.

Les difficultés que signale Prémare et que reconnaît monsieur Davis, viennent, tantôt de figures de langage empruntées aux trois règnes, ou de comparaisons dont on ne peut saisir les rapports qu'à l'aide d'une foule d'idées intermédiaires, et de connaissances spéciales, qui s'acquièrent moins dans les livres que dans le commerce et la société des lettrés ; tantôt elles naissent d'allusions aux

* Quod praefacine dicatur.

usages, aux superstitions, aux contes et aux traditions populaires, aux fictions de la fable et de la mythologie, ou aux opinions fantastiques des Chinois.

Ces obstacles, particuliers à la poésie chinoise, ne peuvent jamais arrêter une personne qui réside en Chine,* entourée de toutes les ressources qu'offrent les explications des naturels,† et des dictionnaires en cent et en deux cents volumes‡ qui n'existent point chez nous.

La condition des sinologues d'Europe est loin d'être aussi favorable, et, dans l'état actuel de nos connaissances, il semble que tout accès à la poésie chinoise leur soit interdit encore pour long-temps. " On possède, même en Europe," dit Monsieur Davis,§ " des secours suffisants pour comprendre les compositions en prose ; mais jusqu'à ce qu'on ait compilé un dictionnaire de la poésie chinoise

* " Toutes les fois qu'il s'est présenté des passages douteux, plusieurs naturels (*natives*) ont été consultés séparément, et l'on a adopté le sens qui a paru le plus conforme au génie de la langue et au but de l'original." M. Davis, Préface du *Vieillard qui obtient un fils*, p. xlix.—" L'auteur de cet écrit a demandé sur ce point des éclaircissements à son *Sien-seng* (son professeur chinois)." M. Davis, Mémoire sur la poésie chinoise, p. 439.

† " La résidence au milieu des naturels, et le secours qu'on peut réclamer d'eux pour les passages difficiles, sont peut-être, dans l'état actuel des choses, une condition indispensable pour composer une traduction irréprochable d'un morceau poétique quelconque." M. A. Rémusat, *Journal des Savants*, 1830, p. 584.

‡ Le dictionnaire poétique *Peï-wen-yun-fou* a 130 vol. et le dict. *Phing-tseé-louï-pien*, 220 vol. in 8vo. On peut se les procurer à Canton.

§ Préface du *Hao-khieou-tchhouen*, p. xvii.

(ouvrage dont le besoin se fait vivement sentir aujourd'hui), on peut regarder ce sujet d'étude comme placé presque hors de la portée des sinologues Européens."*

Il serait intéressant de montrer au public en quoi consistent les obstacles multipliés qui entourent la poésie chinoise, et en font pour ainsi dire une langue distincte de la prose, qui a sa construction, ses locutions propres, sa syntaxe, et, si je puis parler ainsi, son vocabulaire particulier. Mais toutes les généralités qu'on pourrait rassembler ici, n'en donneraient jamais qu'une idée vague et incomplète. Nous pensons que le meilleur moyen d'atteindre ce but, est de citer un certain nombre d'expressions, qui présentent, dans leur ensemble, des exemples frappants des principales difficultés. La poésie chinoise abonde de mots polysyllabes, qui ne se trouvent point dans nos dictionnaires, et dont les parties composantes, traduites littéralement, ne sauraient donner le sens.

Il n'est presque pas une des expressions que nous allons rapporter, qui ne pût nous fournir matière à des notes ou à des rapprochements

---

" La poésie chinoise est véritablement intraduisible, on pourrait peut-être ajouter qu'elle est souvent inintelligible." M. A. Rémusat, *Iu-kiao-li*, t. 1. p. 63. Le même auteur (Journal des Savants, 1830, p. 89.) " Nous avons dit plusieurs fois dans ce journal et ailleurs, pourquoi il serait téméraire d'entreprendre en Europe une tâche aussi difficile" (la traduction complète de la prose et des vers des meilleures pièces de théâtre).

curieux. Mais il nous faudrait sortir des bornes que nous nous sommes tracées. Nous nous contenterons de donner de temps en temps les éclaircissements qui nous paraîtront indispensables pour faire sentir la valeur des principales locutions. Quand des lectures plus étendues et plus complètes nous auront initié davantage dans l'intelligence de la poésie chinoise, nous publierons, sous forme de dictionnaire, toutes les expressions difficiles que nous aurons recueillies, en les accompagnant des explications de tout genre que nous aurons puisées dans les auteurs chinois.

Nous devons prévenir le lecteur qu'un nombre assez considérable des locutions suivantes s'emploie non seulement dans la poésie, mais même dans la prose moderne. Cette considération doit frapper les sinologues, et les engager à s'occuper davantage d'une étude sans laquelle il est presque impossible d'entendre les endroits difficiles et de sentir les beautés des romans, des nouvelles, des pièces de théâtre, du style épistolaire relevé et de toutes les compositions élégantes que l'on appelle *Wen-tchang*.

Les chinois font un usage très fréquent, on pourrait dire un abus, du mot *jade*, ou pierre de *Iu*, pour exprimer la qualité de ce qui est rare, précieux, distingué, agréable à la vue, exquis au goût, d'une blancheur éclatante, &c.

" La rosée de *jade*," signifie la rosée d'automne.

" L'éclat de *jade :*" le mari de la fille. " L'étage de *jade :*" les épaules. " Les bâtonnets* de *jade :*" les larmes. " La montagne de *jade :*" la tête. " Le son de *jade :*" la voix de l'empereur. On dit aussi dans le style épistolaire : " donnez-moi le son de *jade :*" c'est-à-dire, donnez-moi de vos nouvelles. " Les planches de *jade :*" le papier. *Item* : les feuilles des jeunes pousses de bambou. " Le lapin† de *jade :*" la lune. " Les balles de *jade :*" les œufs. " La sciure de *jade ;*" " la poussière de *jade :*" la farine. " Le suc de *jade ;*" " le jus de *jade ;*" " la chose de *jade :*" le vin délicieux. " Une personne de *jade :*" une belle femme, une épouse ou une maîtresse. " Le tronc de *jade :*" l'empereur, considéré comme chef de famille. Cette expression se lie ordinairement à celle de " rameaux *d'or,*" qui désigne les enfants, les descendants de l'empereur. " Le livre de *jade :*" le livre généalogique de la famille impériale. " La tige de *jade :*" en latin, *phallus.* " Une colonne de *jade :*" un pain long, de farine de froment. " La peau de glace, les os de *jade :*" le calice de la fleur Meï. " Du *jade* cuit, de l'or bouilli :" des mets exquis. " Le *jade* enterré," en latin, *corpus jam sepultum.* " Le noble *jade :*" votre fille. " Un frère de *jade,* un ami d'or :" deux frères

---

* Le mot chinois (*tchou*) désigne ordinairement les petits bâtons dont les chinois se servent pour manger.

† Pièce 100, Acte ii. p. 11.

également vertueux. " Semer le *jade* dans Lan-thien :" donner des présents de noce, &c.."

Expressions où domine un nom de couleur. " Avoir des sourcils *blancs* :" l'emporter sur ses frères, sur la multitude, par ses talents. " Faire des yeux *blancs*, c'est-à-dire, montrer le *blanc* de ses yeux :" faire un mauvais accueil à quelqu'un. L'opposé est : " faire des yeux *noirs*, montrer sa prunelle *noire* :" faire un bon accueil. " Le président des nuages* *blancs* :" le président du tribunal des peines. " La maison *blanche* :" la maison du pauvre. " L'empereur *blanc* :" l'empereur Chao-hao.

" Un bonnet *jaune* :" un Tao-sse, un sectateur de Lao-tsee. " La salle *jaune*, la ceinture† *jaune* :" le préfet d'un département. " Un papier *jaune* :" un décret impérial. " Les portes *jaunes* à deux battants :" les fonctionnaires qui sont chargés de remettre à l'empereur et de recevoir de lui les messages officiels. " A *yellow* council-chamber :" un ministre d'état. " La porte *jaune* :" la porte de l'appartement de l'empereur. " Une bouche‡ *jaune* :" un enfant. " Des cheveux *jaunes* :" un vieillard très âgé. " Avoir du *jaune* § dans la bouche :" corriger, rectifier ce qu'on a dit.

* Le poète Li-kia-yeou.

† Le mot que nous traduisons ici par *ceinture*, est une large bande de soie à laquelle le préfet attache son cachet.

‡ Ces deux expressions se trouvent dans *Khang-hi*.

§ Anciennement on écrivait sur du papier jaune. Quand on avait tracé

" La fille *bleue* :" l'esprit qui préside à la gelée
et à la neige. " Le palais *bleu* :" la partie du
palais qu'habite l'empereur. " La ceinture *bleue* :"
le préfet d'un district. " L'étage *bleu*," en latin,
fornix, lupanar. " Le désir des nuages *bleus* :"
le désir d'acquérir une grande réputation par les
succès littéraires. " Fouler le *vert*,* la *verdure* :"
visiter les tombes, le six avril. " L'empereur
vert, ou du printemps :" l'empereur Thaï-hao.

" L'étage *rouge* :"† l'habitation d'une fille riche.
" Le parfum *rouge* :" les plaisirs des sens. " La
poussière *rouge* :" les jouissances, les pompes mon-
daines, le monde, par opposition à la vie religieuse. " Un point *rouge*," en latin *meretrix*.
" Une feuille *rouge* :" une demande de mariage
faite par écrit. " Solliciter le lien de soie *rouge* :"
demander la main d'une fille.—" La colline‡
rouge :" le lieu où il fait clair jour et nuit, le
séjour des dieux. " Avaler le *rouge* :" mourir, en
parlant d'un Tao-sse. " L'or et le *rouge*, ou vermillon :" le breuvage d'immortalité, composé par

un caractère incorrect, on le couvrait d'une couche de couleur jaune, sur
laquelle on l'écrivait de nouveau.

* En chinois *tsing*. C'est le même mot que nous avons traduit plus haut
par *bleu*. Il a ces deux sens. Voy. Morrison, *part* 11, No. 10,978.

† Dans ces exemples et les suivants, nous traduisons par *rouge* plusieurs
mots chinois qui expriment différentes nuances de *rouge*. S'il s'agissait de
faire un dictionnaire, nous tâcherions d'être plus exacts. Nous avons eu
soin de séparer par un tiret — les exemples où le mot *rouge* est exprimé en
chinois par un caractère différent.

‡ Le poéte *Tchhin-tsee-ngao*.

les sectateurs de Lao-tsee. " L'olea fragrans *rouge :*" les palmes académiques.—" La maison *rouge :*" la maison d'un homme riche et puissant. —" Les frontières *rouges :*" le lieu où l'on livre bataille. " Le cachet d'argile *rouge :*" circulaire que le Tchoang-youen (celui qui a obtenu le plus haut grade littéraire) envoie pour annoncer son élection. " Le cheval *rouge :*" le préfet d'un département. " Monter de nouveau sur le livre *rouge :*" être rappelé à la vie ; être ramené au milieu des vivants. " Le palais *rouge :*" le demeure des dieux.

" Des nuages *noirs :*" des cheveux artificiels. " Des jeunes gens (de la rue) des habits *noirs :*" des jeunes gens appartenant à une famille noble et opulente. " Une ceinture *noire :*" un prince feudataire. " L'empereur *noir :*" l'empereur Tchouen-ti. " L'envoyé *noir :*" le démon qui préside au vent et à la pluie.

" La fenêtre *verte :*" la maison d'une fille pauvre, &c.

Expressions où dominent des noms d'oiseaux, ou l'idée d'oiseau. " La ville du *phénix** mâle :*" Si-ngan-fou. " La salle du *phénix* mâle :*" l'appartement de l'empereur. " Plume du *phénix* mâle :*" fils qui ressemble à son père. " L'étang du *phénix* mâle et du *phénix* femelle :*" la maison

* Pièce 8, fol. 2, *recto.*

d'un tchong-chou.* " Le bonnet du *phénix* mâle :" le bonnet de la mariée. " La divination (par le vol et le chant) du *phénix* mâle :" l'action de rechercher, par la divination, si l'on sera heureux avec la femme qu'on veut épouser. " Marcher comme les *oies* :" céder le pas à son frère aîné. " La porte de *l'oie* :" le champ de bataille. " Patte *d'oie* :" chevalet d'un instrument à cordes. " Recevoir *l'oie* :" recevoir les présents de mariage. " La tour des *oies* :" la liste de ceux qui ont obtenu le grade de docteur.

" Le *canard* endormi, le *canard* d'or, le *canard* précieux :" cassolette à brûler des parfums. " La tête de *canard* ." espèce de vaisseau. " Les nerfs de *poule* :" une personne petite de corps. " Kijin (vulgo : *poule*-homme) :" celui qui surveille, dans le palais impérial, la clepsydre de nuit. " La *poule* qui saute :" espèce de grenouille. " Langue de *poule* :" parfum extrait des fleurs d'un certain arbre. " Chair de tête de *coq* :" espèce de *nymphæa*. " Chair de tête de *coq*, nouvellement dépouillée :" en latin, *rubicundæ papillæ*. " Queue *d'hirondelle* :" des ciseaux. " Le terme de *l'hirondelle* ;" " l'époque du mariage : . . . .

" Recevoir la fleur *fou-yong*† dans la maison *d'or* :" épouser une belle personne. " La mer

---

* Voy. Morrison, *part* i. *vol.* i. p. 811 (25).
† Louï-fong-tha.

d'argent :" les yeux. " La racine *d'or :*" le char
de l'impératrice. " Le vase *d'or* * à flèche *d'argent :*" la clepsydre, ou horloge d'eau. " Le palais
d'argent :" le séjour des dieux. " L'éclat *d'argent :*" le vin distillé des chinois. " Le sable
d'argent :" le sel. " La soie *d'argent :*" la fleur
de farine, &c.

Expressions où dominent des noms d'animaux
réels, ou fabuleux. " Abîme de *dragon ;*"† "source
de *dragon :*" sorte d'épée. " La barbe du *dragon :*"
la barbe de l'empereur. " La race du *dragon :*"
prince feudataire de la famille impériale. " Le
dragon s'envole :" l'empereur monte sur le
trône.

" Long-pin (vulgo : *dragon*-hôte)," " pilules de
dragon :" de l'encre. " Ching-long (vulgo: monter-
dragon) :" un gendre noble et riche. " Le petit-
fils du *dragon :*" un petit-fils distingué. " S'attacher au *dragon* ‡ et au phénix :" fréquenter les
hommes vertueux. " Jets de *dragon :*" espèce de
thé. " *Dragon* § endormi :" surnom du général
Tchou-ko-liang. " Visage du *dragon* à cornes :"
surnom de l'empereur Hoang-ti. " La tête du
dragon appartient au vieillard :" cet homme a obtenu des grades littéraires dans un âge avancé.
" Incliner la tête à la porte du *dragon :*" avoir

---

* Le poète *Li-thaï-pe.* † *Kou-wen-houan-tchi.*

‡ *Thang-chi, Kou-chi,* iv. fol. 3.

§ Il était né à *Ngo-long-thong.* Les deux premières syllabes de ce mot
signifient *dragon endormi.*

échoué au concours ; s'en retourner sans avoir obtenu le grade de docteur.

"La ville des *brebis :*" Canton. "Le lieu où les *bœufs* dorment :" terre heureuse, où l'on peut enterrer quelqu'un. "Le *tigre* salue :" le sujet rend visite à l'empereur. "Poursuivre* le *cerf :*" prétendre au trône impérial. "Perdre son *cerf :*" perdre la couronne impériale. "Un petit† *ki-lin* (animal fabuleux) du ciel :" un enfant distingué. "Corne du *lin :*" prince feudataire de la famille de l'empereur. "Colle de *lin :*" un arc. "Corne de *bélier :*" un tourbillon de vent. "Le *mouton* de terre :" le chien. "Cinq *chevaux :*" un préfet de département. "Six *chevaux :*" l'empereur. "*Cheval* du district :" celui qui épouse une nièce de l'empereur. "Un *cheval* qui fait mille milles :" un fils, ou fils d'un frère. "Un *cheval* ‡ pommelé :" un commissaire impérial.

Expressions où domine un nom de saison. "La pioche du *printemps :*" le cormoran. "La ville du *printemps :*" lieu où il y a des fleurs. "Porter le vent du *printemps :*" être passionné pour une femme. "L'empereur du *printemps :*" l'empereur Thaï-hao. "Avoir dans sa peau le *printemps* et *l'automne :*" louer et censurer intérieurement. "Penser aux arbres du *printemps* § et aux nuages

---

* Le poéte *Weï-tching.* Voy. la pièce 5 du théâtre chinois, fol. 4.

† Pièce 85, *Tchao-chi-kou-eul.*

‡ Le poéte *Tou-fou.*   § *Tou-fou.*

du soir :" penser à un ami dont on est éloigné. " Etre assis au milieu d'un vent de *printemps* :" recevoir d'excellentes leçons d'un professeur. " Eclat de *printemps* :" divertissement, réjouissance. " Un *printemps* mâle qui a des pieds :" un homme qui répand des bienfaits partout où il passe. " Magistrat du *printemps* :" membre du tribunal des rites. " Les pousses *printanières* du bambou :" les doigts d'une jolie femme. " L'empereur de *l'été* :" l'empereur Yen-ti. " L'empereur de *l'automne* :" l'empereur Chao-hao. " L'empereur de *l'hiver* :" l'empereur Tchouen-ti, &c.

Expressions où domine un nom d'élément. " *L'eau* de puits :" un miroir. " La navette de *l'eau* :" un poisson. " La grande *eau* :" la mère de l'épouse, ou de la fille qu'on veut épouser. Les mots Thaï-*chan*, " la grande montagne," désignent le père de la femme. " La mère *d'eau* :" un serpent de mer. " L'éclat de *l'eau* (vulgo : **crystal**) :" un melon d'Europe. On peut ajouter les locutions suivantes, qui appartiennent à la clef de *l'eau*. " Pureté de la *glace* :" le père de l'épouse. " Un homme de *glace* :" un entremetteur de mariage. " Le cœur de *glace* et de neige :" la résolution de rester veuve. " Une montagne de *glace* :" une puissance qui se dissout aisément. " Etre ensemble comme la *glace* et les charbons :" être ennemis l'un de l'autre.—" Camarades de *feu* :" camarades d'armée, qui font la guerre sur les frontières.

Expressions où dominent des termes qui appartiennent à l'astronomie. " La ville de *la grande
Ourse* :" la ville de Si-ngan-fou. " Etre comme
l'étoile du matin :" vivre à l'écart, dans l'oubli et
l'abandon, en parlant d'un sage. " La constellation *Chao-weï* :" un lettré qui vit dans la retraite.
" Une petite *étoile* :"* une femme de second rang.
" *L'étoile polaire du nord* :" le trône. " Une *étoile*
qui file :" espèce de coiffure. " Ils sont comme
les constellations *la lyre* et *le capricorne* :" ils sont
séparés l'un de l'autre, ils ne peuvent se voir.
" Etre comme les étoiles *San* et *Chang*, ou *San* et
Chin :" même sens. " Le neveu du *ciel* :" le mont
Thaï-chan. " La nièce du *ciel* :" nom d'une
déesse (*tchi-niu*, transformée en une constellation
qui répond à *la lyre*). " Le jus du *ciel* :" une gre-
nade. " Les portes du *ciel* :" les portes du palais
impérial. " Le prince du *ciel* :" le cœur. " Le
parfum du *ciel* :" la fleur Meou-tan. " L'hôtel du
vent et de la *lune* :" en latin, *lupanar*. " J'ai
fait que la *lune* échancrée s'arrondît de nouveau :"
j'ai réuni deux époux qui étaient séparés depuis
long-temps. " La *lune* † est tombée sur les poutres
de la maison :" je pense à mon ami, je le vois
comme s'il était devant mes yeux.

Expressions diverses. " Entrailles de *poisson* :"

* *Chi-king*, lib. 1, cap. 2, od. 10.
† Le poète Tou-fou.

sorte d'épée. " L'union* du *vent* et des *nuages* :" l'amitié qui unit deux familles. " Balayer *la balle des grains* :" corriger les mœurs du siècle. " L'hôte de la *neige* :" le cormoran. " L'hôte noble :" la fleur Meou-tan. " L'ami renommé :" la fleur Haï-thang. " L'hôte voisin :" la pivoine. " Le crochet de *fil de soie* :" nom d'une épée. " La *source* des sons :" la guitare. " Les portes semblables :" les maris des deux sœurs de la femme. " La dame aux habits de *neige* :" une perruche blanche. " Ce qui fait tomber, prendre les villes :" " la beauté du visage." " La lance de *poil* :" le pinceau. " La tour de la *nuit* :" un tombeau. " Un *linteau* de porte :" une fille distinguée. " Hien-kiun (*vulgo* : prince d'un district) :" fille du sang impérial. " Le *mur* de l'est :" le dépôt des ouvrages et des cartes astronomiques. " L'éclat respectable :" le lettré distingué. " Le vent de la *vallée* :" le vent de l'est. " La tour des trois† pensées," la tête. "Wang-kouéï (*vulgo* : oublier, revenir) :" une flèche. Pour dire : " il prend une flèche dans sa main droite," le poète Ki-khang emploie quatre mots qui signifient littéralement : " droite, saisir, oublier, revenir."

Il m'eût été facile de donner tous les éclaircissements nécessaires pour indiquer le point de départ de la plupart des expressions précédentes, et montrer comment elles ont passé dans la langue poétique, ou dans le style élégant. Mais

* Le poète *Lo-ki*.   † Pièce 91, fol, 31, r.

b

de telles explications, qui doivent plus tard trouver place dans un ouvrage spécial, auraient décuplé cette partie de la préface, qui a peut-être déjà reçu trop d'extension. Cependant, afin que le public ait une idée exacte de la manière dont certains faits, vrais ou supposés, ont donné naissance à des expressions que l'usage ou les écrivains ont consacrées, nous allons accompagner les exemples qui nous restent à citer, de notes empruntées à la fable ou à l'histoire, par les commentateurs chinois.

" Chercher *la source* * *des pêchers* :" chercher un lieu charmant, qui n'a point de réalité, et n'existe que dans l'imagination. " Avoir les yeux comme *le feu*† *du rhinocéros* :" être doué d'une pénétration qui fait découvrir sur-le-champ les défauts des autres, ou les incorrections de leurs compositions littéraires. " Promettre‡ *Tchou-tchhin* :" promet-

---

* Voy. Thang-chi, liv. 1, fol. 23, verso. M. Davis, Mémoire sur la poésie chinoise, pag. 429 : " A person fishing in a boat, upon a lake, is supposed to have been led, by the track of peach blossoms floating on the water, into a narrow creek, which he pursued to a distance, until he reached a place inhabited by beings who, from the primitive simplicity of their manners, seemed to have escaped, in that secluded retreat, the persecution of the celebrated tyrant Tsinchehwong, and to have had no communication with the world since. On his return from this little chinese paradise, the adventurous boatman related what he had seen—or perchance only dreamed ; but on attempting to find the place again, it had vanished."

† Wen-kiao, qui vivait sous les Tsin, brûla une corne (selon d'autres, une queue) de rhinocéros, et à l'aide de la clarté qu'elle produisit, il aperçut les démons et les monstres des eaux. Comparez Gonsalves, *Alph. chin.* p. 382 (176).

‡ Il y avait à Siu-tcheou, aujourd'hui Fong-hien, un village nommé

tre à quelqu'un de lui donner sa fille en mariage.
" *Tirer* la soie :" demander une fille en mariage.
" Aller à Lin-khiong :"† s'amuser auprès des
belles. " Mettre Ngo-kiao‡ dans une *maison
d'or* :" prendre une femme pour épouse. " Dormir
sur les hauteurs de mont § Tong-chan," ou " dormir sur une hauteur :" être retiré des affaires,
vivre dans la retraite. " Descendre le siège‖ de

Tchou-tchbin, qui ne se composait que de deux familles. Depuis l'origine,
elles ne se mariaient jamais qu'entre elles.

* Youen-tchin, qui vivait sous la dynastie des Thang, était un homme
d'une beauté remarquable. Un ministre d'état, nommé Tchang-kia-tchin,
voulut le choisir pour gendre, et lui dit, " J'ai cinq filles, dont l'une deviendra votre épouse. Elles sont placées derrière cette tapisserie, et tiennent
chacune un des cordons qui la traversent. Je vous donnerai en mariage
celle que vous aurez désignée en tirant un des cordons." Youen-tchin tira
le cordon rouge, et obtint la cinquième fille, qui était une personne accomplie.

† Lin-khiong est le lieu où s'enfuit Sse-ma-siang-jou avec Wen-kiun,
fille de Tcho-wang-sun. *Thang-chi*, l. iv, fol. 22.

‡ King-ti demanda à Wou, son fils, encore en bas âge, s'il désirait de prendre une femme. " Je désire," répondit-il, " d'épouser une sœur de l'empereur." Comme la princesse Ngo-kiao était près d'eux, assise dans un
fauteuil, King-ti la montrant à son fils, lui demanda s'il aimait Ngo-kiao.
" Si je l'obtiens," répartit l'enfant, " je veux *la mettre dans une maison
d'or*."

§ Sie-ngan, qui vivait sous les Tsin, se refusa long-temps aux invitations
des princes qui l'appelaient auprès d'eux. Il bâtit une petite maison sur le
mont Tong-chan, où il cultivait les lettres dans le calme de la retraite. Le
mont Tong-chan est situé dans le district de Lin-ngan, de la province du
Tche-kiang.

‖ Siu-tchi, qui vivait sous les Han, était un lettré distingué de Nan-
tcheou. Tchhin-fan, gouverneur de cet arrondissement, était d'un caractère
hautain, et récevait peu de visites. Il avait un siège qu'il réservait à son
ami Siu-tchi. Quand celui-ci était absent, il le suspendait le long du mur;
à son arrivée, il le descendait. Le poète Li-thaï-pe dit, " Pour les lettrés

Tchhin-fan :" inviter quelqu'un à rester, à coucher.
" Epousseter* son bonnet :" compter sur la recommandation d'un ami. " Apercevoir *la vapeur
rouge*† des immortels :" pressentir, deviner à l'aide
de quelque circonstance l'arrivée de quelqu'un.
" Lier l'herbe,"‡ " rapporter des bracelets dans
son bec :" témoigner sa reconnaissance.

On ferait d'étranges contre-sens, si, ignorant le
trait historique ou fabuleux auquel une expression
poétique se rapporte, on donnait à chaque mot
qui la compose, la signification qu'il a communément. Tout le monde connaît le célèbre poète
Li-thaï-pe, qui, suivant une opinion populaire, fut
enlevé au ciel, monté sur une baleine,§ et que, à
cause de cette fiction, les poètes ont appelé
" l'hôte *monté sur la baleine* (ki-king)." Un sino-

littérai... ...ï-kong), détache souvent le siège de Tchhin-fan," c'est-à-
à demeurer chez lui.
* Voy. Thang-chi, liv. 1, ...nen-ti de la dynastie des Han, était très
chinoise, pag. 429 : " A person fishing ...té nommé gouverneur de I-tcheou,
have been led, by the track of peach blos... de son ami, espérant d'être re-
narrow creek, which he pursued to a distance, se préparant à le féliciter, *il*
habited by beings who, from the primitive simplic... Wang-yang lui fit donner
to have escaped, in that secluded retreat, the per... *fol.* 16.
tyrant Tsinchehwong, and to have had no commu... Ho-nan, il y a un dé-
since. On his return from this little chinese paradise, ... nommé Yn-hi, a-
man related what he had seen— or perchance only dream... au devant de Lao-
ing to find the place again, it had vanished." et de la Vertu).
† Wen-kiao, qui vivait sous les Tsin, brûla une corne (selo... ...ais personne
queue) de rhinocéros, et à l'aide de la clarté qu'elle produisit, ...
démons et les monstres des eaux. Comparez Gonsalvez, *Alph.* ...
(176).
‡ Il y avait à Siu-tcheou, aujourd'hui Fong-hien, un village ...i. p. 14.

logue fort habile, traduisant un passage où le héros de l'ouvrage est comparé au poète *monté sur la baleine* (ki-king), c'est-à-dire, au poète Li-thaï-pé, prend les deux mots *ki-king* pour un nom d'homme, et écrit : " pour la gaîté et le goût du plaisir, il ressemblait beaucoup à *Ki-king*."

Les poètes et les prosateurs modernes font souvent allusion à l'aventure galante de la belle Wenkiun,* fille de Tcho-wang-sun, et qu'on désigne souvent par le nom de Tcho-wen-kiun, en faisant précéder son nom (Wen-kiun) de la première syllabe de celui de son pére (Tcho). La même personne prend *Tcho-wen* pour un nom d'homme, et traduit la syllabe *kiun* (vulgo : *prince*), qui, en faisant partie de ce nom de femme, cesse d'être significative, et n'a plus ici qu'une valeur phonétique ; et elle fait dire à une jeune fille, qui répond en rougissant aux compliments que lui adresse un étudiant : "qui pourrait imiter la conduite du *prince* Tcho-wen ?" au lieu de " qui pourrait imiter la belle *Tcho-wen-kiun*," ou plus littéralement " de la belle *Wen-kiun*, fille de *Tcho* ?" Je citerai encore

---

* Sse-ma-siang-jou se trouvait un jour à dîner chez un homme riche, nommé Tcho-wang-sun, dont la fille (Wen-kiun) était veuve depuis quelque temps. Ayant été invité à jouer de la guitare, il fit entendre la chanson " du phénix qui recherche sa compagne," afin de toucher le cœur de Wenkiun. Celle-ci ayant entendu Siang-jou par les interstices de la porte, en devint éprise, et le soir même elle s'enfuit avec lui à Lin-khiong. Voy. M. Davis, *Mémoire sur la poésie chinoise*, page 438. Comparez Thangchi, liv. iv. fol. 22.

un endroit du même ouvrage, non dans le but de critiquer, mais pour montrer combien il est important de connaître à fond toutes les allusions employées en poésie. L'expression " dérober* des parfums," signifie entretenir des liaisons secrètes, ou simplement *far l'amore*.   Dans le passage que nous avons en vue, l'auteur fait ce raisonnement : " puisque les astres eux-mêmes entretiennent des relations conjugales, pourquoi les hommes *n'auraient-ils pas aussi leurs amours?*" Au lieu de cette dernière partie de la phrase, notre traducteur, ignorant le trait rapporté en note, donne un nonsens qui suffirait seul pour faire ressortir l'écueil que nous avons signalé : " puisque les astres, &c. qu'est-ce qui empêche les hommes de *dépouiller une fleur de ses parfums?*"

Depuis deux ans que je me livre à l'étude de la poésie chinoise, guidé surtout par le désir de comprendre la partie lyrique des pièces de théâtre, qui auparavant me faisait l'effet d'une *langue inconnue*, j'ai recueilli à grand' peine, dans le Chi-king, les poèmes appelés Ts'ou-ts'ee, les poésies de Tou-

---

* Han-cheou, qui vivait sous la dynastie des Tsin, était un homme d'une rare beauté.   Il fut secrétaire de Kou-tch'ong, ministre de Wou-ti. A cette époque, des ambassadeurs étrangers ayant offert à l'empereur des parfums, dont l'odeur se conservait pendant un mois, lorsqu'on en avait imprégné ses vêtements, Wou-ti en fit présent à Kou-tch'ong. La fille de ce ministre, *déroba les parfums* et les donna à Han-tcheou, avec qui elle avait des relations.   Kou-tch'ong s'en aperçut bientôt, mais, craignant de révéler le déshonneur de sa fille, il la donna en mariage à son secrétaire.

fou et de Li-thaï-pe, et dans l'Anthologie des poètes de la dynastie des Thang, &c., neuf mille expressions, dans le genre de celles qui ont été citées jusqu'ici. Mais, en voyant les difficultés nouvelles qui m'arrêtent chaque jour, je sens, avec regret, qu'il ne faudrait pas moins de vingt à vingt-cinq mille expressions semblables, bien expliquées, pour entendre, aussi aisément que la prose, toute espèce de poésies chinoises, anciennes et modernes. Si j'avais l'avantage de résider en Chine, de me procurer successivement tous les genres de poésies, accompagnées de commentaires et de paraphrases, et, ce qui est plus précieux encore, de consulter à chaque instant des lettrés chinois, qu'aucune difficulté ne saurait arrêter, je pourrais, en quelques années, compiler un dictionnaire assez complet de la poésie chinoise, et donner ensuite un choix des meilleures compositions dramatiques.

Quel que soit le désavantage de ma position, je continuerai à étudier encore la poésie chinoise, et je ferai tous mes efforts pour donner une série de pièces de théâtre choisies parmi les plus estimées. " L'Histoire du cercle de craie" sera comme un *specimen* du recueil que je me propose de publier.

En traduisant ce drame en français, j'ai été souvent obligé de changer et même de faire disparaître des locutions et des figures toutes chinoises, qui eussent été inintelligibles dans notre langue. Comme le texte original* existe dans les bibliothèques à Londres, à Paris, et sans doute à Berlin, j'ai pensé que les sinologues qui se trouvent dans ces villes savantes, seraient peut-être tentés de s'assurer eux-mêmes de l'exactitude de ma version, la première où l'on se soit efforcé de rendre en entier le sens de la partie lyrique, qui avait été presque entièrement négligée jusqu'ici. Mais j'ai craint que les changements que j'ai été forcé de faire pour donner à ma traduction toute la clarté désirable, et qui ont nui trop souvent à sa fidélité, ne laissassent des doutes nombreux dans l'esprit des personnes peu exercées, ou ne fissent croire à celles qui sont versées dans la langue, que j'avais éludé sciemment les difficultés, et ne grossissent ainsi, sans motif, la somme des fautes réelles que j'ai pu commettre.

Ces considérations m'ont décidé à rédiger les notes qui sont placées à la fin de l'ouvrage. Je m'estimerai heureux si elles répandent quelque jour sur les endroits obscurs et difficiles, et donnent aux étudiants une idée plus exacte du sens de l'original.

Dans ce travail, tout nouveau pour moi, j'ai été vingt fois arrêté, soit par des expressions figurées,

* Une personne exercée à écrire le chinois se propose de calquer le texte de l'Histoire du cercle de craie, et de le faire lithographier à Paris.

soit par des mots composés, dont l'analyse ne saurait donner le sens, et qui ne se trouvent ni dans les vocabulaires publiés par les Européens, ni dans les dictionnaires tout chinois que j'ai à ma disposition. Je me suis fait un devoir d'indiquer franchement toutes ces expressions, et de les expliquer autant que le permettaient mes faibles connaissances en chinois. J'ai tâché surtout de ne dissimuler (comme le font trop souvent les annotateurs) aucun des endroits sur lesquels je conserve encore des doutes. De cette manière, les savants seront eux-mêmes à portée de rectifier les erreurs que j'ai commises, et de donner ainsi à ma traduction une correction à laquelle je n'aurais pas osé prétendre. J'aime à penser qu'ils me tiendront compte des difficultés que j'ai surmontées par mon travail sans secours étranger, et que, en songeant aux ressources de tout genre qu'on ne peut se procurer qu'en Chine, et qui m'ont manqué totalement, ils seront disposés à se montrer indulgents pour les fautes nombreuses qui ont du m'échapper.

Je ne terminerai pas cette préface sans témoigner ma reconnaissance au Comité de traductions orientales, qui a bien voulu imprimer à ses frais le drame chinois que je publie aujourd'hui. Grâce à sa munificence et à son zèle aussi noble qu'éclairé, j'espère présenter bientôt au public le premier volume du *Li-ki*, ou du *Mémorial des*

Cérémonies. Cet ouvrage, joint au Tchhun-thsieou, et à l'I-king, qui paraîtront prochainement, complétera la version des Cinq livres canoniques des Chinois.

Paris, 24 *avril* 1832.

NOMS DES PERSONNAGES.

MADAME TCHANG.

LE SEIGNEUR MA, *surnommé Kiun-khing.*

MADAME MA, *sa femme légitime.*

TCHANG-HAÏ-THANG, *ou* HAÏ-THANG, *fille de madame Tchang, et seconde femme de Ma-kiun-khing.*

TCHANG-LIN, *fils de madame Tchang.*

TCHAO, *greffier, amant de madame Ma.*

SOU-CHUN, *gouverneur et juge de Tching-tcheou.*

Plusieurs huissiers et sergents de la suite de Sou-chun.

Deux voisins de madame Ma.

MADAME LIEOU-SSE-CHIN *et* MADAME TCHANG, } *sages-femmes.*

Un cabaretier.

TONG-TCHAO *et* SIE-PA, } *gendarmes.*

PAO-TCHING, *gouverneur et juge suprême de Khaï-fong-fou.*

Plusieurs huissiers de la suite de Pao-tching.

Un sergent, ou bas-officier de justice, faisant l'office de licteur.

LE CHOIX D'UN GENDRE

lithographed for the Oriental Translation Fund, by C. Hughes, 310, Strand.

HOEÏ-LAN-KI,

ou

L'HISTOIRE DU CERCLE DE CRAIE.

PROLOGUE.

SCÈNE I.

(La scène est dans la maison de M^dme. Tchang.)

MADAME TCHANG.

JE suis originaire de Tching-tcheou. Mon nom de famille est Lieou ; celui de mon mari était Tchang. Il est mort très jeune, il y a déjà bien long-temps, et ne m'a laissé que deux enfants, un garçon et une fille. Mon fils s'appelle Tchang-lin ; je lui ai fait apprendre à lire et à écrire. Ma fille s'appelle Haï-tang. Je n'ai pas besoin de dire qu'elle se distingue autant par sa beauté que par la finesse et l'étendue de son esprit. Elle connaît l'écriture, le dessin, la flûte, la danse, la musique vocale, et sait s'accompagner, en chantant, des sons de la guitare. En un mot, il n'est aucun talent qu'elle ne possède en perfection. Pendant sept générations, mes ancêtres ont occupé des charges élevées, qu'ils durent à leurs succès littéraires.

B

Mais, hélas ! la roue de la mauvaise fortune a passé sur ce corps miné par les ans. En un clin-d'œil j'ai perdu tout ce que je possédais ; et maintenant, pressée par la nécessité, et n'ayant plus de mari qui sustente ma vieillesse, j'ai forcé ma fille de faire trafic de sa beauté afin de vivre du produit de ses charmes. Dans le voisinage demeure un homme riche, nommé le seigneur Ma, qui fréquente ma maison depuis long-temps. Il a des vues sur ma fille, et fait de continuelles instances pour l'épouser en qualité de seconde femme. Ma fille ne demande pas mieux que de l'avoir pour mari ; mais je ne puis me passer des habits et des aliments que me procure son industrie. Attendons qu'elle vienne ; et, après avoir sondé tout doucement ses dispositions, raisonnons avec elle sur le projet qui m'occupe.

SCÈNE II.

TCHANG-LIN ET MADAME TCHANG.

TCHANG-LIN.

C'est moi qui m'appelle Tchang-lin. Eh ! bien, ma mère, vous savez que mon père et mes aïeux, en remontant jusqu'à la septième génération, se sont élevés par les succès littéraires aux charges les plus éminentes. Si vous voulez que cette petite misérable exerce un infame trafic, qui déshonore notre famille, quelle figure pourrai-je faire dans le monde, et comment oserai-je soutenir les regards du public ?

MADAME TCHANG.

A quoi bon tous ces vains propos ? Si tu crains tant que la conduite de ta sœur ne te déshonore, ne ferais-tu pas mieux de chercher quelque moyen de gagner de l'argent pour nourrir ta vieille mère ?

SCÈNE III.

HAÏ-TANG.

Mon frère, si tu veux être un brave garçon, charge-toi de nourrir notre mère.

TCHANG-LIN.

Misérable ! comment oses-tu exercer cet ignoble métier ? Si tu ne crains point le mépris public, c'est à moi de le craindre ; et pour en finir, vile créature, je veux te briser de coups.

(*Il la frappe.*)

MADAME TCHANG.

Ne la frappe pas ; c'est moi qu'il faut frapper.

TCHANG-LIN.

Ma mère, je suis las des désordres domestiques dont je suis témoin, et j'aime mieux vous quitter aujourd'hui même, que de rester en butte à la malignité et aux railleries du public. Je pars pour la ville de Pien-king, où demeure mon oncle ; je tâcherai de trouver auprès de lui quelque moyen d'existence. On dit communément qu'un garçon doit faire tous ses efforts pour se suffire à lui-même. Grand et fort comme je suis, croyez-vous que je mourrai de faim quand j'aurai quitté cette maison ? Et toi, vile créature, quand je serai parti, fais en sorte d'avoir bien soin de ta mère. S'il lui arrive quelque malheur, je te prédis d'avance que tu n'as pas de pardon à espérer.

(*Il récite des vers.*)

" Transporté de colère, je quitte précipitamment la
" maison. Grand et robuste comme je suis, je ne puis
" croire que le ciel m'ait condamné à traîner le reste de
" mes jours dans l'indigence."

(Il sort●)

SCÈNE IV.

HAÏ-TANG ET MADAME TCHANG.

HAÏ-TANG.

Combien de temps, ma mère, aurai-je à souffrir de semblables avanies ? Il vaux mieux me laisser épouser le
seigneur Ma.

MADAME TCHANG.

Tu as raison, mon enfant. Attends que le seigneur Ma
soit venu ; je suis toute disposée à consentir à votre
mariage.

SCÈNE V.

HAÏ-TANG, MADAME TCHANG, ET LE SEIGNEUR MA.

LE SEIGNEUR MA.

Mon nom de famille est Ma, et mon surnom Kiun-king ;
mes ancêtres étaient originaires de Tching-tcheou. Dans
ma jeunesse j'ai suivi la carrière des lettres, et j'ai acquis
une connoissance approfondie des livres classiques et des
historiens. Comme je jouis d'une fortune considérable,
tout le monde me donne le titre de *Youen-waï* (seigneur).
De tout temps j'ai été ami du plaisir, et je suis passionné

...our les fleurs * et les saules. Près d'ici demeure une
charmante beauté, qui exerce un doux métier, et entretient
avec moi, depuis long-temps, les plus agréables relations.
Son nom est Tchang-haï-tang Je n'ai pas besoin de dire
que vu l'accord parfait de ses sentimens et des miens, j'ai
l'intention de la prendre pour épouse. Elle m'a toujours
témoigné le désir de s'unir avec moi, mais sa vieille mère
met vingt obstacles à notre bonheur, et ne daigne écouter
aucune proposition. Je soupçonne que son unique but est
d'obtenir de moi de riches présents. J'ai appris que Haï-
tang avoit eu ces jours derniers avec son frère Tchang-lin
une vive altercation, et que celui-ci avait quitté précipitamment la maison maternelle, pour aller trouver son oncle qui
demeure à Pien-king. Il est permis de supposer qu'il ne
reviendra pas de sitôt. Or comme nous voici précisément
dans un jour heureux, il faut que je prépare les présents
de noce, et que j'aille faire ma demande de mariage. Quel
bonheur si le ciel me favorise, et que je puisse réaliser ce
charmant projet ! Mais qu'aperçois-je ? Mademoiselle
se trouve justement à l'entrée de sa porte, toujours brillante
de toilette et d'attraits. Mais doucement ; allons un peu
la voir.

(Il regarde Haï-Tang, et la salue.)

HAÏ-TANG.

Seigneur, puisque vous voici, profitons de l'absence de
mon frère pour entretenir ma mère du projet qui nous
occupe, et lui faire donner son consentement. Elle est
aujourd'hui dans les meilleures dispositions, et il me semble
qu'il suffira d'échanger avec elle quelques paroles pour
l'obtenir sur-le-champ. Allons la trouver tous deux.

---

* Expression délicate pour *meretrices.*

LE SEIGNEUR MA.

Puisque Madame est si bien disposée, je vois que le moment de mon bonheur est venu.

(*Il entre et aperçoit Madame Tchang.*)

MADAME TCHANG.

Seigneur, aujourd'hui mon fils Tchang-lin a manqué à mon égard d'obéissance et de piété filiale. Sans respect pour ma vieillesse, il a osé me tenir tête et s'est emporté contre moi avec violence. Je vous en prie, envoyez-moi chercher des graines de So-cha*, afin que j'en prenne une infusion.

LE SEIGNEUR MA.

Madame, quelle altercation votre fils peut-il avoir eue avec vous ? Je viens aujourd'hui vous offrir cent onces d'argent, pour obtenir la main de votre fille. Quand elle sera devenue mon épouse, s'il vous manque du bois ou du riz, je m'empresserai de vous en procurer. Soyez assurée, Madame, que je ne vous laisserai manquer de rien. Comme nous voici dans un jour heureux, veuillez accepter mes présents et consentir à notre mariage.

MADAME TCHANG.

Je ne garde point ma fille dans ma maison pour qu'elle m'attire chaque jour des querelles. Mais quand elle sera mariée, je pourrai vivre enfin exempt de trouble et d'alarme. Cependant, Seigneur, comme vous avez avec vous une femme du premier rang, je crains que ma fille ne reçoive d'elle des insultes et de mauvais traitements, dès qu'elle aura mis le pied dans la chambre nuptiale. En ce

---

* *Amomum villosum.* Plante dont les graines sont toniques et fortifiantes. —Klaproth.

cas, j'aimerais mieux qu'elle restât encore avec moi. Quand j'aurai, Seigneur, éclairci les doutes qui m'arrêtent, je consentirai de grand cœur à votre mariage.

LE SEIGNEUR MA.

Soyez tranquille, Madame ; ma femme légitime est aussi incapable que moi de tenir une pareille conduite. Mademoiselle votre fille ne sera pas plutôt entrée chez moi, que madame Ma la regardera comme sa propre sœur, et que moi-même, nonobstant son rang secondaire, je la laisserai jouir des mêmes prérogatives qu'elle. Mais si Haï-tang vient à mettre au monde un fils, dès ce moment elle sera chargée seule de la direction de la maison. Ainsi, Madame, ne vous livrez plus à aucune inquiétude.

MADAME TCHANG.

Seigneur, voici une affaire terminée. Puisque j'ai reçu vos présents, ma fille est à vous ; vous pouvez l'emmener à l'instant même. Et toi, mon enfant, tu sais que ce n'est pas moi qui t'éloigne de mes bras. Tu es maintenant élevée au rang d'épouse ; j'espère que désormais tu ne reprendras plus ta première profession.

HAÏ-TANG.

Seigneur, puisque votre femme légitime dirige et surveille toutes les affaires et les intérêts de votre maison, ne manquez pas d'être mon protecteur et mon appui.

(*Elle chante.*)

" Ma vieille mère espérait que je ne me marierais point
" pendant le reste de ses jours ; elle espérait reposer sur
" moi sa tête blanchie par l'âge."

(*Elle parle.*)
Seigneur, je n'aime que vous au monde.

LE SEIGNEUR MA.

Mademoiselle, c'est trop m'aimer.

HAÏ-TANG.

(Elle chante.)

" Ce que j'aime en vous c'est la douceur de votre carac-
" tère et la sincérité de vos sentiments.   Je donne aujour-
" d'hui mon cœur à celui qui me procure le bonheur que
" je rêvais."

(Elle parle.)

Je vais envoyer mes sœurs que voici annoncer que
Tchang-haï-tang vient d'épouser le seigneur Ma.   Maintenant j'espère que l'on ne me blâmera plus.

(Elle chante.)

" Désormais je ne crains plus les railleries du public.
" Je ne crains plus qu'on dise que je ternis l'honneur de
" ma famille."

(Elle sort avec le seigneur Ma.)

SCÈNE VI.

MADAME TCHANG.

Je viens de marier aujourd'hui ma fille avec le seigneur
Ma, qui m'a offert ces cent onces d'argent.   Voilà de quoi
passer le reste de mes jours dans la joie et l'abondance.
Puisque aucune affaire ne m'occupe en ce moment, je vais
aller chercher mes belles-sœurs, que je n'ai pas vues depuis
long-temps, afin que nous puissions aller prendre le thé, et
nous régaler ensemble à la taverne voisine.

9

ACTE PREMIER.

SCÈNE I.

(La scène est dans la maison du seigneur Ma.)

MADAME MA.

(Elle récite des vers.)

" Les hommes ne cessent de faire l'éloge de mes charmes,
" et c'est au desir de leur plaire qu'il faut attribuer la couleur
" vermeille de mes lèvres et les teintes variées qui brillent
" sur mes joues ; mais il suffirait d'une cuvette d'eau pure
" pour faire disparaître, en un clin d'œil, cette profusion
" de rouge et de céruse."

Je suis la première femme du seigneur Ma. Ce seigneur Ma a pris pour seconde femme une nommée Haï-tang, qui est la fille de je ne sais quel individu appelé Tchang. Elle lui a donné un fils qui a déjà cinq ans. Pour moi, j'ai réussi à tromper la confiance du seigneur Ma. Ici près demeure un greffier nommé Tchao, qui est bien de sa personne, et aime le beau sexe avec passion.......
J'entretiens avec lui certaines relations qui me font apprécier, de jour en jour, ses rares qualités. Aussi, mon unique vœu, mon plus ardent désir, est de me défaire promptement de ce seigneur Ma, afin de vivre pour toujours avec Tchao comme une femme avec son mari. Aujourd'hui voyant que le seigneur Ma n'était pas à la maison, j'ai vite envoyé quelqu'un à Tchao, pour le prier de passer chez moi ; j'espère qu'il va arriver d'un moment à l'autre.

SCÈNE II.

MADAME MA ET TCHAO.

TCHAO.

(*Il récite des vers.*)

" J'ai le rang de greffier. Il y a deux choses que
" j'aime avec passion, le vin et les femmes des autres."

Mais au fait quel est l'objet qui occupe maintenant mon
cœur ? Une dame dont les joues rivalisent avec les plus
belles fleurs. Mon nom de famille est Tchao ; je remplis
les fonctions de greffier au tribunal de Tching-tcheou. Ici
près demeure une dame qui est la première femme du
seigneur Ma, surnommé Kiun-king. Un jour que le
seigneur Ma m'avait invité à dîner chez lui, je vis par
hasard sa femme, qui est douée d'une figure si séduisante
qu'on peut douter que le ciel et la terre aient jamais produit sa pareille. La vue de cette charmante beauté me fit
au cœur une profonde blessure. La nuit et le jour elle est
sans cesse présente à mes yeux et à ma pensée. Aurais-je
pu m'imaginer qu'elle aurait aussi arrêté ses regards sur
moi, et que, trompant la confiance du seigneur Ma, elle
aurait formé avec moi certaines relations qui ne sont pas
tout-à-fait d'accord avec la morale. Elle m'a prié de venir
la voir aujourd'hui. Allons la trouver ; nous saurons quel
est le motif de ce message. Mais me voici arrivé ; entrons
sans nous faire annoncer.—Madame, vous m'avez mandé
auprès de vous : puis-je savoir de quel objet vous voulez
m'entretenir ?

MADAME MA.

Voici tout simplement de quoi il s'agit. Je pense sans
cesse au mystère dont nous avons besoin pour couvrir nos
furtives amours ; mais je ne vois point venir le terme que
nous avons fixé pour notre union. Je ne désire qu'une
chose, c'est de trouver avec vous le moyen d'empoisonner le
seigneur Ma. Quel bonheur sera le notre quand nous
pourrons vivre pour toujours comme mari et femme !

TCHAO.

Qu'ai-je besoin que vous me signaliez ce que je dois
faire, et serait-il possible que celle que je regarde déjà
comme mon épouse, eût formé un tel projet, sans qu'il fût
venu se présenter aussi à ma pensée ? Eh ! bien, en voici
du poison. Il y a déjà long-temps que je le tiens tout prêt
pour exécuter ce dessein. (*Il remet le poison à madame
Ma.*) Tenez, je vous le confie ; je suis obligé de retourner
au tribunal, où m'appellent mes fonctions.

(*Il sort.*)

SCÈNE III.

MADAME MA.

Tchao est parti. Prenons ce poison et mettons-le en lieu
sûr. Il ne me reste plus qu'à épier le moment favorable
pour frapper le coup que je médite. Mais que je suis
étourdie ! J'avais presque oublié que c'est aujourd'hui
l'anniversaire de la naissance du jeune enfant. Je vais
prier le seigneur Ma d'aller avec lui dans toutes les
chapelles, pour brûler des parfums, et faire dorer la figure
de Fo.

(*Elle sort.*)

SCÈNE IV.

HAÏ-TANG.

Je m'appelle Haï-tang. Il y a bientôt cinq ans que j'ai épousé le seigneur Ma. La mort a enlevé ma mère ; je ne sais où est allé mon frère, et depuis qu'il est parti, je n'ai point reçu de ses nouvelles. L'enfant que j'ai eu de mon mariage s'appelle Cheou-lang. Depuis qu'il est au monde, il reste auprès de moi sur cette natte, ou bien à côté de Madame, qui prend soin de l'élever. Il a maintenant cinq ans accomplis. Comme c'est aujourd'hui l'anniversaire de sa naissance, monsieur et madame Ma l'ont emmené avec eux et sont allés dans toutes les chapelles de la ville pour brûler des parfums et faire dorer la figure de Fo. Je vais tout à l'heure faire préparer le thé et le riz pour recevoir monsieur et madame Ma, aussitôt qu'ils seront de retour.——Tchang-haï-tang depuis que tu as épousé le seigneur Ma, rien n'a manqué à ton bonheur !

(Elle chante.)

" De ma fenêtre, où pendent des rideaux de soie, ornés
" de riches broderies, je puis contempler l'éclat de la lune
" et les formes variées des nuages. Aurois-je espéré
" d'abandonner un jour cette avilissante profession, pour
" prendre un parti honorable, et dire adieu à cette rue qui
" est le séjour du vice ? C'en est fait : plus d'orgies, plus
" de chansons licencieuses. J'ai rompu pour toujours avec
" ces compagnies d'amants et de maîtresses, et je leur abandonne sans regrets le théâtre du plaisir. Qu'ils me poursuivent, s'ils veulent, de leurs railleries et de leurs injures;
" ce n'est pas moi qui irai faire des avances aux riches, ni
" présenter aux nobles une main séduisante. Je n'irai

" plus faire trafic de ma beauté ni rechercher de folles
" jouissances.   On ne me verra plus dans le séjour de la
" joie, aller audevant d'un nouvel amant, et reconduire
" celui qui l'a précédé.   Je ne crains plus que le magis-
" trat ne me fasse arracher violemment du palais de l'amour.
" Je ne veux plus être esclave des caprices d'une entre-
" metteuse.   Je ne souffrirai plus ces hôtes et ces amis qui
" se succèdent sans interruption.   Je ne verrai plus ma
" maison forcée et envahie par d'insolents voisins.   Je ne
" m'affligerai plus de l'exiguité de mes ressources, ni des
" ennuis de ma profession.   Je ne m'inquiéterai plus des
" affaires du monde, ni des vains propos qui s'y tiennent.
" J'ai trouvé un époux dont le cœur s'accorde heureuse-
" ment avec le mien, et chaque jour ses soins empressés me
" récompensent de ma tendresse.   Et quand les derniers
" rayons du soleil viennent dorer les rideaux de ma fenêtre,
" tenant par la main un mari passionné, je reconduis dans
" son appartement cette dame jalouse de mon bonheur,
" pour aller goûter avec lui les douceurs du sommeil."

    (*Elle parle.*)
J'attends d'un moment à l'autre monsieur et madame
Ma.   Mais ils n'arrivent pas ; sortons un peu pour les voir
venir de loin.

SCÈNE V.

HAÏ-TANG ET TCHANG-LIN.

TCHANG-LIN.

    (*Il récite des vers.*)
 " J'ai acquis à mes dépens l'expérience des choses d'ici
" bas, et je vois maintenant qu'il vaut mieux se confier aux
" hommes qu'au destin."

Je m'appelle Tchang-lin. Après avoir eu autrefois une vive altercation avec ma sœur, je quittai la maison maternelle pour aller trouver mon oncle. Qui aurait pu penser qu'il suivrait un individu nommé Tchong-sse-tao, et qu'il l'accompagnerait jusqu'à Yen-ping-fou ? N'ayant trouvé personne qui voulût me donner l'hospitalité, je m'en retournai transi de froid et accablé de fatigue, et je tombai malade au milieu du chemin. Je n'ai pas besoin de dire que j'épuisai bientôt mon argent et mes provisions de voyage. Pour subsister, je fus obligé de mettre en gage et à la fin de vendre les vêtements dont j'étais couvert. Je revins dans ma famille ; mais ma mère était morte depuis long-temps, et je ne trouvai, dans notre ancienne demeure, aucune chambre où je pusse me retirer. Que faire maintenant ? J'ai appris que ma sœur a épousé le seigneur Ma. Ce seigneur Ma est un homme riche ; il daignera sans doute jeter un regard de pitié sur son beau-frère et lui accorder les secours que réclame sa position. Qui m'empêche d'aller de ce pas le trouver ? J'implorerai son assistance, et je lui demanderai de quoi subvenir à mes plus pressants besoins. Je vais arriver dans l'instant à la maison du seigneur Ma. Mais, si je ne me trompe point, ma sœur se trouve justement devant sa porte. Courons vite la voir. —Ma sœur, reçois mes humbles salutations.

HAÏ-TANG.

Je me disais : qui est-ce qui vient là-bas ? Justement c'était mon frère. Gras et rebondi comme te voilà, tu n'as rien à demander ici. Retire-toi.

TCHANG-LIN.

Ma sœur, je suis pressé ; permets-moi de te dire deux mots.

HAÏ-TANG.

Je pense, mon frère, que tu viens pour élever un tombeau à notre mère ; ou bien, pour me consoler dans ma douleur.

TCHANG-LIN.

Ma sœur, ne regarde point mon visage ; regarde la manière dont je suis vêtu. A peine ai-je de quoi apaiser la faim qui me presse ; comment veux-tu que j'aie le moyen d'élever un tombeau à notre mère ?

HAÏ-TANG.

Lorsque la mort enleva ma mère, j'ai fourni moi-même les linceuils et le bois du double cercueil, et j'ai supporté seule toutes ces dépenses sans avoir recours au seigneur Ma.

TCHANG-LIN.

Quand même le seigneur Ma se serait chargé de tous les frais des obsèques, je sais que je t'aurais encore d'immenses obligations.

HAÏ-TANG.

(*Elle chante.*)
 " Après avoir perdu mon père, je restai sans ressource
" avec ma mère. Je vis alors que, du fond du cœur, tu
" n'appartenais point à la famille Tchang. Comment
" pouvais-tu souffrir que ta propre sœur exerçât un métier
" qui ternissait l'honneur de sa maison ?
(*Elle le frappe.*)

TCHANG-LIN.

Pourquoi me frapper, ma sœur ? Je sais que je t'ai d'immenses obligations.

HAÏ-TANG.

(*Elle chante.*)
   " Je vois qu'aujourd'hui tu as arrangé à dessein ces ex-
" pressions flatteuses pour recevoir de moi un bon accueil."

TCHANG-LIN.

Je viens aujourd'hui, ma sœur, pour implorer ton assistance.   Comment me recevoir avec tant de froideur ?

HAÏ-TANG.

(*Elle chante.*)
   " Ce n'est point moi qu'il faut accuser de cette froideur
" que tu remarques sur mon visage.   Rappelle-toi, frère
" dénaturé, le jour où, bouillant de colère, tu m'adressas
" d'affreuses menaces, où, transporté de fureur, tu t'enfuis
" comme pour courir au bout du monde."

TCHANG-LIN.

Ma sœur, ce sont-là de vieilles histoires.   A quoi bon
les exhumer à plaisir ?

HAÏ-TANG.

(*Elle chante.*)
   " Je me demandais alors comment tu pourrais faire un
" chemin brillant, et te couvrir de gloire, et voilà que tu
" reviens vêtu de haillons !"

TCHANG-LIN.

Tu le sais, ma sœur, nous sommes enfans du même père
et de la même mère.   Eh ! bien, si ton frère a eu quelques
torts envers toi, tu devrais les oublier et adoucir ta colère.

HAÏ-TANG.

(*Elle chante.*)

" Mon frère, de quel front viens-tu me trouver au-
" jourd'hui ? Tu entendras jusqu'au bout tout ce que j'ai
" sur le cœur."

TCHANG-LIN.

Ma sœur, c'est la nécessité qui me force d'avoir recours
à toi.   Pressé par le besoin, je ne disputerai pas sur le plus
ou le moins de secours que tu m'accorderas, et je me re-
tirerai aussitôt après l'avoir reçu.

HAÏ-TANG.

(*Elle chante.*)

" Tu ne cesses de t'en prendre à la nécessité. Eh! bien,
" mon frère, puisque tu n'avais pas d'argent, pourquoi
" t'es-tu enfui jadis dans la ville de Pien-liang ?" *

TCHANG-LIN.

Ma sœur, à quoi bon tous ces discours ? A qui veux-tu
que j'aie recours, si tu me refuses l'assistance que j'im-
plore ?

HAÏ-TANG.

(*Elle chante.*)

" Tu viens aujourd'hui invoquer l'appui de ta sœur
" cadette, tu veux qu'elle prête secours à son frère aîné !"

* Les Song firent bâtir la ville de Pien-king (8,403-6,380), auprès de la
rivière Pien (8,403), pour y fixer leur résidence (voy. plus haut page 5, ligne
14).   Sous la dynastie des Youen (12,504), elle reçut le nom de Pien-liang
(8,403-7,039) ; c'est aujourd'hui la ville de K'aï-fong-fou (4,931-2,742-2,378)
dans la province de Ho-nan (3,997-7,879)—(Dictionn. P'in-tsee-tsien, sous
les mots Pien et Liang). N.B. Les chiffres placés entre parenthèse
répondent à ceux du dictionnaire chinois de Morrison, seconde partie.

(*Elle parle.*)

Ne disais-tu pas……

(*Elle chante.*)

" Ne disais-tu pas qu'un garçon doit faire tous ses efforts
" pour se suffire à lui-même ?"

TCHANG-LIN.

Ma sœur, tu n'as pas oublié un mot de notre ancien
différent. Tu m'as assez maltraité ; allons, accorde-moi
quelque secours, afin que je me retire.

HAÏ-TANG.

Mon frère, tu ignores que ces robes et ces ornements
de tête que je porte, appartiennent à monsieur et à
madame Ma.* Comment pourrais-je en disposer en ta
faveur ? Excepté ces objets, je ne vois rien qui vaille la
peine de t'être offert pour subvenir à tes besoins. Allons,
retire-toi, et tâche de ne plus mettre le pied sur le seuil de
cette porte.

(*Elle rentre brusquement sans le saluer.*)

TCHANG-LIN.

Ma sœur, que tu es dure et cruelle pour moi! Parce que
tu es ma propre sœur, j'étais venu implorer ton assistance ;
et, non seulement tu ne m'as pas donné un denier pour me
secourir, mais encore tu m'as accablé d'injures et de mauvais traitements ! Eh ! bien, je ne m'en irai pas ! Je
resterai sur le seuil de cette porte, et j'attendrai l'arrivée

* Voyez plus bas, page 22, ligne 1.

du seigneur Ma ; peut-être daignera-t-il m'accueillir avec bonté.

SCÈNE VI.

MADAME MA ET TCHANG-LING.

MADAME MA.

Je suis la femme légitime du seigneur Ma. J'avais emmené avec moi le jeune enfant, et j'étais allée brûler des parfums dans toutes les chapelles. Me voici revenue la première. Mais qu'aperçois-je ? Un mendiant à la porte du bureau de monsieur Ma !—Hola ! quel mauvais dessein t'a conduit ici ?

TCHANG-LIN.

Madame, je ne mérite point une telle injure. Je suis le frère de Haï-tang ; j'étais venu pour demander ma sœur.

MADAME MA.

Ah, ah ! tu es le frère de Haï-tang ! En ce cas, tu es mon beau-frère ; me connais-tu ?

TCHANG-LIN.

Votre serviteur ne connaît point l'illustre dame qui lui parle.

MADAME MA.

Eh ! bien, je suis la femme légitime du seigneur Ma.

c 2

TCHANG-LIN.

Madame, j'ose espérer que vous ne vous formaliserez point de ce que votre serviteur n'a pas su vous reconnaître.

MADAME MA.

Mon beau frère, quel motif t'a engagé à venir trouver ta sœur ?

TCHANG-LIN.

Quoiqu'il me soit pénible de l'avouer, je ne vous dissimulerai point, que, pressé par la détresse et n'ayant rien pour subsister, j'étais venu demander à ma sœur de quoi subvenir à mes pressants besoins.

MADAME MA.

Combien t'a-t-elle donné ?

TCHANG-LIN.

Elle m'a répondu que tous les effets que renferme cette maison, sont placés sous votre direction ; qu'il ne lui est pas permis d'en disposer, et qu'elle ne possède pas la moindre chose.

MADAME MA.

Mon beau frère, tu ignores sans doute que depuis que ta sœur a épousé le seigneur Ma, elle lui a donné un fils qui est déjà agé de cinq ans. Cet enfant est ton neveu. Maintenant tous les effets que renferme ma maison se trouvent placés sous sa direction ; car je n'ai point de fils ; (*elle se frappe la poitrine*) je n'ai pas même l'ombre d'un fils ! Puisque tu es le frère de Haï-tang, je te regarde comme mon propre frère. Je vais aller chez elle et lui demander quelque secours pour toi. Si tu en obtiens, garde-toi de te réjouir ; si tu n'obtiens rien, garde-toi de témoigner du mécontentement. Cela dépendra de ta bonne ou de ta mauvaise fortune. Reste sur le seuil de la porte en m'attendant.

TCHANG-LIN.

Votre serviteur reconnaît que vous êtes une dame d'un esprit élevé et d'une sagesse accomplie.

HAÏ-TANG (*apercevant madame Ma*).

Madame, vous voilà donc revenue la première ? Que je vous cause de peines et de fatigues !

MADAME MA.

Haï-tang, quel est cet homme qui se tient sur le seuil de la porte ?

HAÏ-TANG.

C'est le frère de Haï-tang.

MADAME MA.

Ah ! C'est ton frère ? Que vient-il faire ici ?

HAÏ-TANG.

Il est venu demander à sa sœur quelques secours pour subvenir à ses besoins.

MADAME MA.

Eh ! bien, est-ce que tu ne lui as rien donné ?

HAÏ-TANG.

Ce sont monsieur et madame qui m'ont fait présent de ces

robes et de ces ornements de tête ; dites-moi si je pouvais les lui donner.

MADAME MA.

Puisque ces objets t'ont été donnés, ils t'appartiennent tout-à-fait ; qu'est-ce qui t'empêche de les donner à ton frère ?

HAÏ-TANG.

Madame, je crains de m'écarter de mes devoirs. Que pourrais-je répondre si le seigneur Ma me demandait ce que j'en ai fait ?

MADAME MA.

Si le seigneur Ma te questionne à ce sujet, je suis-là pour te justifier, et t'en donner d'autres. Allons, dépêche-toi de les quitter et de les offrir à ton frère.

HAÏ-TANG (*obéissant à ses instances*).

Puisque madame me le permet, je vais ôter ces robes et ces ornements de tête pour les donner à mon frère.

MADAME MA.

Pour qu'il ne croie pas que je prends ce qui t'appartient, donne-moi ces effets ; je les lui offrirai moi-même de ma part. (*Elle les prend et sort ; puis, apercevant Tchang-lin :*) Mon beau-frère, pour te procurer quelques secours, j'ai moi-même essuyé la colère de Haï-tang. Qui eût jamais pensé que ta propre sœur se serait montrée aussi dure, aussi cruelle envers toi ? Qui aurait cru qu'elle, qui possède une riche garde-robe, n'aurait pas daigné t'en donner une faible partie, et qu'elle se serait refusée à ce léger sacrifice avec autant d'emportement que si l'on eût voulu lui enlever quelques lambeaux de chair ? Ces robes et ces ornements de tête m'ont été jadis donnés, comme présents de noces, par mon père et ma mère. Je les donne à mon beau-frère, afin que leur vente puisse, pour le moment, subvenir à ses plus pressants besoins. J'ose espérer qu'il ne dédaignera point ce cadeau à cause de sa modicité.

TCHANG-LIN (*prenant les objets qui lui sont offerts*).

Recevez, Madame, mes sincères remercîments. A l'exemple du vieillard* qui noua l'herbe, pour sauver l'époux de sa fille, et du jeune homme qui rapporta une paire de bracelets à son bienfaiteur, je ferai tous mes efforts pour vous témoigner dignement ma reconnaissance.

(*Il s'incline pour la remercier.*)

MADAME MA (*lui rendant le salut*).

Mon beau-frère, maintenant que le seigneur Ma n'est point à la maison, je n'oserais te retenir à dîner ; j'espère que tu ne t'en formaliseras point.

(*Elle sort.*)

SCÈNE VII.

TCHANG-LIN.

Je croyais d'abord que ces robes et ces ornements de tête appartenaient à ma sœur ; aurais-je pu penser que c'étaient les effets de madame Ma ? Eh quoi ! tu es ma sœur, tu as eu le même père et la même mère que moi, et, non seulement tu n'as pas daigné me donner un denier pour

----

* Voyez, à la fin de la pièce, les notes qui répondent à ce passage.

subvenir à mes besoins, mais encore tu m'as repoussé de la manière la plus dure et la plus brutale, tandis que cette excellente dame, à qui je suis tout-à-fait étranger, m'a généreusement donné ces robes et ces ornements de tête. Je pense que la femme légitime et la seconde femme doivent avoir, dans l'intérieur de leur maison, bien des différents ; il est probable qu'elles ont souvent besoin de l'intervention du magistrat. Pour le moment, je vais vendre seulement ces ornements de tête pour acheter quelques vêtements : puis, je tâcherai d'obtenir l'emploi de sergent, près du tribunal de K'aï-fong-fou. Ma sœur, prends garde à toi, observe bien ta conduite, et fais en sorte que nos deux essieux ne viennent point se heurter sur la même route. Car, si quelque accusation t'amene devant le tribunal, aussitôt que je t'aurai aperçue, je veux t'enlever la peau des épaules à coups de bâton.

(Il sort.)

SCÈNE VIII.

MADAME MA ET HAÏ-TANG.

MADAME MA (*apercevant Haï-tang*).

Haï-tang, je viens de donner à ton frère les robes et les ornements de tête que tu m'as remis.

HAÏ-TANG (*la remerciant*).

Je les avais reçus de madame depuis que je suis avec elle. Je ne crains qu'une chose, c'est que le seigneur Ma ne me demande ce que j'en ai fait. Dans ce cas, Madame j'espère que vous voudrez bien prendre ma défense.

MADAME MA.

Sans aucun doute.   Repose-toi sur moi.

(*Haï-tang sort.*)

SCÈNE IX.

MADAME MA (*seule*).

Haï-tang, ton frère est parti avec ces robes et ces ornements de tête.   Je crois que tu n'auras pas lieu de t'en réjouir.   Car, si le seigneur Ma vient à demander ce que tu en as fait, je te plains......!

SCÈNE X.

LE SEIGNEUR MA ET HAÏ-TANG.

LE SEIGNEUR MA (*tenant son fils par la main*).

Je suis Ma, surnommé Kiun-king.   Depuis que j'ai épousé Haï-tang, j'ai eu d'elle ce jeune enfant, qui s'appelle Cheou-lang ; il aura bientôt cinq ans accomplis.   Comme c'était aujourd'hui l'anniversaire de sa naissance, je suis allé avec lui dans toutes les chapelles brûler des parfums en l'honneur de Fo.   Ayant vu que le temple de la déesse qui préside à la naissance des garçons, était délabré en plusieurs endroits, j'ai donné quelque argent pour y faire des réparations.   Voilà le motif qui a prolongé mon absence.   Mais, dans un instant, je serai arrivé chez moi.

(*Madame Ma et Haï-tang vont au devant de lui.*)

HAÏ-TANG.

Voici le seigneur Ma qui arrive. Il doit être bien las et bien fatigué. Allons vite chercher le thé.

(Elle sort.)

SCÈNE XI.

LE SEIGNEUR MA, MADAME MA, ET HAÏ-TANG.

LE SEIGNEUR MA.

Madame, d'où vient que je n'ai point vu tout-à-l'heure, les robes et les ornements de tête de Haï-tang ?

MADAME MA.

Seigneur, si vous ne m'eussiez point questionnée à ce sujet, je me serais bien gardée de vous en ouvrir la bouche. Parce qu'elle vous a donné un fils, vous la comblez de bontés, et vous avez pour elle une condescendance qui passe toutes les bornes. Qui aurait pensé qu'à votre insu, elle aurait entretenu un amant, et qu'elle n'aurait cessé d'avoir avec lui les relations les plus criminelles ? Aujourd'hui pendant que j'étais sortie avec le seigneur Ma pour brûler des parfums dans toutes les chapelles, elle a donné à son amant ces robes et ces ornements de tête. Au moment où elle cherchait d'autres vêtements et une nouvelle parure de tête, je suis entrée tout d'un coup, et j'ai découvert l'intrigue, malgré les efforts qu'elle faisait pour cacher son trouble et réparer le désordre où elle se trouvait. C'est moi qui n'ai point voulu permettre qu'elle fît une nouvelle toilette, et j'ai attendu l'arrivée du seigneur Ma, afin qu'il la traitât lui-même comme elle le mérite. Ce n'est point que je sois jalouse d'elle ; elle ne peut imputer qu'à elle-même le sort qui l'attend.

LE SEIGNEUR MA.

Ainsi donc Haï-tang a donné à un amant ses robes et ses ornements de tête ! On voit bien que c'est une personne naturellement dépravée. Oui, cette conduite indigne me fera mourir de douleur ! (*Il appelle Haï-tang et la frappe*). —Je veux t'assommer, vile créature, qui violes ainsi les devoirs les plus sacrés.

MADAME MA (*excitant son mari*).

Seigneur, frappez, frappez ! c'est bien fait ! Que voulez-vous faire d'une misérable qui déshonore votre maison ? Allons, il faut la tuer de coups.

HAÏ-TANG.

Ces robes, ces ornements de tête, je ne voulais point d'abord les donner à mon frère ; c'est elle qui m'y a forcée par ses instances réitérées. Aurais-je pu penser qu'en présence du seigneur Ma, elle dirait que je les ai donnés à un amant ? J'ai une langue et je n'ose parler pour désiller les yeux d'un époux ! Dans toute cette affaire, voilà le seul tort que puisse se reprocher Haï-tang.

(*Elle chante.*)
" Dans l'origine, je m'affligeais en secret ; je ne m'in-
" quiétais point pour moi-même. Je ne me méfiais point
" de ses desseins. Je ne soupçonnais pas qu'elle pût me
" plonger dans cet abîme. Plus mes membres tremblaient
" et palpitaient sous les coups, plus elle redoublait ses
" odieuses calomnies. Vraiment, on ne trouverait pas au
" monde deux femmes aussi cruelles!"

LE SEIGNEUR MA (*transporté de colère*).

Faut-il que toi, qui m'as donné un fils, tu aies dépouillé ainsi tout sentiment de pudeur ! Hélas ! tu me feras mourir de colère.

MADAME MA.

Qu'est-il besoin de vous emporter ainsi ? Il vaut mieux régler une bonne fois tous vos comptes, en l'assommant de coups.

HAÏ-TANG.

(*Elle chante.*)

" Toutes les fois qu'il y a dans une maison une femme
" légitime, il faut bien compter qu'elle mettra tout en
" œuvre pour dominer seule ; mais en vit-on jamais une imi-
" ter ainsi la méchanceté du chien et la férocité du loup ?"

(*Elle parle.*)

C'est vous qui entretenez un amant ! Osez-vous bien faire peser sur moi cette indigne calomnie ?

(*Elle chante.*)

" Osez-vous bien faire retomber sur moi la honte de vos débauches ?"

(*Elle parle.*)

Il ne serait pas étonnant qu'elle m'eût entraînée dans le crime.

(*Elle chante.*)

" Mais je n'ai point voulu suivre son exemple, quoique,
" dans ma jeunesse, j'eusse été une fille de joie."

MADAME MA.

Vile créature ! on voit bien que ta dépravation naturelle s'est de nouveau réveillée, puisque tu as donné à un amant ces robes et ces ornements de tête, et que, trompant ton époux, tu as entretenu avec lui des relations criminelles.

HAÏ-TANG.

(*Elle chante.*)

" Oui, la jeune épouse nommée Sang étoit moins cruelle
" que vous, qui vous glorifiez d'appartenir à une ancienne
" famille ! Osez-vous bien dire que moi, dont le cœur
" est sincère et sans détours, j'ai trompé le chef de la
" maison ?"

MADAME MA.

Qui t'a poussée à entretenir secrètement un commerce criminel ? Et après cela tu veux encore raisonner !

HAÏ-TANG.

(*Elle chante.*)

" Elle dit qu'à la dérobée je recevois un amant ; elle dit
" que je lui tiens tête et que je lui réponds avec opiniâtreté.
" Si je souffrais sans mot dire qu'on imprimât à mon nom
" une tache flétrissante, ce serait, Madame, comme si je
" me laissais couvrir de boue."

LE SEIGNEUR MA (*paraissant indisposé*).

Cette misérable me fera mourir de colère. Madame, Madame, je me sens défaillir. Apprêtez-moi vite un bouillon.

MADAME MA.

C'est Haï-tang, c'est cette petite misérable qui a suscité la colère qui suffoque le seigneur Ma. Haï-tang, dépêche-toi de faire chauffer un bouillon pour le seigneur Ma.

HAÏ-TANG.

J'obéis.

(Elle chante.)

" Tout-à-l'heure, on a fait pleuvoir sur mes épaules une
" grêle de coups ; et voilà qu'on m'envoie à la cuisine
" pour faire chauffer un bouillon. Sans cesse, hélas ! ces
" femmes légitimes irritent contre nous leurs maris, et
" nous rendent victimes de leur colère et de leurs
" soupçons !"

(Elle apporte le bouillon.)

Eh ! bien, Madame, voici le bouillon.

MADAME MA.

Apporte-le afin que je le goûte. *(Elle goûte le bouillon.)*
Il y manque encore un peu de sel. Cours en chercher.

(Haï-tang sort.)

SCÈNE XII.

MADAME MA ET HAÏ-TANG.

MADAME MA.

Prenons vite le poison préparé ces jours derniers, et
jetons-le dans ce bouillon. *(Elle y jette le poison.)* Haï-
tang, hâte-toi donc de venir.

HAÏ-TANG.

(Elle chante.)

" Pourquoi ce trouble ? Pourquoi ce tremblement su-
" bit ? D'où vient qu'elle a jeté du sel avec tant de pré-
" cipitation ?"

(*Elle parle.*)
Madame, voici du sel.

MADAME MA (*remuant le bouillon*).

Haï-tang, cours porter ceci.

HAÏ-TANG.

Madame, portez-le vous-même. Je crains qu'en me voyant, le seigneur Ma n'entre dans un nouvel accès de colère.

MADAME MA.

Si tu n'y vas pas toi-même, le seigneur Ma dira que tu es fâchée contre lui.

(*Elle sort.*)

SCÈNE XIII.

HAÏ-TANG ET LE SEIGNEUR MA.

HAÏ-TANG.

J'obéis.—Seigneur, buvez une gorgée de bouillon.
(*Le seigneur Ma prend la tasse et boit.*)

HAÏ-TANG.

(*Elle chante.*)
" Hélas ! je le vois s'affaisser peu à peu sous le poids
" de la douleur, et sa bouche convulsive semble accuser
" l'amertume du breuvage."
(*Le seigneur Ma expire.*)

HAÏ-TANG (*épouvantée*)

Seigneur, Seigneur, ouvrez les yeux !

(*Elle chante.*)

" D'où vient que la pâleur a remplacé à vue d'œil la
" teinte jaune de son visage ?   D'où vient qu'en un instant
" sa prunelle a perdu tout son éclat ?

" Frappée de terreur, mon courage s'évanouit, mon ame
" m'abandonne, mes yeux se changent en deux ruisseaux
" de larmes.   Ce spectacle déchirant a paralysé tous mes
" membres.   Que de maisons, que de champs, que de
" fermes m'enlève cette mort   prématurée !   Ses deux
" femmes et son fils de cinq ans se trouvent dès ce
" moment sans ressource et sans appui.   Pauvre mère ! je
" resterai seule avec mon jeune orphelin, et je finirai mes
" jours dans le veuvage.   Et toi, mon fils, quel protecteur
" soutiendra maintenant ta frêle existence ?"

HAÏ-TANG (*pleurant*).

Madame, le seigneur Ma n'est plus !

MADAME MA.

Ce seigneur Ma, qui avait été assez ingrat pour me né-
gliger et épouser une seconde femme !—Haï-tang, misérable que tu es, il n'y a qu'un instant, le seigneur Ma
jouissait de la meilleure santé.   Comment se fait-il que
cette tasse de bouillon que tu lui as donnée, l'ait subitement
frappé de mort ?   Qu'est-ce qui peut l'avoir empoisonné, si
ce n'est toi ?

HAÏ-TANG.

Madame, vous avez vous-même goûté ce bouillon.   Eh!
bien, si ce n'est point vous qui l'avez tué par le poison,
c'est le poison qui l'a tué. (*Elle pleure et pousse des
gémissements.*)   Oh ! ciel, je mourrai de douleur et de
désespoir !……

MADAME MA (*parlant à ses domestiques*).

Mes petits enfants, où êtes vous ? Allez choisir, sur ce plateau, un endroit propre à creuser une fosse, fendez du bois pour faire un cercueil, et enterrez moi le seigneur Ma. (*Des domestiques emportent sur leurs épaules le corps du seigneur Ma.*) Haï-tang, petite misérable, attends un peu que nous ayons porté en terre le seigneur Ma ; je t'arrangerai comme il faut, et je verrai si tu oseras rester dans ma maison.

HAÏ-TANG (*pleurant*).

Madame, puisque le seigneur Ma n'est plus, je n'emporterai pas la moindre chose du mobilier de cette maison. Permettez-moi seulement de prendre mon fils avec moi, et de me retirer à l'instant même.

MADAME MA.

Ce jeune enfant, qui de nous deux lui a donné le jour ?

HAÏ-TANG.

C'est moi qui lui ai donné le jour.

MADAME MA.

Si c'est toi, pourquoi ne l'avoir pas nourri toi-même ? Depuis sa naissance, il n'a pas cessé d'être tantôt à mes côtés, tantôt dans mes bras. C'était moi qui le garantissais de l'humidité, et réchauffais ses membres glacés; c'était moi qui, dévorant mille ennuis, lui prodiguais chaque jour les soins et la tendresse d'une mère ! Que de peines, que de fatigues j'ai essuyées pour l'élever jusqu'ici ! Et maintenant tu viens réclamer un enfant que j'ai mis au monde ! De cette façon, l'on deviendrait mère à bon marché. Tu as entretenu un amant, tu as tué le seigneur Ma par le poison, et après cela tu voudrais fuir pour te tirer d'affaire.

D

Dis-moi, veux-tu te retirer de bon gré ou par autorité de justice ?

HAÏ-TANG.

Qu'est-ce que c'est que " se retirer par autorité de justice, ou se retirer de bon gré ?"

MADAME MA.

Si tu te retires de bon gré, et me laisses le jeune enfant, tous les biens du seigneur Ma, ses maisons, ses meubles, ses effets, tout cela sera à toi. Je sortirai d'ici, n'emportant que Cheou-lang. Mais si tu ne veux te retirer que par autorité de justice, je te rappellerai que tu as empoisonné ton mari, ce qui, comme tu sais, n'est qu'une bagatelle. Allons toutes les deux trouver le magistrat.

HAÏ-TANG.

Comme ce n'est point moi qui ai empoisonné le seigneur Ma, que puis-je craindre du magistrat ? Je le veux bien, allons le trouver ensemble.

MADAME MA.

Ce magistrat éclairé saura bien reconnaître et punir le coupable. Eh ! bien, puisque tu ne crains point d'être citée devant le juge, je vais te mener au tribunal.

HAÏ-TANG.

Je ne crains rien : allons au tribunal, allons au tribunal !

(*Elle chante.*)

" Je me garderai de vous demander la vérité, gardez-
" vous de me demander des mensonges. Qu'on envoie
" chercher la femme qui m'a accouchée et celle qui a reçu
" le nouveau-né, et qu'on leur demande quelle est la véri-
" table mère, quelle est la belle-mère."

MADAME MA (*d'un ton embarrassé*).

Je suis la propre......propre......mère de cet enfant.
Cet enfant est mon......mon......propre......propre enfant.
(*Avec chaleur et emportement :*) C'est mon cœur, c'est
mon sang, c'est ma vie, c'est le fruit de mes entrailles !
Qui est-ce qui peut l'ignorer ?

HAÏ-TANG.

(*Elle chante.*)

" Comment en imposer aux habitants de tout ce quartier,
" qui l'ont vu naître et grandir ?"

MADAME MA.

Tu as empoisonné le seigneur Ma. C'est moi qui t'ai
cachée jusqu'ici.

HAÏ-TANG.

(*Elle chante.*)

" Depuis long-temps vous teniez le poison tout prêt, et
" vous l'avez secrètement jeté dans le bouillon."

MADAME MA.

Il est de toute évidence que c'est toi qui as mis le poison
dans le bouillon. Pourquoi rejeter ce crime sur moi ?
Tout ce que je crains, c'est que tu ne subisses point la
peine du talion.

HAÏ-TANG.

(*Elle chante.*)

" Et qui donc a empoisonné son époux ? Vous voudriez
" sans doute que, pour expier votre crime, je fisse le
" sacrifice de ma vie ! C'est peu de faire périr les autres,
" vous venez encore calomnier l'innocence. Non, parmi
" toutes les femmes de premier rang, il n'en est point
" dans le monde entier d'aussi corrompue, d'aussi barbare
" que vous !" (*Elle sort.*)

SCÈNE XIV.

MADAME MA (*seule*).

Comment a-t-elle deviné mon stratagème ? Je vois clairement que, si je pouvais m'emparer du jeune enfant, cette maison et tout ce qu'elle renferme deviendrait ma propriété. (*Elle réfléchit quelques instants.*) Oui, toute affaire a besoin d'être profondément mûrie, si l'on veut s'épargner dans la suite bien des peines et des regrets. Réfléchissons un peu......Il est certain que cet enfant n'est point mon fils. Si Haï-tang invoque le témoignage de la femme qui l'a accouchée, de celle qui a reçu le nouveau-né, et de tous les voisins du quartier qui l'ont vu naître et grandir, et qu'en présence du magistrat toutes ces personnes déposent en sa faveur, voilà une affaire manquée. Mais il me vient une idée. Quand leur prunelle noire aura aperçu ce blanc métal (*elle montre de l'argent*), il n'en est pas une qui ne brûle de le posséder. Eh ! bien, gagnons d'avance tous ces témoins oculaires, en leur donnant à chacun une once d'argent ; voilà un moyen sûr de les faire parler en ma faveur. Ce n'est pas tout, il me faut gagner aussi le magistrat. Quel bonheur si Tchao pouvait venir ici ! Je le consulterais sur la marche à suivre dans l'action que je veux intenter.

SCÈNE XV.

TCHAO ET MADAME MA.

TCHAO.

Dans l'instant, on est venu demander Tchao ; eh ! bien, le voici. Il y a plusieurs jours que je n'ai fait de visite à madame Ma. J'éprouvais, au fond du cœur, une telle démangeaison, un si vif désir de la voir, qu'elle était sans cesse présente à ma pensée, sans que je pusse l'éloigner de mon esprit. Mais me voici arrivé à la porte de sa maison. Comme son mari est absent, rien ne m'empêche d'aller tout droit la trouver. (*Apercevant madame Ma.*) Madame, j'ai failli mourir à force de penser à vous.

MADAME MA.

Tchao, tu ne sais pas que j'ai empoisonné le seigneur Ma! Tout à l'heure, je vais mener Haï-tang devant le juge et porter plainte contre elle. Je veux lui enlever, non seulement tout l'héritage du seigneur Ma, mais même son propre enfant. Retourne vite au tribunal pour tout disposer d'avance. Fais en sorte de gagner le magistrat, et d'employer tout ton crédit, toute ton influence, afin d'arranger cette affaire au gré de mes vœux. C'est alors que nous pourrons vivre pour toujours ensemble comme mari et femme.

TCHAO.

Rien n'est plus aisé. Je ne vois qu'une difficulté, c'est que ce jeune enfant n'est point votre fils. A quoi bon vous obstiner à le garder ? Il vaut mieux le lui laisser emmener pour être quitte de tout embarras.

MADAME MA.

Est-il possible d'être greffier du tribunal et d'entendre aussi mal les affaires ? Si je laisse cet enfant à Haï-tang, les héritiers du seigneur Ma viendront me dépouiller de toute sa fortune, et il ne me sera pas même permis de garder un denier. Quant à Haï-tang, elle se contente de prendre à témoin les femmes qui l'ont accouchée, et plusieurs habitants du quartier ; mais moi, je les ai tous gagnés avec de l'argent. Ainsi ne te mets point en peine de tous ces détails, qui ne sont point du ressort du tribunal. Je ne te demande qu'une chose, c'est d'aller promptement faire, dans mon intérêt, les dispositions nécessaires.

TCHAO.

Vous avez raison, Madame ; mais hâtez-vous de venir présenter votre accusation. Je m'en vais au tribunal pour tout préparer.

(*Il sort.*)

SCÈNE XVI.

MADAME MA.

Tchao est parti. Je m'en vais fermer la porte de ma chambre, et, après avoir lié Haï-tang, je la menerai faire un tour au tribunal.

Le proverbe dit :

" L'homme ne songe point à faire du mal au tigre ; c'est " le tigre qui songe à dévorer l'homme."

Moi je dirai :

" Quel homme ose attaquer un vieux tigre, sans que le " tigre lui enlève quelques lambeaux de chair ?"

FIN DU PREMIER ACTE.

ACTE SECOND.

SCÈNE I.

(La scène se passe au tribunal de Tching-tcheou.)

SOU-CHUN ET PLUSIEURS PERSONNES DE SA SUITE.

Je suis le gouverneur de Tching-tcheou ; mon nom est Sou-chun.

(Il récite des vers.)

" Quoique je remplisse les fonctions de juge, je ne con-
" nais pas un seul article du code. Je n'aime qu'une chose,
" l'argent ; et, grace à ce blanc métal, le plaideur est tou-
" jours sûr de gagner sa cause."

Je déteste ces gens de Tching-tcheou, qui, pour tourner en ridicule mon extrême indulgence envers les coupables, m'ont donné le sobriquet de Mo-leng-cheou*, sous lequel je suis connu partout à la ronde. A mon avis, il y a une foule de magistrats instruits, qui, en remplissant leurs fonctions avec

---

* *Mo-leng* (Morrison, 7749, 6921). Ces deux mots signifient : rendre une décision amphibologique, que l'on peut justifier aussi bien dans un sens que dans l'autre. Le caractère *mo* veut dire *prendre avec la main*, et *leng* désigne *un morceau de bois carré*. Qu'on le saisisse à droite ou à gauche, c'est toujours la même chose. Voici l'origine de cette expression. Sou-weï-tao (9523, 11638, 9945), qui était ministre sous les Thang (9872), cherchait toujours à servir les intérêts ou les passions des personnes qui avaient affaire à lui. Il disait communément : " Quand je rends une décision sur une affaire, je ne me soucie point qu'elle soit claire et intelligible, parce que j'aurais des regrets si je venais à me tromper. Seulement je fais en sorte qu'on puisse la prendre dans un sens ou dans l'autre." On le surnomma *Mo-leng-cheou.*

une sévérité inflexible, ont causé la perte d'un nombre infini de personnes. Quant à Sou-mo-leng, on essaierait en vain de compter tous les hommes qu'il a sauvés secrètement. Qui aurait pu croire qu'aujourd'hui j'ouvrirais l'audience d'aussi bonne heure ? Hola ! huissiers, apportez-moi le tableau des causes que j'ai à juger.

UN HUISSIER.

J'obéis.

SCÈNE II.

MADAME MA ET HAÏ-TANG.

MADAME MA (traînant après elle HAÏ-TANG et son jeune fils).

Je veux aller avec toi trouver le magistrat, et lui demander vengeance.

HAÏ-TANG.

Lâchez-moi, lâchez-moi !
(Elle chante.)
" Elle m'enveloppe comme une flamme dévorante ! Elle
" me saisit par mes vêtements et m'entraîne sur ses pas."

MADAME MA.

Tu as empoisonné ton mari ; il faut que tu sois punie de mort ! Crois-tu que je vais te lâcher pour que tu prennes la fuite ?

HAÏ-TANG.

(Elle chante.)
" Vous dites que j'ai commis un crime qui mérite la mort ;
" comment pourrais-je m'échapper ?"

Hélas, Tchang-haï-tang !

" En épousant l'estimable seigneur Ma, j'étais presque
" parvenue au comble du bonheur ; mais aujourd'hui à
" peine en vois-je encore la plus légère trace. Opprimée
" par la calomnie, il m'est difficile d'ouvrir la bouche pour
" montrer mon innocence. Le monde pullule de ces in-
" dignes accusateurs, mais il n'y a que le ciel qui voie la
" fausseté des crimes qu'on m'impute."

MADAME MA.

On peut se convaincre que tu as tué ton mari par le
poison ; mais le ciel et les dieux ont été témoins de ton
crime.

HAÏ-TANG.

(*Elle chante.*)

" J'en atteste ces mêmes dieux qui habitent dans l'es-
" pace, et je les invoque d'une voix suppliante. Eh ! bien,
" si la vérité échappe à un mortel, dira-t-on que le ciel ne
" la voit pas dans tout son jour ?"

MADAME MA.

Vile créature ! voici la porte du tribunal de K'aï-fong-
fou ! Si tu es traduite devant le juge, tu endureras l'un
après l'autre tous les genres de torture. Il vaut mieux
reconnaître tes torts. Allons, veux-tu renoncer de bon gré
à tes prétentions, ou t'exposer aux plus cruelles souffrances ?

HAÏ-TANG.

Quand on devrait me tuer sous les coups, je ne ferais
jamais l'aveu que vous demandez. Tout ce que je désire,
c'est d'aller avec vous trouver le juge.

(*Elle chante.*)

" Vous dites que, si je tombe entre les mains du juge, je
" souffrirai l'un après l'autre tous les genres de torture :
" cependant, pour commettre un homicide, il faut avoir
" un but, un intérêt puissant.   Comment puis-je déclarer
" faussement que j'ai tué mon mari par le poison ?   Hélas !
" malgré mon innocence, je me vois tombée dans le piége
" le plus odieux !   Mais, après avoir persévéré constam-
" ment dans la sagesse et la vertu, comment pourrais-je
" craindre les rigueurs de la question, et les tortures dont
" vous me menacez ?"

MADAME MA.

Justice ! justice !

SCÈNE III.

LES MÊMES, SOU-CHUN.

SOU-CHUN.

Qu'on aille voir quelle est la personne qui crie de la sorte
à la porte du tribunal.   Huissiers, sortez vite et amenez-la
devant moi.

UN HUISSIER.

La voici. (*Madame Ma entre, suivie de Haï-tang et de
son fils.   Ils se mettent à genoux dès qu'ils aperçoivent le
juge.*)

SOU-CHUN.

Quelle est l'accusatrice ?

MADAME MA.

C'est votre servante qui est l'accusatrice.

SOU-CHUN.

En ce cas, que l'accusatrice se mette à genoux de ce côté, et l'accusée du côté opposé.

(*Elles s'agenouillent toutes les deux à l'endroit indiqué.*)

SOU-CHUN.

J'ordonne à l'accusatrice d'exposer les motifs de sa plainte. Parlez : vous pouvez compter sur ma justice.

MADAME MA.

Votre servante est la première femme de Ma-kiun-king, du titre de Youen-waï.

SOU-CHUN (*quittant son siège d'un air effrayé*).

En ce cas, Madame, je vous prie de vous lever.

UN HUISSIER.

Seigneur, cette femme est l'accusatrice ; comment pouvez-vous l'inviter à se lever ?

SOU-CHUN.

Elle vient de dire qu'elle est la première femme de Ma-kiun-king, du titre de Youen-waï.

L'HUISSIER.

Ce titre de Youen-waï n'a point ici sa signification ordinaire. On le donne dans ce pays à tous les hommes qui ont de la fortune. Il désigne simplement un riche propriétaire, qui n'a ni rang, ni fonctions publiques.

SOU-CHUN.

En ce cas, faites-la mettre à genoux.—Allons, exposez les motifs de votre plainte.

MADAME MA.

Celle-ci s'appelle Haï-tang ; c'est la seconde femme du seigneur Ma. Je l'accuse d'avoir entretenu secrètement un amant; d'avoir, de concert avec lui, empoisonné son époux ; de m'avoir ravi mon propre fils ; et d'avoir détourné une partie de mes effets. Daignez, Seigneur, me rendre prompte justice.

SOU-CHUN.

Avec quelle facilité, avec quelle assurance parle cette femme ! On dirait qu'elle n'a jamais fait autre chose que plaider. Je ne veux rien dire de désobligeant pour elle ; mais, s'il faut l'avouer, je n'ai pas compris un seul mot de tout ce qu'elle vient de débiter. Qu'on appelle vite le greffier du tribunal.

UN HUISSIER.

Monsieur le greffier, vous êtes prié de venir.

———

SCÈNE IV.

LES MÊMES ET TCHAO.

TCHAO.

C'est moi qui suis Tchao, le greffier du tribunal. J'étais dans mon bureau, et j'expédiais des actes judiciaires, lorsque Son Excellence m'a fait appeler auprès d'elle. Sans doute qu'elle est occupée de quelque accusation, et que, arrêtée par une difficulté soudaine, elle a besoin que je lui prête l'appui de mes lumières. (*Apercevant Sou-chun :*) Seigneur, quelle affaire peut embarrasser Votre Excellence, et retarder sa décision ?

SOU-CHUN.

Monsieur le greffier, il y a ici une personne qui présente une accusation.

TCHAO.

Permettez-moi de l'interroger. Holà ! femme, contre qui vous portez-vous accusatrice ?

MADAME MA.

J'accuse Tchang-haï-tang que voici, d'avoir empoisonné son mari, de m'avoir ravi mon propre fils, et d'avoir détourné mes effets. Ayez pitié de moi, et daignez me rendre justice.

TCHAO.

Qu'on amène devant moi cette Tchang-haï-tang. Pourquoi avez-vous empoisonné votre mari ? Allons, hâtez-vous d'avouer toute la vérité. Mais si vous n'avouez pas, prenez garde à vous ! Huissiers ! qu'on me choisisse, pour elle, les verges les plus grosses.

HAÏ-TANG

(*Elle chante.*)
" Prosternée au pied du tribunal, votre servante vous
" supplie de l'entendre exposer l'origine de ses malheurs."

TCHAO.

Parlez, parlez.

HAÏ-TANG.

(*Elle chante.*)
" Tous ces huissiers me pressent et m'entourent comme
" des loups et des tigres. Les six tribunaux sont rangés
" devant moi comme une troupe de génies malfaisants."

TCHAO.

Vous avez tué votre mari par le poison. C'est un des dix crimes qui entraînent la peine de mort.

HAÏ-TANG.

(*Elle chante.*)

" Si votre servante est coupable de l'épaisseur d'un
" cheveu, je veux, Seigneur, expirer au milieu des plus
" cruelles tortures."

TCHAO.

Dans l'origine, quelle espèce de gens étaient vos parents? Comment avez-vous pu épouser le seigneur Ma ? Allons, parlez ; je vous écoute.

HAÏ-TANG.

(*Elle chante.*)

" Songez que votre servante vivait du produit de sa
" beauté. Je suis issue d'une famille ancienne et distin-
" guée. Mais ayant perdu peu à peu toute notre fortune,
" nous restâmes, ma mère et moi, sans ressources et sans
" appui. Heureusement que le seigneur Ma-kiun-king
" nous secourut du matin au soir. J'eus le bonheur de
" lui plaire, et, après avoir offert à ma mère de riches pré-
" sents de noces, il m'épousa en qualité de seconde femme."

TCHAO.

Ah ! ah ! vous avez commencé par être fille de joie ! Cette profession-là ne parle guère en votre faveur. Eh ! bien, quand le seigneur Ma vous eut conduite dans sa maison, lui donnâtes-vous un fils ou une fille ?

HAÏ-TANG.

(*Elle chante.*)
« Je lui donnai un fils et une fille*, et je supportai pour
« les élever mille peines et mille fatigues. »

TCHAO.

Y avait-il quelque personne du dehors qui fréquentât
votre maison ?

HAÏ-TANG.

(*Elle chante.*)
« Mon frère, pressé par la faim, et manquant de vête-
« ments, vint me trouver pour obtenir de moi quelques
« secours.   Au moment où je le renvoyais de la maison sans
« lui rien donner, nous fûmes tous deux aperçus par
« madame. »

TCHAO.

Si c'était votre frère, il n'y avait pas d'inconvénient à ce
que madame vous trouvât ensemble.

HAÏ-TANG.

Madame me dit : Haï-tang, puisque ton frère vient
implorer ton assistance et que tu n'as point d'argent, pourquoi ne pas lui donner ces robes et ces ornements de tête,
afin qu'il les vende, et qu'il se procure les choses dont il a
besoin ?

TCHAO.

Ce que vous dites là est une preuve de son humanité.

- Dans toute la pièce, il n'est point parlé de cette fille.

HAÏ-TANG.

J'obéis à ce conseil, puis j'ôtai mes robes et mes ornements de tête, et je les donnai à mon frère.   Mais quand
le seigneur Ma fut de retour, et qu'il eut demandé pourquoi il n'avait pas vu les robes et les ornements de tête
de Haï-tang, elle lui dit que j'avais secrètement donné ces
objets à un amant.

(*Elle chante.*)

" Qui aurait pensé que cette femme avait deux langues
" et deux visages, et qu'elle aurait cherché à irriter son
" mari contre moi ?"

MADAME MA.

Quel mensonge !   Dans cette ville de Tching-tcheou, je
passe pour un modèle de sagesse et de bonté.   Comment
oses-tu dire que j'ai deux langues et deux visages, et que j'ai
voulu irriter mon mari contre toi ?

TCHAO.

Ce sont-là des bagatelles qui ne méritent pas d'entrer
dans un interrogatoire.   Mais je vous demanderai pourquoi
vous avez empoisonné votre mari, pourquoi vous avez
ravi l'enfant de cette dame, pourquoi vous avez détourné
une partie de ses effets.   Allons, répondez de point en point,
et avouez tous les crimes dont vous êtes coupable.

HAÏ-TANG.

(*Elle chante.*)

" Mon mari tomba par terre, dans un accès de colère,
" et resta quelque temps sans mouvement.   Quand il reprit
" l'usage de ses sens, madame l'aida elle-même à se lever "

(*Elle parle.*)

Puis elle dit : Haï-tang, le seigneur Ma désire de prendre un bouillon ; va vite en faire chauffer une tasse.

(*Elle chante.*)
" Quand j'apportai la tasse de bouillon chaud, elle le
" goûta, et dit qu'il n'était pas assez salé."

(*Elle parle.*)
Elle profita du moment où j'allai chercher du sel.

(*Elle chante.*)
" Qui aurait pensé qu'elle jeterait furtivement du poison
" dans la tasse ?"

(*Elle parle.*)
Le seigneur Ma prit alors le bouillon ; mais à peine
l'avait-il goûté qu'il expira sur-le-champ. Seigneur, exa-
minez bien les faits, et pesez-les dans votre sagesse.

(*Elle chante.*)
" De suite elle brûla le cadavre, et fit déposer les cendres
" dans un lieu désert, situé hors de la ville."

TCHAO.

Je vois clairement que c'est vous qui avez versé ce poison.
Pourquoi avez-vous voulu encore lui ravir son fils, et
détourner ses effets ? Qu'avez-vous à répondre sur ces deux
chefs ?

HAÏ-TANG.

C'est moi qui suis la véritable mère de cet enfant. Seigneur, si vous voulez seulement faire appeler devant vous
madame Lieou-sse-chin et madame Tchang, qui m'ont aidée
à mettre mon fils au monde, ainsi que des habitants du
quartier, leur témoignage vous montrera clairement la
vérité de ce que j'avance.

TCHAO.

Votre demande est juste. Huissiers, faites venir ces deux

E

femmes et quelques personnes du quartier. (*Sou-chun fait un signe avec la main. Un huissier sort et va appeler au dehors les personnes désignées.*)

Hem ! respectables dames et voisins du quartier, on vous appelle au tribunal.

SCÈNE V

LES MÊMES, LES DEUX SAGES-FEMMES ET DEUX HOMMES DU VOISINAGE.

L'UN DES HOMMES.

Le proverbe dit avec raison que, " quand on a reçu de l'argent de quelqu'un, on est tout disposé à détourner les malheurs qui le menacent." Aujourd'hui la femme légitime du seigneur Ma a porté une accusation devant le tribunal, et nous a priés de venir déposer en sa faveur. Le fait est que la femme légitime n'est point la mère de cet enfant ; mais, grace à l'argent dont elle nous a gratifiés, nous dirons que c'est elle qui lui a donné le jour. N'allez pas avoir peur, vous autres, et vous troubler dans votre déposition.

LES TROIS AUTRES TÉMOINS.

Nous savons ce que nous avons à dire. (*Ils suivent l'huissier, entrent et se mettent à genoux.*) Nous voici.

TCHAO.

Est-il vrai que vous êtes tous habitants de ce quartier ?...Eh ! bien, quelle est la mère de cet enfant ?

UN VOISIN.

Ce seigneur Ma était un riche propriétaire que l'obscurité de notre condition nous empêchait de fréquenter. Mais il y a cinq ans, sa femme légitime lui ayant donné un fils, il a fait distribuer à chacun des habitants de ce quartier le tiers d'une once d'argent, afin que nous pussions partager son allégresse. Lorsque son fils eut atteint un mois accompli, le seigneur Ma nous invita à venir boire et nous régaler chez lui. Nous vîmes alors le bel enfant à qui nous devions cette fête. Dans la suite, à chaque anniversaire de la naissance de leur fils, monsieur et madame Ma le conduisaient eux-mêmes dans toutes les chapelles, et allaient brûler des parfums en l'honneur de Fo. Il n'y a pas que nous qui ayons vu tout cela. Tous les autres habitants de la ville l'ont vu comme nous, et pourraient rendre le même témoignage.

TCHAO.

D'après ces dépositions, il est de toute évidence que madame Ma est la mère de cet enfant.

HAÏ-TANG.

Seigneur, ces voisins se sont laissé gagner par l'argent de madame Ma ; leur témoignage ne mérite aucune confiance.

LE VOISIN.

Non, nous n'avons point été gagnés à prix d'argent. Ce que nous avançons est la pure vérité. S'il y a une seule syllabe de fausse dans notre déposition, je veux qu'il vous vienne sur les lèvres un clou gros comme une tasse.

HAÏ-TANG.

(*Elle chante.*)

" Maintenant j'invoque le témoignage de madame Lieou-
" sse-chin et de madame Tchang, qui m'ont aidée à mettre
" mon fils au monde, et qui, avant qu'il eût atteint son
" premier mois, vinrent plus de dix fois me rendre visite.
" Maintenant que je suis dans le malheur, la calomnie me
" poursuit jusqu'au pied du tribunal. Devais-je m'atten-
" dre à voir mes voisins mêmes outrager de la sorte la
" justice et la vérité ? Il n'y a que l'argent qui puisse les
" faire persister ainsi dans leur déposition mensongère."

(*Elle parle.*)

Seigneur, veuillez interroger ces deux femmes respectables. Personne ne peut être mieux informé qu'elles.

TCHAO.

Quelle est la mère de cet enfant ?

MADAME LIEOU.

Nous autres sages-femmes nous faisons pour le moins sept
ou huit accouchements par jour : comment se les rappeler
tous au bout de plusieurs années ?

TCHAO.

Cet enfant n'a encore que cinq ans ; ainsi il n'y a pas
bien long-temps qu'il est né. Allons, dites-moi laquelle de
ces deux femmes est sa mère.

MADAME LIEOU.

Attendez que je recueille mes souvenirs. Ce jour-là,
la chambre de l'accouchée était soigneusement fermée de
toute part, et l'obscurité profonde qui y régnait ne me
permit point de remarquer les traits de son visage. Mais
il me semble que lorsque ma main....*

* Dans cette déposition, comme dans la suivante, nous sommes obligé
de supprimer plusieurs détails qui blessent l'honnêteté.

TCHAO.

A votre tour, Madame Tchang, faites votre déposition.

MADAME TCHANG.

Ce jour-là, quand je vins pour délivrer l'accouchée, c'était bien la femme légitime qui était en mal d'enfant. .... Ainsi l'on ne saurait douter que madame Ma soit la véritable mère.

HAÏ-TANG.

Est-il possible que toutes deux vous déposiez avec tant de partialité pour elle !

(*Elle chante.*)

" Madame Lieou, quand vous vîntes pour recevoir le
" nouveau-né, je vous appelai avec de tendres instances
" dans la chambre où j'étais couchée. Vous me prîtes
" mollement dans vos bras, et vous me portâtes sur le lit
" de douleur.
" Et vous, Madame Tchang, quand vous vîntes pour
" détacher l'enfant du sein maternel, vous rappelez-vous
" qui est-ce qui alluma, devant la chapelle, des bougies
" odorantes ?—Vous n'êtes ni l'une ni l'autre avancées en
" age, et je me demande comment vous pouvez déposer
" de la sorte, avec tant d'assurance ! Est-il possible
" qu'avec de tels témoins, le juge puisse distinguer le
" vrai du faux, et la vertu du crime ?"

TCHAO.

Vous l'entendez : ces deux respectables dames déposent également que madame Ma est la véritable mère. Ainsi, il est demontré que vous voulez lui enlever son fils.

HAÏ-TANG.

Seigneur, ces voisins et ces deux femmes se sont laissé gagner par l'argent de madame Ma. Quoique mon fils n'ait que cinq ans, il est doué d'assez d'intelligence et de discernement ; veuillez l'interroger.

MADAME MA (*tirant par le bras le jeune enfant*).

Dis que je suis ta propre mère, et qu'elle est ta nourrice.

L'ENFANT.

Voici ma propre mère ; c'est vous qui êtes ma nourrice.

HAÏ-TANG.

Voilà encore une preuve de ta rare intelligence !

(*Elle chante.*)

" Cher enfant ! songe au fond de ton petit cœur, songe,
" hélas ! combien de fois cette cruelle femme ta déchiré la
" peau à coups de verges ! Tu es doué d'assez de discerne-
" ment pour reconnaître aujourd'hui celle qui t'a donné le
" jour. Rappelle-toi bien que celle que tu appelles ta mère
" t'a nourri de son lait et t'a porté sur son sein pendant
" trois ans. Mais comment pouvait-elle te préserver de
" l'emportement et des violences de cette furie ?"

TCHAO.

Les paroles de cet enfant ne méritent aucune confiance. Au reste, c'est d'après le nombre des témoins que le juge forme sa conviction. Mais, puisque vous vouliez lui ravir son enfant, il n'est plus besoin de prouver que vous avez détourné furtivement ses effets. Ce n'est pas tout. Allons, avouez promptement que vous avez empoisonné votre mari.

HAÏ-TANG.

Je suis tout-à-fait étrangère à cet empoisonnement.

TCHAO.

Cette scélérate n'avouera pas, si l'on ne la frappe comme il faut. Holà! huissiers, prennez-moi cette misérable et donnez-lui une bonne correction.

(Ils la frappent jusqu'à ce qu'elle tombe en défaillance.)

MADAME MA.

Frappez, frappez! c'est bien fait, c'est bien fait! Tuez-la de coups: cela m'est égal.

TCHAO.

Elle voudrait faire la morte. Huissiers, relevez-la. *(Ils la relèvent.)*

HAÏ-TANG *(reprenant ses sens)*.

Hélas! hélas! ô ciel!

(Elle chante.)

" Quand les coups pleuvaient sur mes épaules, cuisants
" comme la flamme, retentissants comme le vent, un trouble
" mortel agitait mes esprits, mon ame tremblante était
" prés de s'échapper. Les cruels! ils serraient violem-
" ment les tresses de mes cheveux......"

UN HUISSIER.

Allons, dépêchez-vous d'avouer: cela vaudra mieux que d'endurer toutes ces tortures.

HAÏ-TANG.

(Elle chante.)

" J'ai entendu des cris confus qui frappaient mon oreille.

" Hélas ! ce greffier pervers fait grace à la femme la
" plus criminelle, et il livre l'innocence à la férocité de
" ses agents !"

TCHAO.

Allons, avouez quel était votre amant.

SOU-CHUN.

Puisqu'elle refuse encore d'avouer, je vais lui parler
moi-même, et lui faire confesser son crime.

HAÏ-TANG.

(*Elle chante.*)
" Ce magistrat emploie la force et la violence pour que
" j'indique un amant imaginaire, et que je fasse connaître
" le lieu de son séjour.
" Trois fois j'ai tenté de m'échapper par la porte de
" cette enceinte, mais en vain ! Quel avantage avez-
" vous à servir ainsi les passions des autres ? Attendez-
" vous une récompense pour le sang qui ruisselle de tout
" mon corps ? Hélas ! si je possédais de l'argent, il me
" serait facile d'obtenir ma délivrance ; mais sans argent,
" comment pourrai-je endurer ces cruelles tortures ?"

TCHAO.

Huissiers, qu'on la frappe de nouveau.

HAÏ-TANG.

Je suis issue d'une bonne famille : comment puis-je
subir cette rude question ? Vaincue par la douleur, je me
vois forcée d'avouer tous ces crimes dont je suis innocente.
—Seigneur, votre servante reconnaît qu'elle a empoisonné
son mari, qu'elle a enlevé le fils de cette dame, qu'elle a

détourné ses effets......Oh ciel ! cette injustice me fera mourir !

TCHAO (*à part*).

Que je sois mille fois, dix mille fois injuste, cela m'est égal ; au moins cette injustice a cela de bon qu'elle nous fait adjuger l'enfant.

Huissiers, puisqu'elle a avoué ses crimes, qu'on lui fasse signer sa déclaration, qu'on lui attache encore une grande cangue, et que deux gendarmes la conduisent à K'aï-fong-fou, où sera prononcée sa condamnation.

SOU-CHUN.

Huissiers, qu'on lui mette au cou cette lourde cangue toute neuve, qui pèse neuf livres et demie.

UN HUISSIER.

Vous êtes obéi. (*à Haï-tang, en lui mettant la cangue*), Femme coupable ! mettez votre cou dans la cangue.

HAÏ-TANG.

Oh ciel !

(*Elle chante.*)

" Ce cruel magistrat ne cesse de tyranniser le peuple.
" Sans respect pour la justice, il vient de tracer sur ce
" papier l'aveu de crimes imaginaires.   Il ne me reste plus
" ici qu'à pleurer et à invoquer le ciel d'une voix gémis-
" sante.   Mais hélas ! le ciel est placé trop haut pour
" entendre mes plaintes !   Ah ! quand pourrai-je trouver
" un juge intègre qui reconnaisse mon innocence ?"

TCHAO.

Impudente que vous êtes ! Le président de ce tribunal est un magistrat juste et intègre, dont les décisions sont constamment fondées sur les lois. Où trouverait-on au monde un magistrat aussi équitable, aussi impartial que Son Excellence ?

HAÏ-TANG (*poussant des sanglots*).

(*Elle chante.*)

" Faible et mourante comme je suis, comment pourrai-je
" endurer les rigueurs du cachot où je dois attendre la
" peine capitale !"

(*Elle sort avec les huissiers*).

———

SCÈNE VI.

TCHAO.

Voilà un procès terminé. Les témoins peuvent s'en retourner tranquillement chez eux. Quant à l'accusatrice, je promets de lui faire connaître la décision du tribunal suprême de K'aï-fong-fou, aussitôt qu'elle m'aura été rapportée. (*Ils se retirent tous après s'être prosternés jusqu'à terre.*) Pour moi, voilà un jour entier que je suis occupé à juger. La faim me presse ; il faut que je m'en retourne pour aller dîner.

(*Il sort.*)

———

SCÈNE VII.

SOU-CHUN.

Cette affaire est enfin terminée ; mais je songe que, quoique je sois magistrat, je ne rends jamais aucun arrêt.

Qu'il s'agisse de fustiger quelqu'un, ou de le mettre en liberté, j'abandonne cela à la volonté du greffier Tchao, au risque de faire dire que je suis un coquin fieffé.

(*Il récite des vers.*)

" Maintenant quelle que soit sa décision, je ne m'en mets
" nullement en peine, et ne lui adresse jamais aucun
" reproche. Que l'accusation soit vraie ou fausse ; qu'il
" condamne à la bastonnade, à la déportation, ou à l'exil ;
" je lui laisse pleine et entière liberté. Je ne demande
" qu'une chose : de l'argent, et toujours de l'argent dont
" je fais deux parts, l'une pour moi et l'autre pour lui.

(*Il sort.*)

FIN DU SECOND ACTE.

TROISIÈME ACTE.

SCÈNE I.

UN CABARETIER.

Je suis marchand de vin ; mon cabaret est situé à dix lis (une lieue) de Tching-tcheou, et les marchands et les voyageurs, qui vont du midi au nord, ne manquent jamais de s'arrêter dans ma maison. Je viens d'ouvrir ma porte, et j'ai mis chauffer sur le feu ce chaudron de vin. Voyons un peu s'il m'arrive quelques chalands.

SCÈNE II.

(Deux gendarmes conduisant Haï-tang ; Haï-tang tombe, se relève et s'assied.)

UN DES GENDARMES.

Je suis un gendarme fort connu, attaché au tribunal de Tching-tcheou ; mon nom est Tong-tchao. Mon camarade, que voici, s'appelle Sie-pa. Nous conduisons cette femme, nommée Tchang-haï-tang, à K'aï-fong-fou, où sera prononcée sa condamnation.—Holà ! femme, avance un peu. Entends-tu le bruit du vent, vois-tu ces tourbillons de neige ? Tu dois avoir faim. Tiens, voici quelques provisions.

Nous allons acheter une tasse de vin, et quand tu auras mangé, tu pourras poursuivre ta route.

(*Il la frappe.*)

HAÏ-TANG (*se levant*).

Je vous en prie, mon frère, ne me frappez point. Je suis condamnée injustement, et il ne me reste plus que quelques moments à vivre. A quoi bon m'offrir à manger ? Je ne vous demande qu'une chose, c'est d'avoir pitié de mon sort.

TONG-TCHAO.

Femme ! pourquoi dans l'origine as-tu empoisonné ton mari ? Pourquoi as-tu enlevé le fils de sa femme légitime ? Allons, parle doucement, je t'écoute.

HAÏ-TANG.

Quand me verrai-je justifiée des crimes qu'on m'impute ? A qui raconterai-je l'injustice qui pèse sur mon cœur ? A qui dénoncerai-je ceux qui, après m'avoir ravi mon fils, m'accusent encore d'avoir empoisonné mon époux ? A qui dirai-je que je n'ai pu endurer la rigueur des tortures, ni rencontrer un juge intègre et désintéressé ?

SIE-PA.

Si tu nous donnais quelque chose, à moi et à mon camarade, personne ne te demanderait d'argent pour ta délivrance, et tu n'aurais plus besoin de t'inquiéter de l'équité, ou de l'iniquité du juge.

HAÏ-TANG.

Tout homme ami de la justice doit avoir pitié de moi. Couverte du sang qui ruisselle des plaies que m'ont faites les tortures, en proie à des douleurs inouïes, qui m'arrachent ces soupirs et ces cris dont retentissent les airs, comment pourrais-je prendre de la nourriture! Hélas! mes vêtements tombent en lambeaux, et ce cadenas de fer et cette cangue chargée de cuivre, m'accablent de leur pesanteur! Durs et cruels comme vous êtes, comment pourriez-vous sentir que je suis victime d'une odieuse injustice?

TONG-TCHAO

Quand on devrait te tuer injustement, tu n'aurais pas le droit de nous accuser; ce n'est point nous qui t'avons entraînée dans ce malheur. Dis-moi, comment veux-tu que nous ayons pitié de ton sort? Mais la neige tombe avec une nouvelle force; allons, marche un peu plus loin.

HAÏ-TANG.

(*Elle chante.*)

"La neige qui tombe sur ma tête ne s'est pas arrêtée
" un seul instant; le vent furieux ébranle les arbres de la
" forêt. Hélas! dans ce lieu désolé, j'éprouve de cruelles
" angoisses, qui m'arrachent ces pleurs et ces sanglots!
" Je voudrais marcher, mais les forces m'abandonnent, mes
" genoux se dérobent sous moi, et, pour comble de douleur,
" je sens que les plaies des tortures se rouvrent et saignent
" encore!"

SIE-PA.

Nous sommes chargés de la commission la plus pénible, et encore elle ne veut pas marcher!

(*Il la frappe.*)

HAÏ-TANG.

(*Elle chante.*)

" Pourquoi vous irriter de la sorte? Pourquoi m'acca-
" bler d'injures? Tout ce que je puis faire, c'est de me

« traîner à pas lents. Si vous continuez de me frapper,
« j'expirerai sous les coups."

TONG-TCHAO.

Si, dans l'origine, tu n'avais pas avoué, tu serais libre
aujourd'hui. Qui est-ce qui t'obligeait d'avouer ?

HAÏ-TANG.

Mon frère, ne me fatiguez pas de questions impor-
tunes ; veuillez seulement m'écouter.

(Elle chante.)

« Quand je vis ce juge cruel déployer contre moi toutes
« les rigueurs des lois, je me crus livrée aux supplices de
« l'enfer. Je ne pus supporter les coups et les tortures
« qu'il m'infligea pour m'arracher l'aveu de crimes imagi-
« naires, et, vaincue par la douleur, je signai ma con-
« damnation. Jusqu'aujourd'hui, qui est-ce qui a daigné
« prendre pitié de mon sort ? Victime, hélas ! d'une injuste
« accusation, j'ai été livrée, malgré mon innocence, à tous
« les genres de tourment !"

TONG-TCHAO.

Allons, femme, lève-toi ; quand nous aurons tourné cette
colline, je te laisserai reposer quelques instants.

HAÏ-TANG.

« Puissé-je arriver bientôt à cette colline ! Mais hélas !
« transie de froid, abattue par les souffrances, je puis à
« peine me tenir debout. *(Elle fait quelques pas et tombe.)*
« Au moment où je voulais lever le pied, j'ai senti une
« épine qui pénétrait dans ma chair."

TONG-TCHAO, *(d'un ton courroucé.)*

Lève-toi !

HAÏ-TANG.

(*Elle chante.*)

" Aïe ! votre caractère est impétueux comme la flamme.
" Voyez, mon frère, ce terrain que la glace a rendu uni et
" luisant ; comment s'empêcher de glisser ?"

SIE-PA.

Mille hommes, dix mille hommes passeraient ici sans
glisser, et toi tu ne saurais marcher sans faire un faux pas.
Attends un peu que j'aille devant.   Si je ne glisse pas, je
te brise les jambes à coups de bâton. (*Il marche et tombe.*)
En effet, ce chemin est un peu glissant.

SCÈNE III.

TCHANG-LIN.

Je m'appelle Tchang-lin ; je suis le premier employé
du cinquième tribunal de K'aï-fong-fou.   Aujourd'hui le
Gouverneur Pao-tching a reçu une commission militaire
pour les frontières de Si-yen.   J'ai été chargé d'aller
au-devant de lui, et, à mon retour, j'ai été surpris par ces
torrents de neige.   Ô, ciel ! puisse-t-elle s'arrêter quelques
instants !

HAÏ-TANG (*l'apercevant.*)

Cet homme qui marche-là ressemble bien à mon frère
Tchang-lin.

(*Elle chante.*)

" J'ai aperçu les traits de son visage ; il me semble que
" c'est lui.   Mais si mes yeux, troublés par les larmes,
" me faisaient illusion !   Regardons bien attentivement...

“ Oui... je ne me trompe point... c'est lui... c'est lui-
“ même. Je redresse avec effort mes épaules tremblantes,
“ je soutiens de mes mains mes flancs épuisés. Hélas !
“ comment courir après lui, avec cette chaîne de fer et
“ cette lourde cangue ? ”

TCHANG–LIN (*regardant les gendarmes*).

Où conduisez-vous cette femme qui porte cette chaîne de
fer et cette lourde cangue ?

HAÏ-TANG.

Mon frère !

(*Elle chante.*)
“ O mon frère ! Arrête-toi, et délivre ta sœur.”

(*Elle parle.*)
Mon frère !

(*Elle chante.*)
“ Tu apparais à ma vue comme l'image vivante de Kouan-
“ in,* qui habite sur le mont Lo-kia-chan. Qu'attends-tu
“ pour manifester cette bonté compatissante qui te fait
“ soulager les souffrances des hommes ?”

(*Elle parle.*)
O mon frère ! délivre ta sœur.

TCHANG–LIN.

Qui es-tu ?

HAÏ-TANG.

Je suis ta sœur Haï-tang.

TCHANG–LIN (*la frappe et la repousse*).

Vile prostituée ! te souviens-tu comment tu m'as secouru
ce jour où j'implorai ton assistance ? (*Il s'en va.*)

* *Kouan-in* est le nom d'un *Poussa*, ou de l'une des plus grandes divinités
de la religion Indienne importée à la Chine.

F

HAÏ-TANG (*pleure et court après lui*).

(*Elle chante.*)

" Je me demande pourquoi il m'adresse ces grossières
" injures.   Je le sens: il est difficile de cacher long-temps
" un feu qui couve en secret.   C'est ma vue qui a réveillé
" son ancienne inimitié ; c'est ma vue qui a fait éclater
" cette violente colère."

(*Tchang-lin continue sa route ; Haï-tang court après lui
et l'arrête par ses vêtements.—Tchang-lin se dégage de
ses mains.*)

HAÏ-TANG (*d'une voix émue*).

Mon frère !

(*Elle chante.*)

" Il ne daigne pas me reconnaître !   Mais, quand je
" devrais perdre la vie, je vais courir après lui et l'arrêter
" par ses vêtements."

TONG-TCHAO (*saisissant Haï-tang par les cheveux*).

Cette femme veut absolument harceler les passants et les
assommer par son importunité.

HAÏ-TANG.

(*Elle chante.*)

" Plus prompt que moi, il a saisi ma chevelure..."

TCHANG-LIN.

Vile prostituée ! lâche-moi, lâche-moi.

HAÏ-TANG (*à Tong-tchao*).

(*Elle chante.*)

" Je vous en supplie (*ter*), homme cruel, laissez-moi un
" instant de répit.   Et toi, mon frère, viens (*ter*) écouter
" l'origine véritable de mes malheurs."

TCHANG-LIN.

Misérable ! si tu avais prévu jadis ce qui t'arrive aujourd'hui, tu ne m'aurais pas refusé quelques robes et quelques ornements de tête, que j'aurais pu vendre pour subvenir à mes besoins !

HAÏ-TANG.

(*Elle chante.*)

" Elle (*ter*) aimait à perdre et à tuer les autres ; tous
" ses projets ne respiraient que l'astuce et la perfidie.   Tu
" as pris l'aiguille d'or qui ornait ma coiffure, et moi
" (*ter*), pour l'avoir donnée, je suis tombée dans l'abîme
" où tu me vois."

(*Elle parle.*)

Mon frère ! ces malheurs affreux qui accablent ta sœur viennent de ces robes et de ces ornements de tête. D'abord, craignant que cette femme ne vînt, je n'osai point te donner ces objets, pour te procurer quelques provisions. Aurais-je pu croire qu'elle m'engagerait à les ôter et à les donner à mon frère ? Mais aussitôt que le seigneur Ma fut de retour, elle lui dit que j'entretenais un amant et que je lui avais offert ces robes et ces ornements de tête. Transporté de colère, le seigneur Ma s'évanouit et tomba malade. Ce n'est pas tout ; elle lui donna un breuvage empoisonné qui le fit mourir subitement. Puis elle traîna ta sœur devant le juge, et me fit condamner comme ayant empoisonné mon époux et ravi son propre fils. O ciel ! Ayez pitié de moi ! je succombe sous le poids d'une injuste accusation.

TCHANG-LIN.

A qui appartenaient ces robes et ces ornements de tête ?

HAÏ-TANG.

A ta sœur.

TCHANG-LIN.

Quoi, c'était à toi ! Eh ! bien, cette méchante femme me dit que ces objets venaient du trousseau que lui avaient donné ses parents. En ce cas, j'ai eu tort de me fâcher contre toi. Il y a devant nous un cabaret ; viens-y avec moi, pour que nous vidions ensemble quelques tasses de vin. (*Ils se dirigent vers le cabaret avec les deux gendarmes.*) —Holà ! garçon, apportez du vin.

SCÈNE IV.

LE MARCHAND DE VIN.

En voici, en voici, en voici. Veuillez entrer et vous asseoir.

TCHANG-LIN.

Gendarmes, je suis le premier employé du cinquième tribunal de K'aï-fong-fou ; mon nom est Tchang-lin. Cette femme est ma propre sœur. J'étais allé au-devant du gouverneur Pao ; maintenant je m'en retourne à la ville. Je vous engage à bien regarder sur la route.

TONG-TCHAO.

Mon frère, vous n'avez pas besoin de nous donner cette recommandation. Nous vous prions seulement de nous expédier, aussitôt que vous serez arrivé à la ville, la réponse officielle que nous devons rapporter.

TCHANG-LIN.

Cela est facile.—Ma sœur, je disais jadis que cette femme était remplie de prudence et de sagesse. Mais maintenant que je vois la cruauté de son caractère, je me demande comment tu pourras lui échapper.

HAÏ-TANG.

(Elle chante.)

" Cette femme, dont le visage brille d'un éclat emprunté,
" a reçu de toi la qualification de sage et de prudente,
" et cependant, quand son mari m'interrogea, elle déploya
" contre moi toute la méchanceté de sa langue, et accu-
" mula, pour me perdre, mensonge sur mensonge.

" Plus tard, elle dit que j'avais empoisonné mon mari,
" que j'avais détourné tous ses effets, et que je voulais lui
" enlever son fils. Ensuite, elle me traîna devant le
" tribunal de Tching-tcheou, sans s'embarrasser des tortures
" intolérables auxquelles je serais soumise. Là, malgré
" mon innocence, je fus meurtrie de coups, couverte de
" blessures, et placée sous le glaive du bourreau. A qui
" dois-je imputer la mort qui me menace, si ce n'est à ce
" monstre altéré de sang ?"

(Elle parle.)

Mon frère, reste un instant ici, j'ai besoin d'aller quelque part. *(Elle sort.)*

SCÈNE V.

TCHAO ET MADAME MA.

Je suis Tchao, le greffier. Je viens de faire conduire Haï-tang à K'aï-fong-fou. Je pense bien qu'elle n'a point de proche parent qui puisse s'intéresser à son sort et demander la révision du jugement. Cependant il vaut mieux se défaire d'elle sur la route. Quel bonheur quand elle ne sera plus ! Aussi ai-je choisi, pour la conduire, deux gendarmes capables de faire ce coup de main ; ce sont Tong-tchao et Sie-pa. A leur départ, je leur ai donné à chacun cinq onces d'argent.* D'après mes instructions, il n'ont pas besoin d'attendre qu'ils soient beaucoup éloignés de Tching-tcheou. Il leur suffit de s'arrêter au premier endroit désert, pour expédier leur prisonnière. Mais ils ne reviennent point me rendre compte de leur commission ; je commence à avoir de l'inquiétude. Il faut que j'aille faire un tour avec Madame pour éclaircir mes doutes.

MADAME MA.

En marchant au milieu de cette neige, j'ai été saisie par un froid qui engourdit tous mes membres. Allons un instant dans ce cabaret ; nous nous réchaufferons avec quelques tasses de vin, et nous continuerons notre route.

TCHAO.

Madame, vous avez raison. (*Ils entrent dans le cabaret—Haï-tang les aperçoit.*)

HAÏ-TANG.

Quelle bonne rencontre ! La voilà qui entre ici avec le compagnon de ses débauches. Allons avertir mon frère.

(*Elle chante.*)

" Cette femme est bien cruelle, elle est bien audacieuse !
" Puisque les voilà tous les deux entrés, je veux arrêter
" le cours de leurs crimes ; mais comment y réussir ?"

(*Elle parle.*)

Mon frère, cette femme débauchée est dans le cabaret

---

* 37 f. 90. (£1. 10s. 4d.)

avec son complice. Viens avec moi les saisir et les emmener.

TCHANG-LIN (*parlant aux gendarmes*).

Mes amis, prenez-moi cette femme adultère avec son
amant.

HAÏ-TANG.

(*Elle chante.*)

" Sortez vite ; gardez-vous de les effrayer et de leur
" faire prendre la fuite. Allons, hâtez-vous de les saisir.
" Nous verrons qui de nous est innocent, qui de nous re-
" cevra le châtiment réservé au crime."

(*Tchang-lin sort avec sa sœur pour les saisir.—Les deux
gendarmes leur font signe de s'enfuir.—Haï-tang saisit
madame Ma, qui se dégage de ses mains et s'échappe
avec Tchao.*)

HAÏ-TANG.

(*Elle chante.*)

" J'avais saisi ses vêtements, et, par la faute de ces
" hommes, elle s'est échappée d'entre mes mains. A quoi
" ont servi tous mes discours contre elle ? Que me revient-
" il d'avoir excité, au plus haut point, la colère de mon
" frère ? Ce qui m'indigne surtout, c'est qu'en faisant
" un signe, ces gendarmes aient causé la fuite de son
" amant adultère."

TCHANG-LIN (*parlant à Tong-tchao*).

Imbéciles que vous êtes ! le signe que vous venez de
faire, avec votre camarade, leur a donné l'éveil, et leur a
permis de s'enfuir. Savez-vous que je suis le premier
employé du cinquième tribunal de K'aï-fong-fou, et que,
si je vous donne une bonne correction, je n'ai pas peur que
vous ne veniez m'accuser ? (*Il frappe Tong-tchao.*)

TONG-TCHAO.

Puisque le maître que je sers est subordonné au vôtre, vous pouvez me frapper ; mais, à mon tour, j'ai le droit de frapper cette prisonnière dont la garde m'est confiée. (*Il frappe Haï-tang.*)

HAÏ-TANG.

(*Elle chante.*)

" Ces hommes me conduisent en prison d'après les " ordres du magistrat ; à quoi bon vous battre ainsi les " uns contre les autres ?"
(*Tchang-lin saisit Tong-tchao par les cheveux ; celui-ci saisit de même Haï-tang.*)

HAÏ-TANG.

(*Elle chante.*)

" Il serre violemment sa prisonnière, et, sans pitié pour " les souffrances qui m'accablent, il me brise, il me " tue......... !"

LE CABARETIER (*les retenant*).

Allons, payez-moi le vin que vous avez bu, et retirez-vous.

SIE-PA.

De quel vin oses-tu nous réclamer le prix ? (*Il le renverse d'un coup de pied et sort avec les autres.*)

SCÈNE VI.

LE CABARETIER.

Voyez si je n'ai pas du malheur ! Je suis resté la moitié du jour sur le seuil de ma porte, en attendant le monde.

Enfin il m'arrive trois ou quatre personnes qui demandent du vin. Elles se prennent de querelle, sans que je sache pourquoi, et renvoient, à force du coups, deux excellentes pratiques. Quant à de l'argent, je puis dire que je n'ai pas encore reçu un denier. Dès aujourd'hui je suis décidé à fermer ce cabaret et à essayer d'un autre commerce.

(Il récite des vers.)

" Cette profession est loin d'être florissante. Tous les
" jours, des gens à qui j'ai vendu du vin, me font perdre
" l'argent qu'ils me doivent. Je vais mettre les verroux et
" fermer ma boutique. J'aime mieux aller vendre des
" poules d'eau, qui se paient comptant."

(Il sort.)

FIN DU TROISIÈME ACTE.

ACTE QUATRIÈME.

(La scène se passe au tribunal de K'aï-fong-fou.)

SCÈNE I.

LE GOUVERNEUR de K'aï-fong-fou, suivi d'un OFFICIER de justice et de plusieurs huissiers.

L'OFFICIER (*d'un ton impérieux*).

Gens du tribunal, à qui je souhaite paix, apportez le bureau de Son Excellence.

LE GOUVERNEUR.

" Je suis venu cette année pour remplir une mission de " l'Empereur, et je tiens à la fois l'enseigne dorée et le " glaive, symbole de la puissance." Mon nom de famille est Pao, mon surnom est Tching et mon nom honorifique Hi-wen. Je suis originaire du village de Lao-eul, district de Sse-hiang, principauté de Kin-teou, arrondissement de Liu-tcheou. Tous les fonctionnaires publics, connaissant la pureté de mes principes et ma fermeté inflexible à maintenir l'observation des lois, se consacrent avec zèle au service de l'état, et craignent maintenant de se laisser guider par l'intérêt et la cupidité. Ils ne fréquentent plus que des personnes renommées par leur probité et leur piété filiale, et repoussent de leur société les médisants et les flatteurs. L'Empereur m'a encore comblé de nouveaux bienfaits. J'ai reçu à la fois le titre de membre du cabinet

---

des antiques, et celui de conservateur des chroniques et des archives. En me conférant la dignité de gouverneur de K'aï-fong-fou, Sa Majesté ma décerné l'enseigne dorée et le glaive, symbole de la puissance. Elle me charge, non seulement de scruter la conduite des magistrats iniques et des employés infidèles à leurs devoirs, mais encore de venger les griefs du peuple, et de rendre justice aux opprimés ; elle me permet même de faire d'abord décapiter les coupables, et de lui annoncer ensuite . leur exécution. Aussi mon nom seul suffit pour arrêter le bras des personnes disposées à abuser de leur influence et de leur autorité ; mon ombre seule glace d'effroi les hommes cruels et débauchés. Au-delà de mon enseigne règne une balustrade,* formée de cordes nouées, et près des murs de cette enceinte, j'ai fait construire une prison. Voilà ce qui impose aux fonctionnaires publics et les contient dans le devoir. Sur la table de pierre, où sont énumérées les défenses légales, j'ai fait graver les mots Iu-tchi (*par ordre de l'Empereur*), et tout le monde, en la voyant, est saisi d'une crainte respectueuse. Au bas des degrés de mon tribunal, j'ai fait écrire les mots Tu-ching (*parlez à voix basse*). A l'ombre des acacias, qui en ombragent le chemin, j'ai fait ranger vingt quatre cangues de la plus grande dimension, et devant la salle où je rends mes arrêts, plusieurs centaines de massues, hérissées de dents de loup.

(*Il récite des vers.*)
" Pendant tout le jour, pas un atome de poussière†
" n'arrive à la salle du gouverneur ; seulement les acacias

---

* La première partie du discours de Pao-tching est un des morceaux les plus difficiles de toute la pièce. J'ai mieux aimé la donner avec quelques incorrections, que de la passer tout-à-fait.

† C'est-à-dire, le plus léger bruit.

" couvrent de leur ombre le chemin qui y conduit. Les
" hommes du dehors n'osent pousser aucune clameur, et,
" en passant, les oiseaux mêmes suspendent leurs cris
" bruyants."

J'ai vu hier un rapport qui m'est adressé par le gouverneur
de Tching-tcheou. Il y est dit qu'une seconde femme, appelée
Tchang-haï-tang, a empoisonné son mari, pour satisfaire une
passion criminelle ; qu'elle a enlevé de force un enfant appartenant à la femme légitime, et qu'elle lui a détourné ses
effets. De tels crimes sont du nombre des dix que l'on punit
de mort, sans attendre l'exécution d'automne. A mon avis, on
voit souvent des femmes assez dénaturées pour empoisonner
leurs maris, mais à quoi bon enlever de force l'enfant de la
femme légitime ? Ajoutez à cela, que l'amant adultère n'est
nullement désigné dans le rapport. Je crains bien que
toute cette affaire ne soit peut-être le résultat d'une impu-
tation calomnieuse. C'est pourquoi j'ai secrètement donné
ordre d'aller prendre et d'amener ici l'accusatrice et ses
témoins. J'ai besoin de leur présence pour reviser ce procès.
Cette démarche est une preuve de ma justice et de mon
impartialité.

Officier, apportez le tableau de causes qui me sont
soumises en dernier ressort ; qu'ensuite on m'amène successivement les accusés, par ordre d'arrondissements et de
districts, afin que je condamne les coupables.

SCÈNE II.

(Haï-tang entre avec les deux gendarmes et Tchang-lin.)

TCHANG-LIN.

Ma sœur, quand tu seras devant le magistrat, il ne man-
quera pas de t'interroger.   Tu n'as qu'à lui faire connaître
l'injustice dont tu es victime :   ce juge suprême examinera
de nouveau la sentence et l'annulera.   Si tu ne veux point
t'expliquer toi-même, garde le silence à chaque question ;
je me charge de parler à ta place.

HAÏ-TANG.

Quand pourrai-je dénoncer cette odieuse calomnie, si je
ne le fais pas aujourd'hui ?

TONG-TCHAO.

Il y a déjà long-temps que Son Excellence est assise sur
son tribunal.   Il faut d'ailleurs que nous nous acquittions
promptement de notre commission.   Allons, dépêchez-vous
d'entrer.

HAÏ-TANG.

(Elle chante.)

" Qui est-ce qui connaît l'injustice qui pèse sur mon
" cœur ?   Hélas ! je ne puis que gémir et laisser couler
" deux ruisseaux de larmes !   Pour n'avoir pas su, dans
" l'origine, prévoir les malheurs dont j'étais menacée,
" j'éprouve aujourd'hui d'amers, d'inutiles regrets !   Ces
" hommes cruels me poussent et me traînent avec violence,
" et ne me laissent pas même quelques moments de répit."

TCHANG-LIN.

Ma sœur, nous voici arrivés devant le tribunal de K'aï-
fong-fou. Laisse-moi passer devant ; tu entreras à la suite
des gendarmes. Ce juge est comme un brillant miroir
qui réfléchit tous les objets placés au dessous de lui. A peine
a-t-il entendu une affaire, qu'il la connaît comme s'il l'eût
vue lui-même dans tous ses détails. Allons, prends de
l'assurance et va t'expliquer toi-même.

HAÏ-TANG.

(*Elle chante.*)

" Tu dis qu'il ressemble à un brillant miroir, placé
" sur un lieu élevé, que, dans le tribunal du midi, il sait
" remonter à la source des faits, et effacer les fausses accu-
" sations. Parlons : qu'ai-je à craindre ? Mais hélas !
" chargée de cette chaîne de fer et de cette lourde cangue,*
" je voudrais parler, et je sens que je n'aurai pas la force
" de répondre. Si je ne puis porter la conviction dans son
" esprit, je t'en prie, mon frère, viens à mon secours, et
" aide-moi dans ma défense."

(*Tchang-lin entre le premier ; Haï-tang vient ensuite avec
les deux gendarmes ; ils se mettent à genoux dès qu'ils
aperçoivent le gouverneur.*)

TONG-TCHAO.

Nous vous amenons de Tching-tcheou cette prisonnière,
qui s'appelle Tchang-haï-tang.

L'OFFICIER.

Seigneur, délivrez à ces gendarmes votre réponse officielle,
afin qu'ils s'en retournent pour rendre compte de leur commission.

---

* Espèce de collier de bois qu'on attache au cou des criminels.

PAO-TCHING.

Qu'on les fasse rester ici. Vous les renverrez avec la réponse officielle, quand j'aurai jugé l'affaire.

L'OFFICIER.

Vous êtes obéi.

PAO-TCHING.

Tchang-haï-tang, est-il vrai que vous avez empoisonné votre mari, pour vivre avec un amant, que vous avez enlevé le fils de sa femme légitime, et que vous avez détourné ses effets ? Répondez successivement à toutes ces questions : parlez, je vous écoute. (*Haï-tang garde le silence et regarde Tchang-lin.*)

TCHANG-LIN.

Allons, ma sœur, parle toi-même. Hélas ! depuis que tu es au monde, tu n'as jamais paru devant un magistrat aussi imposant ; eh ! bien, je vais parler à ta place. (*Il se met à genoux.*)—Seigneur, Tchang-haï-tang, que vous voyez, est une personne tendre et sensible ; et elle n'aurait jamais osé empoisonner son mari pour entretenir un commerce criminel.

PAO-TCHING.

Eh ! quoi, tu es employé dans mon tribunal, et tu oses prendre la défense d'un accusé ! Tu mériterais d'être châtié. (*Tchang-lin se lève.*) Holà ! femme, exposez les détails de votre cause. (*Haï-tang garde le silence.*)

TCHANG-LIN (*à genoux*).

Seigneur, Tchang-haï-tang n'a point entretenu de commerce criminel avec un amant, elle n'a point empoisonné son mari, elle n'a point enlevé d'enfant, elle n'a point détourné d'effets. C'est la femme légitime elle-même qui a entretenu des relations coupables avec un greffier, nommé Tchao, et quand elle a accusé Haï-tang en justice, c'est ce même Tchao qui a porté la sentence. Je vous jure, Seigneur, que, si elle a fait l'aveu des crimes qu'on lui imputait, c'est qu'elle y a été forcée par les tortures.

PAO-TCHING.

Drôle que tu es ! qui est-ce qui t'a chargé de répondre ? Officier, prenez-moi cet homme-là et appliquez-lui trente coups de bâton. (*L'officier saisit Tchang-lin et le frappe.*)

TCHANG-LIN (*se prosternant jusqu'à terre*).

Cette Tchang-haï-tang est ma propre sœur. Comme elle n'a jamais paru devant un magistrat aussi imposant que Votre Excellence, j'ai craint qu'intimidée, interdite, elle n'eût pas la force de lui faire connaître la vérité. Voilà pourquoi j'ai osé parler pour elle.

PAO-TCHING.

Si tu es son frère, je te permets de parler pour elle, deux ou trois fois, devant mon tribunal ; mais si tu ne l'es pas, je fais couper ta tête d'âne avec ce large couteau. Allons, femme, parlez avec toute l'exactitude et la sincérité dont vous êtes capable : vous pouvez compter sur mon appui.

HAÏ-TANG.

Seigneur !

(*Elle chante*).

" Pendant que, tremblante, éperdue, je suis à ge-
" noux au pied du tribunal, Votre Excellence m'ordonne
" de faire un récit circonstancié. Comment hélas !

" pourrai-je soutenir la fureur de ces cruels sergents qui
" me pressent et me harcelent comme des tigres et des
" loups dévorants ? Veuillez, Seigneur, m'écouter avec
" attention ; je vous exposerai en détail tous les faits qui
" se rattachent à ma cause."

PAO-TCHING.

Eh ! bien, Tchang-haï-tang, de qui êtes vous fille, quelle
était votre condition quand vous avez épousé Ma-kiun-king
en qualité de seconde femme ?

HAÏ-TANG.

(*Elle chante.*)
" Je vivais parmi les saules et les fleurs. Je recon-
" duisais l'un, pour aller au-devant d'un autre, et mon
" occupation habituelle était le chant et la danse."

PAO-TCHING.

Ah ! ah ! vous étiez une fille de joie ! Et ce Ma-kiun-
king, vous traita-t-il avec bonté ?

HAÏ-TANG.

(*Elle chante.*)
" Nous vécûmes avec Ma-kiun-king comme deux époux
" tendrement unis."

PAO-TCHING.

Est-il vrai que Tchang-lin est votre frère ?

TCHANG-LIN.

Tchang-haï-tang est la sœur de votre serviteur.

G

HAÏ-TANG.

(*Elle chante.*)

" L'an passé, mon frère, manquant de vivres et d'habits,
" vint me prier de lui en procurer."

PAO TCHING.

Eh ! bien, lui avez-vous donné quelques secours ?

HAÏ-TANG.

(*Elle chante.*)

" Oui, Seigneur, je lui donnai des robes et des ornements de tête."

TCHANG-LIN.

L'argent avec lequel j'achetai une couverture, provenait
de la vente d'une partie de ces effets.

PAO TCHING (*à Haï-tang*).

Votre mari ne vous a-t-il pas demandé ce qu'étaient
devenus ces robes et ces ornements de tête ?

HAÏ-TANG.

Seigneur, il le demanda en effet. Mais cette femme, qui
par ses instances, m'avait décidée à donner ces objets à
mon frère, m'accusa, auprès du seigneur Ma, de les avoir
secrètement donnés à un amant. N'était-ce pas assez pour
le faire mourir de colère ?

(*Elle chante.*)

" Transporté de colère, mon mari m'adressa de violents
" reproches et tomba subitement malade."

PAO-TCHING.

Puisque c'était elle qui avait ainsi causé la mort de son mari, comment se fait-il qu'elle vous ait accusée en justice de l'avoir empoisonné ?

HAÏ-TANG.

(*Elle chante.*)
" Traînée, malgré mon innocence, devant le tribunal,
" j'eus à subir toutes les rigueurs de la torture."

PAO-TCHING.

Votre mari étant mort, que signifie cet enlèvement d'un enfant ?

HAÏ-TANG.

(*Elle chante.*)
" La mort ayant emporté mon époux, elle voulut encore
" séparer le fils de sa mère."

PAO-TCHING.

On dit qu'elle est la mère de cet enfant.

HAÏ-TANG.

(*Elle chante.*)
" Poussée par sa perversité naturelle et la plus basse
" jalousie......,"

PAO-TCHING.

Cependant les voisins et les voisines ont affirmé qu'elle est sa mère.

HAÏ-TANG.

(*Elle chante.*)
" Elle a acheté à prix d'argent le témoignage de ces

" hommes et de ces femmes, et les a engagés ainsi à servir
" ses desseins."

PAO TCHING.

Est-ce que le magistrat n'a point cherché à s'assurer
de la vérité de leurs dépositions ?

HAÏ-TANG.

(*Elle chante.*)

" Aucun magistrat ne se mit en peine de découvrir de
" quel côté était le crime ou l'innocence, la vérité ou le
" mensonge."

PAO TCHING.

En ce cas, il ne fallait pas vous avouer coupable.

HAÏ-TANG.

(*Elle chante.*)

" J'étais bien éloignée de confesser les crimes dont on
" m'accusait, et de les confirmer par ma signature ; mais
" je n'ai pu endurer jusqu'au bout les tortures employées
" pour m'en arracher l'aveu."

PAO-TCHING.

Est-il possible que le magistrat de Tching-tcheou vous
ait fait subir les rigueurs de la question ?

HAÏ-TANG.

(*Elle chante.*)

" Comment pouvais-je résister à un magistrat qui torture
" les accusés sans demander de quel côté est le crime ou
" l'innocence ! Ce n'est pas tout : je trouvai, sur le tribunal
" même, un ennemi acharné, que secondaient ces cruels

" sergents, et je restai, devant eux, sans défense et sans
" appui.
   " Hélas ! j'entendis subitement, au bas des degrés, un
" cri semblable au bruit du tonnerre.   Une grêle de coups
" pleut sur mes reins, et les dépouille entièrement.   De ce
" côté-ci, on m'accable de blessures qui me causent d'in-
" tolérables douleurs ; de ce côté-là, les témoins, achetés à
" prix d'argent, ne reçoivent aucun châtiment.   Mes arti-
" culations craquent, mes os se brisent sous les coups des
" bourreaux, et leurs bras nerveux ne s'arrêtent que lorsque
" je tombe sans connaissance et sans mouvement."

———

SCÈNE III.

L'OFFICIER.

Les gens de Tching-tcheou, que vous devez juger,
viennent d'être amenés tous ensemble.

PAO-TCHING.

Faites-les entrer.

(*Madame Ma, le jeune enfant, les voisins et les deux
femmes entrent et se mettent à genoux.*)

L'OFFICIER.

Les voici devant vous.

PAO-TCHING (*à madame Ma*).

Femme, quelle est la mère de cet enfant ?

MADAME MA.

C'est moi qui suis sa mère.

PAO-TCHING.

Et vous, voisins et voisines, dites-moi quelle est la mère de cet enfant.

TOUS (*à la fois*).

Nous jurons que c'est la femme légitime qui est sa mère.

PAO-TCHING.

Eh ! bien, qu'on fasse venir Tchang-lin.

(*Il lui fait un signe avec la main.—Tchang-lin sort.**)

PAO-TCHING.

Officier, allez chercher un morceau de craie.† Vous tracerez, au bas du tribunal, un cercle au milieu duquel vous placerez le jeune enfant, et vous ordonnerez à ces deux femmes de le tirer chacune de leur côté. Dès que sa propre mère l'aura saisi, il lui sera aisé de le faire sortir hors du cercle ; mais la fausse mère ne pourra l'amener à elle.

L'OFFICIER.

Vous êtes obéi.

(*Il trace un cercle avec de la craie, et ordonne au jeune enfant de se tenir debout au milieu.—Madame Ma tire l'enfant et l'entraîne hors du cercle ; Haï-tang ne peut y réussir.*

PAO-TCHING.

Il est évident que cette femme n'est point la mère de l'enfant, puisqu'elle n'est pas venue à bout de le tirer hors du

---

* Il sort pour aller chercher Tchao.
† Plus littéralement : un morceau de chaux (chi-hoeï).

cercle. Officier, prenez-moi cette Tchang-haï-tang, et frappez-la au pied du tribunal.

(*Il la frappe.*)

PAO-TCHING.

Ordonnez à ces deux femmes de tirer de nouveau l'enfant hors du cercle.

(*Madame Ma amène à elle le jeune enfant ; Haï-tang ne peut y réussir.*)

PAO-TCHING.

Eh ! bien, femme, j'ai fait recommencer l'épreuve à plusieurs reprises, et j'ai vu que vous n'avez pas fait le plus léger effort pour tirer l'enfant hors du cercle.—Officier, prenez-moi de plus grosses verges et frappez-la vigoureusement.

HAÏ-TANG.

Je vous en supplie, Seigneur, apaisez cette colère qui m'effraie comme le bruit du tonnerre, adoucissez cet aspect menaçant, aussi terrible que celui du loup ou du tigre. Quand votre servante fut mariée au seigneur Ma, elle eut bientôt ce jeune enfant. Après l'avoir porté dans mon sein pendant neuf mois, je le nourris pendant trois ans de mon propre lait, et je lui prodiguai tous les soins que suggère l'amour maternel. Lorsqu'il avait froid, je réchauffais doucement ses membres délicats. Hélas ! combien il m'a fallu de peines et de fatigues pour l'élever jusqu'à l'âge de cinq ans ! Faible et tendre comme il l'est, on ne pourrait, sans le blesser grièvement, le tirer avec effort de deux côtés opposés. Si je ne devais, Seigneur, obtenir mon fils, qu'en déboîtant ou en brisant ses bras, j'aimerais mieux périr sous les coups, que de faire le moindre effort pour le tirer hors du cercle. J'espère que Votre Excellence aura pitié de moi.

(*Elle chante.*)

" Comment une tendre mère pourrait-elle s'y décider ?"

(*Elle parle.*)

Seigneur, voyez vous-même.

(*Elle chante.*)

" Les bras de cet enfant sont mous et fragiles comme " la paille du chanvre, dépouillé de son écorce. Cette " femme dure et inhumaine pourrait-elle comprendre mes " craintes ? Et vous, Seigneur, comment se fait-il que " vous ne découvriez pas la vérité ? Hélas ! combien " notre position est différente ! Elle a du crédit et de la " fortune, et moi, je suis humiliée et couverte de mépris ! " Oui, si toutes deux nous tirions violemment ce tendre " enfant, vous entendriez ses os se briser, vous verriez sa " chair tomber en lambeaux !"

PAO-TCHING.

Quoique le sens de la loi soit difficile à saisir, il est possible de pénétrer les sentiments du cœur humain. Un ancien a dit ces paroles mémorables: " Quel homme pourrait cacher ce qu'il est, quand vous avez vu ses actions, examiné le mobile de sa conduite, et reconnu le but qu'il se propose ? " Voyez la puissance redoutable que renfermait ce cercle de craie ! Au fond de son cœur, cette femme désirait de s'emparer de toute la fortune de Ma-kiun-king, et c'est pour cela qu'elle a voulu enlever le jeune enfant. Pouvait-elle se douter que bientôt la verité cachée éclaterait d'elle même au grand jour ?

(*Il recite des vers.*)

" Pour s'emparer de l'héritage, elle enleva le jeune

« enfant. **Mais le cercle de craie a mis en évidence le**
« mensonge et la vérité. **Elle avait un extérieur doux et**
« caressant, mais la cruauté était dans son cœur. **La**
« véritable mère est enfin reconnue. »

J'ai donné ordre à Tchang-lin d'amener ici l'amant
adultère ; je m'étonne qu'il ne revienne point.

SCÈNE IV.

TCHANG-LIN entre conduisant le greffier TCHAO.

TCHANG-LIN (*se mettant à genoux*).

Voici, Seigneur, le greffier Tchao, que j'amène devant
vous.

PAO-TCHING.

Eh ! bien, Tchao, vous êtes attiré une belle affaire !
Allons, avouez de point en point et en toute vérité,
que, pour satisfaire une passion criminelle, vous avez
empoisonné Ma-kiun-king, que vous avez enlevé ce jeune
enfant, afin de vous emparer de tout l'héritage, et que vous
avez soudoyé ces hommes et ces femmes, afin qu'ils rendis-
sent, dans votre intérêt, un faux témoignage.

TCHAO.

Votre serviteur est attaché au tribunal, en qualité de
greffier, comment pourrait-il ignorer à ce point les lois
pénales ? Tout cela doit être imputé au gouverneur de
Tching-tcheou, appelé Sou-mo-leng. Quand il fait un interrogatoire, je ne suis entre ses mains qu'un instrument passif.
Je tiens le pinceau et j'écris les réponses des accusés. S'il

se glisse quelque erreur dans le procès verbal, ce n'est point le greffier qu'il faut en accuser.

PAO-TCHING.

Je ne vous demande point s'il s'est glissé quelque erreur dans le procès verbal. Dites-moi seulement si c'est vous qui, pour satisfaire une passion criminelle, avez empoisonné Ma-kiun-king.

TCHAO.

Seigneur, ne voyez-vous pas que cette femme a toute la figure couverte d'une couche de fard ? Si l'on enlevait avec de l'eau ces couleurs empruntées, ce ne serait plus qu'un masque hideux, que nul homme ne voudrait ramasser s'il le trouvait sur sa route. Comment eût-elle pu séduire votre serviteur, et l'entraîner dans un commerce criminel ?

MADAME MA.

En particulier, tu ne cessais de me dire que j'étais aussi belle que Kouan-in ;* et maintenant tu me traites avec un mépris insultant ! Perfide que tu es, tu ne mérites pas le nom d'homme !

TCHANG-LIN.

Hier, pendant que la neige tombait à gros flocons, Tchao a pris, avec madame Ma, le chemin que suivaient les gendarmes, afin de s'entendre avec eux. N'est-il pas évident qu'il était son amant ? Au reste, veuillez, Seigneur, interroger les deux gendarmes, il vous sera facile alors de connaître la vérité.

* Nom d'une divinité indienne, importée en Chine avec le culte de Bouddha.

TONG-TCHAO.

Nous-mêmes, ce matin, nous les avons pris et amenés.

PAO-TCHING.

Officier, qu'on prenne le greffier Tchao, et qu'on le fustige vigoureusement avec les verges les plus grosses.

L'OFFICIER.

Vous êtes obéi. (*Il frappe Tchao.*)

HAÏ-TANG.

(*Elle chante.*)
" Vous espériez vivre pour toujours avec madame Ma ;
" vous espériez que je ne reviendrais jamais du lieu où
" vous m'aviez envoyée ! Dans quelle intention me pour-
" suiviez-vous tous deux jusque sur la route ? Nous voici
" en présence l'un de l'autre ; répondez."

(*Tchao fait semblant d'être mort.*)

PAO-TCHING.

Le drôle ose faire le mort ! Officier, relevez-le, et jetez-lui de l'eau à la figure.

(*L'officier lui jette de l'eau et l'éveille.*)

PAO-TCHING.

Allons, dépêchez-vous d'avouer.

TCHAO.

Il y avait déjà long-temps que votre serviteur avait des relations avec cette femme. Suivant les lois, je ne suis coupable que d'adultère ; mon crime n'est point de ceux qu'on punit de mort. Quant à l'empoisonnement de Ma-kiun-king, j'ai acheté, il est vrai, le poison, mais ce n'est point moi qui ai suggéré l'idée de ce crime. C'est cette femme qui a pris le poison, l'a jeté elle-même dans une tasse de bouillon, et a fait périr son mari. Je suis également étranger à l'enlèvement du jeune enfant. Je dis en effet à cette femme, puisque vous n'êtes point sa mère, laissez-le. Mais elle me répondit que, si elle pouvait s'emparer de l'enfant, elle deviendrait maîtresse de toute la fortune du seigneur Ma. Je suis un pauvre employé, et je n'aurais pu trouver de l'argent pour acheter le témoignage de ces voisins et de ces vieilles femmes. Elle seule les a subornés. C'est encore elle qui soudoya les gendarmes, afin qu'ils se défissent, en chemin, de Tchang-haï-tang. Oui, c'est elle ; oui, c'est elle !

MADAME MA.

Lâche que tu es ! dépêche-toi d'avouer. Que veux-tu que je dise ? C'est moi, c'est moi qui ai tout fait. D'ailleurs est-ce un si grand malheur que de mourir ? Quand nous aurons perdu la vie, ne serons-nous pas heureux d'être réunis pour toujours dans l'autre monde, comme deux fidèles époux !

PAO-TCHING.

Vous tous qui êtes ici présents, écoutez ma sentence suprême.

Sou-chun, le gouverneur de Tching-tcheou, pour avoir transgressé les lois, sera dépouillé de son bonnet et de sa ceinture, et dégradé. Il rentrera dans la classe du peuple, et, jusqu'à la fin de ses jours, il ne pourra obtenir aucun emploi.

Les deux voisins et les deux vieilles femmes ne devaient pas se laisser suborner à prix d'argent, pour rendre un faux témoignage. Chacun d'eux recevra quatre-vingts coups de bâton, et sera exilé à une distance de trois cents lis.

Tong-tchao et Sie-pa, en qualité d'employés, ne devaient point accepter de présents ; aussi seront-ils punis plus sévèrement. Ils recevront chacun cent coups de bâton, et seront exilés, aux frontières, dans un pays aride et inhabité. La femme adultère et son infame complice, pour avoir tué Ma-kiun-king par le poison, pour avoir ravi le jeune enfant, et avoir voulu s'emparer frauduleusement de tout l'héritage, seront traînés sur la place publique où ils subiront une mort lente et ignominieuse. Chacun d'eux sera coupé en cent-vingt morceaux. Tout ce qu'ils possèdent sera adjugé à Tchang-haï-tang, et son fils Cheou-lang lui sera rendu, afin qu'elle continue de l'élever avec sa tendresse accoutumée. Quant à Tchang-lin il pourra quitter son emploi et aller demeurer avec sa sœur.

(*Il récite des vers.*)

" Parce que le greffier Tchao voulait entretenir une
" passion criminelle, Tchang-haï-tang fut calomniée de la
" manière la plus odieuse et accusée injustement. Mais,
" à l'aide de ce cercle de craie, j'ai fait briller la vérité
" dans tout son jour. Ceux qui s'étaient laissé suborner
" à prix d'argent seront envoyés en exil. Les deux prin-
" cipaux coupables seront décapités sur la place publique.
" Tchang-lin lui-même prendra le glaive et exécutera
" leur sentence. C'est alors que le fils et la mère se verront
" réunis pour toujours."

(*Tchang-lin et Tchang-haï-tang se prosternent jusqu'à
terre.*)

HAÏ-TANG.

(*Elle chante.*)

" Voisins ! ne disiez-vous pas que vous exposiez de-
" vant le juge tous les sentiments de votre cœur, et que
" vos paroles étaient l'expression de la vérité ?

" Vieilles femmes ! ne disiez-vous pas qu'après de
" longues années, il vous était impossible de recueillir vos
" souvenirs ?

" Greffier ! ne disiez-vous pas que ce magistrat était
" pur et intègre, et qu'il observait fidèlement les lois ?

" Dame Ma ! ne disiez-vous pas que vous occupiez le
" premier rang par la prudence et la sagesse ?

" Mais à la fin le juge suprême de K'aï-fong-fou a
" démêlé tous les fils de cette trame odieuse. Ces gens-là
" sont exilés aux frontières dans un pays aride et inhabité,
" et ces deux grands coupables recevront leur châtiment
" sur la place publique.

" Seigneur, cette *Histoire du Cercle de Craie* est digne
" d'être répandue jusqu'au quatre mers et d'arriver à la
" connaissance de tout l'empire."

F I N.

NOTES

SUR

LE TEXTE CHINOIS.

NOTES.*

PROLOGUE.

(P. 1, l. 1.—F. 1, r. l. 1.)†

¹ Hoeï-lan-ki. Tel est le titre courant de la pièce. Le voici en entier (text. fol. 49, r.): *Pao-taï-tchi-tchi k'an-hoeï-lan-ki* (8,223, 9,756, 576, 487, 4,985, 4,523, 6,895, 5,189) :‡ " Histoire du cercle de craie, que Pao, le Taï-tchi (goùverneur) employa, par un adroit stratagème, pour arriver à la découverte de la vérité." Les mots *hoeï-lan*, devant lesquels on sous-entend *chi* (6,824—text. fol. 44, r. l. 9), signifient littéralement : cercle tracé avec un morceau de chaux (*chi-hoeï*). Dans la traduction française, nous avons pris la liberté de substituer le mot *craie* au mot *chaux.*

* Ces notes ont été rédigées après l'impression du texte. Cette circonstance a permis au traducteur de rectifier plusieurs inexactitudes qui lui étaient échappées. Le signe †, placé avant le numéro de la note, servira à reconnaître au premier coup d'œil les endroits corrigés.

† Les chiffres qui suivent la lettre P. indiquent la page et la ligne de la traduction française. Ceux qui suivent la lettre F. indiquent le *folio recto* ou *verso* et la ligne du texte chinois.

‡ Les chiffres, placés entre parenthèse, répondent à ceux du dictionnaire tonique de Morrison, et sont destinés à faire retrouver les caractères chinois cités dans les notes.— *Vulgo* signifie vulgairement.

H

(Texte, f. 1, r. l. 5.)

ᵡ Presque tous les personnages des pièces chinoises sont désignés, à leur entrée en scène, par des dénominations qui indiquent le rôle qu'ils remplissent. On peut voir, dans Morrison, Dict. chin. 2ᵉ partie, N° 3,321, et 3ᵉ partie, au mot *Drama*, la plupart de ces dénominations, employées dans les cent pièces des Youen. Je dis la plupart, parce qu'on en trouve, dans la même collection, un bon nombre que ne donne pas Morrison. Ainsi, l'on chercherait en vain, dans les deux articles que nous venons de citer, les mots *po-eul* et *tch'a-tan* (mot à mot : actrice fardée), etc. qui désignent ici madame Tcháng et madame Ma. On doit d'autant plus le regretter, que la traduction ˡittérale de ces mots n'en donne presque jamais le sens. Par exemple, *po-eul* se compose des mots *po*, deviner par le moyen de l'écaille de tortue, et de *eul*, enfant. L'expression *peï-lao* (mot à mot, plantes qui poussent abondamment-vieillard) désigne un père âgé (pièce 19 intitulée *Sie-jin-koueï*, fol. 1, r.); *pang-lao* (mot à mot, royaume-vieillard) désigne un brigand (pièce 100, intitulée *P'eng-iu-lan*, fol. 7, r.). Je tâcherai d'expliquer tous ces mots à mesure qu'ils se rencontreront dans les pièces de théâtre que je me propose de publier.

Lao-tan signifie une vieille femme (Mᵐᵉ· Tchang); *Tching-tan* signifie principal personnage féminin (c'est Tchang-haï-t'ang); *tchong-mo* signifie second personnage principal (Tchang-lin), etc. Cet usage de désigner les personnages par des dénominations qui indiquent leur rôle, existe aussi chez nous, dans la langue des théâtres. Ainsi, pour ne citer que des rôles d'hommes, on distingue dans la comédie, *les premiers rôles :* Misanthrope, Don Juan, le Menteur. *Les jeunes premiers :* Valère dans Tartuffe, Eraste du Dépit amoureux. *Les deuxièmes et troisièmes amoureux :* Damis dans Tartuffe, Valère du Dépit. *Les pères nobles :* le père de Don Juan ; le père du Menteur. *Les financiers, les manteaux :* L'Avare, Le Malade imaginaire. *Les premiers comiques, grandes livrées :* Mascarille de L'Etourdi, Scapin. *Les seconds comiques :* Mascarille du Dépit ; Ergaste de L'Ecole des Maris. *Les troisièmes rôles, raisonneurs :* Béralde du Malade, Ariste de L'Ecole des Femmes, Cléante du Tartuffe. *Les utilités :* les vieux pères, les notaires, &c. Il y a cependant une différence chez nous, dans la manière d'employer ces dénominations, c'est qu'on ne les écrit pas dans le texte de la pièce, comme le font les auteurs chinois, chaque fois qu'un acteur entre en scène.

(P. 1, l. 12.— F. 1, r. l. 7.)

┿³ *Je lui ai fait apprendre.* Lisez : je lui ai enseigné à lire et à écrire.

(Ibid. l. 15.—Ibid. l. 8.)

⁴ *Elle connait l'écriture.* Mot à mot : Elle a étudié l'instrument appelé *kin*, les échecs, l'écriture, le dessin, jouer d'un instrument à vent, jouer d'un instrument à cordes, chanter, danser.

(Ibid. l. 19.—Ibid. l. 9.)

⁵ *Mes ancêtres ont occupé.* Littér. : C'étaient des hommes d'examens littéraires. Voy. *Lo-li-lang*, pièce 90, fol. 2, r. l. 2.

(P. 2, l. 4.—fol. 1, v. l. 1.)

⁶ *N'ayant plus de mari.* Mot à mot : n'ayant pas d'homme.

(Ibid. l. 5.—Ibid. v. l. 2.)

⁷ *Faire trafic de sa beauté.* Littér. Etaler sa beauté (*maï-siao*). Au lieu de *siao* (8,878), charmes, beauté, on trouve aussi *siao* (8,896), sourire, dans le même sens. Voy. text. fol. 24, r. l. 3.

(Ibid. l. 7.—Ibid. l. 2.)

⁸ *Le seigneur Ma.* En chinois : *Ma-youen-waï.* Suivant la définition d'un personnage de la pièce (text. fol. 22, v. l. 5), le titre de *youen-waï*, qui désigne ordinairement un officier de cinquième classe, était donné, dans la ville de Tching-tcheou, à tout homme jouissant d'une fortune considérable. Voy. pag. 4, l. 23.

(Ibid. l. 11.—Ibid. l. 5.)

⁹ *Je ne puis me passer de.* Littér. : Comment puis-je retrancher et laisser ?

(Ibid. l. 14.—Ibid. l. 6.)

¹⁰ *Raisonnons avec elle.* Litt. : Qu'est-ce qui m'empêche de raisonner et de délibérer tout du long ?

(Ibid. l. 19. — Ibid. l. 7.)

¹⁰ᵃ *Mon père et mes aieux.* Litt. : Mes aïeux jusqu'ici sont tous

H 2

entrés dans les charges par les examens littéraires ; il y a déjà sept
générations de passées.

———

(P. 2, l. 22.—F. 1, v. l. 8.)

[11] *Un infâme trafic.* Mot à mot : Ce commerce criminel qui déshonore et perd la porte.

———

(Ibid. l. 23.—Ibid. l. 9.)

[12] *Quelle figure pourrai-je faire.* Litt. : Dites-moi comment je
pourrai entrer et sortir devant les hommes.

———

(P. 3, l. 8.—F. 2, r. l. 4.)

[12a] *C'est à moi de le craindre.* Litt. : Il faut craindre que les hommes
ne se rient de moi. Est-ce que je ne pourrai pas te frapper, femme
débauchée et méprisable ?

———

(Ibid. l. 15.—Ibid. l. 6.)

[13] *Je suis las des désordres.* Litt. : Je ne veux pas que les désordres
(*fan-loen*) domestiques m'attirent injustement des affronts et des
railleries de la part des hommes.

———

(Ibid. l. 18.—Ibid. l. 7.)

[14] *Je pars pour la ville.* Litt. : Aujourd'hui, après avoir dit adieu
à ma mère, je m'en vais à Pien-king chercher mon oncle maternel.

———

(Ibid. l. 21.—Ibid. l. 8.)

[15] *Grand et fort comme je suis.* Litt. : Moi, dont le corps est haut
de sept *tch'i.*

———

(Ibid. l. 25.—F. 2, v. l. 1.)

[16] *S'il lui arrive quelque malheur* (*il ri wâlu*). Litt. : Si elle vient
à mourir, je ne puis pas dire que je te pardonnerai facilement. Le
sens que nous donnons ici aux mots *yeou-sie-hao-taï* (mot à mot :
avoir-quelque-bien-mal) est emprunté à Prémare. Ce passage présentait quelque difficulté, parce que les mots *hao-taï* (bien et mal),
signifient ordinairement *bon gré, malgré.*

(P. 4, l. 2.—F. 2, v. l. 2.)

[17] *La maison*, Ajoutez : pour chercher ailleurs quelque moyen d'existence. Il y a dans le texte passer le froid et le chaud, pour dire, vivre.

————

(Ibid. l. 9.—Ibid. l. 4.)

[18] *Combien de temps*. Litt. : Combien de temps dureront de semblables scènes, ou querelles ?—Au lieu de *il vaux mieux*, lisez : il vaut mieux.

————

(P. 5, l. 2.—F. 3, r. l. 1.)

[19] *Une charmante beauté*. Litt. : Une fille de joie. C'est là le sens de l'expression *chang-t'ing-háng-cheou* (*vulgo* : haute-salle-rangée-tête—9,100, 10,242, 3,221, 9,358), que je n'ai trouvée dans aucun dictionnaire. Voy. *Ho-lang-tan*, pièce 94, fol. r. l. 6. Quelquefois on se contente de dire *hang-cheou*. La pièce 76 de la collection est intitulée : *Lieou-hang-cheou*, Lieou, la fille de joie. Voy. not. 30.—Toutes les fois que je dis " tel mot ne se trouve pas dans les dictionnaires," je veux parler des dictionnaires tout chinois, intitulés *Khang-hi*, *P'in-tsee-t'sien*, et *Tching-tsee-tong*, et des dictionnaires de Basile et de Morrison, que j'ai à ma disposition. Ce sont à peu près les seuls que l'on possède en Europe.

————

(Ibid. l. 20.—Ibid. l. 9.)

[20] *Toujours brillante*, etc. Litt. : C'est une tête brillante.

————

(Ibid. l. 25.—F. 3, v. l. 1.)

[21] *Seigneur, puisque vous voici*. Mot à mot : Seigneur, (puisque) vous êtes arrivé, parlons trois ou quatre fois à ma mère. Rien n'est tel que de profiter (du moment où) mon frère n'est pas à la maison.

————

(Ibid. l. 29.—Ibid. l. 2.)

[22] *Il suffira d'échanger*. Litt. : Après avoir consenti à ce mariage et avoir usé un demi-morceau de langue.

————

(P. 6, l. 18.—Ibid. l. 9.)

[23] *Je ne vous laisserai manquer de rien*. Litt. : Je ne souffrirai point que vous vous affligiez de manquer d'argent pour vos dépenses.

(P. 6, l. 19.—F. 3, v. l. 9.)

24 *Un jour heureux.* L'almanach chinois indique les *jours heureux* où l'on peut offrir les présents de noces et contracter mariage.

———

(Ibid. l. 22.—F. 4, r. l. 1.)

25 *Je ne garde point ma fille.* Litt. : Droite et gauche, c'est-à-dire, Vous qui m'entourez, pour que la présence de ma fille dans ma maison ne m'attire pas plus long-temps de semblables scènes, j'attends qu'elle soit mariée.

———

(P. 7, l. 1.—Ibid. l. 5.)

26 *Quand j'aurai.* Litt. : Je veux en parler clairement avec le Youen-waï.

———

(Ibid. l. 5.—Ibid. l. 6.)

27 *Ma femme légitime.* Litt. : Non-seulement Ma-kiun-k'ing n'est pas de cette espèce de gens, mais même ma femme légitime n'est pas de cette espèce de gens.

———

(Ibid. l. 9.—Ibid. l. 8.)

28 *Nonobstant son rang secondaire.* Litt. : Je ne mettrai aucune différence entre la grande et la petite, c'est-à-dire, entre la première et la seconde femme.

———

(Ibid. l. 12.—Ibid. l. 9.)

29 *Elle sera seule chargée.* Les expressions composées *kia-youen*, *kia-ki*, (*vulgo :* maison-cause, maison-calcul : 5,398, 12,559, 5,398, 5,336) que les dictionnaires n'expliquent point, signifient, je crois, les effets mobiliers et les valeurs pécuniaires, qui sont placés sous la direction de madame Ma. J'ai été conduit à ce sens par la comparaison des passages suivants. La même phrase se trouve plus bas, fol. 11, recto, l. 8, et verso, l. 2; mais, au lieu de *kia-youen, kia-ki*, l'auteur met, pour équivalent, *kia-sse* (5,398, 9,678) littéralement : choses ou propriétés particulières qui se trouvent dans la maison. Dans la pièce 94, intitulée *Ho-lang-tan*, fol. 9, v., Li-yen-ho dit : " Le feu a consumé ma maison et toutes ses dépendances ; mon or,

mon argent, et mon papier monnaie." Son fils Li-tch'un-lang, exprimant plus bas la même pensée, emploie les mots *kia-youen, kia-ki,* au lieu des mots *or, argent, papier monnaie* (fol. 28, r. 1. 2). Voy. aussi la pièce 8, intitulée *Ho-han-chan,* fol. 21, v., l. 9, et fol. 22, r. l. 1, etc. Dans ce dernier passage, Tchang-i, qui est également ruiné par un incendie, se sert de ces mêmes expressions, pour dire *tout son avoir, tous ses effets,* qui ont été consumés par le feu.

———

(P. 7, 1. 20.—F. 4, v. l. 4.)

30 *Tu ne reprendras plus.* Litt. en latin : *Noli iterum agere meretricem* (tang-hang-cheou, 9,857, 3,232, 9,358). L'expression *hang-cheou* (*vulgo :* rangée-tête), fille de joie, ne se trouve dans aucun dictionnaire. Voyez plus haut, not. 19.

———

(Ibid. 1. 22.—Ibid. 1. 5.)

31 *Dirige et surveille.* Litt.: Dirige les cent affaires. J'ai fait entrer dans la traduction une partie de la pensée exprimée plus haut par le seigneur Ma. Voy. la not. 29.

———

(Ibid. 1. 26.—Ibid. 1. 7.)

32 *Ma vieille mère.* Litt.: Ma mère âgée ayant appuyé sur moi sa tête blanche et son visage vieilli.

———

(P. 8, 1. 6.—F. 5, r. 1. 1.)

33 *Je donne aujourd'hui.* Litt.: Aujourd'hui, ayant trouvé une situation prospère que je cherchais, je donne mon consentement, je me décide.

———

(Ibid 1. 10.—Ibid. 1. 1.)

34 *Je vais envoyer mes sœurs que voici.* Comme Haï-t'ang n'a point de sœurs, on ne sait d'abord à quoi se rapporte *tse-meï.* Cette expression doit s'entendre des amies, des compagnes de Haï-t'ang. Dans la pièce 3, intitulée *Tch'in-tcheou-t'iao-mi,* f. 34, r. 1. 2, une fille de joie dit : " plusieurs de mes sœurs (*tse-meï*), c'est-à-dire, de mes compagnes de plaisir, m'ont invitée à venir boire avec elles."

(P. 8, l. 24.—F. 5, r. l. 6.)

† [35] *Mes belles-sœurs.* Lisez : Ma tante et mes sœurs. Les mots *kou-tse-meï* (6,471, 11,296, 7,624) se trouvent de suite, dans le Li-ki (liv. 3, fol. 28, édit. impériale) avec le sens que nous leur donnons ici.

PREMIER ACTE.

(P. 9, l. 7 —F. 5, v. l. 1.)

[36] *La couleur vermeille de mes lèvres.* J'ai cru devoir développer la pensée de l'auteur, qui, traduite littéralement, eût été inintelligible. En voici le mot à mot : ces miennes lèvres et joues, vraiment je les dois, c'est-à-dire, je les ai empruntées. Tous les hommes, etc.

———

(Ibid. l. 10. — Ibid. l. 2.)

[37] *Cette profusion de rouge.* Mot à mot : On pourrait enlever (cette) boutique de vermillon et de farine ou poudre fleurie. Quoique j'aie mis *céruse*, je crois que l'expression " poudre fleurie," qui n'indique, il est vrai, aucune couleur déterminée, désigne le fard pour peindre les joues. Voy. le Diction. de K'ang-hi, au mot *fen* (2,656).

———

(Ibid. l. 12.—Ibid. l. 3.)

[38] *Ce seigneur Ma.* Mot à mot : Mon Youen-waï a épousé une femme qui s'appelle (je ne sais) quelle Tchang-haï-t'ang.

———

(Ibid. l. 15.—Ibid. l. 4.)

[39] *Elle lui a donné un fils.* Mot à mot : Devant les talons, elle a ajouté un petit garçon.

———

(Ibid. l. 18.—Ibid. l. 5.)

[40] *Qui aime le beau sexe avec passion.* J'ai cru devoir passer ici une phrase de onze mots, où madame Ma dépeint avec un cynisme révoltante certaines qualités physiques qui lui font aimer le greffier Tchao.

(P. 9, l. 26.—F. 5, v. l. 9.)

[41] *D'un moment à l'autre.* Mot à mot : Ce matin *ou ce* soir.

(P. 10, l. 6.—F. 6, r. l. 1.)

[42] *J'aime le vin.* Mot à mot : Je désire uniquement de m'enivrer ; je veux en outre dormir avec les femmes des autres.

(Ibid. l. 8.—Ibid. l. 2.)

[43] *Une dame dont les joues.* Litt. : (Personne), si ce n'est (une dame dont) la paire de joues est fleurie. Mot à mot : Si ce n'est (*tch'ou*), le dessus des joues (*lien-chang*), fleuri fleuri (*hoa-hoa*), fait une paire (*tso-i-toui*).

(Ibid. l. 10.—Ibid. l. 4.)

[44] *Ici près demeure.* Avant cette phrase, j'ai passé vingt-neuf mots, dont voici le sens littéral : Les hommes de (ce) tcheou, voyant que j'avais du talent pour les affaires, m'ont donné deux titres honorifiques. L'un s'appelle : *Tchao-pi-hiaï*, l'autre s'appelle *Tchao-ho-ta*. L'expression *piao-te* (8,354, 10,202), qui signifie littéralement " mettre la vertu en lumière," se prend ici substantivement pour un titre qualificatif destiné à faire ressortir les qualités ou les vertus de quelqu'un. Dans une autre pièce de théâtre de la collection des Youen, un personnage dit : mon *sing* (nom de famille) est tel, mon *ming* (petit nom) est tel, mon *piao-te* (titre qualificatif) est *tchong-jin*, c'est-à-dire, probe et humain. Aucun dictionnaire ne donne ce sens au mot *piao-te*.

(Ibid. l. 13.—Ibid. l. 6.)

[45] *Je vis par hasard.* Litt. : Je vis par hasard ces lèvres (et ces) joues de sa femme légitime. A peine si le ciel (en) a fait naître une paire, (si) la terre (en) a produit une couple. Toutes les (personnes) qui sont ainsi fleuries, c'est-à-dire, qui ont le teint fleuri, ont beaucoup de charmes. Elle me blessa (au cœur, de telle sorte que), en dormant, en rêvant, je ne pense qu'à elle.

(Ibid. l. 21.—Ibid. l. 9.)

[46] *Certaines relations.* Litt. : Un mauvais commerce.

(P. 11, l. 10.—F. 6, v. l. 5.)

[47] *Qu'ai-je besoin que vous me signaliez?* Litt.: " Comment seriez-vous mon indicateur qui fait connaître (ce qu'il faut faire)? Il faut seulement que vous soyez ma dame, ma femme. Est-ce que vous auriez ces sentiments, et que moi, au contraire, je n'aurais pas cette pensée?" Le commencement de ce passage me laisse quelques doutes.

———

(Ibid. l. 14.—Ibid. l. 8.)

[48] *Eh! bien, en voici, du poison.* Mot à mot. " Eh! bien, ce n'est pas du poison." Quoiqu'il n'y ait aucune particule interrogative, il faut traduire: n'est-ce pas là du poison? Voy. Prémare, p. 87, l. 22.

———

(Ibid. l. 23.—F. 7, r. l. 1.)

[49] *Pour frapper le coup.* Mot à mot: Alors il sera bon d'abaisser la main, c'est-à-dire, de faire mon coup de main.

———

(P. 12, l. 3.—Ibid. l. 4.)

[50] *Je m'appelle.* Mot à mot: La seconde femme (que voici) est Tchang-haï-t'ang.

———

(Ibid. l. 6.—Ibid. l. 6.)

[51] *L'enfant que j'ai eu.* Mot à mot: Le jeune enfant que j'ai mis au monde devant les talons.

———

(Ibid. l. 8.—Ibid. l. 8.)

[52] *Il reste auprès de moi.* Mot à mot: Tantôt, étant sur cette natte, tantôt étant devant les talons de madame, il s'élève.

———

(Ibid. l. 9.—Ibid. l. 7.)

†[53] *Qui prend soin.* Lisez: qui prend également soin de l'élever.

———

(Ibid. l. 17.—. F. 7, v. l. 2.)

[54] *Rien n'a manqué à ton bonheur.* Mot à mot: Le bout de ton oreille a été bien pur et bien net. Dans un passage semblable de

Lao-seng-eul, M. Davis traduit : Votre oreille n'a pas été troublée
par des cris confus.   Mais dans le texte, il y a *tsing*, " tranquille"
(10,999), au lieu de *tsing*, pur, net (10,998).   Cette expression veut
dire ici que Haï-t'ang mène une vie calme et tranquille.

(P. 12, l. 19.—F. 7, v. l. 3.)

†⁵⁵ *De ma fenêtre.*   Mot à mot : La lune à la porte, les nuages à la
fenêtre, des courtines brodées, des rideaux de soie.   Je crois que le
mot *weï-tchang* (260, lign. 6), que l'auteur a dédoublé signifie : rideaux
de lit.   Quelques poétes s'en servent dans le sens de *lecti stragula*.

(Ibid. 1. 23.—Ibid. 4. 4.)

⁵⁶ *Cette rue qui est le séjour du vice.*   L'expression *ming-k'o-hiang*,
que les dictionnaires ne donnent pas, signifie, je crois, la rue où demeu-
rent les filles de joie.   *K'o* désigne des ornements en jade qui parent les
chevaux de la cour.   Quand le cheval marche, ces ornements retentissent ; on les appelle alors *ming-k'o*.   (Anthologie des Thang, liv. vii.
fol. 21, v.)   Ainsi les mots *ming-k'o-hiang* (7,733, 6,431, 3,525) paraissent signifier littéralement : la rue où l'on entend retentir (*ming*) les
ornements appelés *k'o*.

(Ibid. 1. 24.—Ibid. 1. 5.)

⁵⁷ *C'en est fait : plus d'orgies.*   Mot-à-mot : J'ai enfin cessé de
verser le vin (de boire) à petits coups, et de chanter à voix basse.

(Ibid. 1. 25.—Ibid. 1. 5.)

⁵⁸ *J'ai rompu pour toujours.*   Mot à mot : J'ai quitté plusieurs
bandes d'oiseaux *ing* et *yen* (12,335, 12,082).   L'oiseau mâle *ing* et
l'oiseau femelle *yen*, se prennent au figuré pour amant et maîtresse.

(Ibid. 1. 26. – Ibid. 1. 5.)

⁵⁹ *Je leur abandonne sans regrets.*   Mot à mot : (Je les laisse) s'emparer du théâtre où l'on fait l'amour (*lupanar*).

(Ibid. 1. 27.—Ibid. 1. 6.)

⁶⁰ *Qu'ils me poursuivent.*   Mot à mot : Ce n'est pas moi (qui)

inviterai (celui qui est) élevé et recevrai (celui qui est) noble. Je les laisse tous parler court et raisonner long. Voy. Prémare. p. 124, l. 28.

———

(P. 13, l. 1.—F. 7, r. l. 6.)

[61] *Faire trafic de ma beauté.* Mot à mot : Etaler le sourire et courir après le plaisir. Voy. not. 7.

———

(Ibid. l. 2.—Ibid. l. 7.)

[62] *Dans le séjour de la joie.* Mot à mot : Dans l'hôtel du vent et de la lune (*lupanar* : 2,758, 12,490, 6,656). En chinois, l'expression *fong-youeï* (vent et lune) signifie galanterie. *Tchang-ngo* (la lune personnifiée) est la déese de l'amour. Voy. l'Anthologie des Thang, liv. iv. fol. 17, et le " Hoa-ts'ien," *passim.* L'expression *fong-youeï-kouan* ne se trouve point dans les dictionnaires.

———

Ibid. l. 5.—Ibid. l. 6.)

[63] *Me fasse arracher du palais de l'amour.* Mot à mot : Du district vert et rouge (*lupanar* : 11,197, 4,168, 3,501). L'expression *tsou-hong-hiang* manque dans les dictionnaires. Effacez *ne*.

———

(Ibid. l. 6.—Ibid. l. 7.)

† [64] *D'une entremetteuse.* Lisez : On ne me verra plus désormais dans les maisons de plaisir. En latin : *nolo iterum lupanar ferre, sustinere.* Dans le *Kou-kin-k'i-kouan* (Recueil de nouvelles, ch. v. fol. 5), l'expression *men-hou-jin*, mot à mot " les personnes de la porte" signifie des femmes qui tiennent un mauvais lieu. Cette interprétation, que nous n'osons garantir, exige une transposition de régime qui est fréquente en poésie. La note 89 en offre plusieurs exemples en prose.

———

(Ibid, l. 7.—Ibid. l. 8.)

[65] *Je ne souffrirai plus.* Mot à mot : Je ne laisserai plus les hôtes et les amis sortir et entrer.

———

(Ibid. l. 14.—Ibid. l. 9.)

[66] *Chaque jour.* En chinois *meï-ji-kia* (7,641, 4,662, 5,404). Ici

kia, qui signifie ordinairement *prix*, *valeur*, est une espèce de paragoge, qui n'ajoute rien au sens de *meï-ji*. On trouve quelquefois *kia* (5,398), *maison*, au lieu de *kia*, *prix*. Exemple tiré de la pièce 13, intitulée *Tong-t'ang-lao*, tom. vii. fol. 29, r. l. 8 : chaque jour (*meï-ji-kia*, 5,398), je dormais sur la terre brûlante d'une manufacture de poterie. Voy. aussi la pièce 91, intitulée *K'an-ts'ien-nou*, fol. 4, r. l. 1.

(Texte, F. 8, l. 1.)

67 *Tchi-tchoui-tao.* Litt. : Je dors, etc. J'ai rejeté cette phrase à la fin.

(Ibid. l. 15.—Ibid. l 1.)

68 *Et quand les derniers rayons.* L'expression *san-kan-ji* (8,788, 4,950, 4,662) signifie : le soleil qui est sur son couchant.

(Ibid. l. 18.—Ibid. l. 2.)

69 *Cette dame jalouse.* Mot à mot : Qui sait mettre des obstacles.

(Ibid. l. 28.—Ibid. l. 5.)

70 *J'ai acquis à mes dépens.* Mot-à-mot : Dans mon ventre j'ai appris à fond les choses du siècle. Dans le destin, (ce n'est) pas comme les hommes de l'Empire. Voy. *Lo-li-lang*, pièce 90, fol. 1, r. l. 6.

(P. 15, l. 2.—F. 8, v. l. 9.)

71 *Un tombeau à notre mère.* Litt. : Un tombeau à sept étages. La même expression est répétée dans la ligne suivante.

(Ibid. l. 20.—F. 9, r. l. 6.)

† 71ᵃ *Après avoir perdu.* Lisez : Après la mort de notre père, tu abandonnas celle qui t'avait donné le jour.

(P. 16, l. 10.—F. 9, v. l. 2.)

71ᵇ *Ce n'est point moi.* Litt. : Ce n'est point moi qui ai fait ces joues froides qui sont d'un accès difficile.

(P. 17, 1. 8.—F. 10, r. 1. 2.)

[72] *Je ne disputerai pas.* Mot à mot : Je n'examinerai pas le beaucoup ou le peu. Donne-moi quelques provisions, etc.

(P. 18, 1. 4.—Ibid. 1. 7.)

[73] *Ne disais-tu pas.* Voy. p. 3, 1. 20.

(Ibid. 1. 11.—F. 10, v. 1. 1.)

[74] *Ces ornements de tête.* Il y a en chinois *t'eou-mien* (10,366, 7,612, *vulgo :* tête-visage). Si l'auteur ne nous apprenait (texte, fol. 34, v. l. 7) qu'il s'agit ici *d'aiguilles de tête en or,* il serait impossible de le deviner. Dans la pièce 8 du même recueil, intitulée *Ho-han-chan,* une mère dit à son fils (fol. 25, r. l. 5) : " Puisque tu veux aller à la capitale pour subir tes examens, je vais te donner quelque argent, et deux aiguilles de tête en or, afin que tu puisses acheter des provisions et subvenir à tes besoins." La circonstance paraît exactement la même, mais l'auteur a employé l'expression propre pour dire *aiguilles de tête.* Ce sens de *t'eou-mien* ne se trouve dans aucun dictionnaire.

(Ibid. 1. 23.—Ibid. 1. 5.)

[75] *Tu m'as accablé d'injures et de mauvais traitements.* L'expression que je traduis ainsi est *hoa-pe-liao-ngo* (4,199, 8,526, 7,041, 3,002), qui se compose des mots *fleur* et *blanc,* suivis de *liao,* marque du prétérit, et de *ngo,* moi ; ce qui indique qu'il faut prendre *hoa-pe* pour un verbe actif. Je n'ai trouvé dans aucun dictionnaire ce sens de *hoa-pe-liao.*

(P. 19, 1. 10.—Ibid. 1. 8.)

[76] *Du bureau de monsieur Ma.* Il y a en Chinois *kiaï-tien-kou* (5,483, 10,119, 6,507 ; *vulgo,* engager-dégager-magazin). Cette expression, que je n'ai trouvée dans aucun dictionnaire, signifie, je crois : le bureau ou le cabinet d'un homme riche qui prête sur gage. Ce sens est confirmé par plusieurs passages de la pièce 91, intitulée *K'an-t'sien-nou,* fol. 30, v., et 31, r. On trouve aussi *kiaï-tien-p'ou* (*p'ou,* boutique : 8,683). Dans la pièce 8, intitulée *Ho-han-chan,* fol. 1, r. l. 7, Tchang-i dit : " J'ai ouvert *une boutique de prêt sur gage,* à l'enseigne du lion d'or." Quelquefois on se contente d'écrire

kiaï-kou, (*vulgo :* ~~délier~~, dégager-magazin), expression qui peut indiquer ~~à-la-fois~~, ainsi que *kiaï-tien-kou*, le lieu et la profession désignés ~~ci-dessus~~. Voy. la pièce 94, intitulée *Hu-lang-tan*, fol. 31, v. l. 2, et la pièce 3, intitulée *Tch'in-tcheou-t'iao-mi*, fol. 34, v. l. 6.

(P. 20, l. 2.—F. 11, r. l. 5.)

⁷⁷ *Vous ne vous formaliserez pas.* Litt.: Les yeux du petit homme (mes yeux) sont hébétés. Ainsi il ne faut pas se formaliser de ce qu'il n'a pas reconnu la grande dame, c'est-à-dire, vous.

(Ibid. l. 3.—Ibid. l. 5.)

⁷⁸ *Vous reconnaître.* Ajoutez : (*il la salue*).

(Ibid. l. 8.—Ibid. l. 6.)

⁷⁹ *Quoiqu'il me soit pénible.* Mot à mot : Même en parlant, j'éprouve du trouble et de la crainte.

(Ibid. l. 15.—F. 11, r. l. 8.)

⁸⁰ *Tous les effets.* Litt.: Tous les effets, toutes les propriétés du dedans et du dehors, c'est la femme légitime qui en a la direction, l'administration.

(Ibid. l. 25.—F. 11, v. l. 3.)

⁸¹ *Je n'ai pas même l'ombre d'un fils.* Mot à mot : Je n'en ai pas même une parcelle.

(P. 22, l. 27.—F. 12, v. l. 5.)

⁸² *Et qu'elle se serait refusée.* Litt.: Seulement elle regardait cela comme si l'on eût enlevé la chair de dessus son corps.

(P. 23, l. 8.—Ibid. l. 8.)

⁸³ *A l'exemple du vieillard.* Litt.: Le petit homme (*ego*) doit récompenser grandement ce bienfait, *en nouant l'herbe*, et *en opportant dans son bec une paire de bracelets.* Voici l'origine de ces deux locutions.—*Nouer l'herbe.* La quinzième année de Siouen-kong,

Houan-kong, roi de Ts'in, attaqua le roi de Tsin, et lui livra bataille dans le pays de Fou-chi. Weï-ko, du royaume de Tsin, défit les troupes de Ts'in, et prit le général Tou-hoeï, qui était un des hommes les plus braves de ce royaume. Dans l'origine, Wou-tsee, père de Weï-ko, avait une concubine. Etant tombé malade, il appela son fils Weï-ko et lui dit : Je désire qu'après ma mort tu maries cette concubine. Son père étant à l'extrémité, lui dit encore: Je désire qu'elle m'accompagne dans la tombe. A ces mots, il expira. Le fils, obéissant aux premières volontés de son père, maria la concubine. Quelque temps après, Weï-ko, faisant la guerre dans le pays de Fou-chi, aperçut un vieillard qui *nouait l'herbe* d'un bout du chemin à l'autre pour arrêter *Tou-hoeï* qui le poursuivait. Tou hoeï s'embarrassa les pieds et tomba. Weï-ko n'eut pas de peine à le faire prisonnier. La nuit suivante, il vit en songe un vieillard qui lui dit : Je suis le père de la femme que vous avez mariée. J'ai voulu vous récompenser pour avoir fidèlement suivi les dernières volontés de votre père.—*Rapporter des bracelets.* Yang-pao, qui vivait sous les Han, était d'un naturel tendre et compatissant. A l'âge de neuf ans, lorsqu'il se promenait sur le mont Hoa-chan, il vit tomber à ses pieds un petit oiseau jaune, qu'un oiseau de proie avait blessé cruellement. Il était déjà assiégé par un multitude de fourmis qui se préparaient à le dévorer. Yang-pao le prit, lui fit un nid de son bonnet et le rapporta dans sa maison, où il le nourrit pendant cent jours avec les soins les plus assidus. Au bout de ce tems, l'oiseau se trouva parfaitement rétabli. Il sortait le matin et revenait le soir. Un jour, il se changea en un jeune homme, vêtu de jaune, qui donna à Yang-pao quatre bracelets en jade blanc. (*Notes trad. du chinois*)

(P. 24, l. 3.—F. 13, r. l. 4.)

[84] *A qui je suis tout-à-fait étranger* (*Vulgo:* moi-avec-elle-être-chaque-blanc-siècle-homme.) Je n'ai trouvé dans aucun dictionnaire le sens que je crois devoir donner ici aux mots *ko-pe-chi-jin* (chaque-blanc-siècle-homme : 6,447, 8,526, 9,152, 4,693). Il m'a semblé résulter de la comparaison de cette phrase avec le passage suivant, tiré de la pièce 25, intitulée *Ho-tong-wen-tsee*, fol. 27, recto : " Le gouverneur : Holà, femme, êtes-vous liée avec Lieou-ngan-tchu par les liens de la parenté?—La femme : Je ne suis point sa parente.— Le gouverneur: Eh ! bien, puisqu'il n'est point votre parent (*vulgo :*

113

lui-être-chaque-blanc-siècle-homme), puisque vous ne le reconnaissez pas pour votre parent, cela suffit, n'en parlons plus."—*Lieou-ngan-tchou* était son neveu.

———

(P. 24, l. 9.—F. 13, r. l. 6.)

[85] *Acheter quelques vêtements.* Mot à mot : " Acheter une couverture." Je ne puis garantir ce sens, n'ayant trouvé nulle part le mot double *wo-eul.* C'est le souvenir du mot *pi-wo* (8,305, 11,731) " couverture," qui m'a fait adopter ce sens. *Wo* signifie cacher ; *eul* est une terminaison diminutive.

———

(Ibid. l. 10.—Ibid. l. 7.)

[86] *L'emploi de sergent.* L'expression *kong-jin*, composée de *kong*, " public," et de *jin* " homme," désigne, je crois, un bas-officier de justice, qui fait la police du tribunal, et administre la bastonnade. Voy. fol. 29, r. l. 4. Je n'ai point trouvé cette expression.

———

(Ibid. l. 11.—Ibid. l. 7.)

[87] *Ma sœur prends bien garde à toi.* Mot à mot : Choisis constamment une terre heureuse pour marcher, et une terre heureuse pour t'asseoir.

———

(Ibid. l. 12.—Ibid. l. 8.)

[88] *Que nos deux essieux.* C'est-à-dire : Fais en sorte que nous ne nous rencontrions pas face à face.

———

(Ibid. l. 24.—F. 13, v. l. 2.)

†[89] *Je les avais reçus.* La lecture de plusieurs passages analogues m'engage à changer cette interprétation et à traduire : " Ah ! Madame, vous me rendez la vie. Mais je crains une chose."

La difficulté de ce passage réside dans les mots *seng-cheou* (8,812, 9,353), où le régime précède le verbe au lieu d'être placé après lui. En effet, suivant les règles de la construction chinoise, il faudrait écrire *cheou-seng,* " recevoir la vie," et non pas *seng-cheou,* " la vie-recevoir," et plus littéralement : *vivre-recevoir* (car rien n'indique que le mot *seng* est le régime direct du verbe *cheou*, et doit, par conséquent,

I

être pris substantivement). Je dois cette rectification à la lecture d'un passage du Li-ki, qui offre deux exemples de cette transposition de régime, avec ce même verbe *recevoir*. Liv. 11, fol. 4, verso, édit. impériale. Mot à mot : Pourquoi-dignité-avec-habits-recevoir ; char-chevaux-pas-recevoir. C'est-à-dire : Pourquoi reçoit-il la dignité et les habits, et ne reçoit-il pas le char et les chevaux ?" J'ai trouvé dans le *Li-ki* deux autres transpositions du même genre avec des verbes différents. *Li-ki*, liv. 1, fol. 27, v. l. 5 : *hoan-hio* (4,309, 3,728), au lieu de *hio-hoan*, "étudier la magistrature, les devoirs du magistrat." Ibid. liv. 1, fol. 19, r. l. 6 : *pou-ts'e-feï* (8,701, 11,316, 2,321), au lieu de *pou-feï-ts'e*, " ne pas faire une vaine dépense de paroles."

L'expression *seng-cheou*, "recevoir la vie," se trouve, avec le même sens, dans la pièce 94, intitulée *Ho-lan-tan*, fol. 19, verso, l. 1, où Tchang-san-kou, qui porte à Ho-nan-fou les ossements de son bienfaiteur, s'arrête pour demander le chemin qu'elle doit suivre. " Ce chemin, dit-elle, se divise en trois branches; je ne sais laquelle prendre. Interrogeons quelqu'un. (*Apercevant Li-yen-ho :*) Oserais-je vous demander, mon frère, si c'est-là la route qui conduit à Ho-nan-fou ?—*Li-yen-ho :* Justement.—*Tchang-san-kou :* Lequel de ces trois sentiers faut-il prendre ?—*Li-yen-ho :* Prenez le sentier du milieu.—*Tchang-san-kou :* Mon frère, vous me rendez la vie (*seng-cheou*)." Voy. aussi *Lo-li-lang*, pièce 90, fol. 22, v. l. 8.

(P. 24, l. 25.—F. 13, v. l. 2.)

⁹⁰ *C'est que le seigneur Ma.* Litt. : C'est que le Youen-waï ne m'interroge, quand il sera revenu.

(P. 25, l. 18.—Ibid. l. 8.)

⁹¹ *La déesse qui préside.* Litt. : La déesse des fils et des petits-fils.

(P. 26, l. 25.—F. 14, r. l. 8.)

⁹² *Qu'elle fit une nouvelle toilette.* Litt. Qu'elle revêtit de nouveau des robes, et qu'elle mit une seconde fois des ornements de tête.

(P. 27, l. 5,—F. 14, v. l. 2.)

⁹³ *Une personne naturellement dépravée.* Mot à mot : " Une per-

sonne du milieu du vent et de la poussière." L'expression composée *fong-tch'in* (vent-poussière : 2,758, 1,011), signifiant " débauche, déréglement de mœurs," ne se trouve dans aucun dictionnaire.

———

(P. 27, l. 23.—F. 19, r. l. 1.)

94 *Je ne m'inquiétais point pour moi-même.* Litt. : Je ne conjecturais, je ne suspectais rien autre chose (*bis*). Le vers suivant est également répété deux fois.

———

(P. 28, l. 13.—Ibid. l. 8.)

95 *Imiter ainsi la méchanceté du chien.* Mot à mot : "Combien de fois a-t-on vu ces actions de chien et ce cœur de loup ?" J'ai passé quatre mots : *kiao-tou-tsiu-tchang* (5,652, 10,317, 10,812, 326). Mot à mot : " ventre de *kiao*, entrailles de *tsiu.*" Le mot *tsiu* (10,812) a le même sens que *tsi-tsiu* (Morris. part 1, radical 142, p. 262, col. 2, 8° caractère), et *ou-kong* (11,765), *la scolopendre,* qui, suivant les idées des chinois, aime à dévorer la cervelle des serpents. Voy. le Dictionnaire de K'ang-hi, au mot *tsiu.* Voy. not. 232.

———

(Ibid. l. 16.—Ibid. l. 8.)

96 *Osez-vous bien faire peser ?* Litt. : Au contraire, vous m'avez fait essuyer ce traitement injuste, cette fausse accusation.

———

(Ibid. l. 19.—Ibid. l. 9.)

97 *Osez-vous bien faire retomber ?* Litt. : Au contraire, vous m'avez fait tomber injustement dans cette intrigue honteuse.

———

(Ibid. l. 22.—Ibid. l. 9.)

98 *Il ne serait pas étonnant,* etc. Le mot *tsang* (10,507) signifie "corrompre, suborner," mais j'ignore le sens qu'il peut avoir étant suivi de *maï* (7,484), " cacher." Les dictionnaires avertissent que *tsang,* " suborner" (10,507) se prend pour *ts'ang,* " cacher" (10,504), qui se trouve dans le mot *maï-ts'ang* (7,484, 10,504), " recéler ;" mais aucun dictionnaire ne donne *tsang-maï* (*vulgo :* suborner-cacher) dans le sens de *t'sang-maï,* " recéler." Voy. not. 122.

(P. 29, l. 7.—F. 15, v. l. 4.)

[99] *Qui vous glorifiez.* Mot à mot: Vous, cette dame de sept générations.

———

(Ibid. l. 18.—Ibid. l. 7.)

[100] *Si je souffrais sans mot dire.* Mot à mot : Certainement, prendre une accusation déshonorante, et la jeter devant mes talons, c'est, Madame, prendre son vase (*matellam*) plein... et en coiffer la tête d'un autre.

———

(Ibid. l. 23.—F. 16, r. l. 2.)

[101] *Madame, Madame.* Litt. : Madame, comment se fait-il que, dans ce moment, mon corps se trouve extrêmement indisposé?

———

(Ibid. l. 26.—Ibid. l. 3.)

[102] *Qui a suscité la colère.* Mot à mot: Qui, par la colère, a fait sortir (naître) la maladie du Youen-waï.

———

(P. 30, l. 6.—Ibid. l. 7.)

[102a] *Sans cesse.* Voici, je crois, le sens littéral de ce passage difficile : " Je laisse tout à fait son mari écouter ses soupçons et sa colère. Mais, hélas ! la femme que voici est bien malheureuse." Il me semble que les mots *pou-ki-tchang* (8,701, 5,311, 258), ont le même sens que *hao* (3,258) *pou-ki-tchang.* Voy. *k'an-ts'ien-nou*, pièce 91, fol. 38, r. l. 8.

———

(Ibid. l. 12.—Ibid. l. 8.)

[103] *Eh ! bien, Madame, voici le bouillon.* Mot à mot : " Holà ! Madame, ce n'est pas le bouillon." Il faut entendre la phrase comme si elle était terminée par un signe d'interrogation : " n'est-ce pas le bouillon?" Voy. not. 243. Comparez Prémare, p. 87, l. 22.

———

(P. 31, l. 1.—F. 16, v. l. 3.)

[104] *Madame, voici du sel.* Mot à mot : " Holà ! Madame, ce n'est pas du sel ?" Voy. la note précédente.

(P. 31, l. 20.—F. 16, v. l. 7.)

[105] *Peu à peu.* Mot à mot : " J'ai attendu une demi-heure." Cette locution signifie : quelques instants.

———

(Ibid. 1. 25.—Ibid. l. 8.)

[106] *Ouvrez les yeux.* Je crois que l'expression chinoise *fang-tsing-si* (*vulgo :* laisser aller, subtil, délié : 2,275, 10,990, 8,852), que les dictionnaires ne donnent point, signifie " revenir à soi, reprendre ses esprits." On dit aussi dans le même sens : *fang-tsing-tcho* (1,202). Dans la pièce 94, intitulée Ho-lang-tan, fol. 7, v. l. 4, Li-yen-ho adresse ces paroles (*reprenez vos esprits*) à son épouse mourante. L'auteur ajoute : (elle s'éveille, elle reprend ses esprits et chante). Dans la même pièce, fol. 16, v. l. 9, Wan-yen, sentant sa fin approcher, dit qu'il va profiter du peu de forcès qui lui reste (tch'in-ngo-t'sing-si : 936, 3,002, 10,990, 8,852) pour parler à son fils adoptif, et lui révéler le secret de sa naissance. Un autre passage de *Tcou-ngo-youen*, pièce 86, fol. 16, r. l. 7, où l'auteur écrit, dans le même sens, *fang-tsing-chin* (" animal-spirits :" 10,990, 9,265) semble démontrer que *tsing-si* (*vulgo :* subtil, délié) signifie : esprits animaux, force vitale.

———

(P. 32, l. 5.—F. 17, r. l. 1.)

[107] *Mon courage s'évanouit.* Litt. : Mon fiel s'envole, mon âme se perd. Je ne puis empêcher que mille filets de larmes ne s'échappent de mes deux yeux.

———

(Ibid. l. 28.—F. 17, v. l. 1.)

[108] *Oh ! ciel, je mourrai !* Dans le texte, il faut entendre le passage correspondant, comme s'il était terminé par une interrogation. Voy. Not. 103.

———

(P. 33, l. 2.—F. 17, v. l. 2.)

[109] *Allez choisir*, etc. Lorsqu'il s'agit d'enterrer quelqu'un, on emploie presque toujours ces mêmes expressions : *Kao-youen-siouen-ti*, etc. J'ai trouvé cette phrase plus de dix fois dans des pièces du même recueil. Voy. la pièce 94, intitulée *Ho-lang-tan*, fol. 17, v. l. 8.

(P. 33, l. 8.—F. 17, v. l. 4)

[110] *Comme il faut.* Litt.: Tout doucement.

___

(Ibid, l. 12.—Ibid, l. 6.)

† [111] *La moindre chose du mobilier.* Litt.: "Je ne veux point de tous ces effets grands ou petits." L'expression *kia-sse* (*vulgo:* maison, particulier, propre: 5,398, 9,678) se dit, non-seulement des effets mobiliers, mais même de toute espèce de biens, de propriétés. J'aime mieux traduire aujourd'hui: *Je ne veux pas la moindre chose de la fortune du seigneur Ma.* Voy. pièce 8, intitulée *Ho-han-chan*, fol. 42, v. l. 4. Tchang-i répond à Tchang-yeou, qui l'interroge sur sa famille: "S'il faut parler de mes ancêtres, ils avaient des biens (*kia-sse*) grands comme le ciel," c'est-à-dire immenses. Cependant, fol. 23, r. l. 2, l'expression *kia-sse* se trouve employée dans le sens d'effets mobiliers. Elle s'applique aux robes et aux ornements de tête que Haï-t'ang a donnés à son frère.

___

(Ibid. l. 15.—Ibid. l. 7.)

[112] *Lui a donné le jour.* Le mot *yang* (11,878) qui signifie ordinairement *nourrir*, doit se traduire ici par *enfanter*. On le trouvera employé cinq ou six fois dans ce sens. Prémare, *Notit. linguæ sinicæ*, p. 75 : *yang wa-wa* (11,531-*bis*), "filiolum in lucem edere."

___

(Ibid. l. 19.—Ibid. l. 8.)

[113] *Nourri toi-même.* Litt.: Allaité.

___

(Ibid. l. 23.—Ibid. l. 9.)

[114] *Qui dévorant mille ennuis.* Mot à mot: Avalant l'amertume, et rendant (*ore vomens*) la douceur, j'ai dépensé je ne sais combien de soins pénibles.

___

(Ibid. l. 25.—Ibid. l. 9.)

[115] *Pour l'élever jusqu'ici.* Mot à mot: "Etant sur la paume de ma main (c'est-à-dire dans mes bras), il s'est élevé et il a grandi." En traduisant, j'ai emprunté à la phrase précédente l'idée renfermée dans *sin-kin* (voy. 6,349), "peines, fatigues assidues."

___

(P. 33, l. 27.—F. 18, r. l. 1.)

116 *On deviendrait mère à bon marché.* Le texte chinois dit seulement : de cette façon, (ce serait) bien facile.

(P. 34, l. 7.—Ibid. l. 4.)

† 116ᵃ *Si tu te retires.* Lisez : Si tu te retires de bon gré, je t'abandonne les richesses du seigneur Ma, sa maison avec toutes ses dépendances, et de plus son fils Cheou-lang. Quant à moi, je sortirai d'ici les mains vides.

(Ibid. l. 10.—Ibid. l. 5.)

117 *Je sortirai d'ici.* Mot à mot : Prenant seulement ce corps nu, je sortirai de la porte (de la maison).

(Ibid. l. 20.—Ibid. l. 8.)

† 118 *Ce magistrat éclairé.* Lisez : Heureusement qu'il y a des juges pour punir le crime. Voy. *Lo-li-lang*, pièce 90, fol. 13, v. l. 2.

(Ibid. l. 27.—F. 18, v. l. 1.)

† 118ᵃ *Qu'on envoie chercher.* Lisez : Qu'on interroge.

(Ibid. l. 27.—Ibid. l. 1.)

119 *La femme qui m'a accouchée.* Mot à mot : La vieille femme qui a coupé le cordon ombilical.

(P. 35, l. 2.—Ibid. l. 7.)

120 *Je suis la propre.* Mot à mot : " Je suis la propre-propre propre mère de-de-l'enfant. Cet enfant est le propre-propre propre enfant de-de moi. C'est le cœur et le fiel de la dame, le ventre de la dame, les talons postérieurs des pieds de la dame." L'expression " les talons de la dame," se rattache peut-être à quelque usage particulier. Haï-t'ang dit plus haut : l'enfant que j'ai mis au monde *devant les talons* (fol. 7, recto, l. 6).

(Ibid. l. 9.—Ibid. l. 5.)

121 *Les habitants de ce quartier.* Mot à mot : les rues (5,494, 2,270) qui l'ont vu naître et grandir.

(P. 35, l. 12.—F. 18, v. l. 6.)

[122] *C'est moi qui l'ai cachée.* Je n'ai trouvé nulle part le mot composé *tsang-maï* (*vulgo :* suborner-cacher ; 10,507, 7,484), dans le sens de *cacher.* Les dictionnaires avertissent que le mot *tsang* (10,507 *vulgo :* suborner) se prend quelquefois pour *ts'ang* (10,504) *cacher.* Je ne puis garantir mon interprétation. Voy. not. 98.

———

(Ibid. l. 24.—Ibid. l. 9.)

† [122a] *Et qui donc a empoisonné.* Lisez : Et qui donc a empoisonné son époux, qui donc a mérité la peine du talion ? Vous ne vous plaisez que dans le crime, et, après avoir fait périr les autres, etc.

———

(Ibid. l. 31.—F. 19, r. l. 2.)

[123] *D'aussi corrompue, d'aussi barbare que vous.* Mot à mot : " où trouverait-on votre pervers cœur et entrailles." L'adjectif *taï* (9,727), " vicieux, méchant," se rapporte à cœur et à entrailles.

———

(P. 36, l. 5.—Ibid. l. 3.)

† [124] *Cette maison,* etc. Mot à mot : " Ces propriétés domestiques grandes et petites." Les mots *kia-ssc-ta-siao* (5,398, 9,678, 9,721, 8,876) doivent s'entendre, en général, de tous les biens, de toute la fortune du seigneur Ma. Voy. Not. 111. Corrigez ainsi la traduction : Je vois clairement que je puis m'emparer de toute la fortune et du jeune enfant.

———

(Ibid. l. 9.—Ibid. l. 5.)

[125] *N'est point mon fils.* Litt. : Ce n'est point moi qui l'ai mis au monde.

———

(Ibid. l. 11.—Ibid. l. 6.)

[126] *Qui l'a accouchée.* Litt. : Qui a coupé le cordon ombilical.

———

(Ibid. l. 14.—Ibid. l. 7.

[127] *Déposent en sa faveur.* Mot à mot : " Et que tous ces gens ne

soient pas tournés vers moi," c'est-à-dire, ne penchent pas pour moi, ne me soient pas favorables.

———

(P. 36, l. 24.—F. 19, r. l. 8.)

[128] *Quand leur prunelle noire.* Mot à mot : Quand la perle de leur œil noir aura vu ces onces d'argent blanc.

———

(Ibid. l. 27.—F. 19, v. l. 3.)

† [129] *Dans l'instant, on est venu demander Tchao.* Lisez : Dans l'instant, on vient de prononcer le nom de Tchao.

———

(P. 37, l. 12.—Ibid. l. 8.)

[130] *Tout l'héritage.* Ici les mots *kia-youen, kia-ki* (5,398, 12,559, 5,398, 5,336, *vulgo:* maison-cause, maison-calcul) semblent devoir se prendre d'une manière générale pour *les biens, la fortune* du seigneur Ma. Ces deux expressions composées ne se trouvent point dans les dictionnaires.

———

(Ibid. l. 14.—Ibid. l. 9.)

[131] *Gagner le magistrat.* Mot à mot : " Prendre le magistrat, et, du haut en bas, l'arranger, le disposer (8,661, 646) comme il faut." L'auteur a employé plus haut (l. 1) l'expression *ngan-tchi* (2,834, 646) dans le même sens.

———

(Ibid. l. 22.—F. 20, r. l. 2.)

[132] *N'est point votre fils.* Litt. : Ce n'est pas vous qui lui avez donné le jour. Pourquoi le voulez-vous (prendre)?

———

(Ibid. l. 28.—Ibid. l. 5.)

[133] *Les héritiers.* Litt. : Le fils et les petits-fils.

———

(Ibid. l. 30.—Ibid. l. 6.)

[134] *Elle se contente de prendre à témoin.* Litt. " Elle a seulement indiqué la vieille femme qui a reçu le nouveau-né, et les voisins du

quartier pour les prendre à témoin." J'ai mis *les femmes*, parce que Haï-t'ang en désigne toujours deux, savoir, celle qui a coupé le cordon, et celle qui a reçu le nouveau-né. Voy. fol. 18, v. l. 1.

(P. 38, l. 14.—F. 20, v. l. 2.)

[134a] *Je la mènerai.* Litt. : J'irai courir une fois, pour présenter l'accusation.

(Ibid. l 16.—Ibid. l. 3.)

[135] *Le proverbe dit.* Le premier passage se compose de deux vers blancs de cinq syllabes ; le second, de deux vers blancs de sept syllabes.

(Ibid. l. 21.—Ibid. l. 4.)

[136] *Lui enlève quelques lambeaux de chair?* Litt. en latin : *Quin tigris, vulnerans hominem, comedat unam ex ejus clunibus?*

(P. 39, l. 14.—F. 21, r. l. 2.)

[137] *Mo-leng-cheou.* Il y a ici deux fautes dans le texte. Le caractère *mo,* qui est écrit avec la clef 119, et le caractère *leng,* qui est écrit avec la clef 115, doivent tous les deux avoir la clef 75. Voy. Morris. *Part* II. No. 6,921.

(Ibid. l. 16.—Ibid. l. 3.)

† [138] *Avec une sévérité inflexible.* Lisez : Avec une équité rigoureuse. Mot à mot : En traitant les uns (les coupables) avec sévérité, et en rendant les autres heureux, c'est-à-dire, en montrant de la bonté aux hommes vertueux. Voy. Morris. *Part* I. au mot *weï* (11,690), pag. 644, col. 2, et 645, col. 1 et 2.

(P. 40, l. 6.—Ibid. l. 5.)

[139] *Le tableau des causes.* Litt. : Le tableau des accusations, des plaintes judiciaires.—*Qui aurait pu croire?* Mot à mot : " Comment-pouvoir-savoir?" c'est-à-dire, comment aurais-je pu savoir?

(P. 40, l. 13.—F. 21, r. l. 7.)

140 *Lui demander vengeance.* Il y a en chinois *youen-k'io* (12,510, 6,203), que les dictionnaires expliquent par *oppression injuste, mauvais traitement*, et par *accusation injuste*, qu'on fait peser sur quelqu'un. Madame Ma emploie ces mots par forme d'exclamation, comme si elle disait, "*à l'injustice! à l'injustice!*" en se représentant comme une personne opprimée, qui a besoin de la protection du juge. Voy. fol. 22, r. l. 6, où les mots *youen-k'io* sont employés de même sous forme d'exclamation. (P. 42, l. 13.)

(P. 41, l. 2.—F. 21, v. l. 2.)

141 *J'étais presque parvenue.* Les chinois considèrent la perfection en tout genre comme composée de dix parties. Ainsi ils disent *chi-fen-hao* (9,232, 2,636, 3,258), "qui a dix parties de bonté," c'est-à-dire, qui est parfaitement bon; *ki'eou-fen-hao*, "qui a neuf parties de bonté," c'est-à-dire, qui est presque d'une bonté parfaite. Ils diminuent les parties, ou les degrés, à mesure qu'une personne ou une chose s'éloigne de la perfection. Ce passage signifie littéralement : Je me disais que prendre un mari (*lang-jin*) c'était dix fois parfait (*decies perfectum*), et neuf fois tranquille (*novies tranquillum*). Voy. not. 149.

(Ibid. l. 4.—Ibid. l. 2.)

142 *La plus légère trace.* Les quatre mots *mo-weï-san-chao* (7,739, 11,647, 8,788, 9,122) signifient, je crois, en mot à mot : *extremæ caudæ tres pili*, trois crins du bout de la queue. Plus bas, fol. 29, r. l. 2, le mot *chao* est employé dans le sens de cheveux (10,366, 9,122).

(Ibid. l. 7.—Ibid. l. 4.)

143 *Il n'y a que le ciel.* Litt. : Cette accusation sans fondement n'est connue (de personne), si ce n'est du ciel et de la terre.

(Ibid. l. 11.—Ibid. l. 5.)

144 *Mais le ciel et les dieux.* Litt. : Il y a une providence et des dieux qui voient tout d'un regard pénétrant.

(Ibid. l. 21.—Ibid. l. 8.)

145 *Tous les genres de tourment.* En chinois, il y a quatre mots qui

signifient littéralement *lier, arracher, suspendre, battre* (8,206, 8,135, 10,045, 5,133). Ces quatre mots paraissent désigner quatre espèces de torture.

(P. 41, l. 24.—F. 21, v. l. 9.)

[146] *T'exposer aux plus cruelles souffrances.* Il y a en chinois *cheou-chi*. Morrison (*Part* II, No. 9,357), to make away with a person by imprisonment and death.

(P. 42, l. 3.—F. 22, l. 2.)

[147] *Tous les genres de torture.* Litt.: " Je subirai je ne sais quelles tortures." Ici les mots *pang-kao* (*vulgo*, battre à coups de bâton : 8,195, 5,133) me semblent employés d'une manière générale. Ce sont les quatre mots cités plus haut, not. 145, qui m'ont engagé à écrire : tous les genres de torture.

(Ibid. l. 7.—Ibid. l. 3.)

[148] *Malgré mon innocence.* Litt.: Sans cause, sans motif. C'est-là le sens des mots *p'ing-pe-ti* (*vulgo* : unie-blanche-terre : 8,577, 8,526, 9,955).

(Ibid. l. 8.—Ibid. l. 4.)

[149] *Après avoir persévéré dans la sagesse et la vertu.* Mot à mot : " J'ai gardé sept parties de pureté, et neuf parties de chasteté." Voyez plus haut, note 141.

' (Ibid. l. 10.—Ibid. l. 4.)

[150] *Les rigueurs de la question.* Mot à mot : " Six interrogations et trois investigations." Cette locution est très usitée pour exprimer *la question.* Voy. Not. 273.

(Ibid. l. 10.—Ibid. l. 5.)

[151] *Et les tortures.* Mot à mot : L'action de frapper dix mille fois et l'action de battre mille fois.

(Ibid. l. 13.—Ibid. l. 6.)

[152] *Justice ! justice !* Voyez plus haut, note 140.

(P. 43, l. 4.—F. 22, v. l. 1.)

[153] *Elles s'agenouillent.* Le mot *k'ai* (*vulgo* : ouvrir, 4,931) indique qu'elles se séparent l'une de l'autre, qu'elles s'agenouillent séparément, l'une d'un côté, l'autre de l'autre.

(Ibid. l. 6.—Ibid. l. 1.)

[154] *Vous pouvez compter sur ma justice.* Les mots *tso-tchou* (to act as a master, to controul), précédés de *in-ni* (for you), signifient ici : Vous prêter appui, conduire cette affaire dans votre intérêt.

(Ibid. l. 20.—Ibid. l. 5.)

[155] *Ce titre de Youen-waï.* Litt.: Ce n'est pas du tout un Youenwaï.

(P. 44, l. 3.—Ibid. l. 8.)

[156] *Je l'accuse.* Avant cette phrase, j'ai omis quatre mots, qui se trouvent ensuite répétés deux fois, ce sont *ko-pou-tchong-jin* (*vulgo* : une-pas-milieu-personne, 6,424, 8,701, 1,664, 4,693). L'expression *tchŏng-jin* signifie ordinairement *mediator.* Je crois qu'au lieu de *tchŏng-jin*, il faut prononcer *tchóng-jin ;* auquel ton, *tchóng* signifie *convenir à.* Dans cette hypothèse, ce passage me semble pouvoir être traduit ainsi :

Madame Ma. Ce n'était point une personne comme il faut (allusion à son ancienne profession).

Un huissier d'un ton fâché. Ouais ! J'ose croire que c'est une personne comme il faut (allusion à sa beauté).

Madame Ma. Eh ! bien, oui, c'est une personne comme il faut. Je l'accuse, etc.

Plusieurs fois l'auteur a employé le mot *tchong* dans le sens d'*atteindre, convenir à,* sans avertir, à la fin de l'acte, que ce mot devait se prononcer au ton *k'iu* (*tchóng*). Voy. fol. 12, r. l. 6, et fol. 19, r. l. 3.

(Ibid. l. 23.—F. 23, r. l. 7.)

[157] *Et que, arrêtée par une difficulté soudaine.* Litt.: Sans doute qu'il y a un accusateur, et que de plus il (le juge) ne peut pas trancher la difficulté, trouver la décision.

(P. 45, l. 27.—F. 23, v. l. 6.)

[158] *Les six tribunaux.* Le tribunal se compose de très peu de personnes ; mais comme la peur grossit et multiplie les objets, Haï-t'ang, harcelée par les sergents, qui sont rangés autour d'elle dans une attitude menaçante, s'imagine qu'elle se trouve en présence des six cours suprêmes.

(P. 46, l. 8.—Ibid. l. 8.)

[159] *Des plus cruelles tortures.* Littér. : " Je veux manger (c'est-à-dire, endurer) les quatre supplices qui tuent l'homme." Ces tortures sont désignées ici, comme nous l'avons vu plus haut, note 145, par les mots *lier, arracher, suspendre, battre.*

(Ibid. l. 15.—F. 24, r. l. 3.)

[160] *Votre servante vivait du produit de sa beauté.* Litt. : " Je cherchais des aliments en étalant mon sourire." Voy. plus haut, note 7.

(Ibid. l. 18.—Ibid. l. 4.)

[161] *Ma mère et moi.* Litt. : Les enfants et la mère.

(Ibid. l. 22.—Ibid. l. 5.)

[162] *Il m'épousa en qualité de seconde femme.* Mot à mot : " Il m'épousa, pour former l'union de l'oiseau mâle *ing* (12,335), et de l'oiseau femelle *yen* (12,082)." Voy. plus haut, fol. 7, v. l. 5, et la note sur *ing-yen.* Je crois que le mot *siao* (8,876), *petit,* indique que Ma-kiun-k'ing l'épousa en qualité de seconde femme. *Siao* a ici la même valeur que dans les expressions *siao-lao-po* (8,876, 6,923, 8,608), et *siao-fou-jin* (2,465, 4,693), *seconde femme.* Voy. Morrison, *Part* III, p. 81, au mot *concubine.*

(Ibid. l. 27.—Ibid. l. 8.)

[163] *Un fils ou une fille.* Litt. : Un fils, ou la moitié d'une fille.

(P. 47, l. 3.—F. 24, v. l. 1.)

†[163a] *Je lui donnai un fils.* Lisez : J'eus un fils et une fille, et je leur donnai le jour au milieu des plus cruelles douleurs.

(P. 48, l. 10.—F. 25, r. l. 1.)

[164] *Deux langues et deux visages.* Mot à mot : " Deux visages et

trois couteaux (7,018, 7,612, 8,788, 9,907)." J'ignore l'origine de l'expression *san-tao* (trois-couteaux), à moins qu'elle n'ait quelque rapport avec la locution *siao-li-ts'ang-tao* (Voy. 8,896, l. 13), " cacher un couteau sous un sourire," c'est-à-dire, déguiser, sous un air riant, les projets les plus criminels. Voyez la pièce 91, intitulée *K'an-tsi'en-nou*, fol. 5, v. l. 9, et la pièce 75, intitulée *Ke-kiang-teou-tchi*, fol. 33, r. l. 1. Comparez la note 231.

—

(P. 48, l. 11.—F. 25, r. l. 1.)

[165] *Irriter son mari contre moi.* L'expression *pouan-t'iao* (8,753, 10,043), qui devrait se trouver dans les dictionnaires, signifie, je crois, aliéner à quelqu'un l'esprit, le cœur d'un autre, par exemple, à l'aide de faux rapports.

—

(P. 49, l. 11.—F. 25, v. l. 1.)

[166] *Mais à peine l'avait-il goûté.* Litt. : A peine en avait-il bu une ou deux gorgées.

—

(Ibid. l. 18.—F. 25, v. l. 3.)

[167] *C'est vous qui avez versé ce poison.* Litt. : Ce poison était le vôtre, venait de vous.

—

(Ibid. l. 25.—Ibid. l. 5.)

[168] *Qui m'ont aidée à mettre mon fils au monde.* Litt. : Madame Lieou-sse-chin, qui a reçu le nouveau-né, et madame Tchang, qui a coupé le cordon.

—

(P. 50, l. 10.—Ibid. l. 9.)

[169] *Quand on a reçu.* Ce proverbe se compose de deux vers de quatre syllabes.

—

(Ibid. l. 14.—F. 26, r. l. 2.)

[170] *Nous a priés de venir.* Mot à mot : Nous a appelés pour que nous fissions les témoins oculaires.

—

(Ibid. l. 15.—Ibid. l. 2.)

[171] *N'est point la mère de cet enfant.* Litt. : Ce n'est point un enfant que la femme légitime ait mis au monde.

(P. 50, l. 25.—F. 26, r. l. 5.)

[172] *Quelle est la mère de cet enfant ?* Litt. : Qui est-ce qui l'a mis au monde ?

———

(P. 51, l. 1.—Ibid. l. 6.)

[173] *Un voisin.* Il y a en chinois : *les deux voisins.* Peut-être que ces témoins, que madame Ma a préparés d'avance, parlent tous les deux à la fois, et font exactement le même récit.

———

(Ibid. l. 7.—Ibid. l. 9.)

[174] *Nous invita à venir boire.* Litt. : A venir boire le vin du mois accompli.

———

(Ibid. l. 8.—Ibid. l. 9.)

[175] *Nous vîmes alors le bel enfant.* Litt. : " Le bel enfant qui était né les pieds les premiers." Dans le texte chinois, au lieu de *wa-wa* (11,530) lisez *wa-wa* (11,531). Voy. Prémare, *Notit. linguæ sinicæ*, p. 75, l. 23.

———

(Ibid. l. 24.—F. 26, v. l. 5.)

[176] *Le voisin.* En chinois, litt. : *les deux voisins.* En tout cela nous épanchons notre cœur, nous vomissons notre fiel.

———

(Ibid. l. 27.—Ibid. l. 6.)

[177] *Je veux qu'il vous vienne.* Il me semble que le témoin aurait dû dire, " Je veux qu'il me vienne." C'est sans doute parce qu'il ment qu'il souhaite ce mal à Haï-t'ang.

———

(P. 52, l. 4.—Ibid. l. 8.)

[178] *Qui m'ont aidée.* Voyez la note 168.

———

(Ibid. l. 5.—Ibid. l. 9.)

[179] *Maintenant que je suis dans le malheur.* Je crains de ne pas bien entendre les trois mots *lang-pao-leou* (6,907, 8,223, 7,339). J'ai pensé qu'ils signifiaient littéralement : les flots enveloppent, entourent le petit tertre.

(P. 52, l. 9.—F. 27, r. l. 1.)

[180] *Outrager de la sorte la justice.* Litt.: Vous ne vous conformez pas du tout à la raison céleste.

———

(Ibid. l. 14.—Ibid. l. 3.)

[181] *Personne ne peut être mieux informé qu'elles.* Litt. : Elles doivent le savoir.

———

(Ibid. l. 15.)

[182] Tchao. Ajoutez : (*parlant à madame Lieou-sse-chin*).

———

(Ibid. l. 18.—Ibid. l. 4.)

[183] *Nous faisons sept ou huit accouchements.* Il y a en chinois *cheou-seng,* recevoir les nouveau-nés.

———

(Ibid. l. 29.—Ibid. l. 8.)

[184] *Les traits de son visage.* Litt.: Je ne vis point les lèvres et les joues de la personne.

———

(P. 53, l. 4.—F. 27, v. l. 1.)

[185] *Pour délivrer.* Litt. : Pour couper le cordon au petit garçon.

———

(Ibid. l. 15.—Ibid. l. 7.)

[186] *Sur le lit de douleur.* Litt. : Sur la natte.

———

(Ibid. l. 19.—Ibid. l. 7.)

†[187] *Devant la chapelle.* Lisez : Dans la salle. Les mots *t'ang-tsien* se trouvent souvent avec ce sens. Voy. le *Hoa-ts'ien* trad. par Thoms, pag. 203 et *passim.*

———

(Ibid. l. 20.—Ibid. l. 8.)

†[188] *Vous n'êtes ni l'une ni l'autre avancées en age.* Lisez : " Si vous n'étiez pas toutes les deux avancées en age, comment pourriez-vous déposer de la sorte avec tant d'assurance ?" Peut-être Haï-t'ang veut-elle dire qu'en vieillissant, elles se sont accoutumées à men-

K

tir avec autant d'assurance et de sang-froid que si elles disaient la vérité.

———

(P. 53, l. 22.—F. 27, v. l. 9.)

†[189] *Est-il possible qu'avec de tels témoins.* Je crois qu'il vaut mieux rattacher ce dernier vers à la phrase précédente, et dire : Est-il possible qu'en présence du magistrat, vous ne distinguiez pas le vrai du faux, et la vertu du crime ?

———

(P. 54, l. 9.—F. 28, l. 3.)

[190] *Il est doué d'assez d'intelligence.* Litt.: " Il sait examiner, distinguer les hommes et les choses." Cette locution, précédée d'une négation (*pou-seng-jin-sse*, 8,701, 8,820, 4,693, 9,643) s'applique ordinairement à une personne qui a perdu l'usage de ses sens, qui a perdu connaissance.

———

(Ibid. l. 11.—Ibid. l. 6.)

†[191] *De ta rare intelligence !* Lisez : De ton amour pour ta mère ! Le mot *kouaï* (6,635) signifie ordinairement, "pervers, étrange, rusé." Dans un roman célèbre, nous avons trouvé *kouaï-kouaï-eul* dans le sens de *cher enfant !*

———

(Ibid. l. 15.—Ibid. l. 8.)

[192] *Tu es doué d'assez de discernement.* Litt.: Toi, qui es sorti de mon sein, maintenant que tu connais les hommes et les choses, tu dois te rappeler que cette femme (c'est-à-dire moi) t'a allaité elle-même, et t'a porté dans ses bras pendant trois ans.

———

(Ibid. l. 20.—Ibid. l. 9.)

[193] *De cette furie.* Il y a en chinois, " *Sang*, la jeune femme." La méchanceté de la jeune Sang est souvent citée dans ce recueil. Mais je ne possède sur elle aucune note historique. Voy. fol. 15, v. l. 4. Dans une autre pièce que j'ai lue, elle est qualifiée ainsi : la jeune femme Sang, coupable des dix crimes qui méritent la mort.

———

(P. 55, l. 4.—F. 28, v. l. 5.)

[194] *Cette scélérate.* Il y a en chinois, *wan-p'i, tse-ko* (*vulgo:* peau

obtuse, os de brigand ; 11,554, 8,297, 10,926, 6,558).　L'expression
wan-p'i signifie *obstiné, entêté.*

(Ibid. l. 27.—Ibid. l. 3.)

[195] *J'ai entendu des cris confus.* Litt. : J'ai entendu près du pavillon
de mon oreille, appeler à grands cris, appeler à petits cris.　De cette
façon, ce méchant greffier daigne pardonner, et les féroces licteurs
montrent leur violence et leur cruauté.

(Ibid. l. 14.—Ibid. l. 8.)

[196] *La porte de cette enceinte.*　Morrison, English chin. Dict., au mot
drama: the stage door is called *kouei-men* (la porte des ombres : 6,768,
7,816), the door by which the shades of ancient personages come upon
the stage and make theirexit.

(P. 57, l. 4.—F. 29, v. l. 5.)

[196a] *Que je sois mille fois.*　Mot à mot : j'ai opprimé mille fois, j'ai
opprimé dix mille fois ; et tout à l'heure, en opprimant, j'ai obtenu de
toi un enfant, ou ton enfant.

(Ibid. l. 8.—Ibid. l. 7.)

†[196b] *Qu'on lui attache encore.*　Effacez le mot *encore.*

(P. 57, l. 12.—Ibid. l. 8.)

[197] *Qu'on lui mette au cou.* Litt. : Qu'on lui fasse porter cette
grande cangue toute neuve.

(Ibid. l. 21.—F. 30, r. l. 3.)

†[198] *Il vient de tracer.* Lisez : il m'a fait tracer.

(P. 58, l. 2.—Ibid. l. 4.)

[199] *Impudente que vous êtes !* Il y a en chinois : *tchang-tsoui* (313,
10,209), frapper la figure avec un instrument de supplice qui a la forme
d'une semelle de soulier.　Cette expression signifie, je crois, qu'elle
mériterait d'être souffletée.　La suite du passage peut être traduite
littéralement : Dans notre tribunal, lorsqu'on juge une affaire, le

magistrat est pur, la loi est juste, et chaque chose est conforme aux articles du code, etc.

———

(P. 58, l. 10.—F. 30, l. 7.)

[200] *Les rigueurs du cachot.* Litt. : Le cachot où l'on emprisonne ceux qui sont condamnés à mort.

———

(Ibid. l. 26.—F. 30, v. l. 2.)

[201] *Cette affaire est enfin terminée.* Litt. : Quoique cette affaire soit jugée, il me vient une pensée ; c'est que, moi qui suis le magistrat, je ne me mêle pas de rendre la décision.

———

TROISIÈME ACTE.

(P. 60, l. 3.—F. 31, r. l. 1.)

[202] *Un cabaretier.* Il y a en chinois : *tien-siao-eul* (*vulgo :* boutique-petit-deux, 10,110, 8,876, 11,522). Cette expression, qui est employée constamment dans les pièces de théâtre, pour signifier "cabaretier, marchand de vin," ne se trouve point dans les dictionnaires.

———

(Ibid. l. 4.—Ibid. l. 1.)

[203] *Je suis marchand de vin.* Avant ce passage, j'ai omis quatre vers de sept syllabes dont la pensée est d'une grossièreté dégoûtante. En voici le sens : " Dans mon commerce de vins, je compte force chalands ; ma boutique l'emporte sur toute autre par sa propreté. J'ai placé près des lieux (*prope latrinas*) le vase où je mets le vin, et quand on vient..," &c. Les mots *chi-fen-k'ouaï* (*vulgo :* dix-parties-gai, 9,232, 2,636, 6,630) signifient : très florissant.

———

(Ibid. l. 7.—Ibid. l. 4.)

[204] *De s'arrêter dans ma maison.* Litt. : Ils viennent tous boire dans ma boutique.

(Ibid. l. 14.—Ibid. l. 7.)

[205] *Un gendarme.* Il y a en chinois *kong-jin* (*vulgo :* public-homme ; 6,591, 4,693). Ce mot désigne les derniers employés du tribunal, qui tantôt appliquent la bastonnade (F. 29, r. l. 4), tantôt font l'office de gendarmes qui conduisent les criminels. J'ai écrit *gendarmes,* parce que c'est ici le rôle de Tong-tchao et de Sie pa, et que plus haut, F. 29, v. l. 7, Tchao leur donne le nom de *kiaï-tsee* (*vulgo :* délier-fils, 5,483, 11,233), expression qui a exactement le second sens que nous avons donné plus haut à *kong-jin,* c'est-à-dire, ceux qui, par ordre du juge, conduisent quelque part un criminel.

———

(Ibid. l. 20.—F. 31, v. l. 1.)

†[205a] *Tu dois avoir faim.* Lisez : Nous avons faim. Tiens, voici quelques provisions : prends-en si tu veux. Nous allons acheter une tasse de vin, et quand nous aurons bu, nous poursuivrons notre route.

———

(P. 61, l. 6.—Ibid. l. 3.)

[206] *Je suis condamnée injustement.* Litt.: Je suis une personne qui ai reçu le crime injustement ; je mourrai ce matin ou ce soir.

———

(Ibid. l. 15.—Ibid. l. 7.)

[207] *Sur mon cœur.* Litt. : Qui est dans mon ventre.

———

(Ibid. l. 18.—Ibid. l. 8.)

[208] *Endurer la rigueur des tortures.* Il y a en chinois, mot à mot : " Je n'ai pas pu manger (les quatre tortures appelées) *t'iao, k'ao, peng païe* (être suspendue, battue, liée, déchirée) " Voyez not. 145.

———

(Ibid. l. 21.—Ibid. l. 9.)

[209] *Si tu nous donnais quelque chose, etc.* Je ne puis garantir la traduction de ce passage, qui m'a long-temps embarrassé. La difficulté vient surtout d'un mot de trois syllabes, dont j'ai cru deviner le sens, et qui ne se trouve pas dans les dictionnaires. C'est *tsan-k'eou-eul* (*vulgo :* petit ciseau, bouche, enfant ; 10,480, 6,514, 11,519).

———

(P. 62, l. 4.—F. 32, r. l. 4.)

†[209a] *Et ce cadenas de fer.* Lisez : Et cette chaîne de fer.

(P. 62, l. 10.—F. 32, r. l. 6.)

209b *Tu n'aurais pas le droit de nous accuser.* Litt. : Ce n'est pas nous qui t'avons impliquée dans cette affaire.

———

(Ibid. l. 31.—F. 32. v. l. 2.)

†**209c** *Pourquoi vous irriter ?* Lisez : Pourquoi ces cris furieux, pourquoi cette violente colère ?

———

(P. 63, l. 7.—Ibid. l. 5.)

†**210** *Ne me fatiguez pas.* Lisez : Mon frère, si mon récit ne vous importune pas, veuillez m'écouter.

———

(Ibid. l. 11.—Ibid. l. 6.)

211 *Je me crus livrée aux supplices de l'enfer.* Il y a en chinois *mouan-mouan-hoang-cha* (*vulgo :* les immenses sables jaunes ; 7,846, 7,846, 4,398, 9,063). Cette expression, qui ne se trouve point dans les dictionnaires, signifie, je crois, les enfers (*infernæ sedes*). Voyez la pièce 91, intitulée *K'an-ts'ien-nou,* c'est-à-dire, *L'Avare,* F. 8, r. l. 3, mot à mot : En haut il y a le ciel pur et bleu ; en bas (c'est-à-dire sous la terre), il y a les immenses sables jaunes.

———

(Ibid. l. 12.—Ibid. l. 6.)

211a *Je ne pus supporter.* Litt. : Comment pouvais-je endurer les rigueurs de la question ? Ayant ainsi employé la violence, il prit le papier où étaient écrits les aveux, et me le fit signer.

———

(Ibid. l. 17.—Ibid. l. 8.)

212 *Tous les genres de tourments.* Voyez plus haut, not. 149 et 208.

———

(Ibid. l. 21.—Ibid. l. 9.)

213 *Je te laisserai reposer quelques instants.* Litt. : Je te ferai asseoir un instant, et tu marcheras de nouveau.

———

(Ibid. l. 26.—F. 33, r. l. 3.)

214 *J'ai senti une épine.* Mot à mot : J'ai mangé une épine tournée en haut.

(P. 64, l. 14.—F.33, l. 8.)

²¹⁵ *Je suis le premier employé, etc.* Il y a en chinois : " Je suis dans ce K'aï-fong-fou ; j'ai l'emploi d'huissier du tribunal." J'ai complété ce passage d'après le texte, fol. 37, r. l. 9.

———

(Ibid. l. 16.—Ibid. l. 9.)

²¹⁶ *Le gouverneur Pao-tching.* En chinois : Pao, le *Taï-tchi.* Le mot *taï-tchi* (*vulgo :* attendre-régler ; 9,756, 576) ne se trouve dans aucun dictionnaire. Plusieurs pièces de théâtre, où figure le *Taï-tchi,* donnent pour synonyme *fou-in* (2,378, 12,281), "gouverneur du district où réside la cour." Morrison II, 12,281. Voyez la pièce 3, intitulée *Tch'in-tcheou-t'iao-mi,* fol. 23, r. l. 5, et *Hoei-lan-ki,* fol. 39, r. l. 1.

———

(Ibid. l. 26.—Ibid. l. 3.)

²¹⁷ *Mes yeux troublés par les larmes.* L'expression *hoen-hoa* (*vulgo :* troublé-fleuri ; 4,315, 4,199) signifie ici *troublé, confus.* Quelquefois on se contente d'écrire *yen-hoa* (*vulgo :* yeux-fleurir) pour dire : j'ai la vue trouble. Voy. *Teou-ngo-youen,* pièce 86, fol. 30, verso, l. 8 ; et *Thang-chi,* ix. fol. 26, v. *Lou:-yen,* en latin : *lacrimantes oculi.*

———

(P. 65, l. 2.—F. 33, v. l. 4.)

²¹⁸ *Je redresse avec effort mes épaules tremblantes.* Litt. : " Dans ce lieu, me redressant une fois, j'élève mes épaules ; et pour marcher avec plus d'assurance, je presse de mes mains ma ceinture et mes hanches. Je voudrais le poursuivre ; mais comment le puis-je, avec cette chaîne et cette cangue que je porte?" Voy. la pièce 90, intitulée *Lo-li-lang,* fol. 33, v. l. 9 : " Vous ne porterez plus la cangue qui écrase le cou des criminels, ni la chaîne de fer qui serre leur ceinture."

———

(Ibid. l. 12.—Ibid. l. 7.)

²¹⁹ *Et délivre ta sœur.* Litt. : Comment délivreras-tu ta sœur ?

———

(Ibid l. 16.—Ibid. l. 8.)

²⁰⁰ *Kouan-in.* Mot à mot : " Un vivant *P'ou sa* qui voit le siècle (*kouan-chi*)." Au lieu de *kouan-chi* (6,669, 9,152), on trouve plus souvent *kouan-chi-in* (12,275). Voyez Basile, Dict. chin. No. 9,899.

Les mots *kouan-chi*, *kouan-chi-in* et *kouan-in* (Voy. f. 46, v. l. 6.) ont tous les trois la même signification.

———

(P. 65, l. 27.—F. 34, r. l. 2.)

[221] *Vile prostituée.* Mot à mot, en latin : *meretricis radix.*

———

(P. 67, l. 7.—F. 34, v. l. 6.)

[222] *Elle aimait à.* Haï-t'ang veut parler de madame Ma.

———

(Ibid l. 11.—Ibid l. 7.)

[223] *Je suis tombée dans l'abîme où tu me vois.* Je crois que le passage chinois signifie : " J'ai reçu de mauvais traitements." Le caractère *po* (*vulgo :* flot ; 8,605) ne doit pas se traduire ; c'est une particule auxiliaire. Voy. fol. 10, r. l. 1, où il n'ajoute rien au sens de la phrase- pas plus que la particule *ye* (11,980) qui le précède.

———

(Ibid. l. 17.—F. 39, r. l. 2.)

[224] *Les donner à mon frère.* Litt.: Les donner à mon frère, afin qu'il les prît et les emportât.

———

(Ibid. l. 22.—Ibid. l. 4.)

[225] *Lui donna un breuvage.* Litt.: Lui donna en secret un breuvage.

———

(P. 68, l. 1.—Ibid. l. 7.)

[226] *Cette méchante femme.* En chinois *tche-taï-ti-tsee-haï-eul* (*vulgo :* ce, méchant, frère cadet, petit enfant ; 480, 9,727, 9,979, 11,233, 3,097, 11,519). Expression injurieuse, qui ne se trouve point dans les dictionnaires. Il est remarquable qu'elle puisse se dire d'une femme. Dans la pièce 91, intitulée *L'Avare,* fol. 40, r. l. 3, l'auteur chinois l'applique, comme terme de mépris, à un pauvre homme, nommé *Tcheou-yong.*

———

(Ibid. l. 10.—F. 39, v. l. 1.)

[227] *En voici.* Litt.: Il y en a.

———

(Ibid. l. 17.—Ibid. l. 3.)

†[228] *Je vous engage à.* Lisez : Rendez-moi le service de.

———

137

(P. 68, l. 19.—F. 39, l. 4.)

†229 *Vous n'avez pas besoin de nous donner cette recommandation.* Lisez : Vous n'aurez pas besoin de nous le dire deux fois. Litt. : Ne vous fatiguez pas à ordonner.

———

(P. 69, l. 5.— Ibid. l. 8.)

230 *Dont le visage brille d'un éclat emprunté.* Mot à mot : dont le visage est fleuri.

———

(Ibid. l. 7.—Ibid. l. 9.)

231 *Quand son mari m'interrogea.* Mot à mot : " Ayant excité le mari à m'interroger, elle profita de ses dents incisives, elle joua de ses dents molaires. En face de son mari, elle dit des paroles de trois façons." L'épithète *ling-li* (7,250, 6,948, *vulgo :* adroit, ingénieux), appliquée aux dents, exprime ici l'adresse perfide de madame Ma. L'expression *san-tao* (*vulgo :* trois couteaux ; 8,788, 9,907), employée plus haut (Voyez not. 164), dans la même circonstance, a peut-être quelque rapport avec *san-pouan-hoa*, litt. : des paroles de trois façons, c'est-à-dire qui sont en opposition avec tout ce qu'on a dit précédemment.

———

(Ibid. l. 18.—F. 36, r. l. 4.)

232 *Ce monstre altéré de sang.* En chinois : *kiao-tsou-p'a* (*vulgo :* troubler-scolopendre-arracher ; 5,652, 11,047, 8,135). Je n'ai trouvé dans aucun dictionnaire le mot double *kiao-tsou.* Il paraît désigner ici un animal qui est l'emblème de la méchanceté, de la férocité. Ce passage peut répandre quelque lumière sur un endroit précédent qui présente de grandes difficultés. On lit, fol. 15, r. l. 8, litt. : " combien de fois a-t-on vu ces actions de chien, ce cœur de loup (je traduirais ensuite) ce ventre de *kiao*, ces entrailles de *tsou* ?" Il reste à savoir s'il faut entendre ici que l'auteur parle de deux animaux différents (*kiao* et *tsou*), ou s'il a simplement dédoublé le mot *kiao-tsou*, qui se trouve dans le passage cité en tête de cette note. Voy. not. 95.

———

(Ibid. l. 20.—Ibid. l. 5.)

233 *D'aller quelque part.* Litt. : " Je veux aller voir le vent." En latin : *exire volo, ut naturæ necessitatibus satisfaciam.*

(P.69, l. 27.—F. 36, l. 7.)

[234] *Qui puisse s'intéresser à son sort, etc.* Litt.: qui puisse solliciter pour sa vie.

———

(Ibid. l. 29.—Ibid. l. 8.)

[235] *Quel bonheur!* Litt.: Quel bon débarras !

———

(P. 70, l. 7.—F. 36, v. l. 1.)

[236] *Expédier leur prisonnière.* Litt.: Alors il sera bon d'abaisser la main, c'est-à-dire de faire le coup de main.

———

(Ibid. l. 23.—Ibid. l. 7.)

[237] *Elle est bien audacieuse!* Litt.: "Elle a le fiel bien grand." Suivant les chinois, le fiel est le siège du courage.

———

(P. 71, l. 4.—Ibid. l. 9.)

[238] *Prenez-moi cette femme.* Il y a une faute dans le texte. Au lieu de *pou* (8,668), " nourrir," lisez *pou* (8,670) " prendre, saisir."

———

(Ibid. l. 10.—F. 37, v. l. 1.)

[239] *Qui de nous est innocent.* Je crois qu'il faut lire *ts'ing* (10,986), " pur," au lieu de *ts'ing* (10,984)" affection." *Fong-ts'ing,* (*vulgo:* vent-pur) pour dire: les mœurs sont pures, la conduite est irréprochable. Voyez Morrison, au mot *fong* (2,758), et Gonçalvez, *Arte china,* p. 397, l 1

———

(Ibid. l. 18.—Ibid. l. 5.)

[240] *Et par la faute de ces hommes, etc.* Litt.: Et parce que ces (hommes) l'ont fait fuir au bas de mes marches, cette femme s'est échappée.

———

(Ibid. l. 20.—Ibid. l. 6.)

[241] *A quoi ont servi, etc.* Litt.: Cela a rendu inutiles tous mes discours ; cela a rendu vains les efforts de mon frère qui étaient devenus grands comme le ciel.

(P. 71, l. 27.—F. 37, l. 8.)

²⁴² *Imbécilles que vous êtes !* En chinois : *tsing-liu-khin-cheou* (*vulgo :* pur-âne-animal ; 10,990, 7,164, 6,374, 9,361). Le mot *khin-cheou*, litt. : *oiseau-quadrupède*, se dit des animaux en général.

(Ibid. l. 31.—F. 37, v. l. 1.)

†²⁴³ *Je n'ai pas peur que vous veniez.* Lisez : Je n'ai pas peur que vous veniez. Il faut entendre cette phrase dans le sens interrogatif: Ai-je peur que vous ne veniez m'accuser ? Nous avons déjà vu plusieurs exemples où le signe d'interrogation est sous-entendu. Voy. not. 103, 104.

(P. 72, l. 2.—Ibid. l. 2.)

²⁴⁴ *Puisque le maître que je sers.* Litt. : "Puisque vous êtes un archer du supérieur," c'est-à-dire du gouverneur de K'aï-fong-fou, de qui dépend Sou-chun.

(P. 74, l. 4.—F. 38, v. l. 3.)

²⁴⁵ *Un officier de justice.* En chinois *tchang-ts'ien* (*vulgo :* étendre-mille). Le mot *tchang-ts'ien*, qui ne se trouve point dans les dictionnaires, désigne un employé subalterne attaché au *Taï-tchi*, c'est-à-dire au gouverneur du district où réside la cour. A la maison, il fait l'office de domestique, prépare le thé et le riz, et prend soin du linge et des habits, etc. (pièce 2, intitulée *Kin-t'sien-ki*, fol. 9, r. l. 8) ; au tribunal, c'est un bas-officier de justice, une espèce de licteur, qui tantôt applique la bastonnade (*Hoei-lan-ki*, fol. 41, v. l. 6), tantôt inflige la peine capitale. Voy. la pièce 3, intitulée *Tch'in-tcheou-t'iao-mi*, fol. 43, v. l. 5.

(Ibid. l. 12.—Ibid. l. 6.)

²⁴⁶ *Mon nom de famille.* Avant cette phrase, j'ai passé deux vers de sept syllabes, qui me paraissent fort difficiles. Les voici : *Tsin-tao-nan-ya-tchoû-ming-fou* (*vulgo :* épuiser, voie, midi, tribunal, poursuivre, destin, maison : 10,959, 9,945, 7,879, 11,827, 1,762, 7,732, 2,378). *Pou-siu-tong-yo-he-hoen-t'aï* (*vulgo :* pas, il faut, orient, montagne sacrée, effrayer, âme, tribunal). Le second vers peut être traduit ainsi : "le tribunal redoutable du mont T'aï-chan est devenu inutile." L'expression *tong-yo-he-hoen-t'aï*, "le tribunal du mont T'aï-chan, qui épouvante les âmes," se retrouve dans

un passage analogue, où figure le même gouverneur Pao-tching. Pièce 25, intitulée *Ho-t'ong-wen-tsee*, fol. 23, v. l. 4 : " Le gouverneur Pao s'avance et dit (*il récite des vers*): le tambour du tribunal résonne avec un murmure sourd et lugubre. Les licteurs sont rangés des deux côtés. On dirait le temple du dieu des enfers, où se décident la vie et la mort, ou le tribunal du mont sacré de l'orient, qui épouvante les âmes." Dans l'origine, j'avais ainsi traduit le premier vers : " Ma juridiction embrasse tout le ressort de la cour d'appel du midi ; c'est ce qui rend inutile, etc." Je me suis décidé à supprimer cette version sur laquelle je conserve des doutes.

————

(P. 74, l. 16, jusqu'à 23.—Ibid. l. 7.)

†247 *Tous les fonctionnaires publics*, etc. Le caractère *mei*, " chacun" (7,641), m'a empêché de voir qu'il s'agissait seulement de Pao-tching, et m'a fait commettre plusieurs fautes qui m'obligent de retraduire tout ce passage. " L'Empereur a voulu me combler encore de nouveaux bienfaits, pour me récompenser de mon désintéressement et de ma droiture, de ma fermeté et de ma persévérance dans le bien, de mon zèle ardent pour le service de l'état, de mon aversion pour tout lucre illicite, de mon empressement à ne fréquenter que des personnes d'une vertu éprouvée, et du soin que je mets à repousser de ma société les médisants et les flatteurs." La pièce 2, intitulée *Kin-ts'ien-ki*, offre (fol. 1, r. l. 8) un passage tout-à-fait analogue, à la lecture duquel je dois cette importante rectification.

————

(P. 75, l. 1.—Ibid. l. 9.)

248 *Du cabinet des antiques*. *Long-t'ou* paraît être une abréviation de *long-t'ou-ko* (*vulgo*: dragon-carte-galerie ; 7,402, 10,344, 6,450), salle où l'on conserve les tables astronomiques, les choses précieuses, les curiosités antiques, etc. Cette expression ne se trouve point dans les dictionnaires.

————

(Ibid. l. 1.—F. 39, r. l. 1.)

249 *Conservateur des chroniques et des archives*. L'expression *t'ien-tchang-ko* (*vulgo*: ciel-chapitre-galerie ; 10,095, 234, 6,450) signifie : un dépôt où l'on conserve les archives et les chroniques nationales. Elle ne se trouve point dans les dictionnaires.

(P. 75. 1. 13.—Ibid. 1. 4.)

250 *Au-delà de mon enseigne . . . prison.* Je ne puis garantir le sens que j'ai donné au passage chinois correspondant.

(Ibid. 1. 23.—Ibid. 1. 7.)

251 *Vingt-quatre cangues.* Litt. : " Vingt-quatre grandes cangues à queue de pie." *A l'ombre des acacias.* J'ai adopté le sens que Basile donne au mot *hoaï* (4,236). Dans la pièce 85, intitulée *Tchao-chi-kou-eul*, Prémare traduit ce mot par *cannellier.*

(Ibid. 1. 24.—Ibid. 1. 8.)

252 *Devant la salle où je rends mes arrêts.* Litt. : Devant la salle de l'administration bienveillante.

(Ibid. 1. 25.—Ibid. 1. 8.)

253 *De massues.* Litt.: De gros bâtons à dents de loup.

(Ibid. 1. 29.—Ibid. 1. 8.)

254 *La salle du gouverneur.* Litt.: La salle jaune.

(P. 76, 1. 3.—Ibid. 1. 9.)

255 *Les oiseaux.* Litt.: Les corbeaux et les pies n'osent pas faire entendre leurs cris bruyants.

(Ibid. 1. 15.—F. 38, v. 1. 5.)

256 *Je crains bien.* Litt.: Je crains qu'il n'y ait peut-être là-dedans une fausse accusation.

(P. 77, 1. 8.—F. 40, r. 1. 2.)

257 *Garde le silence.* Je crois avoir rendu la pensée de l'auteur. Cependant il y a en chinois, *ni-k'o-nou-tsoui* (*vulgo :* toi-pouvoir-effort-lèvres ; 7,918, 6,428, 8,045, 11,209). L'expression *nou-tsoui*, qui ne se trouve dans aucun dictionnaire, est employée plusieurs fois dans le même sens. Voy. fol. 41, r. 1. 4, et fol. 41, v. 1. 1. Je crois qu'elle signifie littéralement : serrer fortement les lèvres.

(P. 78, l. 7.—F. 40, r. l. 2.)

²⁵⁸ *Allons, prends de l'assurance.*   Litt.: Agrandis (ton) fiel.

(Ibid. l. 12.—Ibid. l. 4.)

²⁵⁸ᵃ *Le tribunal du midi.*   C'est-à-dire, le tribunal ouvert du côté du midi.   Voy. *Teou-ngo-youen*, pièce 86, fol. 39, r. l. 1.

(Ibid. l. 27.— Ibid. l. 9.)

²⁵⁹ *Seigneur.*   Il y a en chinois *hing-ngan-sse-li* (*vulgo*: supplice, sentence, magistrat ; 3,953, 2,837, 9,648, 6,945).   Cette expression désigne, je crois, Pao-tching, qui remplit les fonctions de juge criminel.

(P. 79, l. 2.—F. 41, r. l. 1.)

†²⁶⁰ *Vous les renverrez.*   Lisez : Je les renverrai.

(Ibid. l. 12.—Ibid. l. 5.)

²⁶¹ *Regarde Tchang-lin.*   Il y a deux fautes dans le texte.   Au lieu de *tchang-ts'ien*, lisez *Tchang-lin*, dans ce membre de phrase et dans le suivant.   La même faute doit être corrigée plus bas, ligne 9.

(Ibid. l. 14.—Ibid. l. 5.)

²⁶² *Parle toi-même.*   Litt.: Parles-tu ?

(Ibid. l. 14.—Ibid. l. 5.)

²⁶³ *Depuis que tu es au monde.*   Litt.: Depuis qu'elle est sortie du sein de sa mère.

(P. 80, l. 9.—F. 41, v. l. 5.)

²⁶⁴ *Qui est-ce qui t'a chargé de répondre?*   Litt.: Qui est-ce qui t'a interrogé ?

(Ibid. l. 19.—Ibid. l. 9.)

†²⁶⁵ *Si tu es son frère*   Lisez.: " Si tu es son frère, je veux bien excuser les paroles inconsidérées que tu viens de-proférer devant mon tribunal."   Litt.: On peut savoir que, à cause des sentiments d'un frère aîné pour sa sœur cadette, il est permis de proférer deux ou trois fois, devant le tribunal, des paroles confuses.

(P. 81, l. 2.—F. 42, r. l. 5.)

²⁶⁶ *Qui me pressent et me harcellent.* Litt. : " Ces licteurs, qui sont rangés autour de moi comme des tigres et des loups méchants et acharnés." L'expression *hen-hen* (3,206), que je traduis par *acharnés,* se dit particulièrement des chiens qui se battent entre eux, par exemple, quand ils se disputent une proie.

———

(Ibid. l. 4.—Ibid. l. 5.)

²⁶⁷ *Je vous exposerai en détail.* En chinois, *ngo-i-sing-sing-choue* (*vulgo :* moi-un-étoile-étoile-dire ; 3,002, 12,175, 9,476, 9,429). Le dictionnaire P'in-tsee-t'sien explique *sing-sing* (*vulgo :* étoile-étoile) par *tien-tien* (10,114, point-point), c'est-à-dire, *un à un, de point en point.*

———

(Ibid. l. 7.—Ibid. l. 7.)

²⁶⁸ *Quelle était votre condition ?* Litt. : " Dans l'origine, de quelle espèce de gens étiez vous fille, (quand) vous avez épousé.. ?" Le même passage se trouve plus haut, fol. 24, r. l. 1 ; mais le mot *kia* (épouser) est précédé de *tseng-seng,* " comment ;" c'est-à-dire : Comment se fait-il que vous ayez épousé.. ?

———

(Ibid. l. 12.—Ibid. l. 9.)

²⁶⁹ *Je vivais parmi les fleurs et les saules.* Mot à mot: " J'étais route de saules, chemin de fleurs." Voy. la trad, p. 5, l. 1, où l'expression *fleurs* et *saule* désigne les filles de joie.

———

(Ibid. l. 12.—Ibid. l. 9.)

²⁷⁰ *Je reconduisais l'un.* Cette locution s'applique constamment aux filles de joie, qui n'ont pas plus tôt quitté un amant, qu'elles en reçoivent un autre. Voy. la trad. p. 13, l. 2.

———

(Ibid. l. 14.—Ibid. l. 9.)

²⁷¹ *Mon occupation habituelle, etc.* Litt.: J'etais une danseuse, une fille chanteuse (*cantans meretrix*).

(P. 82, l. 9.—F. 82, v. l. 5.)

²⁷² *Oui, Seigneur.* Mot à mot : " Oui, oui, oui ; il prit et emporta mes robes et mes ornements de tête (*vulgo :* ces, tête, visage, vêtements,

manches)." Nous avons déjà vu plusieurs fois l'expression *l'cou-mien* (tête-visage). Elle désigne, je crois, une ou plusieurs aiguilles de tête. Voy. fol. 34, v. l. 7, et la not. 74.

--- --- ---

(P. 83, 1. 8.—F. 43, r. 1. 5.)

[273] *J'eus à subir.* Mot à mot : " Je mangeai un peu six interroga-tions et trois investigations." Voy. not. 150.

--- --- ---

(Ibid. 1. 20.—Ibid. 1. 8.)

[274] *Poussée par sa perversité.* Litt. : Se confiant à son méchant cœur, à ses (méchantes) entrailles, de mille manières montrant sa jalousie. .

--- --- ---

(P. 84, 1. 17.—F. 43, v. 1. 4.)

[275] *Je n'ai pu supporter les tortures.* Mot à mot : Je n'ai pu manger ces bâtons (qui me) pressaient, qui me faisaient violence.

--- ---

(Ibid. 1. 24.—Ibid. 1. 6.)

[276] *Un magistrat qui torture les accusés.* Litt. : Un magistrat qui impose (aux accusés) par les dents et les ongles, et ne demande pas, etc.

--- ---

(Ibid. 1. 27.—Ibid. 1. 7.)

[277] *Un ennemi acharné.* Haï-t'ang veut parler du greffier Tchao, qui avait pris la place de Sou-chun.

--- ---

(P. 85, 1. 1.—Ibid. 1. 7.)

[278] *Ces cruels sergents.* Il y a dans le texte : *tchi-heou* (551, 4,154); en anglais : *attendants.* Le mot *tchi-heou* désigne les gens qui es-cortent un fonctionnaire public, ses acolythes. Je l'ai traduit plu-sieurs fois par *huissiers*, parce que les trois personnages, dont ces employés exécutent les ordres, figurent dans cette pièce en qualité de juges. L'auteur emploie quelquefois (fol. 29, r. 1. 9.) le mot *tchi-ts'ong* (551, 11,154), qui signifie également : gens de la suite (*attend-ants*). Ils font ici l'office de licteurs, qui appliquent la bastonnade aux accusés. L'auteur les désigne aussi par les mots *kong-jin*, et *kong-li* (6,591, 4,693. 6,591, 6,945). Voy. fol. 29, r. 1. 4, et fol. 42, r. 1. 5.

(P. 85, l. 1.—Ibid. l. 7.)

²⁷⁹ *Je restai sans défense et sans appui.* L'expression *wou-pa-pi* (*pi*, mur ; 11,779, 8,098, 8,499) a le même sens que *wou-pa-pi* (*pi*, nez : 8,103, 8,349), et *wou-pa-pi* (*pi*, bras : 8,349) dans Prémare (Notit. ling. sinicæ, p. 52) : *nullum habet fundamentum, nihil habet quo nitatur.*

(Ibid. l. 5.—Ibid. l. 9.)

²⁷⁹ᵃ *Les dépouille entièrement.* Litt. : Enlève une couche de peau.

(Ibid. l. 6.—Ibid. l. 9.)

²⁸⁰ *On m'accable de blessures.* Mot à mot : celle qui mange (qui reçoit) la bastonnade a de la peine à endurer la douleur.

(Ibid. l. 8.—F. 44, r. l. 1.)

²⁸¹ *Mes articulations.* Litt. : Etant battue, je tombe en défaillance ; à chaque coup (*i-hia-hia*), toutes mes articulations frappées, se brisent. Ils manient le bâton d'un cœur égal, et chaque poignet a, c'est-à-dire fait, de violents efforts.

(Ibid. l. 14.—Ibid. l. 3.)

²⁸² *Les gens de Tching-tcheou.* Voy. fol. 29, v. l. 6.)

(Ibid. l. 14.—Ibid. l. 3.)

²⁸³ *Viennent d'être amenés.* Voy. fol. 39, v. l. 6. Comparez *Teou-ngo-youen,* pièce 86, fol. 37, r. l. 1.

(P. 86, l. 11.—Ibid. l. 9.)

²⁸⁴ *Un cercle.* En chinois : *lan-eul* (6,896, 11,519). Le mot *lan* (*vulgo :* empêcher) est employé ici pour *lan* (6,895), qui se trouve dans le titre *Hoeï-lan-ki.* L'acception de ce dernier mot (6,895) paraît empruntée au sens de *lan* (6,897), *barrière* pour enfermer des animaux. Morrison regarde ces deux caractères comme synonymes, et écrit le mot *lan-kan* (barrière, balustrade) avec l'un et l'autre.

(P. 87, l. 20.—F. 45, r. l. 3.)

²⁸⁵ *Après l'avoir porté dans mon sein pendant neuf mois.* Litt. : Je fus enceinte pendant dix mois.

(P. 87, l. 22.—Ibid. l. 3.)

[286] *Je lui prodiguai tous les soins.* Mot à mot: j'avalais l'amertume, je rendais (*ore evomebam*) la douceur. Voy. not. 114.

(P. 88, l. 10.—F. 45, v. l. 1.)

†[286ª] *Comprendre.* Lisez : Partager.

(Ibid. l. 16.—Ibid. v. l. 2.)

[287] *Vous entendriez ses os se briser.* Litt. : On briserait ses os, on
blesserait sa chair.

((Ibid. l. 19.—Ibid. l. 4.)

[288] *Quoique le sens de la loi.* Litt. : Quoique la pensée de la loi
soit éloignée.

(Ibid. l. 22.—Ibid. l. 4.)

[289] *Quand vous avez vu ses actions.* En chinois *chi-k'i-so-i* (*vulgo* :
voir, lui, ce que, se servir : 9,184, 5,194, 9,484, 1,891). Le mot *i*, qui
signifie le plus souvent *se servir de*, a ici le sens de *faire* (agere). Ce
passage est emprunté au *Lun-iu*, l. 1, cap. 2, § 10. Tchou-i explique ainsi la pensée de l'auteur : " *i* signifie *faire* (11,649). Celui
qui *fait* le bien, est un sage ; celui qui *fait* le mal, est un homme
petit." Voy. Prémare, *Notit. linguæ sinicæ*, p. 178, § 3, et Davis,
Chinese Novels, p. 46. M. Rémusat, en traitant du mot *i* (*Gramm.
chin. part* 1.) lui a donné, par erreur, les sens de " *se servir de*," dans
ce même passage de *Lun-iu.*

(P. 89, l. 6.—F. 46, r. l. 1.)

[290] *Je m'étonne qu'il ne revienne pas.* Litt.: " Comment se fait-il
qu'il ne revienne pas encore de bonne heure ou tard." Le mot *tsao*
(*vulgo* : puce, 10,567) se prend ici pour *tsao* (10,540), matin. Nous
avons déjà vu plusieurs fois l'expression *tsao-wan* (matin-soir) employée dans le sens de " bientôt, d'un moment à l'autre." Voy.
fol. 5, v. l. 9.

(Ibid. l. 14.—Ibid. l. 4.)

[291] *Vous vous êtes attiré une belle affaire !* Il y a en chinois : cette
belle sentence.

(P. 89. l. 26.—Ibid. l. 7.)

²⁹² *Je ne suis entre ses mains qu'un instrument passif.* Litt. : " Dans sa main, je ne suis pas autre chose que le pouce qui le gratte en haut et en bas, où cela le démange." *Kong-tchoang* signifie la copie des réponses de l'accusé ou des témoins.

———

(P. 90, l. 11.—F. 46, v. l. 4.)

²⁹³ *Ce ne serait plus qu'un masque hideux.* Mot à mot : Elle deviendrait je ne sais quelles lèvres joues.

———

(P. 91, l. 10.—F. 47, r. l. 3.)

²⁹⁴ *Vous espériez vivre pour toujours.* Litt. : Vous espériez que la femme légitime de Ma deviendrait pour toujours votre épouse.

———

(Ibid. l. 13.—Ibid. l. 4.)

²⁹⁵ *Nous voici en présence l'un de l'autre.* Mot à mot : moi, avec vous, vis-à-vis des lèvres, vis-à-vis des lèvres.

———

(P. 92, l. 14.—F. 47, v. l. 6.)

²⁹⁶ *Lâche que tu es! dépêche-toi d'avouer.* Le texte chinois a une énergie qu'il serait difficile de rendre en français. Il signifie litt. : " Toi, ce mendiant de la vie," c'est-à-dire toi qui mendies la vie ! La pièce 94, intitulée *Ngo-lang-tan*, offre (fol. 32, v. l. 1) un passage analogue, mais plus développé, et plus touchant. " *Weï-pang-yen* se prosterne jusqu'à terre et dit : Seigneur, pardonnez à ce pauvre vieillard. Quand j'ai commis tous ces crimes, j'étais jeune et sans expérience. Maintenant, je suis accablé d'années ; je jeûne tous les jours, et je ne cesse de prier le dieu Fo. Non seulement je ne voudrais pas tuer un homme, mais je n'oserais même écraser une mouche. Il est vrai que j'ai voulu ôter la vie à votre père ; mais, heureusement, il jouit d'une parfaite santé. Je vous en supplie; pardonnez à un pauve vieillard, et accordez-lui la liberté et la vie. *Tchang-iu-ngo* dit : Mendiant que tu es! pourquoi demander grâce? Mourons, mourons bien vite, pour fermer les yeux ensemble. Pendant la vie, nous partagions la même couche ; une fois morts, nos corps reposeront dans la même fosse. Quand nous serons au bas de la fontaine jaune (dans l'autre monde), quel bonheur n'éprouverons-nous pas d'être réunis pour toujours comme deux fidèles époux !"

(P. 92. l. 18 —Ibid. l. 8.)

[297] *Dans l'autre monde.* Litt. : Au bas de la fontaine jaune.

———

(P. 93. l. 2.—F. 48, r. l. 4.)

[298] *Il seront punis plus sévèrement.* Litt. : On ajoutera un degré de plus qu'aux hommes ordinaires.

———

(Ibid. l. 4.—Ibid. l. 4.)

[299] *Et seront exilés aux frontières.* Litt. : " Ils seront envoyés dans une contrée éloignée et insalubre, pour remplir l'armée" (*t'chong-k'iun*, 1,683, 6,234). Voyez les dictionnaires de Basile et de Morrison, au mot *tch'ong*, remplir. Comparez fol. 48, v. l. 7.

———

(Ibid. l. 5.—Ibid. l. 5.)

[300] *Pour avoir tué.* Litt. : Ne devaient pas se servir de poison, etc.

———

(Ibid. l. 16.—Ibid. l. 9.)

[301] *Entretenir une passion criminelle.* Avant cette phrase, il y a en chinois : *maï-siao* (7,482, 8,878) " faire parade de sa beauté." Cette expression s'applique ordinairement à une femme. Voy. fol. 1, v. l. 2. et not. 7.

———

(Ibid. l. 22.—F. 48, v. l. 2.)

[302] *Sur la place publique.* Litt. : devant les degrés (*iu-kiaï-tsien* ; 12,398, 5,472, 10,720). Ce passage implique contradiction ; il est dit plus haut, que les deux principaux coupables seront exécutés *sur la place publique.* Au lieu de *kiaï* (5,472), " degrés, escalier," je proposerais de lire *kiaï* (5,494) " chemin qui communique à quatre rues, et où le peuple se réunit comme sur une place publique ou un marché." Ce même mot *kiaï* entre dans la composition de *kao-kiaï* (5,152, 5,494), qui était autrefois le lieu où l'on exécutait publiquement les criminels. Un passage analogue de la pièce 8, intitulé *Ho-han-chan*, vient à l'appui de cette correction. Voy. cette pièce, fol. 48. r. l. 2.

———

(Ibid. l. 30.—F. 48, v. l. 4.)

[303] *Que vous exposiez devant le juge.* Litt. : Que vous rendiez (*ore evomebatis*) votre fiel, que vous incliniez (*épanchiez*) votre cœur. Voy. fol. 26, v. l. 6.

(P. 94, l. 4.—Ibid. l. 5.)

³⁰⁴ *Greffier.* En chinois *kong-mo* (*vulgo :* trou-œil ; 6,602, 7,803). Ce mot ne se trouve pas dans les dictionnaires. Tchao dit, fol. 46, r. l. 6, qu'il a, dans le tribunal, l'emploi de *li-tien* (6,945, 10,119), qui paraît être le même mot que *tien-chi* (10,119, 9,148), " espèce de greffier." Voy. fol. 23, r. l. 6, où Tchao dit qu'il expédie (c'est-à-dire qu'il fait la copie légale) des pièces officielles, des actes judiciaires; et, fol. 46, r. l. 8, où il dit que son occupation unique est " de tenir le pinceau et d'écrire les dépositions des accusés."

———

(Ibid. l. 9.—Ibid, l. 7.)

³⁰⁵ *A démêlé.* Litt. : " *K'aï-fong-fou,* par l'enquête judiciaire, a fait sortir, c'est-à-dire a découvert."—*Tous les fils.* En anglais : *The circumstances from which the affair originated.*

FIN DES NOTES.

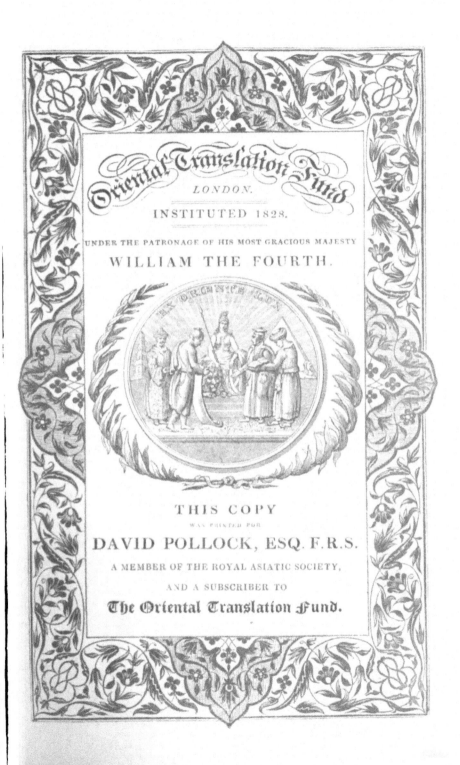

Oriental Translation Fund

LONDON.

INSTITUTED 1828.

UNDER THE PATRONAGE OF HIS MOST GRACIOUS MAJESTY

WILLIAM THE FOURTH.

THIS COPY
WAS PRINTED FOR

DAVID POLLOCK, ESQ. F.R.S.

A MEMBER OF THE ROYAL ASIATIC SOCIETY,

AND A SUBSCRIBER TO

The Oriental Translation Fund.

LES AVENTURES

DE KAMRUP.

LES AVENTURES

DE KAMRUP,

PAR TAHCIN-UDDIN;

TRADUITES DE L'HINDOUSTANI

PAR M. GARCIN DE TASSY,

PROFESSEUR D'HINDOUSTANI A L'ÉCOLE SPÉCIALE DES LANGUES ORIENTALES,
MEMBRE DES SOCIÉTÉS ASIATIQUES
DE PARIS, DE LONDRES, DE CALCUTTA, DE MADRAS ET DE BOMBAY.

PARIS.

PRINTED UNDER THE AUSPICES
OF THE ORIENTAL TRANSLATION COMMITTEE
OF GREAT BRITAIN AND IRELAND.

M DCCC XXXIV.

PRÉFACE.

La littérature hindoustani, longtemps ignorée, apparaît aujourd'hui riche de productions de tout genre, orgueilleuse de son importance actuelle et de son brillant avenir. Des romans en vers forment une portion de la masse imposante des écrits qui constituent cette littérature nouvelle pour l'Europe. Un de ceux que j'ai lus avec le plus d'intérêt, c'est celui qui roule sur les aventures de Kâmrûp, et qui est intitulé proprement *Histoire de Kâmrûp et de Kala* [1]. A côté de tableaux exacts des mœurs et des usages de l'Inde, se lisent des détails demi-géographiques, demi-historiques, fort curieux, et qui peuvent jeter du jour sur des questions encore obscures. Cet ouvrage est d'autant plus digne d'attirer l'attention des savants, qu'il est probablement imité d'un ancien livre hindî ou sanscrit, duquel l'auteur arabe de l'Histoire de Sindebâd le Marin paraît avoir tiré son récit. Si cette légende remarquable, arrivée chez nous par l'entremise des Arabes, y a été accueillie avec tant de plaisir,

[1] ‏قصةُ كامروپ وكلا‎

a

et a occupé les veilles de plusieurs savants [1], la
narration fidèle que je publie aujourd'hui, écrite
dans la patrie des héros de ces voyages, et presque
dans la langue qu'ils devaient parler, sera-t-elle
reçue avec moins d'intérêt du public éclairé?

J'ignore jusqu'à quel point le roman des Aventures de Kâmrûp est historique. La patrie de Kâmrûp est Aoude, et celle de Kala, Ceylan; or on sait
qu'Aoude était le royaume de *Daçaratha*, père du
grand *Râma*, et qu'il étendit son empire jusqu'à
l'île de Ceylan qu'il soumit. L'époque des aventures de Kâmrûp, si ce prince a existé, est nécessairement antérieure à la conquête des musulmans.
Richard Hole [2] fixe l'existence (imaginaire) de Sindebâd le Marin, à la fin du viii siècle: notre héros
a vécu probablement à la même époque.

Quoi qu'il en soit, Kâmrûp et Kala ne sont pas
moins célèbres dans l'Inde que Nal et Daman,
Manahora et Madhmâlat, Hîr et Rânjha [3]; et de

---

[1] Principalement de Richard Hole, de feu Langlès, et de M. Walke-
naer. Le premier a publié sur cette narration un ouvrage intitulé *Remarks on the Arabian Night's Entertainments; in which the origin of Sindebad
Voyages... is particularly considered;* le second a publié le texte et la traduction de ces curieux voyages, et le troisième a lu à la séance publique
de l'Académie des Inscriptions, tenue le 22 juillet 1831, un Mémoire sur
cette même production singulière.

[2] Dans l'ouvrage que je viens de citer, pag. 17.

[3] Amants célèbres connus chez les Grecs sous les noms de *Héro et
Léandre.* Afsos nous apprend (*Araisch-i Mahfil,* pag. 191) que leur tombeau est sur la rive du *Chinâb,* à quatre kos de *Hazâra.* «Les habitants

même que différents poëtes indiens ont chanté
dans leur langue ces amants fameux, de même
aussi plusieurs écrivains ont développé les curieuses
aventures de nos amants. Outre les anciens ouvrages hindî ou sanscrits qui ont pu être écrits
sur ce sujet, il existe un roman persan moderne [1]
où ces mêmes aventures sont racontées. Cet ouvrage, écrit en prose entremêlée de quelques vers,
a été traduit en anglais [2] par le savant colonel
W. Francklin, le même qui a donné des *Observations made in a Tour from Bengal to Persia*, etc.,
publication traduite en français par feu Langlès;
mais ce roman diffère essentiellement du poëme
hindoustani. Des aventures précieuses par des détails topographiques s'y cherchent en vain, tandis
que d'autres bien moins intéressantes y occupent
des pages entières. Les noms des personnages,
à l'exception de celui de Kâmrûp seul, ne sont
pas les mêmes; l'héroïne entre autres est nommée
Kâmlata, tandis que ce dernier nom est, dans le

« du *Panjâb*, dit-il, récitent mille poëmes sur leurs amours, et chantent
« en leur honneur des élégies qui font couler les larmes des auditeurs
« sensibles. »

[1] J'en ai deux copies dans ma collection particulière. Dans la première,
écrite en 1150 (1788), se trouvent quelques notes marginales en anglais.
La seconde a été écrite un an plus tard à Murschîd-Abâd, par un calli-
graphe qui a épuisé toutes les ressources de son art pour donner aux
lignes de chaque page une forme singulière.

[2] Sous le titre de *The Loves of Camarupa and Camalata*, etc. London,
1793. 12⁰.

poëme hindoustani, celui de la confidente de la princesse; et *Kala* ou *Kâmkala* devient le nom de la confidente.

Le poëme hindoustani dont j'offre au public la traduction faite pour la première fois est donc un ouvrage original distinct du roman persan. Richard Hole nommait les voyages de Sindebâd, l'*Odyssée arabe;* nous pourrions nommer, avec plus de raison encore, ces aventures diverses, l'*Odyssée hindoustani.* Kâmrûp est effectivement un autre Ulysse, et ses aventures sont plus variées encore que celles du héros grec.

Le Dʳ Gilchrist, qui a cité plusieurs vers de ce poëme dans sa Grammaire imprimée à Calcutta, en 1796, n'en a point indiqué l'auteur; mais dans deux des manuscrits que j'ai eus à ma disposition, on lit qu'il a été écrit par un musulman nommé *Tahcin uddin* [1], en l'année 1170 [2] de l'hégire (1756 de J. C.).

Ce poëme est ce qu'on nomme en persan et en hindoustani un *masnawî,* c'est-à-dire un poëme dont les vers se composent de deux hémistiches sur une même mesure, et sur une même rime qui change avec chaque vers. On nomme en arabe

---

[1] تَحْسِين الدِّين, à la lettre : *l'approbation de la religion.*
[2] Le *tárîkh* qui contient la date se compose des mots گل و خوش بهار *rose et charmant printemps.* En additionnant les lettres qui le composent, on forme la date que j'indique.

ces sortes de vers, *muzdawaj* (appariés). Ceux-ci appartiennent au mètre nommé *mutacârab*, et sont composés de trois bacchiques et d'un trochée [1].

J'ai eu à ma disposition trois exemplaires manuscrits de l'ouvrage dont il s'agit. Le premier, acheté en 1829, chez Howell et Stewart, libraires à Londres, est le plus ancien, et me paraît le meilleur des trois. C'est aussi celui que j'ai suivi de préférence; j'ai même fait mon travail sur celui-là seul, et je l'ai revu sur les deux autres, que je n'ai eus que plus tard en ma possession. Ce manuscrit est un petit in-folio dont la transcription a été terminée le 12 safar, de l'an 18 du règne de Schâh Alam [2]. Quant au deuxième exemplaire, mon honorable ami M. le capitaine Antony Troyer, secrétaire du collége hindou de Calcutta, a bien voulu le faire copier pour moi sur un manuscrit unique qui existe à la bibliothèque du collége de Fort-William. Cette copie est assez bonne, mais l'écriture en est trop négligée. Le troisième est un don du savant *occidentaliste* le Mahârâja Kalî Krischna Bahâdur. Le copiste fait savoir qu'il l'a terminé un lundi 27 aghan (novembre-décembre) de l'année *actuelle* [3], il ne dit pas laquelle. C'est

---

[1] On peut voir dans mon Mémoire sur la métrique arabe adaptée à l'hindoustani, en quoi consistent les licences poétiques particulières à cette langue. (*Nouveau Journal asiatique*, t. X, p. 249 et suiv.)

[2] Dernier empereur mogol, qui commença à régner en 1761.

[3] سنه حال.

un in-folio parfaitement peint, mais dont la rédaction me paraît moins bonne que celle des deux
autres : il m'a été cependant d'une grande utilité
pour mon travail.

Je désignerai dans mes notes ces manuscrits par
les lettres A, B et C. Je n'ai généralement traduit
que les vers qui se lisent dans deux manuscrits
différents, néanmoins j'ai souvent négligé cette
règle pour ceux qu'on trouve seulement dans le
ms. A, parce qu'il m'a paru mériter plus de confiance. La rédaction des trois manuscrits est loin
d'être identique; ils diffèrent quelquefois consi-
dérablement les uns des autres. On peut dire qu'il
n'y a pas deux vers de suite parfaitement semblables dans les trois manuscrits : aussi ai-je dû renfermer dans d'étroites limites la citation des va-
riantes; car il aurait fallu étendre les notes hors
de mesure, si j'avais voulu les citer toutes, ainsi
que les passages que j'ai omis, parce qu'ils m'ont
paru être des interpolations.

J'ai fait ma traduction aussi littérale que possible, en tâchant cependant de la rendre intelligible aux lecteurs européens. J'ai suivi pour cela
la méthode que j'ai adoptée dans mes autres ouvrages, et qui, je crois, a reçu l'approbation des
orientalistes. Je me suis donc permis seulement
de lier les phrases qui ne l'étaient pas, de traduire, en des cas particuliers, d'une manière un

peu libre, et même de laisser quelquefois des membres de phrase, pour omettre des répétitions fastidieuses que les Orientaux n'évitent jamais; mais je ne me suis pas permis de défigurer le sens, ni d'habiller l'expression à l'européenne. Pour me conformer à l'usage généralement admis par les Anglais, j'ai adopté dans la traduction plusieurs mots hindoustani qui n'auraient pu se rendre que par des périphrases.

J'ai accompagné mon travail de notes propres à expliquer ce qui peut paraître obscur ou exiger des développements. J'ai eu soin, dans l'occasion, de les enrichir de fragments d'ouvrages hindoustani inédits ou non traduits encore.

Le Comité des traductions orientales de la Société royale asiatique de la Grande-Bretagne et de l'Irlande ayant bien voulu favoriser, par une souscription, l'impression de la traduction française de Kâmrûp, qui paraît par conséquent sous ses auspices, je la publie d'abord, et je me réserve de donner, sous forme d'appendice, pour mes auditeurs et pour toutes les personnes qui cultivent la littérature hindoustani, le texte de cet ouvrage, parce qu'il est correct et élégant, quoique simple et sans prétention, et qu'il me paraît très-propre à exercer les étudiants. Il les préparera d'ailleurs à la lecture des *diwân*, dont le style, généralement plus relevé, est rendu plus difficile encore par les mé-

taphores souvent exagérées qui s'y trouvent en
abondance.

Dans l'impression du texte, je suivrai à dessein
les irrégularités orthographiques des manuscrits,
rétablissant néanmoins quelquefois la véritable orthographe, lorsque je le croirai indispensable. Je
ne manquerai pas surtout de rectifier les mots
arabes, lorsqu'ils auront été mal orthographiés par
les copistes; ce qui est arrivé quelquefois, parce
que les Indiens, ne pouvant prononcer comme il
faut plusieurs lettres particulières à l'arabe, les
confondent avec d'autres lettres, et les remplacent
ensuite dans l'écriture par ces dernières.

Actuellement je dois faire connaître la manière
dont j'ai rendu les lettres hindoustani qui ne correspondent pas exactement aux nôtres. J'en ai traduit plusieurs par le même caractère latin, pour
ne pas adopter des signes inconnus ou une orthographe bizarre.

CONSONNES.

ت et ط	t	د	d
ث et ص	s, c ou ç	ذ , ض et ظ	z
ج	j	ر	r
چ	ch	ز	j
ح	h	ش	sch
ع خ	a, i, u	و	w
غ	g ou gu	ی	y
ق	q ou c		

VOYELLES.

۱ ऋ	a		أو उ	û
آ ऋा	â		ای ए	ó
! इ	i		أی ऐ	ai
ای ई	î		او ऋा	o
أ उ	u		أو ऋौ	au

Je terminerai ma préface par la liste des personnages qui figurent comme acteurs dans le roman des Aventures de Kâmrûp.

KAMRUP كامروپ, héros du poëme. Ce nom est formé des mots काम *amour*, et रूप *figure, forme*. Kâmrûp est aussi fréquemment nommé le *Kanwar* كنور, mot qui signifie *prince royal*.

PIT ou RAJ PIT پت ou راج پت, père de Kâmrûp, mahârâja d'Aoude. Ce nom est formé des mots राज्य *royaume*, et de पति *seigneur*; mais c'est plutôt un titre d'honneur qu'un nom propre.

SUNDAR-RUP سندر روپ, mère de Kâmrûp. Ce nom propre est formé des mots सुंदर *belle*, et रूप *forme*. On a mis quelquefois *Sundar* seulement, à cause de la mesure des vers.

KARAMCHAND كرمچند, ministre de Pit (père de Kâmrûp), et père de Mitarchand, ami et ministre de Kâmrûp. Ce nom est formé probablement des mots कर्म *action, destin*, et de चंद्र pour चन्द्र *lune*.

KANWALRUP كنولروپ, médecin de Pit, et père de l'ami de Kâmrûp, du même nom. Ce nom est formé des mots कंवल *lotus*, et रूप *forme*.

Les six amis de Kâmrûp, savoir :

MITARCHAND مترجند, ministre de Kâmrûp, fils de Karamchand.
Ce nom est formé de मित्र *soleil*, et de चंद्र *lune*.

KANWALRUP (voyez plus haut).

ACHARAJ اجارج pour आचार्य्य *guide spirituel*, pandit.

CHITARMAN چترمن, *peintre*, nom formé de चित्र *peinture*, et de
मन: *esprit*.

MANIK مانك, *joaillier*, pour माणिक्य *pierre précieuse, rubis.*

RASRANG رسرنك, *musicien*, रस रंग ou रंग रस *mélodie.*

LE DERVICHE, à qui est due la naissance miraculeuse de Kâmrûp.

KALA OU KAMKALA كلا كام, héroïne du roman, maîtresse de
Kâmrûp. Ce nom est formé des mots काम *amour*, et
कला *art*. J'ai adopté l'abréviation Kala, pour éviter
la cacophonie de *Kâmrûp* et de *Kâmkala*, suivant en
cela l'exemple du Dr Gilchrist, qui a nommé ainsi cette
princesse dans son *Hindoostance Philology*, pag. 378.

KAMRAJ كامراج, père de Kala, roi ou mahârâja de Sarândîp. Ce
nom est composé des mots काम *amour*, et राज्य
royaume.

GANDHARB كندهرب pour गन्धर्ब *musicien céleste, sorte de demi-
dieu ;* autre roi ou mahârâja de Sarândîp.

KARPIT كرپت, nom formé de कर *tribut, impôt*, et de पति
seigneur ; autre roi ou mahârâja de Sarândîp.

LATA OU KAM LATA كم لتا, et aussi LATA KAM, amie et confidente
de Kala ; fille du ministre de Kâmrâj. Ce nom est formé
des mots काम *amour*, et लता *plante*. C'est le nom
qu'on donne à l'*Ipomœa quamoclit* de Linnée, plante
consacrée à l'amour.

SUMIT سمت, brahmane, directeur de Kala ; nom formé de सु
bonne, et de मति *conscience.*

KARAN كرن, roi d'Hougly, apparemment du Bengale, dont
Hougly pouvait être la capitale à l'époque où on a écrit

la légende de Kâmrûp. करण est le nom qu'on donne
à celui qui est issu d'une femme de la tribu de *Chatriya*.

Dans l'histoire mythologique des Hindous, un prince
de ce nom, fils de Sûrya et de Kûntî, avant le mariage
de celle-ci avec *Pândû*, fut aussi roi d'*Anga* ou du Bengale propre. (Wilson, *Sanscrit Dictionary*, p. 195.)

CHANDAR-MUKH چندر مکه, fée éprise de Kâmrûp. Ce nom se
compose des mots चंद्र *lune*, et de मुख *face*.

CHITR-SAR چتر سار, mère de Chandar-mukh, de चित्र *peinture*,
et de सार *valeur*.

RAOTA راوتا, reine du *Tirya-râj.* راوتا dérive du mot hindou راوُ
prince; تریا راج, des mots sanscrits स्त्री *femmes*, et
राज्य *royaume*.

LES AVENTURES
DE KAMRUP.

INVOCATION.

O Dieu ! tu es vraiment le créateur de l'univers, tu es l'auteur du monde visible et du monde invisible. Personne ne saurait décrire ta puissance, car ta science n'est manifeste à qui que ce soit. Dans les deux mondes tes œuvres sont infinies. Tes merveilleux trésors sont visibles aux mortels ; c'est de ces trésors que vivent les êtres animés, sans les trouver jamais épuisés. Quoique ta crainte fasse trembler tous ces êtres aussi bien que les génies, l'amour qu'ils ressentent pour toi leur fait invoquer ton nom. Tu as tout créé par amour, et ton amour a agité tous les cœurs.

C'est cet amour qui se manifesta dans Joseph, et qui fit quitter à Zalîkha son voile ; par lui le grand Mahmûd fut comblé d'honneurs, et l'esclave Ayâz fut digne de devenir roi. C'est ce même amour qui agita Khusrau et Farhâd, et qui plongea dans la douleur la

1

belle Schîrîn. C'est cet amour qui, dès l'éternité, embrasa le cœur de Majnûn, et lui inspira un prétexte pour voir le désert qu'habitait Laïlî. C'est encore cet amour qui rendit Nal épris des charmes de l'intéressante Daman, et en fit un austère jogui. C'est cet amour enfin qui conduisit Manohar de porte en porte, après que sa vue fut tombée sur la belle Madhmâlat.

Tous ceux qui ont marché dans la voie de cet amour n'ont-ils pas été réunis à l'objet de leur affection, quelque étrangers qu'ils lui fussent? Mais le siècle sourit en voyant l'homme dont le cœur est la résidence de l'amour, et cependant celui en qui règne l'amour a sur les autres hommes, dans les deux mondes, une honorable prééminence.

Ischc, nom sacré de l'amour, se compose de trois lettres; l'amant en retiendra l'explication, qui lui paraîtra sans doute satisfaisante. La première est le *aïn*. Elle se saisit de l'esprit, et lie le cœur par les deux tresses des cheveux de l'objet aimé. La seconde est le *schîn*, lettre qui fait perdre la modestie, la retenue et même l'honneur, et qui remplit de soucis le malheureux amant. La troisième est le *câf*. Ennemie du repos, elle jette dans l'agitation, après avoir privé de la raison et de la pudeur.

L'amour est un fleuve toujours impétueux. Les feux de l'amour ne quittent pas, sans le consumer, celui qu'ils ont attaqué; et quel est l'homme qui ne les a pas ressentis? L'amour trouve indigne de lui le cœur froid que sa flamme n'a pas réchauffé; au contraire, l'être privilégié qui a su traverser cet océan igné, celui-là, guidé par l'instinct de l'amour, rencontrera son ami. Dans le jardin de l'amour règne un admirable printemps, un zéphyr parfumé le parcourt continuellement. Mais que dis-je ? l'amour n'a proprement ni couleur, ni forme, ni exhalaison; ce n'est pas non plus une eau qui puisse manquer de limpidité. Ceux que le désintéressement le plus parfait n'a pas animés sont privés pour toujours de respirer le doux parfum de l'amour.

L'amour est bien tel que je viens de le décrire; celui qui le possède tient en ses mains une vessie de musc. Désire-t-on cette précieuse vessie, on a la coupe qui la contient, dans Mahomet. Oui, Mahomet est cette éminente vessie de musc dont l'existence a détruit le mensonge. Dieu l'a établi le chef de toutes les créatures; il a placé cet homme admirable au-dessus des autres prophètes. La terre et les cieux, le monde spirituel et le monde matériel lui sont soumis; si ce n'était lui, ils n'existeraient pas. Il a pris sur lui les fautes de son peuple; il sera notre intercesseur au grand jour du jugement: que dis-je ? il présidera à ce jour solennel de la grande rétribution.

Ses quatre célèbres amis et compagnons, Abûbikr, Omar, Osman et Alî, *le lion* (de Dieu), ne sauraient être loués convenablement; contentons-nous de désirer que sur eux et sur les autres compagnons du Prophète soit l'inaltérable paix.

CHAPITRE I.

NAISSANCE DE KAMRUP.

Écoutez actuellement le récit d'une histoire d'amour : je veux parler de celle du prince Kâmrûp et de la princesse Kala.

Sur le royaume d'Aoude et de Gorakh régnait un monarque qu'on nommait *le Mahârâj Pit*. Son empire s'étendait au loin ; il possédait des biens immenses, des palais richement ornés de peintures et de dorures. Il possédait enfin tout ce qu'on peut désirer sur la terre ; toutefois il n'avait pas de fils, quoiqu'il le désirât vivement. Animé de l'espoir que Dieu lui en donnerait un, il y pensait sans cesse ; mais il ne communiquait à personne ce qu'il ressentait. Parmi ceux qui approchaient le plus de lui, six personnages, pleins de mérite, étaient dans le même cas. Karamchand, son intelligent ministre, excellent diplomate, habile rédacteur de dépêches ; son médecin, qui ne le quittait jamais ; son pandit, homme religieux, qui se distinguait par sa sagesse ; son industrieux joaillier, qui connaissait parfaitement toutes les pierres précieuses ; son peintre, habile à tracer des portraits d'une ressemblance parfaite ; enfin, son musicien dont il recherchait avidement la compagnie. Tous les six excellaient dans leur genre de mérite, et faisaient ressembler la cour de Pit à celle d'Indra. Le mahârâj les aimait beaucoup, et, de leur côté, ils étaient assidus à son service. Comme lui ils n'avaient pas de fils ; comme lui ils pensaient sans cesse à ce sujet de tristesse.

Le mahârâj, continuellement livré aux mêmes réflexions, leur tint un jour ce discours : « Je me convaincs toujours plus que la maison qu'un fils n'anime pas par sa présence est obscure et sans lueur. Avec la progéniture, la royauté n'est pas un vain mot ; sans elle, tout devient inutile. Heureux ceux que Dieu a destinés à se survivre dans leurs enfants ! leur vie se passe avec tranquillité...... Quant à moi, je vais abandonner mon trône, ces richesses, et vous gouvernerez le royaume pour moi...... Écoutez quel est mon projet. Tandis que vous régirez l'empire, j'endosserai la robe de la mendicité, je me ferai bairaguî et j'en prendrai les insignes. Je frotterai mon corps avec de la bouse de vache en cendre, je dresserai mes cheveux et j'entourerai mon cou d'un collier pareil à ceux des atît ; je sortirai de mon palais sous ce costume, et, tenant à la main un vase de terre à la manière des joguî, j'errerai de ville en ville, de pays en pays. Je parcourrai le monde comme un malheureux sans ressources, et peut-être Dieu, touché de mon austère pénitence, m'accordera-t-il un fils...... Je me prosternerai volontiers devant celui qui de la part de l'Éternel m'en promettra un. »

Les compagnons du mahârâj Pit entendirent avec peine l'expression de la volonté du prince, et leur intelligence fut dans l'hésitation sur ce qu'ils avaient à répondre. Ils réfléchirent tous, mais ils ne se décidèrent

à rien; ils ne dirent point qu'ils se chargeraient de l'administration du royaume. Le sage et prudent ministre
Karamchand prit enfin la parole : « Sire, dit-il respec-
« tueusement, permettez-moi de vous développer ma
« pensée. Puisque la providence vous a départi la sou-
« veraineté d'un empire riche et puissant, prenez-en
« soin vous-même et contentez-vous de demander aux
« malheureux des vœux et des prières. Faites des distri-
« butions solennelles de vivres, éclairez ainsi avec la
« lampe du bonheur le logis obscur du pauvre. Convo-
« quez tout le monde, donnez à chacun de quoi se vêtir.
« Parlez avec bonté à ceux qui se présenteront; montrez-
« leur les bonnes œuvres de tout genre que vous faites,
« et j'ose vous promettre que par le moyen de leurs
« supplications, le désir qui remplit votre cœur trou-
« vera son accomplissement. Il sera bon de leur faire
« entendre que leur présence à la fête religieuse dont
« il s'agit sera pour vous le gage de la naissance d'un fils.
« En effet, si les joguî prient pour le mahârâj, il obtien-
« dra du ciel un héritier. »

Pit se rendit facilement à l'avis de Karamchand, et
commanda qu'on agît conformément à ce qu'il avait dit.

Ce ministre éclairé prit donc congé du monarque et
sortit du palais, se promettant bien de faire construire
dans la ville un édifice pour les distributions dont il avait
parlé. Il fit donc venir les principaux architectes et leur
dit de préparer tous les matériaux nécessaires pour la
bâtisse, tels que terre et briques, et d'élever ensuite un
édifice spécial pour des distributions gratuites et solennelles de vivres, en ayant soin qu'il fût susceptible de

contenir quatre cents personnes. Il ordonna qu'on le
fournît de toutes les denrées et provisions nécessaires,
en sorte que matin et soir les pauvres pussent y trouver une nourriture toute préparée.

Lorsque cet édifice fut achevé, Karamchand y fit en
effet distribuer des vivres. Au commencement et à la
fin de chaque jour les pauvres, les étrangers, les voyageurs venaient prendre part à ces aumônes. Leur vœu
unanime était que le Très-haut accordât un fils au mahârâj. Pendant un an cet édifice fut abondamment pour-
vu de toutes les denrées qui existent dans le monde;
pendant un an Karamchand disait aux malheureux qui
se présentaient : Faites des vœux pour le monarque. Un
jour un derviche couvert d'une peau d'animal se présenta
devant le zélé ministre. Karamchand l'accueillit avec
distinction, et, lui offrant ses salutations respectueuses,
l'engagea de s'asseoir et lui tint ce discours : « Le souve-
« rain de cet empire désire vivement la naissance d'un
« fils ; votre esprit bienveillant éprouvera sans doute de
« la sympathie pour ce prince, et vous lui annoncerez
« un héritier. » Sur-le-champ le derviche ému de compassion remit à Karamchand un fruit de srî qu'il avait pris
dans les *jangles* en lui recommandant de le donner au
prudent monarque : « Qu'on fasse manger ce fruit à la
« reine, lui dit-il, si toutefois elle est aimée du mahârâj.
« Puisque ce monarque a ouvert sa capitale aux malheu-
« reux, Dieu lui accordera certainement ce qui fait l'objet
« de ses vœux ardents. » Karamchand, satisfait de ce qu'il
venait d'entendre, s'empressa d'aller porter au mahârâj
le fruit merveilleux, et de lui répéter les paroles du fa-

quîr. De son côté , Pit se livrant à la joie prit le fruit dans sa main ; il traversa rapidement son palais en prononçant le nom de Dieu , et, l'espoir dans le cœur, il se rendit auprès de la reine et lui présenta le srî.

Sundar-rûp (c'était le nom de la reine) avait en partage la beauté du corps, et l'amour le plus tendre l'unissait à son royal époux. Elle prit ce fruit avec empressement et alla au bain l'esprit rempli des plus douces pensées.

Là elle mangea ce fruit précieux, se fit masser et parfumer le corps d'odeurs agréables ; puis elle alla trouver le roi : ils jouèrent ensemble, et en ce jour même elle conçut. La ville entière ne tarda pas à apprendre l'heureuse nouvelle de la grossesse de la reine, et elle en témoigna sa joie. Ainsi le roi put espérer d'avoir un successeur, et ses sujets partagèrent sa satisfaction. Ce fut la louable pratique de l'aumône qui attira la bénédiction du ciel non-seulement sur le mahârâj , mais encore sur ses six compagnons. En effet, ces officiers qui n'avaient pas non plus de rejeton , par l'effet des bonnes œuvres du prince virent leurs femmes enceintes à la même époque.

Lorsque neuf mois (lunaires) se furent écoulés et que l'aurore du dixième se montra , le visage de la reine, qui par sa couleur ressemblait à la fleur de l'arbre de Judée, devint jaune comme la racine du véti-ver. Les jours de ce dixième mois n'étaient pas encore passés quand elle mit au monde un prince. En cet instant le palais fut resplendissant d'éclat : on aurait dit que la lune détachée du ciel avait apparu sur la terre. Chez tous les habi-

tants de la capitale le contentement remplaça la tristesse; la ville entière fut éclairée par cette lune nais-
sante : le roi ne tarda pas d'en apprendre la joyeuse
nouvelle. On alla auprès de lui et on lui annonça
officiellement l'heureuse naissance du prince. Sur-le-
champ il se rendit au palais du kunwar. Là de nombreux *nazar* furent déposés devant le prince ; là l'or et
l'argent lui furent offerts.

En voyant ce royal enfant, le cœur du mahârâj fut
rempli d'une joie bien vive, et, en réjouissance de cet
heureux événement, il donna ordre qu'on célébrât sur-le-
champ une fête pompeuse. En conséquence des instruments de musique résonnèrent de toute part, tandis que
de gentilles bayadères montraient leur habileté. De
jeunes garçons, d'agaçantes courtisanes exécutaient des
danses gracieuses. Le tâl, le mirdang et le daf faisaient
entendre leurs sons. La joie se répandit dans toutes les
maisons de la ville, on aurait dit que c'était la fête du
Nauroz.

Le mahârâj ne tarda pas à faire appeler les pandits
pour tirer l'horoscope du jeune prince. Les plus intelligents s'empressèrent d'accourir avec les chefs des faquîr, dont le soin est de donner aux brahmanes leur
cordon distinctif, et de placer les marques du front particulières à chaque secte. Ils méditèrent longuement
sur la circonstance ; ils calculèrent le temps de la vie du
prince. Ils réfléchirent sur son sort, et se convainquirent
qu'il était arrêté dans sa destinée qu'il serait en proie
à un amour malheureux. Ils tracèrent ensuite par écrit
l'horoscope de l'enfant royal, et, le remettant entre les

mains de Pit, ils lui adressèrent ces mots : « Grand prince
« (sur qui soit la bénédiction du ciel), sachez que l'ho-
« roscope de votre auguste héritier annonce qu'il sera
« un grand roi. Ce prince miraculeux aussi beau que la
« lune, et qu'il faut conséquemment nommer Kâmrûp
« (forme d'amour), courra toutefois un jour des dangers
« à cause de l'impression que fera sur son cœur la vue
« d'un charmant objet. C'est à l'âge de douze ans que
« Kâmrûp deviendra malheureux par l'effet de l'amour.
« Malgré l'éclat qui doit l'environner, la douleur sera
« dès lors son partage. Ainsi l'a voulu la divine provi-
« dence. »

En apprenant que la douzième année du prince serait
pénible pour lui, le roi en fut vivement affligé et interrogea les pandits pour savoir s'il n'y avait pas moyen
de détourner les malheurs qu'ils prédisaient. « Non,
« répondirent-ils, nous n'avons aucun conseil à vous
« donner là-dessus et nous ne croyons pas que personne
« puisse le faire. » Le mahârâj interdit n'ajouta pas un
seul mot ; mais son ministre Karamchand prenant la
parole : « Puisque la douzième année du prince, dit-il,
« doit être malheureuse, il faut que nous veillions soi-
« gneusement sur lui jusqu'à ce qu'elle soit passée. Nous
« devons rester auprès de l'enfant royal et ne le laisser
« jamais seul nulle part. » Le mahârâj adopta l'avis exprimé par son ministre et fit élever le prince en l'entourant
des soins dont Karamchand avait parlé.

Cependant les femmes des six principaux officiers du
roi s'étant, comme nous l'avons dit, trouvées enceintes
en même temps que la reine, elles aussi mirent chacune

un fils au monde presque en même temps. Aussitôt que ces enfants furent nés, on les plaça auprès du prince, et on les éleva tous ensemble. On fit venir le nombre nécessaire de nourrices, et on leur confia ces enfants pour les allaiter avec soin ; on leur recommanda de tenir en même temps un compte exact des jours qui s'écouleraient, et de veiller à ce que ces enfants ne s'éloignassent pas d'elles un seul instant.

Les jours et bientôt les mois passèrent tour à tour, et ni le prince ni ses compagnons ne quittaient jamais l'angle où on les surveillait si scrupuleusement. Les fils des six courtisans jouaient auprès de Kâmrûp : les divertissements auxquels ils se livraient le rendaient content. A l'âge de quatre ans, le kunwar n'avait pas encore respiré l'air extérieur, il n'avait pas vu la lumière du soleil.

CHAPITRE II.

ÉDUCATION DE KAMRUP.

Lorsque le kunwar fut âgé de cinq ans, son auguste père voulut qu'on commençât son éducation. Il fit donc venir un maître mûri par l'âge, plein d'esprit et de science. Il envoya prendre tout ce qui est nécessaire pour l'étude, entre autres une tablette d'or, et, faisant asseoir le jeune Kâmrûp, il mit cette tablette entre ses mains et lui recommanda de faire attention à ce qu'on y écrirait. Ainsi le kunwar et ses six amis commencèrent à lire, et en même temps on se mit à leur enseigner à chacun en particulier une science différente : l'art de régner à Kâmrûp; celui de gouverner à Mitarchand, fils du ministre Karamchand; la médecine à Kunwalrûp; la bijouterie au probe Mânik; la littérature, l'astronomie et la théologie au pandit Achâraj; la peinture à Chitarmin, dont personne ne put égaler ensuite le talent; enfin la musique à Rasrang, qui devint bientôt habile dans cet art enchanteur. Ces jeunes élèves se distinguèrent tous dans leurs études respectives, et ils ne cessaient d'être constamment auprès du kunwar. Arrivé à l'âge de sept ans, Kâmrûp montait fréquemment un coursier pétulant pour se promener au clair de la lune. Ses compagnons le suivaient montés à cheval eux aussi. Ils sortaient de la ville et se livraient ensemble au plaisir de la chasse dans une vaste forêt.

Quand le prince Kâmrûp eut atteint sa dixième année,
le mahârâj s'occupa plus sérieusement du danger que
son fils courait. Il jugea nécessaire de ne plus le
laisser aller hors de la ville, et exprima ce désir à son
ministre en lui recommandant de veiller soigneusement
sur toutes les démarches du kunwar. « Oui, sire, lui ré-
« pondit Karamchand, jour et nuit Kâmrûp sera sous
« ma surveillance jusqu'à ce que sa fatale douzième
« année soit passée, et qu'ainsi le danger dont on nous
« menace pour une heure spéciale ait disparu. » — « Eh
« bien, reprit le roi, disposez pour la chasse, au milieu
« de la ville, un parc verdoyant; que les animaux y trou-
« vent de quoi paître, et que les oiseaux viennent ga-
« zouiller sur ses arbres. Faites-y construire aussi un
« édifice peint de couleurs variées. Que désormais Kâm-
« rûp, accompagné de ses amis, se contente d'aller dans
« ce jardin, mais qu'il ne pense plus à sortir de la ville. »
Karamchand ayant réfléchi sur le discours que venait
de lui adresser le mahârâj, le quitta et alla aussitôt faire
disposer au milieu de la ville un lieu pour chasser, avec
des kiosques colorés et des allées d'arbres disposés symétriquement. Il fit mettre dans le château tous les escaliers
nécessaires et des statues peintes qui ressemblaient à
des figures de parî et de houris. Il y avait de tous côtés
des ruisseaux d'eau courante; de tous côtés des animaux
se présentaient aux regards et faisaient entendre leurs
cris. On y voyait entre autres des daims, des antilopes
et des lièvres. Quand ce jardin fut prêt, Karamchand
s'empressa d'en donner avis à Pit. Le roi fit alors
appeler son fils chéri, et l'ayant serré tendrement entre

ses bras : « Contente-toi désormais, lui dit-il, des plaisirs
« que tu pourras prendre dans le parc qu'on a disposé
« pour toi ; mais ne t'éloigne jamais de la ville sous aucun
« prétexte. Obéis aux désirs de ton père et vis heureux
« et satisfait. — Sire, répondit le respectueux Kâmrûp,
« votre ordre est sacré pour moi ; je ne quitterai pas le
« lieu où vous me recommandez de rester : je n'irai plus
« nulle part hors de la ville. » Alors le mahârâj conduisit
son fils et ses six jeunes compagnons au parc dont nous
parlons, et, l'installant dans le château qu'on y avait
construit par les soins de Karamchand, il lui dit que
c'était là qu'il résiderait à l'avenir. Kâmrûp trouva le
jardin de son goût, et déclara qu'il y demeurerait volontiers.

En laissant le kunwar, Pit ne manqua pas de recom-
mander à ceux qui l'entouraient de veiller soigneusement
sur lui et de se tenir à ses ordres matin et soir. Ce digne
père prenait toutes ces précautions pour que l'heure
fâcheuse qui avait été prédite se passât sans accident
pour le prince. Mais ce que la providence a décrété
arrive nécessairement : personne ne peut annuler l'écrit
du destin. Cependant le mahârâj revint à son palais, et
de son côté le kunwar content, réuni encore là, jour et
nuit, avec ses amis, s'y occupa de la chasse.

Lorsqu'il eut atteint sa douzième année, l'heure fatale
où devait commencer pour lui un amour malheureux
sonna irrévocablement. Après s'être promené dans le
jardin, il était venu s'asseoir dans son palais, quand
arriva le moment funeste. Accablé par la chaleur de
l'heure de midi, Kâmrûp sentit le besoin de dormir.

Il disposa son lit convenablement et le sommeil ne tarda pas à le saisir. Ses six amis ne l'avaient pas quitté, car ils veillaient toujours à ce qu'il ne sortît pas hors des limites qu'on avait assignées ; pouvaient-ils prévoir que le destin viendrait l'atteindre dans un rêve ? Toutefois ils firent attention à lui, même durant ce sommeil, et ne s'aperçurent de rien ; car le prince dormit paisiblement. Il vit néanmoins en songe la belle Kala, qui devait par l'amour qu'elle lui inspira occasionner toutes ses infortunes.

CHAPITRE III.

SONGE DE KAMRUP.

Écoutez actuellement le récit de ce songe qui livra Kâmrûp à un amour malheureux. Un admirable jardin s'offrit à ses regards, on y entendait de tous côtés le gémissement du rossignol et le croassement du corbeau. Partout on voyait un vert gazon baigné çà et là par des ruisseaux sinueux et relevé par la rose, le lis, l'hyacinthe, la violette, le nénuphar et le jasmin. Les arbres, chargés de fruits odorants, semblaient n'être rangés en ligne que pour présenter au prince leurs devoirs respectueux. Or ce jardin que Kâmrûp parcourut et dont il goûta les fruits excellents n'était autre que celui de la princesse Kala. Le kunwar fut ainsi transporté, en songe, à bien des journées d'Aoude dans un jardin où il put errer à son gré.

La princesse dont il s'agit était fille du puissant roi Kâmrâj qui tenait les rênes de l'empire de Sarândîp. Il n'avait pas d'autre enfant : aussi l'aimait-il avec d'autant plus de tendresse que nulle autre créature ne partageait son affection. Il l'élevait avec délicatesse et convenance, la traitant toujours avec la plus grande bonté. Il ne la quittait pas un seul instant, il ne pouvait se passer d'elle. Une multitude de compagnes et de servantes entouraient Kala, toutes couvertes d'un voile, toutes parées avec soin. Cette intéressante princesse, qui avait à peine atteint l'âge de puberté, aimée par toutes ses compagnes, était au milieu d'elles comme un collier de perles. Elle folâtrait continuellement dans son palais sans se mettre en peine de ce qui se passait dans le monde. Son visage était aussi blanc que le lis, ou plutôt il ressemblait à une pomme. La fossette de son menton était comme un creux plein de miel. Sa voix ressemblait au chant du noir coucou, ses yeux à ceux du khajan. Elle avait la grâce du cigne et sa taille était pareille à celle du lion. Elle ne connaissait point l'astuce, elle ignorait les artifices du monde.

Lorsque cette beauté levait le pied pour marcher, des milliers de suivantes se mettaient en mouvement ; le palais retentissait du bruit des clochettes qui ornaient ses chevilles. Jamais elle ne se montrait que les mains rougies avec la poudre du menhdî et les cheveux ornés de perles nombreuses. Ses yeux entourés de collyre ressemblaient à ceux de la gazelle, ses lèvres teintes de missî, à la fleur du nénuphar. Ses regards étaient des flèches aigues, ses sourcils des arcs, et ses cils étaient pour les amants des poignards homicides. Ses belles suivantes l'accompagnaient constamment. En voyant la princesse dont nous parlons, le soleil était dans l'agitation, la lune cachait sa face derrière le voile des nuages. Kala était, avons-nous dit, le nom de cette princesse : ainsi l'appelaient ses compagnes. Or le même songe qui s'offrait à l'imagination de Kâmrûp se présentait à l'instant même à celle de Kala.

CHAPITRE IV.

SONGE DE KALA.

Elle était endormie dans son palais quand elle rêva qu'elle prenait ses suivantes avec elle, et allait se promener dans le même jardin où se trouvait en songe le prince Kâmrûp. Joyeuse et belle comme une perle, elle errait çà et là dans ce jardin. Kala se rendit donc dans ce lieu. Elle et Kâmrûp y étaient par conséquent l'un et l'autre en même temps. Sur ces entrefaites les gens chargés d'accompagner Kala prévinrent de l'arrivée de la princesse ceux qui se trouvaient dans le jardin afin qu'ils eussent soin de se retirer. En entendant les domestiques annoncer l'arrivée de la princesse, le kunwar éprouva dans son cœur un trouble involontaire, et alla se cacher au milieu des arbres. Cependant Kala, après avoir fait dans le jardin sa promenade accoutumée, s'assit dans son palais heureuse et contente, tandis que ses compagnes au vêtement couleur de rose continuèrent à errer dans toutes les parties du jardin, la main sur le cou l'une de l'autre, se tenant ainsi entrelacées sous les arbres touffus. Bientôt elles aperçurent le kunwar : « Que voyons-nous donc ? s'écrièrent-elles dans leur surprise ; quoi, nous n'avons jamais entendu prononcer « ici le nom d'un homme et aujourd'hui nous en trouvons « un au milieu de nous ! Prenons bien garde de n'en pas « approcher, ni encore moins de lui parler. Si nous nous

« comportions différemment, nous fâcherions Kala, et
« nous attirerions sur nous son animadversion. Restons
« plutôt réunies ici, et qu'une de nous aille appeler Lata,
« afin que nous puissions la consulter. » Lata, l'insépa-
rable compagne de Kala, était l'unique fille du ministre
du grand Kâmrâj. Elle était pleine d'esprit ; sans cesse
auprès de Kala, elle connaissait tous les secrets de son
cœur, et de son côté n'avait rien de caché pour elle.
Une des suivantes de la princesse se rendit donc dans
le château auprès de Lata, et lui apprit qu'il y avait un
homme dans le jardin, qu'il lui semblait que sa présence souillait ce lieu, et qu'aussi en l'apercevant assis
au milieu des arbres elle avait été frappée d'étonnement.

A ces mots, Lata se frappa la tête et soupçonna Kala
de quelque intrigue amoureuse. Toutefois elle accourut
au lieu où Kâmrûp s'était caché : son regard pénétrant
ne tarda pas à le découvrir ; mais elle fut agréablement
surprise en voyant son heureuse physionomie. Elle prit
son index entre les dents et, s'adressant au jeune prince,
elle lui demanda qui l'avait amené dans ce jardin : « Es-
« tu, lui dit-elle, ange, démon ou fée ou simplement un
« prince de race humaine ? Que fais-tu là ? pourquoi
« regardes-tu la tête levée ? Ne sais-tu donc pas que tu es
« chez la princesse Kala, et que si elle est instruite de
« ta présence au milieu de nous, elle te fera peut-être
« charger de fers ? Dis-moi donc la vérité sans retard,
« déclare-moi qui t'a conduit ici. Fais-moi connaître
« quel est ton pays, quelle est ta résidence habituelle,
« quel est enfin le lieu d'où tu es venu. »

Alors Kâmrûp se frappa la tête et répondit timidement:

2.

« Je ne suis ni fée ni génie, j'appartiens à la race hu-
« maine et je suis un voyageur malheureux. J'ignore où je
« me trouve et qui m'a conduit ici. » Kâmrûp prononça
ces paroles sans oser quitter la place où il s'était retiré.
De son côté Lata n'ajouta rien à ce qu'elle avait dit ;
mais elle s'empressa de retourner vers Kala pour l'avertir de ce qui se passait. « Princesse, lui dit-elle avec res-
« pect, je crois qu'on en veut à tes charmes. Il y a dans
« ton jardin un jeune homme inconnu dont la bouche
« ressemble à un bouton de rose. Il a pour ton nom une
« crainte respectueuse. Il paraît sans artifice, mais cha-
« grin. Si tu l'ordonnes, je le ferai sortir de ce lieu. »

En apprenant la nouvelle que venait de lui donner
Lata, Kala, prenant un air de dignité, commanda qu'on
amenât Kâmrûp en sa présence, puis, se laissant aller à
la colère, elle ajouta (toujours en songe) : « Puisqu'un
« non-mahram s'est introduit dans mon jardin, condui-
« sez-le sur-le-champ auprès de moi, appelez en même
« temps les esclaves chargés d'exécuter mes ordres, et
« prescrivez-leur de le charger de fers. Faites ensuite
« publier ce fait dans tout Sarândîp, afin que désormais
« aucun homme ne se permette de pénétrer ici. »

Les compagnes de Kala n'osèrent faire aucune observation sur cet ordre, elles n'osèrent pas réprimer l'indignation de leur maîtresse : elles allèrent donc chercher
Kâmrûp pour l'amener auprès d'elle. Sans rien dire à
celui-ci, elles le relevèrent en le prenant par la main ;
elles se disposaient à le conduire, lorsqu'il leur demanda où elles le menaient. « Nous obéissons, répon-
« dirent-elles, à un ordre sévère de la princesse Kala. Si

« tu fais de la résistance, nous t'entraînerons de force. »
Cependant elles saisissaient ses boucles de cheveux et
le liaient à l'endroit même où elles l'avaient trouvé, en
lui disant que Kala verrait ce qu'elle aurait à faire pour
punir sa hardiesse et pour dégoûter les jeunes gens entre-
prenants d'imiter sa conduite. Chacune disait à Kâmrûp
ce qui lui venait dans l'esprit ; mais celui-ci restait silencieux, se frappant la tête. Croyant avoir trouvé néanmoins
un instant favorable, il se mit aux pieds de ces belles
suivantes et les supplia de le laisser aller : « Ne m'em-
« menez point, je vous en prie, leur dit-il, auprès de
« la princesse ; indiquez-moi plutôt l'issue de ce jardin.
« — Tu ne peux sortir actuellement de ce lieu, lui ré-
« pondirent-elles ; Kala veut au contraire te charger de
« fers et faire publier cette nouvelle dans la ville, afin
« qu'un autre homme ne pense pas à pénétrer dans son
« jardin. »

De quelque côté que Kâmrûp jetât les yeux, il ne
voyait aucune de ces jeunes beautés s'intéresser à lui.
Il se trouvait là isolé, sans parents, sans amis : aussi ses
pleurs coulaient-ils accompagnés de gémissements. Loin
d'avoir égard à ces démonstrations de désespoir, ces
femmes conduisirent Kâmrûp en présence de Kala. Ce
fut alors qu'arriva ce qui avait été écrit dans le livre du
destin. En vain le père et la mère de Kâmrûp avaient-ils
fait leurs efforts pour éloigner de leur fils cette heure
fatale : personne ne peut effacer l'arrêt du sort, ce que
Dieu prévoit doit immanquablement arriver. Tandis que
Kala faisait amener Kâmrûp auprès d'elle, le destin était
là veillant sur sa proie.

En apercevant l'éclatante beauté de Kala, le kunwar
hors de lui se laissa tomber sans connaissance, et la
princesse en voyant Kâmrûp oublia tout ce qu'elle avait
dit. Elle qui voulait le retenir captif fut chargée des fers
de l'amour. Son cœur s'attendrit; que dis-je? la charmante figure du prince troubla sa raison. La flèche de
l'amour les perça l'un et l'autre; la chaîne de l'amour
les serra tous les deux. Kala s'empressa d'accourir auprès
du prince évanoui. Le papillon vient ordinairement se
précipiter sur la lampe : ici cet admirable flambeau alla
trouver au contraire le papillon. Elle aida Kâmrûp à se
relever, et le mit au milieu de son palais. Là elle lui fit
respirer de l'ambre et du musc, et répandit sur son
visage de l'eau de rose. Le prince ne tarda pas à revenir
à lui, mais pour s'évanouir une seconde fois. En voyant
encore Kala, le kunwar tomba de nouveau sans connaissance. Lorsqu'il eut repris ses sens, il put enfin admirer ses charmes d'un regard assuré. Kala de son côté
considéra fixement le prince. Ils s'examinèrent mutuellement, mais ce qu'ils ressentaient était inexprimable.
Enfin Kala prit la parole et s'enquit au prince du nom
de son pays. « O fée qui m'as charmé, répondit le
« kunwar, toi dont l'amour m'a privé de la raison, sache
« que mon père se nomme Raj-Pit; ma mère Sundar-rûp
« et moi-même Kâmrûp. Ma patrie est Aoude; c'est là
« que j'habite ordinairement et j'ignore qui m'a conduit
« ici. » En entendant ces mots, Kala lui dit : « Puisqu'il
« en est ainsi, ne te tourmente pas, habite avec moi ce
« palais; nous resterons joyeusement réunis ensemble.
« — Mais qui es-tu donc ? interrompit Kâmrûp, et fais-

« moi savoir à ton tour quelle est la région où je suis ac-
« tuellement, quel est le nom de ton père et le tien
« propre. —— Ce pays est ma patrie, répondit la prin-
« cesse ; je me nomme Kâmkala ; mon père se nomme
« Kâmrâj, il gouverne tout Sarândîp. »

Le kunwar approuva par son silence la proposition
que venait de lui faire Kala, l'amour les unit dans le
sommeil et ils ressentirent toute la violence de ce sentiment. Ils firent serment de demeurer ensemble ; Kâmrûp
renonçant, pour plaire à sa bien-aimée, à retourner dans
sa patrie. Dès ce moment ils se considérèrent comme
amants. Pour cimenter leur union, Kala prit une coupe
colorée par une liqueur vermeille et l'offrit au prince
d'une main amie. Kâmrûp la prit avec grâce, et satisfait il
but à longs traits le vin d'un malheureux amour. Pleine
d'empressement pour Kâmrûp, la princesse donna ordre
à Lata d'appeler les bayadères et de les inviter à charmer
le prince par le gracieux spectacle de leurs danses et de
leurs pantomimes. Aussitôt on entendit le son du tâl et
du mirdang ; de belles femmes vêtues du sârî qui ne les
couvrait qu'à demi, et les mains teintes de menhdî, se
mirent à exécuter des pas variés. Aussi brillantes que la
lune lorsque, pendant la nuit, elle éclaire l'horizon,
pareilles aux nymphes de la cour d'Indra, elles s'agitaient
en tous sens.

Le prince n'avait jamais rassasié sa vue d'objets aussi
ravissants, et toutefois en voyant cette foule de femmes
plus belles les unes que les autres, il ne fut pas ébranlé
dans l'amour qu'il avait voué à Kala, parce qu'en effet
l'amour est un ; et quand on l'a ressenti pour une per-

sonne , on ne saurait l'éprouver pour une autre. A tous
moments Kala disait quelques mots à l'oreille du prince ,
et celui-ci répondait à ces prévenances par des témoi-
gnages d'amour. On fit bien des jeux et des divertissements en leur présence , mais ils n'y prirent aucune
part. Pendant deux gharî ils ne cessèrent de s'entretenir
ensemble et de consolider ainsi cet amour de sentiment.
Ils étaient hors d'eux-mêmes, dans l'ivresse du plaisir,
lorsque arriva le moment fatal fixé par le destin , moment
où devait commencer pour Kâmrûp une série de maux
incalculables. Ainsi les instants du bonheur dont il jouissait s'évanouirent avec rapidité, l'heure de ce doux oubli
s'écoula promptement.

CHAPITRE V.

RÉVEIL DE KAMRUP.

Plongé dans la volupté, Kâmrùp tenait dans son rêve de charmants discours, lorsqu'il ouvrit les yeux, et ne vit plus ni l'assemblée brillante au milieu de laquelle il se trouvait, ni la princesse dont la beauté le ravissait. De quelque côté qu'il portât ses regards, il n'apercevait que son propre palais et son jardin. Toutefois l'amour de Kala remplissait son cœur ; son image errait auprès de lui. Les douces paroles qu'il avait entendues étaient présentes à son esprit, et cependant le nom de cette beauté et tout ce qui pouvait faire découvrir qui elle était s'étaient effacés de sa mémoire. Il avait tout oublié, si ce n'est les traits chéris de Kala qui étaient gravés dans son cœur comme une inscription sur la pierre. En réfléchissant à la position cruelle où il se trouvait, il tomba de son lit sur la terre en poussant des soupirs. Sans savoir ce qu'il faisait, il déchira le collet de sa robe tandis que des pleurs inondaient son visage.

Cependant les six amis de Kâmrùp qui veillaient constamment à sa garde, et qui en ce moment étaient auprès de lui, s'empressèrent de le relever et se demandèrent si quelqu'un n'aurait pas jeté par hasard un sort sur lui, ou s'il n'aurait pas vu quelque chose d'effrayant en songe. Kâmrùp ne dit pas un mot, et il semblait même ne pas entendre les paroles qu'on lui adressait :

il répandait des larmes abondantes, et de désespoir se frappait la tête. Bientôt il mit tous ses vêtements en pièces et s'évanouit complétement. Aussitôt que le mahârâj eut appris cette nouvelle, il se rendit en toute hâte au palais du prince royal. Lorsqu'il le vit privé de sentiment comme un homme ivre mort, il se mit à frapper de sa main droite la paume des mains du kunwar, et, l'appelant à grands cris, il prononça ces mots : « Kâmrûp, « ton père est devant toi ; il te supplie de lui faire con« naître la cause de l'accident qui vient de t'arriver. » Mais son fils infortuné ne l'entendait pas, il ignorait jusqu'à sa propre existence. Il ne disait rien de sa bouche, il n'entendait rien de ses oreilles : toutefois il ne cessait de répandre des larmes et de se frapper la tête. (C'est qu'en effet lorsque l'amour a pris possession du cœur on ne connaît plus ni père ni mère, on se méconnaît soi-même.) Le mahârâj, vivement affecté, dit alors à ceux qui l'entouraient : « Je vois avec peine que notre « cher prince n'a pas de force d'âme : faites venir tous « les sages de la ville.. ». Donnez-moi quelque bon conseil. « Si vous guérissez mon fils bien-aimé, je vous accor« derai volontiers en récompense Aoudhpûr, ma ca« pitale. »

On ne tarda pas d'annoncer à la reine la nouvelle de l'accident arrivé à Kâmrûp par suite d'une impression fâcheuse éprouvée dans le sommeil. Cette tendre mère se mit alors à jeter des cris perçants, à pleurer et à se frapper la tête avec violence. En sortant de son palais pour se rendre à la demeure du kunwar, elle demandait à chacun son cher fils. Lorsqu'elle le vit hors de lui comme s'il avait perdu la raison, elle poussa de longs gémissements sans pouvoir proférer une parole. De sa blanche main elle frappa ses joues vermeilles, et les rendit bleues comme le nénuphar. Dans sa désolation elle mit en désordre ses cheveux parfumés, et, sans cesser de pleurer et de se frapper la tête, elle s'écriait continuellement : « Mon cher fils, ta mère est en ta présence ; « elle te supplie de lui adresser la parole. » Ce fut en vain, le kunwar ne répondit pas plus à sa mère qu'il n'avait répondu à son père ; il n'interrompait son silence que par de profonds soupirs.

Sur ces entrefaites les personnages plus ou moins habiles qu'on avait appelés accoururent au palais du prince. Les médecins arabes et hindous s'accordèrent à dire qu'il y avait extravasation de sang dans le foie. D'un autre côté, les magiciens employèrent tout leur art pour découvrir la maladie du prince ; les pandits réfléchirent aussi sur cet accident et furent d'avis qu'on avait jeté probablement un sort sur le kunwar, et que pour le détourner il fallait faire de nombreuses aumônes. Les brahmanes récitèrent des prières à Sîva, et assurèrent que l'ombre d'un Dîv devait être tombée sur Kâmrûp. Enfin tous les mulla et les autres officiers de l'empire le regardèrent attentivement, et déclarèrent qu'un être de l'ordre des génies avait été en contact avec lui. Toutefois ni les amulettes des mulla, ni les dispositions des sages n'eurent aucun résultat. On amena devant le prince différents percepteurs d'impôts qui mirent leurs coffres à sa disposition, mais il ne forma aucun désir. Chacun donna son avis, mais personne ne

sut deviner le véritable motif de son violent chagrin.
Les pandits ne furent pas plus habiles que les magiciens,
les enchanteurs et les sorciers. Kâmrûp resta trois jours
sans boire ni manger et sans proférer une parole.

Convaincus de l'inutilité de leur présence, ces personnages se retirèrent tous et Mitarchand demeura seul
avec le kunwar. Mitarchand était le jeune ami du prince
qui devait lui servir un jour de ministre; il se distinguait
déjà par sa prudence et son savoir. Quand il se vit seul
avec Kâmrûp, il saisit son poignard, et, le tenant contre
son cou, il adressa ces mots au kunwar : « Fais-moi
« savoir, je t'en conjure, la vraie cause de ta tristesse.
« Dis-moi si l'état évident de souffrance où tu te trouves
« n'est pas le résultat d'un songe. Une affaire ne saurait
« s'arranger par le silence ; ce n'est qu'en disant sa peine
« qu'on peut espérer de soulager son cœur. Instruis-
« moi donc de ce qui t'est arrivé ; indique-moi les pensées
« qui t'occupent. Si tu persistes à te taire, je plongerai
« devant toi mon poignard dans mon cou, et à tes
« pieds je me sacrifierai. » Kâmrûp attendri prit avec
émotion la main de Mitarchand : « Quel discours, lui
« dit-il, veux-tu que je te tienne ? Tu ne pourras jamais
« comprendre tout ce que j'éprouve dans mon cœur.....
« Tandis que je reposais au milieu de ce palais, j'ai songé
« que j'étais bien loin dans une autre ville. Je me suis
« trouvé dans un beau jardin, puis dans un somptueux
« édifice. Là était une femme charmante entourée de
« jeunes compagnes de différents teints, qui parlaient
« folâtrement entre elles. Leur maîtresse, aux formes
« lunaires, était assise auprès de moi ; c'est elle qui

« s'est rendue la souveraine de mon cœur. — Mais
« quelle est cette femme ? dit Mitarchand en l'interrom-
« pant ; quel est son père, son pays ? Si tu peux me dire
« seulement son nom et le lieu où elle demeure, j'irai l'en-
« lever pour toi, sa ville serait-elle située dans les airs.
« — Hélas ! répondit Kâmrûp, je lui ai bien entendu
« prononcer le nom de son pays, et le sien propre ; mais
« j'ai tout oublié, l'extrême joie que j'éprouvais ne m'a
« pas permis d'en garder le souvenir. Ce qu'elle m'a dit
« s'est effacé de ma mémoire ; sa forme seule de parî y
« est demeurée gravée à jamais. » Mitarchand, étonné du
discours de Kâmrûp, ne se laissa pas cependant aller au
découragement : « Écoute, lui-dit-il, suis le conseil de
« ton ami. Reste tranquille dans ton palais, et confie-toi
« en la divine providence. Actuellement que ton secret
« ne pèse plus sur ton cœur, prends un peu de nourri-
« ture. Je vais m'occuper des moyens de te réunir à l'objet
« de ton amour. »

Alors Mitarchand eut l'idée de faire renouveler les
distributions aumônières, qui avaient si bien réussi à son
père. Il donna ordre d'inviter tous les étrangers qui vien-
draient par hasard dans la ville, à prendre part à ces
distributions et même à venir se loger dans la chau-
derie où elles avaient lieu. Lorsqu'il se présentait des
inconnus, il leur disait : « Venez entretenir un instant le
« prince, racontez-lui quelque histoire dont vous aurez
« été témoins oculaires ; dites-lui ce que vous croirez
« pouvoir l'intéresser. Si vos paroles lui rappellent des
« souvenirs que sa mémoire infidèle a oubliés, je n'épar-
« gnerai ni l'argent ni l'or. » Au soir Mitarchand amenait

donc au kunwar ces étrangers et le priait de les écouter. Chacun d'eux racontait en effet son histoire, mais Kâmrûp n'ouvrait jamais la bouche pour faire aucune réflexion, et des pleurs ne cessaient de couler de ses yeux. Répandre des larmes était sa seule occupation, tandis que son ami poursuivait avec ardeur son plan généreux.

La situation du prince Kâmrûp était telle que nous venons de la décrire; passons actuellement à celle de Kala.

CHAPITRE VI.

RÉVEIL DE KALA.

De son côté, Kala se réveillait en sursaut de son sommeil, l'esprit agité par mille pensées. Elle jette avidement les yeux de tous côtés, et n'aperçoit que son palais, elle ne voit plus ni le jardin ni le prince. Toutefois le songe qui l'avait charmée était profondément gravé dans sa mémoire. Lorsque les munî en eurent connaissance, ils furent étonnés et se demandaient l'un à l'autre quel pouvait être ce songe extraordinaire. Ils ignoraient que le glaive d'un malheureux amour devait percer le sein de cette intéressante princesse. En effet celui qu'elle avait vu n'était pas mahram pour elle, et déjà le cœur de Kala, comme une lampe, brûlait sans huile ni mèche des feux de l'amour, tandis que des larmes abondantes ne cessaient de couler de ses yeux. Bientôt ses membres frais et délicats perdirent toute leur vigueur, son teint coloré devint jaune. Elle ne parlait plus à personne, le sourire n'était plus sur ses lèvres : de froids soupirs, au contraire, s'échappaient à chaque instant de son sein. L'esprit rempli des discours de Kâmrûp, elle était constamment plongée dans le trouble de l'amour. Les larmes étaient sa nourriture et son breuvage ; aussi son corps amaigri contracta-t-il bientôt une couleur bleuâtre.

En voyant l'état de sa fille le mahârâj fit appeler les

médecins arabes et hindous de sa capitale, mais leurs médicaments ne produisirent aucun effet. Kala reçut aussi la visite de ses amies sans en éprouver aucune distraction. Tel fut son état nuit et jour durant un an. Pendant tout ce temps elle n'eut pas un instant de repos, et fut complétement dévorée par les feux de l'absence. Enfin Kala se rappela qu'il y avait au milieu de la ville un grand temple avec un couvent où demeurait un gurû de la secte de Sîva. Dans ce temple nommé Hardwâr, le roi Kâmrâj avait l'habitude de faire le pûja du grand Dieu. Ce fut là que la princesse Kala se décida d'aller découvrir sa peine à la divinité. Cette résolution ne fut pas plutôt fixée dans son esprit qu'elle se rendit au temple dont nous parlons. Le gurû qui le desservait était un brahmane nommé Sumit. Kala se présenta poliment à lui et donna ordre à ses gens de rester hors du temple. Lorsqu'elle se vit seule avec le vénérable brahmane, elle adora d'abord le dieu vénéré dans le temple, et lui offrit en sacrifice ce qu'elle avait apporté; puis, se tenant debout, elle fit les cérémonies du pûja et prononça ces mots devant l'idole de Sîva : « Grand dieu, « inspire-moi ce que je dois faire pour être unie à Kâm- « rûp. Si je réussis dans mon désir, je viendrai t'offrir un « nouveau sacrifice ; mais, dans le cas contraire, tu ne « me verras plus dans ce temple. »

Le brahmane avait tout entendu. Il dit alors à la princesse en la regardant : « De quoi s'agit-il, belle Kala ? « je vois que tu as perdu ton embonpoint et tes couleurs, « tu es complétement changée, et tes discours ne sont « plus les mêmes. Fais-moi connaître ce qui t'est arrivé,

« apprends-moi ce qui te tourmente, et je te promets de
« t'indiquer un expédient tel que ta peine se dissipera
« bientôt complétement. » Kala leva les yeux, et regardant le brahmane lui raconta naïvement le songe qu'elle
avait eu, et lui dit en finissant que ce, qu'elle désirait
de lui était qu'il conduisît Kâmrûp auprès d'elle, et qu'il
la présentât au prince. Elle lui répéta les discours du
kunwar, et lui décrivit jusqu'aux moindres signes particuliers de son visage. Sumit écouta les paroles de
Kala, puis il lui demanda si elle savait le nom de la ville
du charmant jeune homme dont elle était éprise, et
celui de son père, en lui assurant que dans ce cas il
saurait le trouver, fût-il dans les régions éthérées. « Il
« m'a bien dit tout cela, répondit Kala, mais je l'ai oublié.
« Ses traits seulement aussi doux que l'aspect de la lune
« sont restés fixés dans mon esprit; je me le représente
« jour et nuit, lorsqu'il fit serment en plaçant sa main
« sur la mienne de m'aimer toujours, et qu'il but la coupe
« de vin que je lui présentai. C'est précisément dans ce
« moment délicieux que mes yeux s'ouvrirent, et que le
« jardin et le jeune homme au teint de roses s'évanouirent
« sur-le-champ. Mais ma mémoire ne me le rappelle que
« trop, car depuis ce jour fatal mon cœur me rend mal-
« heureuse. Ce songe m'a plongée dans le chagrin, et je
« n'ai personne à qui je puisse confier ce que je ressens.
« Mais que dis-je? je viens de vous le faire connaître.
« Veuillez donc être mon purohit dans cette affaire, et
« que par vos soins je retrouve le repos. »

Sumit réfléchit un instant sur la confidence que
Kala venait de lui faire, et lui dit ensuite : « Retourne

3

« dans ton palais, prends un peu de nourriture et de-
« meure en repos. De mon côté j'irai faire des recher-
« ches dans ce pays et dans les contrées étrangères,
« j'errerai de palais en palais, dans chaque ville, et
« j'espère pouvoir te réunir au prince que tu m'as dé-
« peint. — Bien, répliqua Kala ; actuellement que tu as
« entendu mes paroles, j'ai la confiance que tu pourras
« m'unir au kunwar. Mon cher brahmane, amène auprès
« de moi l'objet de mon amour, montre-moi sa char-
« mante figure. Oui, je te prends pour mon purohit et
« j'ai la confiance que tu m'uniras au prince. » Après
avoir dit ces mots, elle remit à Sumit une boucle de ses
cheveux et retourna dans son palais, tandis que le brahmane, ayant pris congé d'elle, se mit en marche pour
chercher le prince. Il quitta sa ville natale et se dirigea
du côté où il croyait trouver le kunwar. Il parcourut
différentes contrées, il fit partout des recherches, mais
il ne rencontra le prince nulle part. Il erra ainsi, nuit et
jour, une année entière sans trouver la patrie de l'amant
de Kala. Enfin, après bien des journées de marche et des
courses incertaines, il arriva dans la ville de l'amoureux
kunwar, c'est-à-dire dans la cité d'Aoudhpûr en Aoude
et Gorakh, et il se présenta devant les personnes chargées des distributions aumônières dont nous avons parlé,
s'annonçant comme étranger et voyageur. Celles-ci s'empressèrent de lui donner de la nourriture en l'invitant à
s'asseoir et à prendre ce qu'elles lui offraient.

A peine eut-il satisfait son appétit que Mitarchand
conduisit cet inconnu au palais du prince Kâmrûp.
La situation du kunwar n'était pas changée, des pleurs

coulaient sans cesse de ses yeux. Cependant Mitarchand fit asseoir le brahmane auprès de Kâmrûp en
se disant à lui-même qu'il viendrait bien à bout de
réunir ce prince à Kala. Sumit lui demanda quel genre
d'histoire il désirait qu'il racontât, s'il voulait des aven-
tures· humaines ou de la féerie, de quel pays il fallait
lui parler, si c'était du sien propre ou des contrées
étrangères qu'il avait parcourues. Mitarchand lui dit
de raconter son histoire et celle de son propre pays.
« Je suis, reprit alors Sumit, de la ville de Sarândîp et
« j'habite le temple d'Hardwâr. » Au mot de Sarândîp,
le kunwar hors de lui tomba sans connaissance. Lorsqu'il eut repris ses sens, il s'écria : « Sarândîp est le
« nom du pays de celle qui a touché mon cœur. » Mitarchand, attentif à tout ce qu'il entendait, pressa Sumit
de continuer son histoire. Le brahmane après être resté
quelques instants à réfléchir : « Le grand Kâmrâj, dit-il,
« gouverne mon pays. » Au nom de Kâmrâj, nouvelle
exclamation du kunwar, qui, plein de joie, dit à Mitarchand : « Kâmrâj est le nom du père de celle qui m'a
« enchanté ; elle m'a dit effectivement qu'il était roi de
« Sarândîp. » Alors le brahmane, reconnaissant dans
l'affligé Kâmrûp celui dont Kala était éprise, s'empressa
de lui exposer tout ce qui pouvait l'intéresser. « Kâmrâj,
« dit-il, a une fille belle comme le soleil, jolie comme
« la lune ; elle se nomme Kala : c'est moi qui lui ai don-
« né ce nom. » A ces mots le kunwar soupira et perdit
une seconde fois connaissance. Lorsqu'il revint à lui,
il dit en criant et versant des larmes : « Oui, son nom
« est bien Kala. » Ensuite il écouta tout ce que Sumit

3.

lui dit de cette princesse. Celui-ci lui raconta même le
songe qu'elle avait eu. « Kala, lui dit-il, était paisible-
« ment endormie dans son palais, quand elle rêva qu'elle
« allait se promener dans son jardin. Après l'avoir par-
« couru, cette princesse, qui était destinée à être con-
« sumée d'amour, comme la bougie que dévore la
« flamme, s'assit dans son palais. Ce fut là qu'elle apprit
« qu'il y avait un homme dans ce jardin et que dès ce
« moment son cœur fut en proie à l'agitation. Elle dit à
« ses femmes de le lui amener, et elle se promettait
« de le traiter cruellement; mais lorsqu'on l'eut con-
« duit auprès d'elle et qu'elle l'eut regardé avec atten-
« tion, elle fut éprise de cet intéressant étranger. De
« son côté Kâmrûp tomba évanoui. Kala accourut avec
« empressement auprès du kunwar, elle lui fit reprendre
« ses sens et le fit asseoir en sa présence; ensuite elle
« jura d'être à lui. Ils prirent la coupe du plaisir et de
« l'amour, et d'un commun accord ils la vidèrent gaie-
« ment. Sur ces entrefaites Kala se réveille en sursaut
« et ne voit plus ni le jardin, ni le lieu que son ima-
« gination lui représentait dans son rêve. Depuis ce jour
« fatal la fille de Kâmrâj a été sans repos; des pleurs
« n'ont pas cessé de couler de ses yeux. Affamée et
« altérée de voir le prince, elle a été la proie de la
« folie; son corps a dépéri, de froids soupirs s'élèvent
« sans cesse de sa poitrine; elle ne parle plus à per-
« sonne; le sourire a quitté ses lèvres; son esprit n'est
« plus occupé que de ce qu'elle a vu dans ce songe
« fatal; son teint est devenu jaune, son corps d'une
« extrême maigreur et ses yeux sont jour et nuit inondés

« de larmes. Elle est ainsi restée un an entier dans la
« douleur la plus profonde. Enfin, elle s'est décidée à
« venir au temple d'Hardwâr où elle a exposé la situation
« de son cœur. J'entendis sa confession et lui demandai
« des détails circonstanciés. « Que t'est-il donc arrivé de
« pénible? lui dis-je; qu'est devenue ta fraîcheur et ta
« beauté? qu'est devenu ton ancien enjouement et ton
« embonpoint? Parle, je suis plein de confiance en tes
« discours et tu peux compter sur mon dévouement. »
« Alors Kala se résolut à me conter toute sa peine. Elle
« me dit ensuite en me faisant approcher plus près d'elle :
« Je compte sur toi, tu me réuniras au jeune prince que
« j'ai vu en songe. » Après avoir entendu Kala m'exposer
« tout ce qui occupait péniblement son esprit, je lui
« demandai si elle savait le nom de celui dont elle était
« éprise ; mais elle ne se souvint ni de son nom, ni
« même de celui de la ville qu'il habitait. « Je ne me rap-
« pelle plus, me dit-elle, tout ce qu'il m'a dit, mais les
« traits de son visage sont restés gravés dans mon ima-
« gination. Quoi qu'il en soit, si tu viens à bout de l'unir
« à moi, je te donnerai tout ce que tu me demanderas
« hors le prince lui-même. Fais donc des recherches et
« amène-le-moi d'une manière ou d'autre. » Kala me
« remit ensuite une boucle de ses cheveux et retourna
« dans le palais où elle résidait. Depuis ce jour-là j'erre
« sous ce costume, de ville en ville, de pays en pays.
« Enfin, après bien des courses incertaines, j'ai atteint
« aujourd'hui la ville d'Aoudhpûr où je trouve le prince
« désigné par Kala. Je le reconnais en effet, d'après le
« signalement qu'elle m'en avait donné. »

Kâmrûp, satisfait de ce qu'il venait d'apprendre, s'é-
cria : « Voilà bien, tel que je l'ai raconté, ce songe qui
« est toujours présent à mon esprit. Partons, conduis-
« moi, ô brahmane, dans le pays de Kala et je te don-
« nerai ce que tu désireras, richesses, empire. »

Karamchand réfléchit à tout ce qu'il avait entendu et
s'empressa d'aller le communiquer au mahârâj. Celui-
ci, persuadé que le sentiment de l'amour avait souvent
des suites bien funestes, médita sur la circonstance, et
ayant fait venir Kâmrûp, il lui dit : « Reste tranquille,
« jeune prince, et je te promets d'employer tous mes
« soins pour te faire donner Kala. J'écrirai au roi Kâm-
« râj. S'il gouverne Sarândîp, Aoude et Gorakh ne sont-
« ils pas soumis à mes lois? Oui, j'espère que ce ma-
« hârâj m'accordera sa fille pour toi et qu'ainsi je pourrai
« te présenter la bien-aimée de ton cœur. — Demeu-
« rer à Aoude, répondit Kâmrûp, est désormais trop
« pénible pour moi. Je ne pense pas comme le roi, et
« je ne me sens pas assez de sang-froid pour laisser aller
« d'autres personnes à ma place. L'amour me tient telle-
« ment en sa puissance que ma seule nourriture est
« désormais le nom de Kala. En me mettant au monde,
« le Créateur m'a choisi pour être l'amant malheureux de
« cette princesse. Je veux tout quitter, et, vêtu en jogui,
« errer dans le monde jusqu'à ce que je la revoie. Rien,
« si ce n'est son nom, ne saurait me plaire à présent, ni
« la nuit ni le jour. Consens donc, ô mon père, à ce que,
« accompagné de Sumit, j'aille au pays de Kâmrâj. Je ver-
« rai ainsi Sarândîp, la ville de ma maîtresse ; j'irai ren-
« dre mon hommage à Sîva dans le temple d'Hardwâr. »

Kâmrûp ne pensait ni à sa caste qu'il allait perdre, ni à la fatigue que son corps allait supporter; il n'était occupé que de son amour. Sa santé cependant était altérée et la privation de Kala le mettait dans une agitation continuelle. Il demandait qu'on l'unît à Kala dont il répétait le nom, et sa tendresse pour elle augmentait de plus en plus. Comme il ne prenait aucune nourriture, son corps n'était plus que peau et os. On tâcha de faire entendre au prince le langage de la raison, mais on n'en put venir à bout. Quand le mahârâj vit l'inutilité de ses soins, il dit à son ministre Karamchand : «Puisque la passion de mon fils est une «maladie incurable, il faut lui montrer Sarândîp. «Toutes nos précautions ont été inutiles, l'amour a «rempli sa vie. En vain l'ai-je placé dans un jardin «que j'avais fait préparer pour lui au milieu de la «ville; ce que la providence avait déterminé s'est ac- «compli.»

Alors Sumit fit connaître le chemin qu'il fallait prendre pour se rendre à Sarândîp en passant par le Bengale : «On fait, dit-il, un trajet de six mois à travers «les jangles; mais on ne passe qu'un mois en mer.— «Bien, dit le mahârâj, puisque de cette manière il ne «lui faudra qu'un mois pour aller et un pour revenir, «c'est cette route qu'il convient de prendre. Je veux «qu'un bon nombre de personnes l'accompagnent, et «notamment ses six amis et Sumit, et je désire qu'aus- «sitôt que Kâmrûp aura été uni en mariage à Kala il «revienne ici en toute hâte.»

Karamchand, après avoir entendu tous ces discours,

réfléchit sur les mesures à prendre pour le voyage projeté. Il disposa des tentes de toute espèce à l'usage du kunwar et tint prêts toutes sortes de chevaux; il fit, en un mot, tous les préparatifs du voyage. Il remit à Kâmrûp de l'argent et de l'or en abondance. De son côté le jeune prince, pensant à son départ prochain, dut se concerter avec les pandits pour en fixer l'heure. Il voulait se hâter de quitter Aoude à l'insu de son père, pour se rendre ensuite à Sarândîp où il espérait être uni de suite à Kala. Cependant le mahârâj se désolait : « Quoi, disait-il, c'est donc en vain que j'ai soi- « gneusement veillé sur la conduite de mon fils ! Tout « ce que mon esprit m'a suggéré n'a servi de rien ; il a « fallu que ce qui était destiné relativement au kunwar « trouvât son accomplissement. »

Après que Pit eut reçu les adieux du kunwar, celui- ci alla au palais de sa mère, et se tenant respectueuse- ment devant elle : « Reçois mes adieux, lui dit-il, ô « ma mère bien-aimée ! Laisse-moi te quitter : l'instant « est favorable pour mon départ. Que tes sentiments de « tendresse pour moi n'éprouvent par mon absence au- « cune altération. » Sundar-rûp répondit au prince : « Je « te considère comme la lumière de mes yeux, et c'est « ta vue qui me fait vivre ; mais à présent je vais passer « ma vie dans un continuel chagrin. Crois-tu, mon cher « fils, que je puisse demeurer dans cette ville sans toi ? « J'aimerais mieux abandonner mon palais pour te suivre « et perdre pour toujours ma caste. Comment pourrai- « je rester dans ce pays, tandis que tu parcourras « d'autres régions ? Je ne t'ai eu qu'après avoir violem-

« ment souffert, et tu ne ressens pas d'affection pour
« moi! Depuis que tu as mis le pied dans le monde,
« tu as été constamment sous mes yeux ; mais désor-
« mais, quand pourrai-je te voir et t'adresser la parole ?
« Sans toi ma destinée n'est plus qu'affliction. » Sundar-
rûp tint encore d'autres discours, mais le kunwar ne
changea pas de résolution ; toutefois il lui dit avec
attendrissement ces paroles : « Je me souviendrai tou-
« jours de l'affection que tu me montres en cette cir-
« constance, j'en serai pénétré de reconnaissance tant
« que le firmament enveloppera la terre ; mais permets-
« moi de te quitter actuellement et de me mettre en
« route pour Sarândîp, où je dois être uni à Kala. »
Alors Sundar-rûp serre le kunwar contre sa poitrine,
et, pleurant et poussant des soupirs, elle lui dit : Tu
« pars donc décidément et tu laisses ta mère ! du moins
« reviens promptement. » Ensuite elle demande qu'on
lui apporte le dahî qui devait servir de bon augure
pour le voyage du prince. Quand il l'eut pris, sa mère
lui met au front la marque nommée tîka, et se résigne
à le laisser aller, rassurée par ces gages favorables.

CHAPITRE VII.

VOYAGE DE KAMRUP.

Alors le kunwar quitte Aoudhpûr, et, plein de joie, il se dirige vers Sarândîp. Ses six amis et le brahmane Sumit étaient avec le prince, lui témoignant la plus vive amitié. D'autres personnes l'accompagnaient et veillaient sur lui. Ils placèrent Kâmrûp au milieu d'eux et se mirent en chemin annonçant à haute voix qu'ils allaient à Sarândîp.

Cependant le prince ne savait s'il faisait jour ou nuit, il ne s'occupait que de son amour. Il demandait sans cesse au brahmane des nouvelles du pays de Kala. Il ne prenait pas de repos un seul instant. Le nom de Kala seul était continuellement dans sa bouche; ce nom faisait son bonheur. Nulle autre pensée que le souvenir de Kala n'occupait son esprit.

Il accéléra le plus qu'il put sa marche et il arriva en peu de temps à la ville d'Hougly. Le roi Karan y régnait, monarque assidu dans la pratique des bonnes œuvres et des austérités. En arrivant à Hougly, le prince visita Karan et le pria de lui donner quelques conseils pour son voyage. « Prince, si tu m'en crois, lui « dit Karan, tu ne poursuivras pas ta route, car il te « faut actuellement traverser la mer, élément où se « rencontrent mille dangers. Retourne donc en ta ville « natale et cesse de penser à entreprendre un trajet

« aussi périlleux. » Lorsque Kâmrûp entendit ces mots,
il se frappa la tête en prononçant le nom de Kala.
« Les conseils de la sagesse, répliqua-t-il, sont actuel-
« lement inutiles; il faut que je parte pour Sarândîp.
« Mon cœur, qui est un océan d'amour, doit-il craindre
« d'affronter les périls de la mer? Je ne puis être dirigé
« ni par la raison ni par la sagesse : ainsi je ne te de-
« mande que des informations pour mon voyage. »
Karan, s'étant convaincu que l'amour violent du prince
était un mal incurable et que le seul remède à cet état
ne pouvait être que la vue de Kala, consentit à lui procurer les moyens d'aller à Sarândîp, où il devait voir
cette beauté : il lui fournit donc des vaisseaux et les
objets nécessaires pour la traversée.

Quand tout fut prêt pour le départ, le prince et les
gens de sa suite montèrent sur les navires; ils firent
les dispositions nécessaires, levèrent l'ancre et quittèrent le pays d'Hougly, les voiles tendues et enflées
par le vent. Lorsque ces vaisseaux eurent laissé le
rivage, ils furent dirigés avec prudence vers Sarândîp
et voguèrent nuit et jour sans jeter l'ancre. Après un
long trajet ils arrivèrent près de l'île, et bientôt chacun
put l'apercevoir. Alors le brahmane Sumit dit au
kunwar : « Voilà le pays où règne Kâmrâj; voilà sa ca-
« pitale, ici est le palais de Kala, là le temple dont
« je t'ai parlé. Ainsi tu vas être bientôt heureux auprès
« de ta bien-aimée. » En entendant ces mots, Kâmrûp
fut rempli de joie et les gens de sa suite lui souhai-
tèrent toutes sortes de bénédictions. Ils tombèrent
d'accord de ne pas rester longtemps à Sarândîp, mais

de retourner avec empressement en Aoude aussitôt
que le mariage de Kâmrûp et de Kala serait conclu.
Ils avaient à peine fait ce projet qu'il survint un affreux ouragan.

CHAPITRE VIII.

LE NAUFRAGE.

Les vaisseaux chargés du prince Kâmrûp et de ses compagnons étaient près de Sarândîp lorsqu'un vent impétueux vint soulever les flots de la mer. Marins et passagers, tous se mirent à jeter des cris de désespoir. Bientôt ces vaisseaux, abandonnés aux vagues agitées. ne tardèrent pas d'être démâtés. Il était alors impossible d'espérer, on n'avait d'autre ressource que la résignation. Les navires voguant au gré des ondes furent donc dispersés et mis en pièces; ainsi s'accomplissait le destin malheureux du prince. Cependant les voyageurs se laissaient entraîner par les flots sans pouvoir se communiquer leurs pensées. Le kunwar avec ses six amis et le brahmane Sumit étaient restés ensemble sur une portion d'un navire. Ils allaient çà et là poussés par les vagues en répétant le nom de Kala, car le kunwar était plus touché de la séparation de cette princesse que de la situation déplorable où il se trouvait. Cependant la fluctuation de la mer fut si grande que les planches sur lesquelles les huit amis s'étaient réfugiés se divisèrent. Ils furent ainsi séparés et continuèrent à voguer isolément sans toucher le fond de l'eau ni aborder à un rivage. Tandis que les compagnons de Kâmrûp ignoraient ce qu'il était devenu, la planche que celui-ci tenait embrassée était portée çà et là par les flots. Il n'éprouvait néanmoins aucune crainte; il ne pensait qu'à celle à qui il avait voué son existence et en prononçait de temps en temps le nom. Comme il était déjà submergé dans l'océan de l'amour, les flots naturels, loin de lui faire éprouver de l'effroi, semblaient occupés à le servir. En effet, comment craindrait-il la fureur des ondes, celui qui ressent dans son cœur l'agitation du plus violent amour? Semblable, lui-même, à une mer tempétueuse, il est respecté par les vents et par les vagues en courroux.

Cependant la planche sur laquelle Kâmrûp luttait contre les flots errait sur la surface de la mer comme le papillon autour de la bougie. Le prince, séparé de ses compagnons, vogua plusieurs jours de la même manière sans trouver une terre pour se reposer et pour prendre un peu de nourriture. Tout à coup une vague impétueuse pousse la planche sur le rivage. Le prince s'empresse de sortir de l'eau, contraint de suivre sa malheureuse destinée. Il jette avidement les yeux de tous les côtés et ne voit qu'un lieu désert couvert de jangles, où il n'aperçoit ni hommes ni animaux. Il s'assied et reprend haleine pendant deux gharî, ensuite il se lève et s'avance vers les bois; mais il n'a pas la force de marcher, il est obligé de se reposer encore en invoquant le nom de Kala. Enfin, toujours plein de l'idée de sa bienaimée, pleurant et gémissant, il peut parcourir ces jangles dont les arbres touffus portaient des fruits sauvages qui lui servirent de nourriture. En vain traversat-il en tous sens cette immense forêt, il n'y trouva ni route tracée, ni limite qui la terminât. Il continua donc

d'erger journellement au milieu des jangles depuis
l'aurore jusqu'au coucher du soleil. A la nuit il dormait à l'abri des arbres, il n'avait pour compagnon que
son amour, et le nom de sa maîtresse était sa principale
nourriture. A force de marcher, il sortit de la forêt et
arriva dans le pays connu sous le nom de *Tirya-ráj*.
Après avoir poursuivi son chemin pendant un jour entier, il se trouva dans un jardin spacieux.

CHAPITRE IX.

LE TIRYA-RAJ.

Le kunwar parcourut donc une longue étendue de jangles avant d'apercevoir le jardin dont nous parlons. Il y entra, pensant toujours à Kala. Des larmes comme des perles brillantes se détachaient de ses yeux. Tandis que, tenant la tête baissée, Kâmrûp regardait timidement, il s'aperçut que c'étaient des femmes qui gardaient ce jardin. Celles-ci adressant la parole au prince : « Par quel hasard, lui dirent-elles, te trouves-tu dans « ce lieu ? Qui es-tu ? un homme ? Mais, dans ce cas, « ne crains-tu pas pour ta vie ? Sache que cette contrée « est le Tirya-râj où les femmes remplissent toutes les « fonctions ; la reine Râota y règne. Jamais on n'y a vu « d'homme. Dis - nous donc d'où tu es venu ? — Je « suis, répondit le kunwar, d'un pays étranger, et « celui-ci m'est tout à fait inconnu ; j'en ignore les « mœurs et les usages. » Sans écouter ce que Kâmrûp leur disait, ces femmes se saisirent de lui, l'emmenèrent au palais de Râota, et le laissant loin de la reine, elles allèrent dire à celle-ci qu'un homme qui paraissait être un effronté voleur s'était introduit dans leur pays, et que, si sa majesté l'ordonnait, elles lui trancheraient la tête. Râota, pâle de colère, s'écria : « Quoi, un homme « a osé venir parmi nous ! Eh bien, il faut le conduire « à l'instant même en ma présence et le mettre en

« pièces. Qu'on donne ensuite toute la publicité pos-
« sible à cet acte de sévérité, afin qu'un événement
« pareil ne se renouvelle pas et qu'on sache bien que
« nul téméraire ne saurait échapper à son sort. »

Toutefois, lorsque le regard de Râota tomba sur
le prince, son courroux se calma ; que dis-je ? elle
en devint amoureuse. Elle fit, néanmoins, appeler la
femme chargée des fonctions de kutwâl et lui donna
cet ordre : « Garde, lui dit-elle, le prince à vue, en
« attendant que je le fasse périr, afin qu'on ne voie pas
« dans notre ville un visage masculin. » Ayant ensuite
fait venir secrètement cette même femme, elle lui
recommanda de donner des aliments au kunwar et
de le lui amener à la nuit. Celle-ci conduisit le prince
avec elle, et l'invita poliment à prendre de la nourriture ; mais Kâmrûp refusa de le faire, toujours plus
occupé de son amour que de sa propre existence. Alors
cette femme lui dit : « Tu ne dois pas éprouver de tris-
« tesse, car j'ai ordre de te conduire auprès de la reine,
« et je ne te ramènerai pas certainement sans qu'elle
« t'ait fait grâce. »

Cette personne compatissante avait beau consoler
Kâmrûp, il ne savait que pleurer et répéter le nom de
Kala. Conformément à l'ordre de Râota, elle le ramena
néanmoins auprès d'elle, et la prévint que le voleur
était en sa présence. Alors la reine fit approcher Kâmrûp, et, jetant sur lui un regard qu'animait l'amour, elle
le fit asseoir devant elle. Le prince lui obéit la tête
baissée, et Râota s'empressa de l'interroger. Celui-ci,
dressant alors la tête et levant les yeux, lui répondit

4

qu'il était étranger et l'amant de Kala, de laquelle le
sort le tenait éloigné. « Ce nom est pour toi de bon
« augure, dit Râota en entendant le nom de Kala ; cette
« princesse m'aime beaucoup et vient souvent me voir.
« Reste auprès de moi content et tranquille, et je te
« promets de te réunir à elle. » A ces mots Kâmrûp
plein de joie ouvrit son cœur à la reine et lui fit savoir
toute la peine qu'il éprouvait. Il s'imaginait avoir enfin
trouvé le repos, mais il ne se doutait pas que ce repos
factice n'était pour lui qu'un nouveau malheur. Il se
mit donc à parler à Râota de tout ce qu'il ressentait.
Celle-ci, satisfaite de sa supercherie, lui dit en le regardant d'un œil tendre : « Considère-moi comme Kala,
« en attendant que je te réunisse pour toujours à elle. »
Le kunwar content était agité de mille désirs ; cependant il ne voulut pas se rendre à ceux de Râota.
Celle-ci, continuant à l'entretenir de Kala, fit apporter
un flacon plein d'un vin délicieux. Ils burent et se ré-
jouirent pendant deux gharî. Bientôt ils dirent des mots
à double entente qui excitèrent leur gaieté. L'ivresse
les saisit peu à peu et les mit hors d'eux-mêmes ; Kâmrûp, entre autres, perdit tout à fait la raison. Lorsque ce
vin naturel eut produit tout son effet, Râota voulut
alors dormir. Elle fit apporter un lit, et, l'ayant dressé,
elle invita le prince à s'y coucher et à se livrer sans
retard au sommeil ; ensuite elle demanda un autre lit
pour elle-même, et, après l'avoir fait préparer vis-à-vis
du premier, elle s'y plaça, puis s'endormit.

Kâmrûp s'endormit aussi en répétant le nom de
Kala. Il était si fatigué de la route, qu'il fut aussitôt

plongé dans un sommeil profond et vit en songe Kala. Debout devant lui, fronçant le sourcil et tenant son index avec les dents, elle lui dit distinctement : « Tu es « un homme sans pudeur; il n'y a ni vérité dans tes « discours, ni affliction véritable dans ton cœur. Ta vue « m'a plongée dans l'état le plus pénible, et toi, tu te « reposes tranquillement dans le palais de Râota ! La « douleur d'être séparée de toi m'a consumée et rendue « semblable à de la paille, et toi, tu te divertis auprès « d'une autre femme ! Tu m'as trompée en me faisant « des promesses que tu ne devais pas tenir ; tu n'as pas « conservé ta dignité, tu as méconnu l'honneur, la vé-« rité, la justice. » Kala prononça ces mots avec cha-leur et disparut; en même temps le sommeil quitta le kunwar. Agité par le songe qui venait de se présen-ter à son imagination, il se roula sur son lit et tomba par terre en répandant des larmes. Le bruit qu'il fit réveilla Râota, et elle s'empressa de le relever en lui demandant s'il avait eu peur de quelque chose, ou s'il avait été incommodé. Kâmrûp réfléchit que s'il faisait connaître à la reine qu'il avait vu en songe celle qu'il aimait, Râota pourrait, par jalousie, agir envers lui avec déguisement, tandis que, s'il attribuait son acci-dent à la peur, il n'avait rien à craindre. Il répondit donc à Râota : « Pendant que je me livrais au repos, « harassé que j'étais de fatigue, j'ai entendu du bruit « et je me suis effrayé. »

Alors Râota aida le kunwar à se remettre sur son lit, en l'engageant à se calmer, à ne concevoir dé-sormais aucune crainte et à ne se former aucune vaine

4.

chimère. Elle se recoucha de son côté, mais elle ne fut pas plus tôt endormie, que, sans qu'elle s'en doutât, le kunwar s'enfuit, honteux d'avoir entendu retentir à son oreille ces paroles de Kala : « Lève-toi, sors de ce « lieu. » Il alla sous les arbres pour gémir et pleurer en prononçant le nom de sa bien-aimée ; mais bientôt il tomba de faiblesse et perdit tout à fait connaissance.

Mais laissons un instant Kâmrûp évanoui, et parlons de la fée Chandar-mukh qui vint l'enlever.

CHAPITRE X.

ENLÈVEMENT DE KAMRUP.

Chandar-mukh avait pour mère la fée Chitr-sâr; sa patrie était au delà des mers. Aucun visage n'était aussi beau que le sien, elle était fiancée à un génie de la même classe qu'elle. Elle appela ses femmes, demanda son char et y monta. Après avoir parcouru les quatre points cardinaux, elle arrive précisément à l'endroit où le jeune Kâmrûp était étendu privé de connaissance; elle ordonne qu'on arrête son char et qu'on le descende dans ce jardin. Ses femmes lui obéissent et le posent près des mêmes arbres sous lesquels était le prince Kâmrûp. Aussitôt qu'elle l'aperçoit, elle se convainc que c'est un être humain, et commande à ses femmes de le prendre et de le placer sur son char. On lui porte donc le prince évanoui et elle le fait asseoir auprès d'elle. Bientôt les fées rangées en ligne soulèvent le trône et le transportent au delà des sept mers dans la région qu'habitait Chandar-mukh. Là on ne voit ni hommes ni animaux; il n'y a que des fées et un grand nombre de râkas. Ce pays ne se compose que de hauteurs; il n'est autre chose, en effet, que le mont Câf, chaîne de montagnes qui sert comme de clou pour fixer la terre et obvier aux inconvénients qui pourraient résulter des fentes qu'on y aperçoit dès la création.

En arrivant dans ce séjour montagneux, le kunwar
revint à lui. Mais quel est son étonnement de se trouver sur un trône doré, à côté d'une fée charmante!
Il est tellement stupéfait, qu'il ne peut prononcer une
parole et s'imagine être sous l'influence d'un talisman.
Il se livrait à cette idée lorsque la fée lui dit : « Holà,
« être humain, pourquoi restes-tu à me regarder ainsi?
« Tu n'es plus dans le jardin où tu gisais évanoui, tu
« n'es ni dans ton pays, ni chez Râota, auprès de l'ob-
« jet de ton affection. Je t'ai vu, et, éprise de toi, je t'ai
« conduit ici, au delà des sept mers. Ne pense pas à ton
« pays, car y retourner serait bien difficile. Tu es ac-
« tuellement dans le mont Câf, séjour des râkas. C'est
« ici qu'habite la nation des fées, et non la race hu-
« maine. Il faut que tu restes dans ce lieu, bon gré mal
« gré; il faut que tu te décides à y vivre. » Le kunwar,
désespéré de ce discours, se mit à répandre des larmes
abondantes, à se frapper la tête, à se meurtrir le visage.
Loin de sa bien-aimée, il ne pouvait en effet goûter
de repos. Mais que faire contre l'arrêt du destin? Il se
résigna donc à son sort et répondit à Chandar-mukh : « Je
« me trouve sans patrie, séparé que je suis de Kala. La
« providence l'a ainsi voulu, elle m'a livré à cette dou-
« leur: que sa volonté soit faite ! »

Kâmrûp resta pendant une année entière auprès de
cette fée. Durant tout ce temps elle ne le quittait pas
un seul instant; jour et nuit elle était auprès de lui.
Cependant son fiancé finit par connaître l'intrigue de
Chandar-mukh. On vint le trouver et on lui apprit
quelle était la conduite de cette fée : « Elle a introduit.

« lui dit-on, un homme dans son palais, et c'est pour
« ce motif qu'elle ne se rend plus aux assemblées de
« ses compagnes, et qu'elle ne se livre plus avec elles à
« leurs exercices accoutumés. Elle se divertit avec un
« mortel et ne se met plus en peine de toi qui dois être
« son époux. » Le fiancé confus ne proféra pas une
parole, mais il éprouva dans son cœur une peine bien
vive. Incontinent ce parîzâda se mit à chercher Kâmrûp dans l'habitation de Chandar-mukh. Celle-ci, dans
l'ignorance complète de ce qui se passait, avait précisément laissé le prince enfermé dans son palais, et était
allée se promener avec ses compagnes. Le prince était
donc seul et pensait à la belle Kala. Il soupirait en
invoquant son nom, lorsque le parîzâda, conduit par
le son de sa voix, vint dans la pièce où il était, le saisit
violemment et le mit hors du palais; puis, il le fit tenir
devant lui, et, lui frappant le visage avec colère, il lui
demanda pourquoi lui, simple mortel, restait avec une
fée. Le kunwar lui répondit avec émotion : « Je ne suis
« pas venu de moi-même en ce lieu. J'étais évanoui
« lorsque Chandar-mukh, sans que je m'en doutasse,
« m'a enlevé et m'a transporté dans ce palais. Si après
« cette explication tu me trouves encore criminel, me
« voilà devant toi; fais de moi ce que tu jugeras conve-
« nable. » Kâmrûp n'ajouta rien à ces mots. Alors le
fiancé de la fée donna ordre aux parî de prendre le
prince et d'aller dans les défilés des montagnes le livrer
aux premiers râkas qu'ils rencontreraient : « Ainsi, leur
« dit-il, Chandar-mukh ne pensera plus à lui. Aucune
« trace de sa présence ne restera parmi nous. Livrez-le

«donc aux râkas comme je vous l'ordonne; dites-leur
« d'en faire leur nourriture. »

Ces parîzâda prirent donc le kunwar par la main
et l'entraînèrent avec eux pour aller le livrer aux
râkas. Mais en vain cherchèrent-ils de tous côtés, ils
ne trouvèrent aucun de ces êtres malfaisants. Alors
ils le transportèrent sur le sommet d'une de ces montagnes et lui demandèrent où il voulait être laissé.
« Ici, lui dirent-ils, tu vois l'Océan dont les flots agités
« se soulèvent avec tumulte; plus loin, sont les mon-
« tagnes habitées par les râkas. Si nous t'abandonnons
« dans ces parages, tu périras immanquablement. In-
« dique-nous toi-même où nous pouvons te quitter. »
A cette offre singulière, Kâmrûp ne répondit rien,
sinon qu'il prononça le nom de Kala. (Kâmrûp était
là le seul individu de race humaine; il n'en ressentait
que plus vivement le sentiment de l'amour qui occupait son cœur.) Comme il ne voulut pas répondre aux
parîzâda, ceux-ci décidèrent entre eux de ne pas le
laisser sur la terre, à cause des dîv et des tigres; ni
sur la rivière, à cause des crocodiles; mais de déposer
dans la mer cette perle brillante.

Toujours plein de la pensée de Kala dont le nom
était sans cesse sur ses lèvres, le kunwar resta plusieurs jours au milieu des vagues, privé de nourriture
et de sommeil. Il flottait sur la surface de l'onde, répétant le nom de sa bien-aimée et répandant des larmes
abondantes; enfin il fut jeté par les flots sur une plage
(de l'île de Sarândîp). Il se relève aussitôt, avide de
savoir où il était, mais il ne voit qu'un désert boisé sans

hommes ni animaux. Loin de prendre du repos, ce qui lui aurait été si nécessaire, le fidèle amant de Kala se met à parcourir les jangles qu'il voyait devant lui. Il marchait pendant tout le jour, et à la nuit il dormait à l'abri des arbres.

CHAPITRE XI.

LES TASMA-PAIR OU DUAL-PA..

Après avoir erré pendant longtemps dans ces forêts désertes, le kunwar arriva dans la contrée des tasma-païr, qu'il trouva couverte aussi de jangles, comme celle qu'il venait de parcourir. Ces êtres ne sont point de la race humaine, leurs jambes sont souples comme des longes de cuir et ne peuvent les soutenir. Ils se gouvernent eux-mêmes et forment une peuplade à part. Kâmrûp ignorait leur existence : à plus forte raison ne savait-il pas que c'était là qu'ils habitaient.

Un de ces êtres monstrueux se trouvait précisément à l'endroit où le kunwar était errant. En apercevant de loin le prince, le tasma-païr se traîne, et, cachant ses mains en même temps qu'il arrange convenablement ses pieds, il se place modestement sur la route où il avait l'habitude de se tenir dans l'espoir d'y rencontrer des voyageurs. A la vue du tasma-païr, le prince Kâmrûp, le prenant pour un homme comme lui, s'en approche poliment. Celui-ci lui demande aussitôt d'où il était, où il allait et dans quelle intention. Kâmrûp, au lieu de répondre à ces questions, lui demande, de son côté, si la demeure de Kala n'était pas par hasard dans ces contrées. « Oui, lui dit le tasma-« païr ; veuille t'asseoir un instant auprès de moi, et « je t'indiquerai la route que tu dois prendre. » Le kunwar, entendant des mots aussi agréables pour lui, s'approche davantage du perfide tasma-païr. Celui-ci s'empare alors du prince qui était sans défiance, et s'écrie en l'enveloppant de ses jambes : « Bien, voilà un « cheval qui m'est arrivé du monde invisible. » En vain Kâmrûp veut-il résister, il reçoit sur le visage des coups appliqués avec force et se voit obligé de conduire à sa maison ce cavalier incommode. Le tasma-païr dormait même sur les épaules du prince; et lorsqu'il voulait se transporter quelque part, il commandait à Kâmrûp de se lever. Il errait ainsi dans les jangles, monté sur le kunwar; et lorsque les forces manquaient à celui-ci, son barbare cavalier le frappait impitoyablement. Les pieds de Kâmrûp se remplirent bientôt d'épines; son corps d'argent fut excédé de fatigue : il devint bleu et vert par la saleté, de rose qu'il était. Les boucles de ses cheveux qui retombaient sur son visage étaient inondées de larmes; ses joues écarlates se teignirent de pourpre, ses autres membres, qui avaient auparavant la couleur du sandal, prirent la nuance de l'ébène. Sa nourriture, c'étaient les fruits de la forêt et son lit les ronces et les buissons. Le tasma-païr se tenait constamment sur le prince et allait çà et là, matin et soir, dans cet emplacement désert. Kâmrûp, forcé de suivre le cours de sa malheureuse destinée, le portait péniblement; et comme ils se trouvaient dans un endroit inhabité, il lui était inutile de faire entendre des plaintes. Il se résigna donc à faire, pendant un an entier, les fonctions de cheval; aussi son corps délicat fut-il bientôt exténué, car le tasma-païr, avons-nous dit, ne cessait d'aller continuellement d'un lieu dans un autre, monté sur le pauvre kunwar.

Par hasard, un jour, le prince accablé de chagrin avait transporté son cavalier à une haute montagne. Dans la vallée on voyait un jardin magnifique où se trouvaient en abondance tous les fruits que produisent les terres ainsi placées. Kâmrûp y aperçut entre autres des raisins pleins de jus; il en prit une certaine quantité dans le but d'en exprimer la liqueur et de s'en servir comme médicament. Il laissa exposée au soleil, pendant une ou deux gharî, la sorte d'eau qu'il tira de ces raisins et elle devint ainsi du vin véritable, couleur de pourpre, extrêmement capiteux. Kâmrûp clarifia ce vin et en offrit au tasma-païr en l'engageant d'en boire. Quand ce dernier en eut bu quelques gorgées, il fit entendre un cri perçant, et le son de sa voix aigue parvint des jangles jusqu'à la ville. Alors beaucoup de tasma-païr accoururent; ils avaient tous un homme pour monture et vinrent se ranger en ligne autour de lui. Le kunwar leur présenta de cette liqueur enivrante; ils en burent avec plaisir, ils eurent bientôt le cerveau troublé par ses fumées et se livrèrent à mille folies. Lorsque leur ivresse fut complète, elle priva leurs pieds et leurs mains de toute leur force; et, dans cet état de faiblesse, ils restèrent pendus aux épaules de leurs montures humaines. Alors les individus qu'ils avaient asservis retirèrent leurs mains des jambes des tasma-païr et les firent descendre de dessus leurs épaules. En ce moment Kâmrûp s'écrie qu'il faut les tuer tous. Ces hommes lui obéissent; ils lui

disent ensuite d'un commun accord : « Puisque c'est
« à toi que nous devons notre salut, il est juste que
« nous soyons soumis à tes volontés ; ainsi, nous ferons
« ce que tu désireras de nous, nous ne placerons pas
« le pied sans ton ordre. » Kâmrûp leur dit alors de se
retirer dans leurs patries respectives, et les salue
affectueusement, à mesure qu'ils se séparent de lui.

Un de ces hommes ne suivit pas l'exemple de ses
compagnons : il voulut absolument rester avec le kunwar. Kâmrûp et cet inconnu se mirent donc en route
marchant droit devant eux ; bientôt ils aperçurent un
arbre de haute futaie et ils s'assirent à son ombre pour
prendre haleine un instant. Alors le kunwar pria celui
qui persistait à l'accompagner de le laisser seul et de
s'en aller dans son pays ; mais celui-ci lui répondit :
« Ce n'est ni ma ville, ni mon pays que je cherche,
« mais mon prince ; et je le retrouverai, s'il plaît à la
« providence. Malheureusement, depuis le jour où j'ai
« été séparé de lui par un naufrage, personne n'a pu
« me donner de ses nouvelles. — Quel est le prince
« dont tu parles ? lui demande alors Kâmrûp. D'où est-
« il, et qui es-tu toi-même ? — Mon prince se nomme
« le kunwar Kâmrûp, lui répond l'inconnu ; son pays
« est Aoudhpûr et Gorakh. Je me nomme Mitarchand,
« et j'étais son ministre. » Au nom de Mitarchand, le
kunwar serre son compagnon entre ses bras, en lui
disant : « Regarde-moi bien ; je suis précisément ce
« Kâmrûp que tu cherches, ce Kâmrûp privé jusqu'ici
« de la vue de Kala. »

Ces deux amis éprouvèrent une joie bien vive de

se trouver réunis. Le kunwar s'empressa de faire savoir à Mitarchand tout ce qui lui était arrivé depuis le jour où ils avaient été séparés ; il lui parla de son séjour dans le palais de Râota ; il lui dit comment il avait été retenu par Chandar-mukh ; puis il lui conta l'histoire du parîzâda, et enfin celle du tasma-païr. Mitarchand en apprenant ces événements extraordinaires exprima l'opinion qu'ils étaient tous écrits par la providence dans le livre du destin.

CHAPITRE XII.

AVENTURES DE MITARCHAND.

Actuellement que vous connaissez les malheurs de Kâmrûp, écoutez ceux de son ministre Mitarchand.

« Mon cher prince, lui dit-il, tu ne peux te figurer
« tout ce que j'ai enduré; mais tu en seras bientôt ins-
« truit si tu prêtes à mon discours une oreille attentive.
« Lorsque je fus séparé de toi, les vagues me portèrent
« au loin çà et là. J'ignorais s'il était jour ou nuit,
« et je me demandais où les flots pouvaient avoir jeté
« mon prince. Enfin, après plusieurs jours d'angoisses,
« j'aborde à un rivage de cette île et je puis marcher
« sur la terre. Je me mets à parcourir le désert qui
« se présentait à ma vue; je te cherchais et t'appelais
« à grands cris, dans cet emplacement couvert d'ar-
« bres; car sans toi je ne pouvais jouir du repos. Un
« jour que j'avais à plusieurs reprises fait retentir ma
« voix dans ce lieu solitaire, j'entendis un grand bruit
« et je vis paraître à mes regards un dîv monstrueux
« sous l'apparence d'un râkas. Ses pieds touchaient la
« terre et sa tête allait jusqu'au firmament; son corps
« semblait suspendu dans l'air. Il desserra les lèvres,
« ouvrit sa bouche, et j'en vis sortir une flamme; il
« tira la langue, fit entendre un bruyant murmure, et
« parut tout de feu. Cependant il me saisit, me met
« sous son aisselle, me porte en un lieu couvert de

« montagnes, me place dans une caverne et roule à
« l'entrée une énorme pierre. Il se retire ensuite, me
« laissant renfermé dans ces montagnes. Quant à moi,
« je marche en avant pour chercher s'il ne s'y trouvait
« pas d'issue ; mais je n'avais pas fait plus de quatre ou
« cinq pas, que je vois un grand nombre d'hommes
« assis en ligne. Ces êtres avaient l'air soucieux et cha-
« grin, leurs yeux étaient fixes, ils gardaient un morne
« silence. Je leur adressai néanmoins la parole et leur
« demandai quel était ce lieu où ils se trouvaient, et
« s'ils pouvaient me donner quelque nouvelle du prince
« Kâmrûp. Ils me répondirent alors : « Homme simple,
« tu ignores donc que tu es ici loin de l'habitation des
« hommes ? tu ne connais donc pas celui qui t'y a trans-
« porté ? Tu n'as donc pas vu le dîv entouré de flam-
« mes ? De quel prince viens-tu nous demander des
« nouvelles ? Le monstre, qui, de la forêt, t'a trans-
« porté dans cet endroit, est le même qui nous a
« enlevés aussi. Il sort chaque nuit de ces montagnes
« et va se tenir sur la route pour surprendre les voya-
« geurs. Au matin, à peine le soleil se lève-t-il sur
« l'horizon, qu'il saisit un des malheureux qui sont
« tombés en son pouvoir et en fait sa nourriture. »
      « Je t'avoue que je fus très-content lorsque j'entendis
« ces paroles. Je pensais que mes peines allaient avoir
« un terme ; car, ne pouvant supporter la séparation de
« mon prince, il était avantageux pour moi de cesser
« de vivre. En attendant, je prononçai plusieurs fois,
« à haute voix, pendant cette nuit, le nom de Kâm-
« rûp et j'accompagnai ces exclamations d'un torrent

« de larmes. Lorsque la nuit noire fut écoulée et que
« l'aurore parut, tous les hommes qui m'entouraient
« commencèrent à trembler. Je leur demandai pour-
« quoi ils étaient agités ainsi par la crainte ; ils me rap-
« pelèrent alors que c'était l'heure de la venue du dîv ;
« et en effet il entre au même instant, après avoir ren-
« versé la pierre qui couvrait l'entrée de la grotte, et
« il nous regarde d'un œil redoutable qui glace d'effroi
« mes malheureux compagnons et leur fait grincer les
« dents. Pour moi, loin d'éprouver la moindre terreur,
« je vais au-devant de lui ; il me prend par la main
« en souriant, me touche la tête, me met sous son
« aisselle, franchit le seuil de la caverne et sort des
« montagnes. Alors il me parle en ces termes : « Je vou-
« drais bien savoir pourquoi tu ris en me regardant :
« tu ignores peut-être que je suis un anthropophage ?
« Tandis que tes compagnons étaient frappés de ter-
« reur, tu es accouru gaiement auprès de moi ; je suis
« étonné de cette conduite, et je vois bien que tu ne
« connais pas la classe des dîv. — Aujourd'hui, lui ré-
« pondis-je, la vie est un supplice pour moi. J'étais le
« compagnon fidèle du prince Kâmrûp, nous avons fait
« naufrage ensemble dans l'océan orageux. J'en suis enfin
« sorti, j'ai abordé sur cette terre, et je cherchais préci-
« sément mon prince lorsque tu m'as aperçu ; toutefois
« je n'ai pu savoir ce qu'il était devenu. Je vivrais vo-
« lontiers si j'avais l'espoir de le retrouver ; mais, dans
« le cas contraire, j'aime mieux périr. Ainsi, si tu me
« dévores, tu me feras obtenir le repos. — O mortel,
« me dit alors le dîv, tes paroles me touchent de com-

5

« passion. Bien loin de te dévorer, je te rends dès ce
« moment à la liberté ; et, de plus, je vais te transporter
« où tu voudras. »

« A ces paroles, je pousse un cri d'étonnement, je
« me mets à pleurer en prononçant ton nom et je
« réponds au dîv : « Eh bien, replace-moi dans la même
« forêt où tu m'as pris ; je veux continuer à chercher
« Kâmrûp, et il peut se faire que quelqu'un m'indique
« où je le trouverai. » Ce dîv, de plus en plus touché
« de mon état, me donne alors un de ses cheveux en
« me disant : « Écoute, descendant d'Adam, la promesse
« que je te fais. Si, dans les jangles où je te laisserai,
« quelque accident fâcheux vient à t'arriver, tu n'as
« qu'à placer ce cheveu sur du feu ; au même moment
« je viendrai près de toi, et je ferai de bon cœur ce
« que tu demanderas de moi. Le dîv me transporte en-
« suite dans la forêt où il m'avait trouvé, m'indique la
« route et se retire. Il prend son chemin du côté des
« montagnes où il habitait ; et moi je recommence à
« chercher mon prince au milieu des jangles. Je restai
« là plusieurs jours sans qu'un seul homme se présentât
« à ma vue, et sans pouvoir ainsi apprendre de tes nou-
« velles. Tout à coup, au milieu de ce bois solitaire,
« je rencontre un tasma-païr ; j'ignorais quelle était sa
« nature, et je lui demandai s'il habitait cette forêt et
« s'il avait vu quelque part le prince Kâmrûp. En en-
« tendant ma demande, le tasma-païr m'invite d'un air
« bénin à m'approcher de lui et à m'asseoir pour écou-
« ter sa réponse, en m'assurant qu'il me donnerait de tes
« nouvelles si je voulais prêter l'oreille à ce qu'il allait

« me dire. Il m'appelle donc, dis-je, et me fait asseoir
« auprès de lui. J'obéis, alors il se hâte de me saisir
« et de me serrer entre ses deux pieds. En vain je me
« débats de toutes mes forces, le tasma-païr ne me
« laisse pas aller. Il monte sur mon dos comme sur
« un cheval, et, m'entourant de ses pieds, il me dit à
« plusieurs reprises de marcher. Je me lève alors et
« me mets en mouvement. Quand je cheminais, il était
« content ; si je m'arrêtais, il prenait mes oreilles et les
« mordait avec ses dents, ou me frappait au visage.
« C'est ainsi que je le conduisis jusqu'à sa maison. Il
« était constamment sur mes épaules, et, satisfait d'a-
« voir une monture de sa convenance, il disait : « J'ai
« acquis du monde invisible un cheval vigoureux. » Je
« restai pendant un an entier parmi cette race d'hom-
« mes. J'avais perdu l'espoir de te retrouver et je
« croyais finir là ma triste existence : heureusement les
« tasma-païr se sont réunis auprès de toi dans le jardin
« de la forêt, et tu les as abreuvés de la coupe de l'ivresse.
« Ainsi, grâce à tes soins, nous avons pu les tuer tous
« et en être délivrés. »

C'est de cette manière que Mitarchand conta ses
peines au kunwar. Celui-ci, l'ayant écouté l'oreille attentive, s'écria : « Tout ce qui nous est arrivé jusqu'à ce
« jour était arrêté par le destin ; mais, de même que
« la providence nous a réunis nous deux, elle nous
« réunira plus tard à nos autres amis. »

Laissons un moment ensemble Kâmrûp et Mitarchand, et occupons-nous d'Achâraj le pandit.

Nous avons dit que le kunwar et Mitarchand s'entre-

tenaient à l'ombre d'un arbre. Un perroquet parut sur
ce même arbre et vint ensuite se poser sur la main de
Kâmrûp. Celui-ci, charmé de cette familiarité, lui dit :
« On voit que tu as joui de l'amitié de l'homme, ami-
« tié qu'il accorde avec juste raison aux animaux. Eh
« bien, tu seras désormais notre compagnon et notre
« ami fidèle au milieu de ces jangles. » En ce moment
le perroquet lève la patte et saisit avec le bec un ruban
qui la serrait. Comme le ruban tombe, le perroquet
disparaît et les deux amis ne voient plus qu'un homme.
Celui-ci salue le kunwar en lui disant qu'il est Achâraj le pandit, un de ses six amis. Alors Kâmrûp stupéfait le serre affectueusement entre ses bras, et Mitarchand suit son exemple. « J'ai entendu, leur dit alors
« Achâraj, les discours que vous avez tenus, et je sais,
« par conséquent, tout ce que vous avez souffert : écou-
« tez actuellement le récit de ce qui m'est arrivé. »

CHAPITRE XIII.

AVENTURES D'ACHARAJ.

« Depuis le jour où je fus séparé de mes compagnons
«par le naufrage du vaisseau que nous montions, je
«devins la merci des flots sans savoir s'il faisait jour ou
«nuit. Je ne pensais qu'à mon prince, et sans cesse je
«prononçais son nom. Je demeurai donc au milieu des
«vagues, répétant néanmoins dans une sorte d'insensi-
«bilité le nom de Kâmrûp. Enfin l'onde agitée me poussa
«sur un rivage désert; je m'enfonçai dans les jangles,
«qui le couvraient; mais je n'y aperçus pas d'animaux,
«je ne vis rien non plus qui pût servir de nourriture ou
«de boisson. Aucun être vivant, si ce n'est des dîv et des
«râkas, ne me parut habiter ce lieu. J'étais donc au mi-
«lieu de cette forêt, pleurant et souffrant de la faim,
«lorsqu'un grand palais, entouré d'un beau jardin,
«s'offrit à ma vue. J'entrai dans ce jardin, je regardai de
«tous côtés, et je n'aperçus aucun gardien. Je cueillis
«beaucoup de fruits, et content je m'assis et satisfis ma
«faim. Lorsque j'eus fini mon petit repas, je me levai;
«mais voilà qu'un génie du sexe féminin était debout
«devant moi. En voyant ce dîv, je me troublai au
«point de perdre l'intelligence et tremblai d'effroi. Elle
«me demanda qui j'étais, en me faisant observer que je
«me trouvais dans un lieu où n'habitaient pas les hom-
«mes. «Je suis, lui répondis-je, un voyageur égaré;

« mais tu pourras m'indiquer sans doute mon chemin.
«— Je m'en garderai bien, répliqua le dîv en sou-
« riant, car je suis amoureuse de toi. Je t'ai cherché pen-
« dant longtemps sans avoir pu te rencontrer. Je dési-
« rais jouir de ta compagnie, et j'ignorais que tu étais
« ici; mais enfin l'amour m'a conduite auprès de toi. »

« Dans l'agitation où ma vue parut la plonger, elle
« s'assit dans son palais, fit les dispositions nécessaires à
« l'opération magique à laquelle elle allait se livrer; en-
« suite elle demanda dix à douze man de briques, les
« réduisit en poudre et en fit une sorte d'oxyde de plomb
« qu'elle mit sur sa tête. Elle broya aussi une grande
« quantité de charbon, en fit du missî, et tira du collyre
« de la partie la plus subtile; elle prit encore une peau
« d'éléphant et s'en couvrit de la tête aux pieds comme
« d'un vêtement. Puis elle me dit, en souriant avec
« malice, de n'avoir pas peur d'elle. Malgré son invitation,
« je ne fus pas rassuré et ne pus proférer une parole.
« Cependant elle me met au pied un cordon, me change
« en oiseau et me prend dans sa main en disant qu'elle
« ne me laissera plus aller de sa vie. Au moyen donc du
« ruban qu'elle mit à mon pied, je devins un perroquet,
« d'homme que j'étais auparavant. Elle me garda bien
« du temps ainsi métamorphosé, puis elle me rendit de
« nouveau ma figure humaine. Lorsqu'elle déliait le cor-
« don qui serrait mon pied, je reprenais ma forme pre-
« mière; le renouait-elle, je redevenais oiseau. Elle ne
« me quittait pas un seul instant et ne me permettait pas
« non plus de m'éloigner d'elle ni jour ni nuit. Une fois
« néanmoins sa vigilance a été en défaut. Elle m'avait

« laissé pour aller chercher dans les bois de quoi pour-
« voir à sa nourriture ; mais je n'ai pas manqué une oc-
« casion si favorable, j'ai quitté le palais du dîv et me
« suis sauvé dans les jangles. Je n'y ai vu personne et
« suis venu me poser sur l'arbre où tu m'as aperçu.
« Non-seulement Dieu m'a délivré des mains de l'être
« malfaisant qui me retenait captif, mais encore il me
« réunit à mon prince que jusqu'ici j'avais en vain
« cherché. »

    « Bien, dit Kâmrûp, lorsqu'Achâraj eut fini sa nar-
« ration, j'ai retrouvé deux de mes compagnons ; fasse
« le ciel que les autres me soient bientôt rendus ! » Les
trois amis se mirent alors en route exprimant l'espoir
de ne plus voir de tasma-païr et faisant la résolution
de se méfier des individus qu'ils rencontreraient, de ne
point s'approcher d'eux ni de leur faire aucune confidence. D'accord sur ce point, ils s'avancèrent dans les
jangles ; mais ils n'y trouvèrent ni fruit à manger, ni
eau pour boire.

CHAPITRE XIV.

LA PIERRE PHILOSOPHALE.

Kâmrûp et ses amis erraient donc ensemble à l'aventure, lorsqu'un être humain s'offrit à leur vue. En l'apercevant, leur premier mouvement était de fuir, dans la
crainte que cet homme ne fût un tasma-païr ; mais l'inconnu leur dit : « Où allez-vous ? ignorez-vous que
« l'homme ne saurait pénétrer dans cette forêt ? D'où
« venez-vous, et où croyez-vous parvenir ? — Avant
« de te répondre, répliqua Kâmrûp, dis-nous d'abord
« qui tu es toi-même et pourquoi tu demeures ainsi
« seul dans ces jangles ? Ne veux-tu pas nous attirer
« auprès de toi par fraude et t'écrier ensuite que tu as
« obtenu du monde invisible un cheval ? Nous ne nous
« fions pas à tes paroles et nous restons dans une crainte
« prudente : ainsi, veuille bien te rendre à l'invitation
« que je t'ai faite de nous dire qui tu es, et le motif de
« ton séjour ici. » L'inconnu, pensant que ses interlocu-
teurs avaient dû tomber entre les mains des tasma-païr,
leur dit qu'il était de la race humaine, derviche et
voyageur ; qu'ils pouvaient sans appréhension venir auprès de lui, et qu'il leur indiquerait la route qu'ils devaient tenir.

Lorsque les trois intelligents compagnons se furent
bien assurés que celui qui leur parlait était un homme
semblable à eux, ils s'en approchèrent avec confiance.

Kâmrùp insista pour connaître le motif qui lui faisait
habiter ce désert. « Je suis, vous ai-je dit, lui répondit-
« il, un derviche. Je vis en anachorète loin des villes et
« des lieux habités. Un jour néanmoins je reçus de Dieu
« l'ordre de me transporter en toute hâte au pays
« d'Aoude et de Gorakh. Pour obéir à la volonté céleste
« qui me fut transmise par mon pîr, je couvris mon
« corps d'une peau d'animal et me mis en route à
« travers les forêts. Après bien des journées de marche,
« je parvins à Aoudhpûr où l'on faisait alors une grande
« distribution aumônière dans un édifice spécial. En ap-
« prenant mon arrivée, le ministre du souverain de ce
« pays vint me trouver ; il me fit savoir que le mahârâj
« était plongé dans la tristesse parce qu'il ne pouvait
« avoir de fils, et il me conjura d'adresser au Tout-
« puissant des prières pour lui. En effet, Dieu par mon
« entremise exauça les vœux du prince : un fruit de srî
« rendit la reine féconde, et le mahârâj fut enfin réjoui
« par la naissance d'un fils. »

Kâmrùp reconnut sans peine dans son interlocuteur
le derviche auquel il devait sa naissance miraculeuse.
Il se prosterna respectueusement devant lui, posant sa
tête à ses pieds. « Tout ce que vous avez raconté, lui
« dit-il, m'est parfaitement connu ; je suis le prince dont
« vous parlez, et le mahârâj que vous citez est l'auteur
« de mes jours. Oui, je le sais, c'est le fruit que vous
« lui donnâtes qui le rendit père. Toutefois Dieu m'a
« prédestiné pour la souffrance. Je vis en songe la belle
« Kala ; depuis ce jour je fus épris pour elle d'un vio-
« lent amour. Je laissai ma famille affligée de mon dé-

« part, et me mis en route à la recherche de ma bien-
« aimée. Je voguais, mes compagnons et moi, vers Sa-
« rândîp, sa patrie, sur des vaisseaux chargés de toutes
« sortes de munitions, lorsqu'une tempête affreuse vint
« faire évanouir toutes mes espérances de bonheur. La
« providence a voulu sans doute que ma triste vie s'é-
« coulât dans le chagrin. Les malheurs que mon amour
« a entraînés à sa suite m'ont suivi sur la terre comme
« sur l'eau, au milieu des jangles, des forêts et des dé-
« serts. Après bien des courses incertaines, je suis par-
« venu dans cette contrée, où je me trouve d'autant plus
« heureux de vous rencontrer que vous pourrez m'in-
« diquer peut-être le chemin qui doit me conduire à la
« ville de Kala. — Tu as raison, dit alors le respec-
« table derviche, de reconnaître dans tout ce qui t'est
« survenu de fâcheux la main de la providence. Actuel-
« lement demeure auprès de moi pendant l'espace d'une
« lune; pense à réparer tes forces, ensuite je te par-
« lerai de Kala, je t'indiquerai le moyen d'arriver à Sa-
« rândîp, et tu pourras espérer de vivre enfin heureux. »
Kâmrûp obtempère aux désirs du derviche; il reste
auprès de lui pendant quelque temps; mais une tristesse profonde, occasionnée par son malheureux amour,
le reprend bientôt, et il tient ce discours au bon faquir :
« Il est temps de m'indiquer le chemin de la patrie de
« Kala : fais-le-moi donc connaître et je partirai sur-le-
« champ. J'arriverai bientôt à Sarândip et je pourrai me
« voir enfin uni à l'objet de mon amour. Je ne rêve plus
« nuit et jour qu'à ce fortuné pays où respire ma bien-
« aimée. » Quand le derviche eut entendu la supplica-

tion de Kâmrùp, il alla dans le plus épais des jangles,
en rapporta la pierre philosophale, et la remit au
kunwar en lui disant : « Prends cette pierre et garde-la
« soigneusement. En l'appliquant à du fer, il deviendra
« de l'or : si tu te trouvais dans une conjoncture diffi-
« cile et que tu eusses besoin d'un trésor tu pourrais t'en
« servir avec avantage. Par l'or toutes les affaires s'arran-
« gent facilement, la réussite en dépend toujours. Celui
« qui possède des pièces de ce métal éprouvées par la
« pierre de touche est sûr d'être toujours considéré. On
« ne peut vivre dans ce monde qu'au moyen de l'or; on
« peut se sauver toujours par lui de ce qui arrive de fâ-
« cheux, fût-on même sur le pal. »

Après avoir prononcé ces mots, le derviche fit au
prince ses adieux avec émotion. Celui-ci serra la pierre
que lui avait donnée le faquir, et se mit en marche. En
allant de ville en ville, le prince et ses deux compagnons, Mitarchand et Achâraj, parlaient de la conduite
qu'il était opportun de tenir. « Nous verrons, disaient-
« ils, il faut l'espérer, la ville de Sarândîp; nous aurons
« peut-être enfin des nouvelles de Kala. » Lorsque par
hasard ils trouvaient quelque voyageur, ils ne manquaient pas de lui demander la route qu'ils devaient
suivre.

Ils continuèrent à marcher tous les trois ensemble
jusqu'au moment où ils rencontrèrent Chitarman le
peintre.

CHAPITRE XV.

AVENTURES DE CHITARMAN.

Depuis l'instant où les vaisseaux de Kâmrûp eurent fait naufrage, Chitarman fut, pendant plusieurs jours, le jouet des flots. Ils le poussèrent enfin sur un rivage de l'île de Sarândîp dans un état de faiblesse tel qu'il tomba comme évanoui sur la grève. Après être resté dans cet état une ou deux gharî, il reprend connaissance, et, animé du désir de retrouver Kâmrûp, auquel il ne pouvait penser sans que ses yeux fussent mouillés de larmes, il s'avance dans l'intérieur de l'île. Il ne tarde pas d'apercevoir un grand jardin à l'extrémité duquel on découvrait un château superbe. Il entre dans ce jardin ; mais les gardiens viennent au-devant de lui et lui demandent qui il est, d'où il vient et le nom de son pays. «Je suis, répond Chitarman, un voyageur étranger à « cette contrée. Si vous êtes les gardiens de ce jardin, « je vous supplie de me laisser m'y promener pendant « quelques instants.—Volontiers, lui répliquent les gar- « diens, va même te reposer tout à ton aise dans le châ- « teau. » Le peintre, content de la permission qu'on lui donnait, alla dans ce palais ; puis il parcourut le jardin, toujours triste d'être séparé de Kâmrûp. Il visita tous les kiosques ou pavillons qu'il y avait ; et ayant pris des couleurs, il mêla la verte et la rouge avec la jaune, et se mit à exécuter des figures de tout genre dans chacun des édifices grands et petits. En un mot, Chitarman laissa partout des traces de son talent. Il remplit ce jardin de peintures et en fit un échantillon du paradis.

Le souverain du pays où se trouvait alors ce peintre se nommait le mahârâj Gandharb. Il vint par hasard dans le jardin dont Chitarman avait embelli les édifices. Après avoir fait sa promenade, il entre dans le palais et voit de tous côtés de fraîches peintures, des figures dorées ou enduites de couleurs et symétriquement arrangées. Quelque part qu'il porte les yeux, il n'aperçoit que des tableaux dont le mérite le frappe. Étonné de tout ce qu'il voit, il donne à son écuyer l'ordre de lui amener le jardinier chargé de la garde du château. L'écuyer obéit avec empressement. Le mahârâj interroge alors cet homme relativement aux peintures. Le jardinier, qui ignorait ce qu'avait fait Chitarman, est stupéfait en les voyant; il dit néanmoins qu'il présenterait à sa majesté celui qu'il en croyait l'auteur et qui était en ce moment même dans le jardin. Il alla donc aussitôt auprès de Chitarman et le pria de lui dire si ce n'était pas à lui qu'étaient dus les travaux de peinture et de sculpture qu'on avait faits dans les kiosques. Chitarman s'en reconnut l'auteur : « J'irai volontiers, ajouta-t-il, « me prosterner devant le roi, s'il désire avoir quelque « explication là-dessus. » Alors le jardinier le conduit auprès du mahârâj en lui disant : « Voici la personne « qui est restée dans le palais, c'est à elle de s'expliquer « maintenant. » Le mahârâj engage de son côté Chitarman à dire franchement qui avait fait ces peintures. Ce

dernier déclare positivement à Gandharb que c'était
bien lui qui était l'auteur des rangées de figures qui
avaient attiré son attention ; qu'il était peintre de profession et se nommait Chitarman. Alors Gandharb lui offre
de le récompenser dignement ; mais Chitarman ne veut
accepter ni or ni argent : « Je suis en ce moment , dit-il
« au mahârâj, préoccupé du désir de remplir un devoir
« religieux plus important pour moi que toute autre chose.
« Si le mahârâj a sous son autorité l'île entière de Sa-
« rândîp, il pourra m'accorder sa protection à cet effet;
« car c'est dans cette île que se trouve ma divinité pro-
« tectrice. C'est pour le Dieu qu'on adore dans le temple
« d'Hardwâr que je veux faire un exercice de dévotion.
« — Il m'est facile de te contenter, répond Gandharb
« au peintre ; je vais te donner une lettre d'introduction
« pour sa majesté le mahârâj Kâmrâj. Sur ma recom-
« mandation, il te recevra d'une manière distinguée, et
« tu pourras sans obstacle te livrer à ta ferveur. »
   Alors, sans tarder, le sage et judicieux mahârâj Gandharb appela son ministre et lui ordonna d'écrire la
lettre qu'il allait lui dicter. « Mettez d'abord , lui dit-
« il : Salut à sa majesté le mahârâj. Après quoi doit ve-
« nir le nom de la personne que je lui adresse , savoir :
« le peintre Chitarman ; puis parlez des belles peintures
« que Chitarman a faites dans mon palais, et enfin recom-
« mandez-le de ma part au mahârâj. » Le ministre écrivit
donc, conformément aux désirs du roi , la lettre dont il
s'agissait ; ensuite il la porte au mahârâj et la place devant lui. Gandharb prend la lettre, fait appeler Chitarman, et la remet entre ses mains. Chitarman offre au

mahârâj l'hommage de sa reconnaissance, et pose la
lettre sur sa tête en signe de respect. Muni de cette lettre,
Chitarman se met en route pour la ville de Sarândîp, pensant qu'il pourrait y apprendre des nouvelles du kunwar. Quand il rencontrait quelqu'un, il ne manquait
pas de lui demander le chemin qu'il fallait prendre pour
se rendre à cette ville, et continuait de marcher en
avant. Il se levait de bon matin, cheminait toute la
journée, et le soir il se reposait sous un arbre. Il parvint enfin à la ville de Sarândîp et alla droit au palais
du mahârâj. Il lui présenta ses respects, se nomma pour
répondre aux désirs du prince, et lui remit la lettre de
Gandharb. Le mahârâj la lut d'un bout à l'autre, et lui
demanda ensuite s'il pourrait se charger de faire à son
trône des peintures soignées. Chitarman l'assura qu'il
avait à cet effet l'habileté nécessaire, que le mahârâj
n'avait qu'à lui donner ses ordres et qu'il exécuterait en
ce genre tout ce que le mahârâj voudrait. Kâmrâj, satisfait de cette réponse, lui dit d'aller orner de peintures tout son palais. Chitarman se mit donc à l'œuvre
et fit le travail que Kâmrâj lui avait commandé. C'est
ainsi qu'il resta dans Sarândîp, ne manquant pas de
demander à tous ceux qu'il voyait des nouvelles de
Kâmrûp. A cet effet, il parcourut toute la ville, mais
ses recherches furent infructueuses. Le chagrin qu'il
en conçut le fit tomber malade au point qu'il ne
pouvait se lever, ni se tenir sur son séant. Lorsque le
mahârâj sut que Chitarman était souffrant, il en fut très-
affecté. Mais laissons un moment notre malade pour
nous occuper de Kanwalrûp le médecin.

CHAPITRE XVI.

AVENTURES DE KANWALRUP.

Il y avait, avons-nous dit, un médecin parmi les six
amis de Kâmrûp. Il se nommait Kanwalrûp. Il fit naufrage avec ses compagnons, et comme eux il vogua
quelque temps sur l'onde agitée en prononçant le nom
de Kâmrûp. Il était donc porté çà et là par les vagues,
sans trouver un remède à ses maux. Tout à coup un
vaisseau vint à passer auprès de lui. Ceux qui le montaient ayant aperçu Kanwalrûp au milieu des flots,
jetèrent l'ancre et l'aidèrent à monter à leur bord. Le
médecin les remercia de leur généreuse humanité, s'ex-
cusant sur l'importunité qu'il pourrait leur causer, et il
ajouta qu'ils recevraient dans l'autre vie la récompense
de leur bonne action. Après s'être remis pendant deux
ou trois gharî, il pensa qu'il devait tâcher de se faire
conduire à Sarândîp, qui devait être le but du voyage
de Kâmrûp. Mais il s'aperçut bientôt que les gens du
vaisseau avaient l'air soucieux. « Resterez-vous long-
« temps encore arrêtés? leur dit-il alors. Pourquoi le
« vaisseau stationne-t-il au milieu de la mer, au lieu
« de continuer sa marche les voiles tendues? Pourquoi
« aussi êtes-vous tristes? La bonne action que vous avez
« faite doit vous rassurer sur les accidents fâcheux que
« vous pourriez craindre. » A ces questions les marins
et les passagers répondirent au médecin : « Le proprié-

« taire du navire est un homme très-heureux sous le
« rapport de la fortune, et il a un fils doué des qualités
« les plus excellentes ; mais ce fils est atteint d'une sorte
« de folie : voilà pourquoi tu nous vois affligés. Nous n'a-
« vons pas d'autre cause de chagrin. — Si je voyais le
« malade, reprit le médecin, je trouverais peut-être
« contre son affection un remède efficace. »

En conséquence de cette offre, on conduit Kanwalrûp
dans la chambre du jeune homme. Il examine avec
soin le diagnostic de sa maladie, lui tâte le pouls attentivement, et, en sentant ses mouvements redoublés,
il déclare que le jeune homme est atteint d'une véritable folie. Les marins s'empressent d'apporter et de
placer devant lui les drogues qu'il demande. Quand il
a tout ce qui est nécessaire pour le médicament qu'il a
l'intention de composer, il le prépare et le fait prendre
au malade. Ce remède produit un effet merveilleux. Il
rend à ce jeune homme faible et languissant les forces
dont la fièvre l'avait privé. Les marins, satisfaits de
cette cure, comblent Kanwalrûp de bons procédés et
lui demandent avec empressement où il allait quand
il fit naufrage, et de quel pays il était natif. « Je suis
« parti, leur répondit-il, d'Aoudhpûr, ma patrie, avec
« l'intention de me rendre à Sarândîp, et je voudrais
« bien pouvoir y aller encore actuellement pour offrir
« l'hommage de mon culte à la divinité qu'on adore à
« Hardwâr, au dieu que j'ai choisi pour mon patron. »
Le capitaine du vaisseau réfléchit un instant après avoir
entendu le discours de Kanwalrûp, et lui dit ensuite :
« Assieds-toi, prends à ton aise un peu de nourriture ; je

6

« te montrerai le royaume de Sarândîp et tu pourras
« faire le pûja dans le temple d'Hardwâr. » Kanwalrùp
se rend aux désirs du capitaine; il se livre au doux espoir
de retrouver bientôt le kunwar.

Cependant les marins levèrent l'ancre et tendirent
les voiles. Le vaisseau s'avança rapidement et fut bientôt
arrivé sans dánger à Sarândîp. Le capitaine se munit
de toutes sortes de marchandises précieuses et alla les
offrir au mahârâj; mais il s'aperçut qu'il avait l'air
abattu, soucieux et chagrin. Il en demanda la cause à
ceux qui l'entouraient et attendit en silence leur réponse.
Les principaux officiers de l'empire lui dirent alors :
« Le mahârâj est père d'une fille charmante nommée
« Kala. Elle n'a aucune indisposition ni incommodité,
« néanmoins elle est extrêmement pâle ou plutôt jaune:
« elle ne profère pas une parole, mais elle pousse de
« froids soupirs ; son corps dépérit comme si elle était
« réellement malade, et si on lui donne une médecine,
« son mal redouble : c'est pour ce motif que tu vois le
« mahârâj plongé dans le chagrin. » Alors le capitaine
leur annonça qu'il avait à son bord un praticien hindou,
et que, si sa majesté le désirait, il le conduirait auprès
de la princesse Kala. On s'empressa de donner à Kàm-
râj la nouvelle qu'un médecin étranger, qu'on disait
habile, était arrivé dans Sarândîp et que, si le mahârâj
le désirait, il pourrait traiter sa fille bien-aimée. « Eh
« bien, dit le roi, amenez ce médecin, et montrez-lui
« d'abord le peintre Chitarman. Si ce dernier se trouve
« bien de ses soins, alors je le laisserai volontiers
« traiter ma fille. » On alla communiquer à Kanwalrûp

la volonté de Kâmrâj ; on lui dit que le mahârâj lui ordonnait d'aller d'abord visiter son peintre et de lui donner des soins attentifs.

Le médecin obéit, et ayant considéré le peintre, il le reconnut : il garda néanmoins le silence ; mais de son côté le peintre l'ayant aussi reconnu, ils se communiquèrent mutuellement leurs pensées, avec d'autant plus de facilité qu'ils étaient seuls. Ils se racontèrent d'abord leurs aventures : Chitarman dit son histoire ; Kanwalrûp fit connaître tout ce qu'il avait souffert. Le peintre, charmé de cette heureuse rencontre, éprouva aussitôt du soulagement à son mal, et demanda des nouvelles de Kâmrûp au médecin, l'assurant qu'il avait en vain cherché à s'en procurer. Comme Kanwalrûp n'avait pas été plus heureux, ils se mirent à pleurer l'un et l'autre en prononçant à haute voix le nom de Kâmrûp : « Quel bon- « heur, disaient-ils, si en ce moment nous trouvions « le kunwar ! »

Chitarman fut bientôt en parfaite santé, grâce à la rencontre de son ami, et sa guérison fut attribuée au traitement. Kâmrâj, ayant vu le peintre tout à fait rétabli, voulut que Kanwalrûp donnât aussi ses soins à la princesse. On le conduisit donc au palais de la fille de Kâmrâj, à laquelle on annonça cette visite en lui disant qu'un médecin étranger, venu d'un pays lointain, se trouvait à Sarândîp, et que, si elle le désirait, on l'introduirait auprès d'elle afin qu'il prît connaissance de sa maladie et qu'il pût lui donner un remède efficace. Kala consentit à recevoir le médecin. Aussitôt qu'il se présente devant elle, elle l'invite à s'asseoir, tandis que

Lata son amie observait derrière un rideau tout ce qui se passait. Kanwalrûp s'assied auprès de la princesse, lui tâte le pouls et refléchit à sa maladie ; mais il se convainc que Kala n'avait aucune espèce de mal ; et il voit clairement que c'était l'éloignement du prince Kâmrûp, dont elle était éprise, qui avait altéré sa couleur vermeille. Il se retire avec la certitude qu'il connaissait le genre de souffrance de la princesse. Il lui dit néanmoins en prenant congé d'elle qu'il lui préparerait un médicament et qu'il viendrait le lui faire prendre le lendemain de grand matin. Il va de suite trouver Chitarman, auquel il conte toute l'affaire : « Kala, lui dit-il, n'a « aucune maladie ; elle est plongée dans le chagrin « parce qu'elle est éloignée de Kâmrûp, et voilà tout. Si « tu es de cet avis, tu devrais faire un dessin colorié « représentant notre cher prince : je montrerais ce por- « trait à Kala, et je suis persuadé que sa peine se « calmerait. »

Chitarman se mit à l'œuvre ; il prit une feuille de papier, fit son dessin et le coloria. On y voyait le kunwar sous l'apparence d'un amant triste par l'effet de l'absence de sa maîtresse, et entouré de ses six amis. Le peintre avait voulu représenter le jour où Kâmrûp ressentit les premières atteintes de son malheureux amour. Les figures de ses six amis étaient en ligne et convenablement disposées. Chitarman remit son dessin à Kanwalrûp. Celui-ci à l'aube du jour alla se présenter à la porte du palais de Kala, et debout attendit la permission d'entrer. Aussitôt on informa de sa venue la princesse : elle ordonna de l'introduire et prit la potion

qu'il lui avait préparée. Alors Kanwalrùp tira de son
sein la peinture qu'il y avait cachée, puis il la remit à la
princesse en lui disant : « Tenez-vous tranquille dans
« votre palais; éloignez de votre cœur tout souci, et
« pour vous distraire regardez ce dessin ; je crois que ce
« sera le meilleur remède à votre maladie. »

Kala prend de la main de Kanwalrùp le dessin de
Chitarman et y jette un coup d'œil furtif. Elle s'avance
ensuite dans son palais, en tenant cette feuille de papier qui devait lui rendre la santé. Elle recommande à
Lata de faire rester ses suivantes un instant à l'écart ;
alors elle déroule le dessin de Chitarman et n'a pas
de peine à reconnaître le portrait du bien-aimé de son
cœur, et, dans les personnages dont il était entouré, ses
six amis. Elle appelle de suite sa chère Lata : « Approche,
« lui dit-elle, et regarde ce dessin : voilà bien les traits
« de celui que j'ai vu en songe ; voilà cette figure qui
« depuis ce jour fatal m'a mise dans l'état où je suis. »
Après avoir dit ces mots, la princesse serre le dessin,
et exprime au médecin combien elle était satisfaite.
Cette feuille de papier que Kala ne quittait pas un
instant fit renaître le repos dans son cœur, elle la délivra de la maladie que lui avait occasionnée son amour
et la rendit à la santé.

Kanwalrùp, ayant reçu de la princesse la permission
de se retirer, court auprès de Chitarman et lui raconte tout ce qui s'était passé. « Maintenant, ajoute-
« t-il, il me semble qu'il convient de faire un autre des-
« sin qui puisse encore servir à la guérison de Kala. »
Chitarman se rend aux désirs de son ami : il trace un

second dessin représentant l'entrevue de Sumit et de Kâmrûp, au jour où le brahmane de Kala fit connaître au kunwar quelle était celle qu'il avait vue dans son rêve. Quand son travail est terminé, Chitarman le livre à Kanwalrûp son compagnon. La première fois que celui-ci se rend au palais de la princesse, il ne manque pas de lui remettre ce nouveau dessin. Kala le prend avec intérêt et va dans une pièce de son palais le considérer à son aise. Quelle est sa surprise lorsqu'elle voit dans ce dessin son brahmane assis devant Kâmrûp, qui écoutait, dans un état apparent de folie, le discours qu'il lui tenait! En considérant cette scène, dont elle connaissait les acteurs, la pâleur disparaît peu à peu de son teint ; elle appelle sur-le-champ le médecin pour lui témoigner sa satisfaction.

Chitarman fait alors un troisième dessin représentant le moment où, dans le port d'Hougly, Kâmrûp monta sur le vaisseau qui devait le transporter à Saràndip. Il figure tous les préparatifs du voyage ; il trace, en un mot, tout ce qui se passe en ce jour. Le médecin s'empresse d'aller remettre à Kala ce nouveau dessin. La princesse le regarde avec beaucoup d'attention. Elle comprend que Kâmrûp entreprenait un voyage sur mer ; elle en est contente, sa pâleur disparaît tout à fait et se change en un rouge foncé. Le médecin laisse ces trois feuilles de papier à la princesse, en lui recommandant de les garder auprès d'elle. Kala, contente de ce cadeau, l'assure qu'elle ne ressent plus aucun mal. Effectivement son visage reprend ses couleurs vermeilles et son air de gaieté. Le grand Kâmrâj, instruit

de cette heureuse nouvelle, récompensa généreusement
le médecin : toutefois celui-ci n'avait guéri la princesse
qu'au moyen des dessins significatifs de Chitarman en
lui ordonnant, comme remèdes apparents, quelques
lotions insignifiantes. En témoignage de sa bienveillance, le mahârâj remit en outre au médecin des robes
d'honneur. De son côté la princesse apprit avec plaisir
la manière dont le roi son père avait traité Kanwalrûp.

Mais l'histoire du brahmane Sumit me vient actuellement en mémoire : je dois la faire connaître au lecteur.

CHAPITRE XVII.

RETOUR DE SUMIT AUPRÈS DE KALA.

Sumit, le brahmane de Kala, qui connaissait la destinée de cette princesse, relativement au kunwar, était
allé trouver, avons-nous dit, le prince Kâmrûp et l'avait
ensuite accompagné dans le voyage qu'il avait entrepris
pour s'unir à elle. Étant resté longtemps nuit et jour
avec le prince, il avait eu l'occasion de lui répéter tous
les discours de sa maîtresse. Depuis l'instant où, avec
ses autres compagnons, il fut jeté par la tempête dans
la mer, il demeura pendant plusieurs jours à la merci des
flots sans pouvoir trouver une terre pour y placer le
pied. Enfin un navire s'offrit à ses yeux. Ceux qui le
montaient, ayant vu ce brahmane qui se débattait au
milieu des vagues, l'en retirèrent, et le firent asseoir
à leur bord. Ils lui demandèrent aussitôt d'où il était,
et où il habitait ordinairement : « J'habite, leur dit-il,
« Hardwâr, et je suis le brahmane et le purohit de Kala;
« vous me voyez encore effrayé du danger que je viens
« de courir. Je voudrais retourner à Sarândîp ma patrie,
« mais, avant tout, j'aurais besoin de prendre quelque
« nourriture.—J'ai précisément affaire, lui dit alors
« le capitaine, dans le royaume de Sarândîp, que gou-
« verne Kâmrâj : ainsi je suis charmé de t'obliger en
« abordant à ce port, en visitant cette ville. Sois donc
« content, tu verras, je t'en réponds, la ville de Sarân-

« dîp. En attendant, prends la nourriture qui t'est né-
« cessaire. » Sumit entendit avec joie les paroles du capitaine, il lui exprima sa reconnaissance, et s'assit
charmé de l'amitié qu'il lui témoignait.

Sur ces entrefaites le capitaine fit tendre les voiles,
le vaisseau reprit sa marche, et bientôt se trouva devant Sarândîp. Alors le brahmane descendit à terre,
entra dans la ville et alla droit au palais de Kala. Lorsque la princesse apprit que Sumit, son purohit, était
debout à sa porte, elle le fit entrer et lui dit : « Eh
« bien, cher brahmane, as-tu trouvé le kunwar? —
« Oui, lui répondit-il, et je l'avais même amené ; mais
« je vais te faire savoir toute son histoire. Lorsque je
« fus admis auprès de lui, je le trouvai triste et chagrin
« par l'effet de l'amour. C'est à Aoudhpûr, capitale du
« pays d'Aoudh et Gorakh, que je le vis ; son père est
« le mahârâj Pit et sa mère la reine Sundar - rûp. Il
« t'avait aussi vue en songe, et depuis ce jour il ne cessait
« de penser à toi ; il ne voulait plus ni boire ni manger,
« et son corps avait l'apparence de celui d'un amant tour-
« menté par une passion violente. Il n'écoutait rien de
« ses oreilles, le sourire avait fui de ses lèvres, et ses
« pleurs ne tarissaient pas. On me conduisit dans le pa-
« lais de Kâmrûp, on me fit asseoir en me priant de lui
« raconter quelque chose qui pût l'intéresser. Que di-
« rai-je, répondis-je, et de quel pays faut-il que je parle?
« sera-ce de Samarcande, d'Ispahan ou de mon île de
« Sarândîp? A ce mot de Sarândîp les yeux de ce mal-
« heureux amant s'ouvrirent, et lorsqu'il eut entendu
« tout ce que je lui dis de toi, il gémit et répandit des

« pleurs en abondance. Il voulut me suivre, et partit en
« effet d'Aoude après avoir pris congé de son père et
« de sa mère. Arrivé à Hougly il fait les préparatifs de
« son départ, il monte sur un des vaisseaux qu'on avait
« disposés pour le conduire à Sarândîp; nous quittons
« bientôt le port, et nous nous avançons en pleine mer.
« Nous étions près d'arriver, lorsque la flotte fut dé-
« truite par la tempête, et que hommes et biens devin-
« rent la proie des vagues en fureur. Malheureusement
« depuis ce temps on n'a eu aucune nouvelle de Kâm-
« rùp. »

Kala fut fort inquiète lorsqu'elle eut entendu ce
triste récit; de ses deux yeux s'échappèrent des larmes,
de son cœur partirent des soupirs : « Allez chercher le
« kunwar, dit-elle en criant au brahmane, amenez-le-
« moi. Non, je ne puis demeurer sans lui dans ce palais,
« je n'ai plus la force de supporter la privation doulou-
« reuse de l'être qui m'est cher. La pensée qu'il me
« serait bientôt uni calmait ma souffrance, et voilà que
« ce repos dont j'espérais jouir enfin se change en une
« douleur nouvelle ! Faut-il donc que, privée de Kâmrûp,
« je passe ma vie à pleurer ! faut-il que mes jours se
« consument dans la douleur ! Le papîha erre-t-il dans
« la forêt sans celle à qui l'unit l'amour ? Il va dans les
« jangles, et, joyeux, les fait sans cesse retentir de ses
« chants, tandis que Kala, cruellement séparée de son
« amant, erre dans son palais solitaire. Lorsqu'elle en-
« tendra le cri du kokil s'élever des bois, le chagrin que
« cause à son esprit l'éloignement du prince ne pourra
« que s'augmenter. Si quelqu'un me disait dans *quelle*

« contrée il réside, je serais capable d'aller l'y chercher
« vêtue à la manière de ce pays. Mais au moins va toi-
« même, mon cher brahmane, de ville en ville ; peut-être
« tu seras assez heureux pour avoir des nouvelles du
« kunwar et pour me les rapporter ; peut-être pourras-
« tu même m'unir à lui. »

Pour se rendre aux désirs impatients de Kala, le vénérable brahmane se mit en route de nouveau ; il alla
de ville en ville chercher Kâmrûp. Quant à la princesse, elle resta dans son palais, mais sans pouvoir
goûter le repos. Elle se demandait sans cesse si jamais
elle pourrait retrouver son prince. Cet incident fut
pour elle une nouvelle cause de douleur ; sa couleur
vermeille disparut encore, son visage redevint jaune,
elle était obligée de rester étendue tant son corps était
faible ; elle gardait constamment un morne silence, et
des pleurs comme un ruisseau coulaient de ses deux
yeux ; en un mot le continuel souvenir de son amant
la consumait de tristesse. Elle ne répondait rien à sa
mère quand celle-ci lui adressait la parole, elle ne
levait pas même les yeux pour regarder son père.

Cependant le grand Kâmrâj, ayant réfléchi sur tout ce
qu'il voyait, dit à son ministre : « Écris des lettres de
« convocation pour une grande assemblée de mariage,
« et envoie des messagers les distribuer à tous les
« princes nationaux et étrangers. Invite-les à se rendre
« dans cette ville, et, quand ils seront arrivés, fais-les
« ranger en ligne sur la place qui est devant le palais
« de Kala. J'aurai soin de donner à ma fille un collier ;

« je lui dirai d'aller au milieu de ces princes, et de
« mettre ce collier au cou de celui qu'elle choisira pour
« époux : je m'engage à la marier effectivement à lui. »
Le ministre écrivit donc de nombreuses lettres d'invitation, il les porta au mahârâj et les plaça devant lui. Il
fit venir des messagers, leur remit ces lettres qui an-
nonçaient la nouvelle du mariage dont on proposait
la chance, et leur ordonna d'aller de ville en ville les
porter aux princes dont nous avons parlé. Les messagers obéirent.

Mais revenons actuellement au prince Kâmrûp.

Le kunwar, avons-nous dit, après avoir serré la
pierre philosophale que le derviche lui avait donnée,
s'était mis en route en compagnie d'Achâraj et de
Mitarchand. Ils demandaient à tous ceux qu'ils rencontraient de leur indiquer le chemin de Sarândîp ;
enfin, après avoir marché pendant bien des jours, ils se
trouvèrent dans une ville peuplée. Le kunwar y entra,
toujours en compagnie de ses amis, et avec eux s'y re-
posa quelques instants à l'ombre des arbres. Ils aperçurent une large rivière qui paraissait n'être jamais à
sec et venir de fort loin. Comme Mitarchand en observait les bords, il y vit un homme qui pleurait en
disant à haute voix : « O rivière que je puis appeler ma
« mère, puisque c'est de l'eau que toutes les créatures
« ont été formées, où est le kunwar ? S'il faut que je
« me précipite dans tes flots pour que tu me conduises
« auprès de lui, je suis prêt à le faire, ou plutôt je me
« consacre à ton service si je le retrouve ; et dans le cas

« contraire, je me mets à la merci de ton courant. » Mitarchand, en entendant ces mots, s'approcha de cet inconnu, lui demanda le motif de son désespoir et de quel kunwar il voulait parler. « Aoudhpûr est ma pa-
« trie, répondit-il; j'en partis avec le kunwar, et avec
« lui et ses autres compagnons je fis naufrage au milieu
« de la mer. J'ignore depuis lors ce qu'ils sont tous de-
« venus : aussi suis-je plongé dans le plus vif chagrin et
« voilà quelle est la cause du discours que je viens de
« tenir auprès de cette rivière. »

Mitarchand, tranquillisé par ce qu'il venait d'entendre, lui dit : « Faites-moi connaître votre nom. De mon côté
« je vous donnerai des nouvelles du prince que vous
« pleurez ; je ferai plus, je vais vous conduire auprès de
« lui. » L'interlocuteur de Mitarchand ne put alors contenir sa joie et voulut d'abord savoir quel était celui qui lui adressait la parole. Mitarchand se fit un plaisir de le lui déclarer, et attendit ensuite qu'il lui fît connaître son nom et quelques particularités de plus sur son compte. L'inconnu lui dit enfin qu'il était Mânik, un des compagnons du kunwar et joaillier de profession. Alors ces deux anciens amis, s'étant mutuellement reconnus, furent charmés de se trouver réunis et s'empressèrent d'aller rejoindre Kâmrûp. Lorsque le prince les aperçoit, il dit à Mitarchand : « Quel est cet homme qui est avec
« toi? d'où est-il? quel est son nom et son état? » Mitarchand répond au prince que c'est son joaillier, et au même instant ce dernier, reconnaissant celui qu'il avait en vain cherché jusque-là, se jette respectueusement à ses pieds. Kâmrûp le relève, le serre entre ses bras et

lui raconte tout ce qu'il avait enduré de pénible. De
son côté Mitarchand lui fait connaître aussi ses fâcheuses aventures. Le joaillier touché de ces malheurs
prend à son tour la parole pour exposer les siens.

CHAPITRE XVIII.

AVENTURES DE MANIK.

« Depuis l'instant, dit-il, où nous fûmes tous préci-
« pités dans la mer, j'y restai pendant plusieurs jours
« flottant au gré des vagues. Enfin un vent impétueux
« me poussa sur un rivage où se présentèrent à ma vue
« des hommes dont le métier avoué n'était autre que de
« voler sur les routes. Ils revenaient précisément d'une
« expédition de ce genre et en avaient rapporté beau-
« coup d'argent; toutefois, dans l'intention de les punir,
« on avait mis des gens à leur poursuite, et ces gens
« faisaient de tous côtés des recherches pour les trouver.
« Ils les atteignirent enfin, mais les voleurs, les voyant
« de loin, prirent la fuite et allèrent se cacher çà et là.
« Je restai seul en cet endroit, et les gardes, s'imaginant
« que j'étais un voleur, me conduisirent auprès du gou-
« verneur en me désignant comme le chef des brigands.
« Ce gouverneur m'ordonna de lui indiquer le lieu où
« s'étaient retirés mes prétendus compagnons. « Seigneur,
« lui dis-je, je ne suis ni un voleur, ni un habitant de
« ce pays; je suis étranger et voyageur, mon état est la
« joaillerie, et Mànik est mon nom. Aussitôt qu'il eut
« entendu ma réponse, le gouverneur fit apporter des
« pierres précieuses et me les montra. Je les examinai
« et je donnai sans hésiter l'indication de leur poids
« et de leur valeur. Je suis resté depuis ce jour auprès

« de ce gouverneur, et je l'ai instruit des propriétés de
« toutes les pierres précieuses. »

Kâmrûp écouta le récit de Mânik avec un vif intérêt,
et l'espérance s'affermit dans son cœur. «Nous voilà
« quatre amis réunis, dit-il : eh bien allons visiter main-
« tenant le pays de Sarândîp. »

Le kunwar et les amis qu'il avait retrouvés se cos-
tument alors comme des Atît. Ils entourent leur cou
d'un kantha : ils laissent leurs cheveux s'élever en désordre sur leur tête ; ils frottent leurs corps avec de
la cendre de bouse de vache, et leur peau en prend
ainsi la couleur ; munis chacun d'un khappar ils se
mettent à faire route ensemble. Le kunwar parcourait
les villes et les pays en saluant à la manière des jogui,
et répétant souvent le nom de sa chère Kala. Ses amis
qui l'avaient rejoint ne le quittèrent plus un seul instant.
Ils marchaient pendant tout le jour, et à la nuit ils
dormaient dans la forêt quand ils ne se trouvaient pas
dans un endroit habité. Kala faisait le sujet de leur
conversation. A l'aurore ils se mettaient encore en
marche, ils demandaient la route de Sarândîp aux
voyageurs qu'ils rencontraient et ils suivaient celle qu'on
leur indiquait.

Après quelques journées de marche, ils arrivent
dans un nouveau pays. Le kunwar y entre avec hésitation, toujours sous l'apparence d'un bairàguî et saluant
à la manière des joguî. Il trouve cette contrée dans une
tranquillité parfaite sous le roi Karpit qui la gouvernait.
Toutefois les agents de la police ne manquèrent pas de
rapporter au mahârâj que des Atît étrangers étaient

entrés dans sa capitale. Aussitôt le monarque leur commanda de les amener en sa présence et de leur offrir
à manger. Ceux-ci, croyant avoir affaire à de véritables
atît, vont les trouver et leur disent que le mahârâj
Karpat les demande et désire leur distribuer des aliments. Le kunwar et ses compagnons consentent à
les suivre et se rendent, toujours vêtus comme des
atît, auprès de Karpat qu'ils saluent à la manière de
ces faquîr. Le mahârâj les fait approcher.et leur présente
toute sorte des mets : le kunwar et ses amis s'as-
soient respectueusement, mangent et reprennent leurs
forces. Ensuite le mahârâj les engage à venir assister,
le lendemain, à un spectacle de danse avec accompa-
gnement de mirdang et de tâl. En ce jour donc toutes
les personnes invitées s'empressèrent de se rendre au
palais, ornées de vêtements de différentes couleurs.
Karpat voulut que les atît prissent un peu de nourriture et les fit asseoir comme spectateurs. Ceux-ci, en
habit de pénitence et d'un air grave, allèrent se placer
auprès du mahârâj. Le divertissement de la danse dura
deux pahars; pendant tout ce temps les atît s'entre-
tinrent avec Karpat.

Vers la fin de la danse, le kunwar se trouvant à côté
d'un des kalâwant, lui dit : « Je voudrais bien que vous
« eussiez la complaisance de me chanter quelque chose,
« si vous pouviez trouver un moment propice pour
« le faire. » Le musicien obligeant saisit l'instant du
retour de Karpat à son palais pour satisfaire le kunwar.
Il vint présenter ses respects aux atît et leur fit entendre un prélude de notes, puis il entonna des dharpat

et des khiyâls. Le kunwar, étonné de l'harmonie des chants du Kalâwant, exprima sa satisfaction à Mitarchand. Celui-ci, pour lier connaissance avec ce chanteur distingué, lui fit partager sa nourriture et lui demanda ensuite s'il était de ce pays-là ou d'un pays étranger. Alors le Kalâwant lui répondit en pleurant : « Non, je ne suis pas de ce pays ; cette contrée n'est point « ma patrie. Je me nomme Rasrang ; j'étais le Kalâwant « du prince Kâmrûp, et jour et nuit je jouissais de sa « société. Nous entreprîmes un voyage sur mer et nous « fîmes naufrage ; depuis lors j'ignore ce que mes com- « pagnons sont devenus. Vous, saints personnages qui « errez de ville en ville, dites-moi si vous n'avez pas « appris quelque part des nouvelles du kunwar. » — « Regarde attentivement, répondit de suite Mitarchand. « et reconnais devant toi le prince dont tu t'informes. » Alors Rasrang ayant considéré Kâmrûp avec soin, pose sa tête à ses pieds, mais le prince le relève, et le presse contre sa poitrine. C'est ainsi que Rasrang fut retrouvé par ses compagnons. Ils le firent asseoir auprès d'eux, lui racontèrent tous d'où ils venaient, et ce qui leur était arrivé.

Le Kalâwant, après les avoir écoutés, leur témoigna le désir qu'ils voulussent bien entendre le récit de ses aventures, qui n'étaient pas moins extraordinaires que les leurs.

CHAPITRE XIX.

AVENTURES DE RASRANG.

A l'époque du naufrage de la flotte de Kâmrûp, le Kalâ-want, comme ses compagnons, avait été précipité dans la mer. Il y resta pendant quatre jours entiers, privé de nourriture et à la merci des vagues tumultueuses. Tout à coup un navire s'offre à sa vue ; bientôt ceux qui le montaient le retirent des flots et le placent à bord. Le Kalâwant reconnaissant célèbre les louanges des gens du vaisseau ; de leur côté ceux-ci lui demandent avec empressement le nom de son pays et celui de ses compagnons de voyage. Alors Rasrang indique le lieu d'où il était parti avec le prince Kâmrûp et raconte tout ce qui lui était arrivé. Soudain un vent d'ouragan s'élève : les marins étonnés s'entredemandent aussitôt quelle peut en être la cause : « Il n'y a qu'un instant, disent-ils, « que nous ne ressentions ni vent ni zéphir même ; « c'est donc cet homme qui nous attire ce temps af- « freux. » Ils se retournent ensuite vers Rasrang et lui déclarent qu'ils considèrent cette tempête comme un effet de son mauvais destin ; qu'ils ne jugent donc pas convenable de l'emmener avec eux et qu'ils vont en conséquence le jeter à la mer.

Ces mots consternent le Kalâwant. Cependant les gens du vaisseau se lèvent d'un air menaçant, le prennent et le lancent au milieu des flots. Le voilà donc de

7.

nouveau porté çà et là par les vagues écumantes. Cette
fois néanmoins il aperçoit de suite une côte couverte
de jangles et y aborde sans retard. Ses pieds ont à
peine touché la terre, qu'il tourne ses regards avides
de tous côtés; mais hélas! il aperçoit un tigre qui s'a-
vançait vers lui prêt à le dévorer et se voit forcé pour
l'éviter de s'abandonner encore à la mer. Heureusement il atteignit un peu plus loin le rivage d'une autre
île. Là il vit des hommes occupés à plonger au fond
de l'eau et à déposer sur la grève ce qu'il en retiraient.
S'imaginant que ce pouvaient être des fruits bons à
manger qu'ils pêchaient ainsi, il s'approcha de ces
hommes en se lamentant et leur témoigna timidement
le désir de prendre quelque nourriture. Mais quelle fut
sa surprise, lorsque arrivé auprès d'eux, il reconnut
qu'il n'y avait sur le rivage ni fruits ni aucune espèce
de provisions, et que ce qu'il avait aperçu n'était autre
chose que du corail que les indigènes rangeaient en
monceaux. Quand ils virent Rasrang, ils lui demandèrent comment il se trouvait dans ces parages. — «Je
« suis, leur répondit-il, un malheureux naufragé que les
« vagues ont poussé sur cette terre.... Ayez pitié d'un
« étranger infortuné.... Me voilà sorti sain et sauf de
« l'océan orageux; mais depuis longtemps je suis privé
« de nourriture, aussi la faim me tourmente-t-elle, et je
« ne me sens pas la force de rester davantage sans
« prendre aucun aliment. Je me contenterai de quelques
« fruits, si vous n'avez rien autre à me donner. »
  Lorsque les insulaires eurent entendu ces paroles,
il regardèrent avec étonnement le Kalâwant : «Tu

« ignores, à ce qu'il paraît, lui dirent-ils, que tu es ici
« dans l'île nommée *Ekh ;* île que jamais personne n'a
« quittée et où personne n'aborda jamais. On n'y trouve
« ni végétaux, ni animaux propres à servir de nour-
« riture; il n'y a pas un seul arbre fruitier, et l'agricul-
« ture y est inconnue. Une fois chaque année seule-
« ment il nous arrive un vaisseau chargé de provisions
« de tout genre, entre autres de gingembre frais et
« d'oignons. Tous les habitants de notre île, hommes et
« femmes, s'occupent de la pêche du corail. Nous ran-
« geons en monceaux tant le corail que les perles que
« nous trouvons, et nous attendons patiemment la ve-
« nue du vaisseau dont il s'agit. Il ne manque pas d'ar-
« river au temps déterminé, et nous échangeons notre
« corail et nos perles contre les denrées fraîches et
« sèches qu'il nous apporte. Durant un an entier cette
« cargaison fait notre nourriture. Chacun, homme et
« femme, en a sa portion distincte qui doit lui durer
« pendant tout cet espace de temps ; car nous ne voyons
« jamais d'autre vaisseau, et nous ne saurions nous pro-
« curer des provisions d'ailleurs. Mais nous sommes
« sûrs qu'à jour fixe le navire paraît de nouveau sur nos
« côtes : tu vois, d'après ce que nous te disons, qu'il
« nous est impossible de te fournir des aliments. En le
« faisant, nous nous exposerions à périr nous-mêmes de
« faim. »

Le Kalâwant fut fort affecté de ces paroles; il réfléchit
néanmoins que, puisqu'il se trouvait pour son malheur
dans cette île extraordinaire, il devait tâcher d'obtenir
quelques vivres de ces insulaires, et qu'à cet effet il lui

serait plus avantageux de mettre en œuvre son talent de musicien que de les aider dans la pêche du corail. Il se mit donc à chanter en imitant le son du tâl; mais ces hommes simples, qui ne savaient ni chanter ni jouer des instruments, ne pouvaient se rendre raison des sons qu'ils entendaient. Ils s'imaginèrent donc que c'était le souffle du vent et que Rasrang était démoniaque; aussi n'osaient-ils l'approcher. Lorsque le Kalâwant s'aperçut de leur erreur, il ne put s'empêcher de leur dire avec colère qu'il n'avait jamais vu dans le monde des ours pareils à eux, ignorant la musique et traitant de fous ceux qui la connaissent, et qu'il n'avait de sa vie passé un instant aussi pénible et aussi agité. Lorsque les indigènes entendirent ces paroles de Rasrang, ils l'entourèrent, le frappèrent rudement au visage et le laissèrent demi-mort. Force lui fut néanmoins de rester là, car il n'existait dans l'île d'autre espace habité que l'endroit où il se trouvait; et comme nous l'avons dit, il n'y avait pas d'eau potable, pas de grain, pas de végétal, pas d'oiseaux dont on pût se nourrir.

Sur ces entrefaites le jour fut remplacé par la nuit; les insulaires permirent alors au Kalâwant de se retirer auprès d'eux, sans qu'il pût néanmoins satisfaire sa faim. Il se mit donc à pleurer en leur parlant du bonheur dont il jouissait dans sa patrie. Il passa encore cette nuit sans boire ni manger et sans cesser de répandre des larmes. Lorsque le soleil parut sur l'horizon, Rasrang se leva frissonnant de faim. Il s'avise alors de prendre en main un kachkol et d'aller de maison en maison faire connaître sa détresse. De cette façon il vint à bout de se procurer de quoi soulager un peu sa faim dévorante. Il ne manqua pas de continuer d'agir ainsi les jours suivants ; il se levait de bon matin et mendiait toute la journée, recueillant les fragments de comestibles frais et secs qu'on lui donnait. Après un peu de temps le vaisseau désiré parut devant l'île. Les habitants s'empressèrent d'accourir au rivage et ils donnèrent les perles et le corail qu'ils avaient péniblement amassés en échange de la cargaison qui leur était si nécessaire. Chaque individu prit sa portion séparée et se retira. Les gens du vaisseau, munis des perles et du corail, se disposaient à lever l'ancre et à mettre à la voile, lorsque les insulaires, touchés de compassion pour le pauvre Rasrang, le conduisirent auprès d'eux : « Voici, « leur dirent-ils, un voyageur égaré de sa route par un « naufrage ; après être resté quelque temps à la merci « des flots, il a été poussé sur notre côte. Ayez compas- « sion de lui, donnez-lui le passage et ramenez-le dans « sa patrie. » Les gens du vaisseau répondirent aux insulaires qu'ils ne pouvaient leur complaire en ce point, attendu qu'il leur était interdit de prendre avec eux qui que ce fût.

Le malheureux Kalâwant fut désespéré de cette réponse, et, en soupirant, il les supplia de se laisser toucher. Ils déclarèrent alors qu'ils se décideraient à se charger de lui, s'il donnait sa parole qu'il ne se permettrait aucune observation, quelque chose qu'ils fissent une fois arrivés en pleine mer. « Nous donnons volon- « tiers notre parole en son nom, dirent les insulaires ; « emmenez-le, nous vous en conjurons. Allez en paix,

« montrez-lui les villes et les pays. Si dans la traversée
« il manque à cet engagement, vous n'aurez qu'à le
« jeter dans la mer, où il était naguère encore à la merci
« des flots. » Le Kalâwant fit de son côté la promesse
formelle de se conformer aux désirs des marins en les
assurant que leur conduite, quelle qu'elle fût, lui im-
portait peu. Les gens du vaisseau prirent Rasrang à leur
bord à ces conditions et mirent à la voile. Après être
restés en mer pendant quatre jours, ils mouillèrent
l'ancre, et, au lieu de conserver, pour en faire le commerce, le corail et les perles dont ils avaient chargé
leur navire, ils les livrèrent aux vagues. Le Kalâwant,
stupéfait de voir disparaître ces précieuses marchandises, voulait en demander la raison; mais il se contint
à cause de l'engagement qu'il avait pris et garda le silence. Il resta pendant quelque temps témoin impas-
sible de cette conduite extraordinaire; mais il ne put
à la fin résister à sa curiosité, et dit aux gens du vaisseau : « Je ne saurais comprendre les ·motifs qui vous
font jeter à la mer ces perles et ce corail; je ne de-
« vine pas les raisons de ce trafic singulier. Vous avez
« échangé des munitions de bouche contre des perles,
« et voilà l'usage que vous en faites actuellement.
« Vous ne donnez rien aux malheureux, vous préferez
« tout perdre, en faisant pour ainsi dire le commerce
« avec la mer. — Tu es un homme étonnant, répon-
« dirent les marins au Kalâwant, en entendant ces pa-
« roles ; tu n'as ni pudeur ni retenue. Quoi! tu as so-
« lennellement promis de ne t'enquérir en aucune fa-
« çon de notre manière d'agir, mais de te contenter de

« l'observer en silence, et voilà que tu viens actuelle-
« ment nous tenir ce discours. Apparemment ton pays est
« dans la mer; car tes paroles ont décidé de ton sort,
« et par ta faute tu vas t'y trouver encore. Tu sais bien
« que nous ne t'avons promis de te ramener dans ta
« patrie, qu'à condition que tu ne nous ferais aucune
« question sur la conduite que nous pourrions tenir, et
« il était convenu que, si tu manquais à ta promesse, nous
« te jetterions à la mer. Par cet engagement ta vie nous
« a été remise entre les mains ; ainsi, en te lançant dans
« les flots, nous nous conformons à ce que tu as décidé
« toi-même. A l'avenir nous ne nous fierons plus aux
« gens de ton espèce qui pourront prendre des engage-
« ments avec nous. »

En cet instant les marins se lèvent des quatre côtés;
ils saisissent le Kalâwant et le soulèvent pour le précipiter. « Attendons un peu, disent néanmoins quelques-
« uns d'entre eux, entretenons-nous encore un instant
« avec lui. » Rasrang profite alors de cette disposition bienveillante pour adresser ces mots à ceux qui l'entourent:
« Si je n'ai pas gardé ma parole, leur dit-il, c'est que
« je n'ai jamais entendu parler dans les pays que j'ai par-
« courus du genre de commerce que vous faites. Dé-
« voilez-moi sincèrement votre secret, je vous en sup-
« plie; et ensuite, si vous le jugez convenable, vous me
« livrerez aux vagues. — Eh bien, nous consentons à te
« satisfaire, répondirent alors les marins à Rasrang :
« sache donc que nous sommes les gardiens des îles
« de la mer. Notre discours est conforme à la vérité.
« Des îles innombrables couvrent l'océan, et Dieu, qui

« pourvoit à tout, ne les laisse pas manquer de nourri-
« ture. Mais parmi elles il y en a où il ne croît pas de
« grain, et où il ne se trouve non plus aucun oiseau dont
« on puisse se nourrir. Nous avons ordre d'aller charger
« notre vaisseau dans les îles fertiles et d'avitailler les
« autres en leur portant, une fois l'an, une cargaison
« de vivres. Nous distribuons donc aux îles inféondes
« dont nous sommes les gardiens, la ration qui leur est
« destinée. Chaque année, jour pour jour, nous arrivons
« à leur rivage et les assistons de nos denrées; mais
« comme nous n'avons aucun intérêt à garder ce que
« nous recevons d'eux en échange, nous le jetons à la
« mer. »

Après que les gens du navire eurent ainsi fait connaître au Kalâwant les secrets du créateur, ils le pré-
cipitèrent inexorablement dans les flots. Heureusement
il en fut quitte pour être de nouveau mouillé et ne
tarda pas de parvenir à une autre île. Il sortit ainsi sain
et sauf encore une fois du terrible océan et s'avança dans
l'intérieur de cette terre.

Après avoir marché pendant quelque temps, un village s'offrit à sa vue; il y entra et le trouva dans une
grande agitation. Néanmoins il présenta ses civilités
respectueuses aux habitants, et ceux-ci s'empressèrent
de lui demander d'où il venait, quel était son pays, son
industrie, et s'il était arrivé chez eux par hasard. A toutes
ces questions, Rasrang répondit : «Je suis un malheu-
« reux chanteur que le destin a conduit au milieu de
« vous. J'avais quitté ma patrie pour entreprendre un
« voyage; mais le vaisseau que je montais a été mis en

« pièces par une tempête ; et moi, pauvre naufragé,
« je suis resté plusieurs jours flottant sur les vagues
« agitées. Comment dire tout ce que j'ai souffert, com-
« ment raconter toutes mes aventures ? »

En apprenant les fâcheux accidents arrivés à Rasrang,
les habitants de l'île sont touchés de compassion pour
lui. Ils l'invitent à s'asseoir et à leur faire connaître son
talent musical. Le Kalâwant obtempère à leurs désirs
et se met à entonner des dharpat et des khiyâls. Lorsque
les indigènes eurent entendu ces chants, ils le traitèrent
avec beaucoup de bienveillance et l'engagèrent affectueusement à rester avec eux. Ils apportèrent et placèrent devant lui tout ce qu'il pouvait désirer. Rasrang
s'assit alors et prit quelque nourriture en formant la
résolution de ne point quitter ce pays pour aller dans
un autre. Il resta donc auprès de ces insulaires, passant
sa vie à chanter et à jouer des instruments. Un jour il
s'aperçut qu'ils pleuraient tous et voulut en connaître
la raison. « Hélas ! que nous demandes-tu, lui répon-
« dirent-ils, le malheur dont nous sommes menacés
« depuis cinq années va tomber sur nous. Une comète,
« dans sa course irrégulière, doit toucher notre île et la
« consumer ; c'est pour ce motif que tu nous vois en
« proie au chagrin. Nous voulons quitter cette terre
« pour échapper à la mort ; nous abandonnerons vo-
« lontiers nos biens pour sauver notre vie. »

Lorsque le Kalâwant eut entendu ces tristes paroles,
il se troubla et conjura ces insulaires de permettre qu'il
les suivît, leur témoignant que, s'ils l'abandonnaient,
il ne saurait où porter ses pas. Alors ceux-ci lui répon-

dirent avec menaces : « Homme de malheur, c'est sans
« doute à ton mauvais destin que nous devons l'événe-
« ment funeste qui va nous arriver ; ainsi tu sens bien
« qu'il serait contraire à notre intérêt de t'emmener
« avec nous, et qu'il faut par conséquent que nous
« t'abandonnions à ton propre sort. Oui, nous n'en dou-
« tons pas, les infortunes qui étaient à ta suite sont tom-
« bées sur nous : ainsi retourne là d'où tu es venu, *ne*
« *cherche pas à nous accompagner.* » Ils n'eurent pas
plus tôt proféré ces mots qu'ils se retirèrent dans je ne
sais quel pays ou quel royaume ; ils disparurent en un
mot, sans que Rasrang sût ce qu'ils étaient devenus. Désespéré de se voir seul, il regarda de tous côtés ; mais
il n'aperçut que des richesses qui lui devenaient bien
inutiles. Ni hommes ni animaux ne se présentaient à sa
« vue : « Hélas, dit-il alors dans son cœur, en quelle si-
« tuation me trouvé-je !..... Il est impossible que je reste
« en ce lieu ; car cette nuit même je ne puis manquer
« d'être consumé par le feu ? » Tout en faisant ces réflexions, Rasrang dispose une barque dans la vue de
s'y jeter au moment du danger. Ensuite il va dans la
ville chercher quelques provisions pour les charger
sur sa nacelle et fuir cette île infortunée. Son arrivée
coïncide avec le coucher du soleil. En ce moment la
comète paraît sur l'horizon et le feu ne tarde pas d'en-
tourer l'île de toutes parts, la terre s'enflamme et tous
les objets qui la couvraient commencent à brûler. A
cette vue, Rasrang effrayé quitte précipitamment la
ville et gagne le côté de la rivière où était son frêle
esquif ; mais il a la douleur de le voir embrasé de-

vant ses yeux et bientôt réduit en cendres. « Divine
« providence, s'écrie-t-il, quelle est donc ta colère! Ja-
« mais, pendant tout le temps qu'a duré ma vie, je ne fus
« témoin d'un malheur pareil à cet horrible incendie. »

Cependant le feu, poussé par le vent, se communique à toutes les parties de l'île ; le sol est dévoré par
la flamme et devient semblable à la plaque de fer sur
laquelle on fait cuire le pain. Rasrang ne savait où
s'arrêter ; il courait de côté et d'autre en poussant des
cris affreux. Il fit ainsi beaucoup de chemin et finit par
atteindre la mer où il se jeta de désespoir. Il vogua de
nouveau quelque temps, plein de frayeur et d'anxiété.
Néanmoins il atteignit, sans trop tarder, à un nouveau
rivage, après avoir nagé une nuit et un jour. Comme
il cherchait à se tirer des flots le plus promptement
possible, il toucha le sol vers le soir et se trouva dans
une forêt où il n'aperçut ni être humain ni râkas.
Lorsque la nuit eut sucédé au jour, le Kalâwant prit un
peu de repos. Tantôt il pleurait en songeant à son malheureux sort, tantôt il souriait en se voyant encore une
fois hors de danger. Aussitôt qu'il fut un peu remis de
sa fatigue, il parcourut les jangles, et trouvant un platane élevé il s'assit au milieu des branches, sans cependant avoir encore pris aucune nourriture depuis son
nouvel accident, ni joui de la compagnie d'un mortel.

Par hasard, ce jour-là même, le roi de la province
(de Sarândîp) où Rasrang avait abordé, savoir, le mahârâj Karpat, était monté sur son coursier, pour se livrer à l'exercice de la chasse, qu'il aimait passionné-
ment. Ce souverain était plus souvent dans les forêts

que dans l'enceinte de la ville. Au jour dont nous parlons, il avait en vain erré à la recherche du gibier ;
aucun quadrupède ne s'était offert à sa vue. Le soir
cependant il vit au loin un daim qui paissait : toutefois
l'animal, en apercevant la troupe des chasseurs, s'enfuit
avec la plus grande vitesse. Karpat le suit son arc à la
main : à l'exemple du prince, les gens de sa suite ten-
dent aussi la corde de leur arc ; mais le daim s'enfonce
dans le plus épais des jangles. Le mahârâj l'y pourchasse
et disparaît de la vue de ceux qui l'accompagnaient sans
pouvoir trouver néanmoins la trace de l'antilope. En
vain pénétra-t-il partout, il ne découvrit ni l'animal ni
le hallier où il s'était retiré. De leur côté, les officiers
du mahârâj cherchèrent inutilement aussi leur souverain. Karpat se trouvant surpris par la nuit alla se
réfugier sous les arbres de la forêt. Ainsi Rasrang était
à peine depuis quatre ou cinq gharî sur le platane dont
nous avons parlé, qu'il vit le royal cavalier venir chercher un asile sous cet arbre même. Karpat laissa son
coursier sur la lisière du bois, et se hâta d'escalader ce
même platane pour y passer la nuit. La présence du
mahârâj inspira des craintes à Rasrang. Il ne pouvait
ni monter plus haut qu'il était, ni descendre de l'arbre ;
aussi garda-t-il un profond silence tout en tremblant de
peur.

Cependant le mahârâj examine avec beaucoup d'attention le platane, et ayant aperçu le Kalâwant, il veut
lui tirer une flèche. Celui-ci, troublé par ce mouvement
hostile, se frappe la tête de désespoir et fait connaître
à Karpat qui il est et sa profession. Il continua néan-

moins à être agité par la crainte pendant toute cette
nuit. De temps en temps il faisait entendre les sons de
sa voix. Quand il chantait, le mahârâj se tenait tranquille ; cessait-il de chanter, Karpat tendait de nouveau
son arc. Il agissait de même lorsque Rasrang paraissait
vouloir descendre. Ainsi se passa cette nuit pour le
pauvre Rasrang. A l'aurore il vit paraître des hommes
en très-grand nombre qui accoururent et vinrent se
ranger en ligne auprès de l'arbre. Ils présentèrent leurs
hommages au mahârâj et attendirent respectueusement
qu'il descendît. Alors Karpat, dont Rasrang avait ignoré
jusqu'à ce moment la dignité, mit pied à terre et monta
sur son cheval. Il invita Rasrang à descendre aussi de
dessus le platane et à le suivre à sa capitale.

« Depuis ce jour, ajouta le Kalâwant (après avoir
« fait à Kâmrûp la narration des aventures que nous ve-
« nons de rapporter), le mahârâj Karpat me retient avec
« lui. Je te retrouve enfin aujourd'hui et j'en remercie la
« providence. »

Le kunwar et ses compagnons écoutèrent avec émotion le récit de tout ce qu'avait enduré le malheureux
Rasrang et se frappèrent la tête en signe de douleur. Par
la rencontre du Kalâwant, Kâmrûp se vit entouré de
quatre de ses amis : « Partons sans retard, leur dit-il,
« pour nous rendre à Hardwâr. Nous verrons Sarândîp,
« la ville de ma bien-aimée Kala, et nous offrirons notre
« culte à la divinité qu'on adore à Hardwâr. »

CHAPITRE XX.

KAMRUP A SARANDIP.

Après un trajet de huit jours, le kunwar, toujours sous l'apparence d'un atît ou d'un baïrâguî, parvint à Sarândîp. Arrivé devant la porte de la ville, il y rencontra le brahmane Sumit. Celui-ci, voyant ces prétendus atît, leur adressa la parole sans savoir qui ils étaient. Puis il s'avança plus près d'eux, et, croyant reconnaître Kâmrûp, il le pria de lui dire s'il était effectivement le kunwar. Le prince, respectant en lui la dignité de brahmane, lui répondit qu'il était bien celui qu'il nommait. Alors Sumit lui souhaita les bénédictions du ciel, en lui déclarant que c'était Sumit, le purohit de Kala, qui lui adressait la parole.

Kâmrûp, heureux d'avoir retrouvé le brahmane de sa bien-aimée, le pria de le guider dans la marche qu'il devait suivre pour posséder celle qui devait faire son bonheur. Sumit lui répondit : « Viens avec moi, rendons-nous au temple d'Hardwâr accompagnés de tes « amis. Nous y passerons la nuit, et demain matin j'irai « donner à Kala de tes nouvelles. »

Conformément aux paroles du brahmane, les atît se mirent en marche et se rendirent au temple d'Hardwâr, où précisément cette nuit même se trouvaient Chitarman et Kunwalrûp. Ces deux anciens compagnons du prince, l'ayant reconnu, se jettent à ses pieds, mais Kâm-

rûp les serre entre ses bras et leur raconte ensuite toutes
les choses fâcheuses qui lui étaient arrivées. Ils écou-
tent ce récit avec le plus vif intérêt. Puis le kunwar leur
demande s'ils n'avaient pas à lui donner quelques nouvelles de Kala. « Les princes de naissance royale, lui ré-
« pondent-ils, viennent précisément d'être invités à s'of-
« frir au choix de Kala. Tous ces kunwar étrangers rem-
« plissent la ville. Demain, à la pointe du jour, ils se ran-
« geront en ligne, et la princesse, tenant un collier dans
« sa main, viendra passer devant eux. Elle mettra le col-
« lier au cou de celui qui lui plaira le plus, et c'est à ce
« prince qu'elle doit être unie en mariage. Si, en ce
« moment, elle apprenait que Kâmrûp est ici, elle pen-
« serait sans doute à lui et éviterait de se prononcer en
« faveur d'un autre ; mais comment faire pour lui ap-
« prendre cette nouvelle ? »

Achâraj, prenant aussitôt la parole, dit à Kâmrûp :
« Si vous le désirez, j'irai chez Kala l'instruire de tout.
« Néanmoins le kunwar pourrait, s'il le préférait, être
« changé lui-même en perroquet, et il s'expliquerait
« alors avec la princesse en toute liberté. — Je ne suis
« pas bien aise, répondit Kâmrûp, d'aller en ce moment
« trouver la fille de Kâmrâj ; il ne me semble pas à
« propos que je me montre encore à elle : mais tu ferais
« très-bien, mon cher Achâraj, d'aller toi-même auprès
« d'elle et de lui dire que je suis arrivé dans la ville
« qu'elle habite. »

Achâraj met aussitôt à son pied le ruban magique
qu'il en avait retiré ; il prend la forme d'un oiseau et
s'envole pour aller porter à Kala le message du kunwar.

Il arrive bientôt dans le palais de la princesse, qui était debout en ce moment, et il va se poser sur sa main : Kala s'empresse de le prendre et s'avance dans l'intérieur de son palais. Lorsqu'elle est arrivée en un lieu retiré, le perroquet délie le ruban de sa patte et reprend la forme humaine. La princesse, étonnée de cette surprenante métamorphose, demande tout émue à Achâraj comment il se fait que, naguère perroquet, il soit actuellement un homme, et elle le prie de lui dire qui il est. « Ne craignez rien, belle princesse, lui dit Achâ- « raj ; prêtez l'oreille à ce que je vais vous dire et ne « concevez aucun mauvais soupçon. Le médecin a dû « vous remettre des dessins où vous avez vu les portraits « de Kâmrûp et de ses six amis. Eh bien, je me trouve « parmi ces figures ; je suis le pandit Achâraj, brahmane « de caste ; lorsque vous m'aurez reconnu, j'espère que « vous n'hésiterez pas à me confier les secrets de votre « cœur. »

En entendant ces mots, Kala jette les yeux sur le premier dessin et elle y reconnaît avec plaisir Achâraj parmi les six compagnons du kunwar. Elle regarde une seconde fois les différentes figures de ce dessin et s'assure que celle d'Achâraj y est bien en effet. Alors elle n'hésite pas à lui demander des nouvelles de son bien-aimé le kunwar ; elle s'informe où il est, et le prie même de la conduire auprès de lui. Achâraj tâche de calmer son impatience et lui donne l'assurance qu'elle sera bientôt réunie au prince. Il lui apprend les accidents fâcheux arrivés au kunwar durant son voyage ; et de son côté Kala lui fait savoir tout ce que l'amour lui avait fait

souffrir. Elle lui donne pour le prince un dopatta comme
gage de tendresse, en lui disant : « Va et dis à Kâmrùp
« qu'il se présente demain matin, entouré de ses compa-
« gnons, à la réunion des kunwar qui doit avoir lieu devant
« mon palais ; qu'il ait soin de se couvrir de ce dopatta,
« et de te tenir à la main, métamorphosé en perroquet.
« Je reconnaîtrai facilement Kâmrùp au dopatta que je
« te remets, et j'irai mettre mon collier autour de son
« cou. Engage le prince à se rendre à mes désirs ; dis-lui
« bien que tel est le vœu de Kala. »

Achâraj, instruit des volontés de la princesse, place à
son pied le ruban magique et se change en oiseau. Il
prend à son bec le dopatta que Kala lui avait donné et s'envole pour aller retrouver Kâmrùp. A son arrivée l'oiseau
retire de sa patte le cordon talismanique auquel il devait
sa forme apparente, et redevient homme. Il répète fidèlement ce que Kala lui avait dit et remet au prince
le dopatta. Kâmrùp le pose d'abord sur sa tête en signe
d'honneur, puis le couvre de baisers, tandis que des
pleurs de joie coulent de ses yeux. Tous ses amis réunis
s'écrient alors : « Que Dieu bénisse le kunwar ! » Celui-ci,
satisfait d'apprendre que Kala était tranquille sur son
compte, se livre toute la nuit au contentement le plus
parfait.

Lorsque la brillante aurore parut et qu'hommes et
animaux cessèrent de se livrer au sommeil, le grand
Kâmrâj se leva en proie au chagrin que lui causait
l'état souffrant de Kala ; et il donna ordre à ses gens
d'aller avertir les kunwar étrangers de se ranger dans la
place du palais de Kala. Ceux-ci s'empressèrent d'ac-

courir couverts de leurs plus beaux vêtements. L'un avait un turban de drap d'or ou de brocart ; l'autre une robe brodée ou enrichie de différents ornements ; un troisième était vêtu de rose : tous resplendissaient d'or, ils étaient tous animés de l'espoir d'être unis à Kala. On les aurait pris pour des bayadères à face de lune, ou même pour les immortels qui forment l'assemblée d'Indra. Ils se rendirent au lieu désigné et se placèrent en ligne comme les étoiles du firmament. Cependant Kâmrûp, en compagnie de ses amis, teignit son corps de couleur jaune, dressa ses cheveux sur sa tête et prit sur sa main Achâraj changé en perroquet. Vêtu comme un faquîr et le dopatta de la princesse sur sa tête, il alla, entouré de ses amis, déguisés aussi en atît, se mêler aux kunwar qui prétendaient à la main de Kala, lesquels attendaient avec impatience l'arrivée de la jeune princesse, les yeux tournés vers son palais.

A peine Kala est-elle avertie qu'elle doit se disposer à paraître, qu'elle se fait apporter de l'eau du Gange. Elle se baigne et rend ainsi son corps couleur de rose, et aussi reluisant qu'un miroir. Elle entoure ses reins d'une ceinture d'or ; elle teint ses mains de couleur orange avec du menhdî ; elle mâche du bétel, et sa bouche en devient toute rouge ; elle orne sa tête de perles et de fleurs de jasmin ; elle sépare en deux portions ses cheveux dont les boucles ressemblaient à la fleur du nâzbo, établissant ainsi par ce moyen une ligne argentée au milieu de leur noirceur. Elle frotte de noir collyre le bord de ses paupières, et, avec du missî, teint ses lèvres de bleu. Elle met sur sa tête une couronne de prix, à son front une parure éclatante comparable à la lune, tandis que les perles qui brillaient sur toutes les parties de son corps représentaient les pléïades éblouissantes. Cette belle aux formes lunaires se met encore des boucles d'oreilles en forme de fleurs et différents joyaux variés. Un collier de bois de sandal et d'autres parures embellissaient son cou. Le bracelet à neuf pierres serrait son bras, et l'ornement nommé *dhukdhukî* ornait sa poitrine. Avant de quitter son palais, elle regarde encore une fois le portrait de Kâmrûp, prend en main son collier de neuf lâkh et se met en marche, suivie de ses femmes et de ses compagnes. Elle demande un cheval arabe, le monte et le laisse aller à son gré. Contente elle sort de son palais et se dirige vers la place où les kunwar étaient debout à l'attendre; y étant arrivée, elle se place en face d'eux. Lorsque leurs regards avides l'eurent aperçue, ils furent hors d'eux-mêmes; plusieurs perdirent tout à fait connaissance et tombèrent par terre, soit qu'ils fussent mortellement blessés par les flèches de ses regards, soit que, pris dans les filets des boucles de ses cheveux, ils ne pussent plus se mouvoir ni même parler, et ressemblassent au plomb.

Kala regarde avec attention, l'un après l'autre, les princes qu'elle voit devant elle, tandis qu'ils admirent de leur côté ses charmes. Ils attendent avec impatience le dénouement de cette scène : « Voyons, disent-ils, « en regardant la main de Kala, quel sera l'heureux « mortel qui recevra le collier désiré. » Cependant la princesse ayant jeté la vue de tous les côtés pour examiner le kunwar, reconnaît Kâmrûp à son dopatta. Elle

vient alors se mettre devant lui, elle élève son collier, et le place au cou de son amant, qui ne peut cacher
son émotion. Elle se disposait à retourner à son palais,
lorsque les princes rivaux, étonnés que la princesse
eût choisi pour lui donner le collier un atît étranger,
s'entredemandent quel pouvait en être le motif. Kala,
couverte de confusion en les entendant, allègue pour
excuse qu'on lui avait plutôt arraché le collier qu'elle ne
l'avait donné, ou que c'était sans doute par l'effet d'un
charme que le collier s'était trouvé entre les mains des
atît. Cette explication satisfit les kunwar, et ils se livrèrent à l'espoir d'être plus heureux au renouvellement
de la cérémonie qui aurait sans doute lieu le lendemain
matin. Cependant, on reprit le collier, on chassa les
atît de la ville et on ne manqua pas d'apprendre au
mahârâj la conduite peu convenable que la princesse
sa fille avait tenue en donnant son collier à un atît étranger. Le mahârâj, affecté de cette nouvelle, fit inviter
les kunwar à revenir le lendemain matin, vêtus conformément à leur rang, se mettre encore en ligne sur la
place du palais de Kala. En attendant cette nouvelle
cérémonie, tous les princes qui étaient venus à Sarândîp
dans l'espoir de contracter mariage avec Kala, se retirèrent pour prendre du repos dans leurs habitations
respectives.

Le mahârâj donna ordre de serrer le collier et de
faire sortir les atît de la ville. On ne se contenta pas
de chasser Kâmrûp et ses amis, mais on les frappa rudement ; outrage que Kâmrûp supporta patiemment en
pensant qu'il avait enfin vu sa bien-aimée Kala. Les faux

atît retournèrent au temple d'Hardwâr et se concertè-
rent pour aller encore assister le lendemain à l'assemblée des kunwar. Kamrùp ne pensa pas à prendre des
aliments : il ne songeait qu'au collier de Kala. Cependant
le jour disparut et la nuit le remplaça dans le monde ;
mais Kâmrûp ne goûta pas un instant de repos. Il adressait la parole à la nuit, et lui disait : « Fuis prompte-
« ment, afin que je puisse aller voir la face brillante
« de ma maîtresse. » Pendant le morne silence des té-
nèbres, il répétait sans cesse le nom de sa bien-aimée, et
lorsque la nuit noire fit place à la blanche aurore, il dit
aussitôt à ses compagnons : « Mettons-nous en marche.
« rendons-nous au lieu où nous étions hier. » Dès l'aube
du jour, tous les kunwar étaient revenus sur la place et
regardaient avec anxiété du côté du palais de Kala. Kâmrùp et ses amis sy présentèrent encore sous le costume
de la veille ; le prince avait mis sur sa tête le dopatta
de la princesse et le perroquet était sur sa main. Ses
compagnons lui donnaient l'espoir que sa bien-aimée
déposerait encore la guirlande à son cou. Le kunwar,
satisfait de ce langage, s'avança suivi de ses compagnons
et se mit au milieu de la place.

Cependant on avertit la princesse que les kunwar
l'attendaient. Aussitôt elle orne son corps de trente-deux
sortes de joyaux, prend le collier de neuf làkh, et
monte sur un agile palefroi. Celui-ci, docile au signal
des éperons, va se placer au milieu des kunwar. Kala
erre çà et là, regardant attentivement tous ceux qui prétendaient à sa main, et voyant que Kâmrûp se trouvait encore sur la place, elle s'en approche, lui jette

le collier et reprend le chemin de son palais. Mais les kunwar se lèvent tumulteusement : « La princesse, « disent-ils avec un rire sardonique, est d'une étonnante « simplicité; elle ne sait vraiment ce qu'elle fait. Les « atît l'ont encore ensorcelée. » Pendant ce temps on enleve aux sept atît le collier dont ils s'étaient emparés, on leur lie fortement les mains derrière le dos et on les amène devant le mahârâj. « Voilà, lui disent les kunwar, « ces atît étrangers qui viennent se mêler à nous et asser- « vissent la princesse par leurs enchantements; car il est « évident que Kala ne leur a jeté son collier qu'en vou- « lant le donner à un de nous. » En apprenant ce nouvel accident le mahârâj fut fort mécontent; et, outré de colère contre sa fille, il dit dans son courroux à ses officiers : « Renvoyez les kunwar à leurs pays respectifs, « et qu'il ne soit plus question de mariage. » On invita donc à se retirer les princes étrangers qui s'étaient empressés de se rendre à l'appel du mahârâj; ce qu'ils firent en effet, se voyant forcés de renoncer à l'espoir d'obtenir la main de Kala.

CHAPITRE XXI.

LE PUITS.

Les atît, avons-nous dit, furent conduits en présence du mahârâj. Lorsqu'il les eut vus, il ordonna de les conduire dans les quatre côtés de la ville pour les montrer à tous les habitants et de les empaler ensuite. On lia donc les atît, et, les traitant avec mépris, on alla les placer debout devant le poteau. En ce moment les fonctionnaires chargés de cette exécution leur demandèrent s'ils avaient quelque désir à exprimer avant de monter sur l'échafaud. Kâmrûp leur répondit : « Je « ne forme qu'un seul désir, c'est que vous éleviez ces « poteaux devant le palais de la fille de Kâmrâj, et que « vous nous empaliez tous en sa présence. » Cependant ces fonctionnaires allèrent trouver le mahârâj, et, se tenant par respect éloignés de lui, ils l'engagèrent à révoquer une sentence qui leur paraissait injuste, et à se contenter d'incarcérer les atît. Le mahârâj resta un moment silencieux ; puis ordonnant à ces fonctionnaires d'approcher : « Allez, leur dit-il, renfermez ces atît dans « un puits sec et obscur, et ne leur ouvrez plus : qu'ils « vivent ou qu'ils meurent, il faut qu'ils restent dans ce « puits ténébreux et qu'ils ne reviennent plus dans la « ville ensorceler encore ma chère Kala. » Conformément aux ordres du mahârâj, ces gens allèrent mettre les atît dans un puits qu'ils fermèrent en roulant une

pierre à l'entrée et se retirèrent ensuite. Alors le kunwar
et ses malheureux compagnons, qui n'avaient ni eau ni
nourriture dans ce puits où ils étaient enfermés, avisè-
rent aux moyens d'en sortir : « Comment faire, disaient-
« ils entre eux, pour nous sauver d'ici? Dieu veut-il que
« nous périssions de faim et de soif? Nous n'apercevons
« pas de chemin pour sortir de ce puits; nous ne voyons
« ni la terre ni le ciel. S'il n'y avait pas une pierre à
« l'entrée, nous pourrions nous en tirer transformés en
« oiseaux par la puissance de notre talisman. Mais hélas!
« que devenir sous cette pierre, et comment avoir des
« nouvelles de Kala? »

« Je conçois quelque espoir, dit cependant Mitar-
« chand : vous savez que je possède un cheveu du dîv
« dont je vous ai parlé. Je vais mettre ce cheveu sur du
« feu, et le dîv viendra peut-être. » Mitarchand prend
en conséquence du coton préparé pour l'usage qu'il
voulait en faire; il frappe une pierre à fusil et place le
cheveu sur le feu qu'il fait par ce moyen. Quand le
cheveu brûla, le dîv, instruit par l'odeur qui en parvint jusqu'à lui, pensa que Mitarchand avait éprouvé
quelque chose de fâcheux; et, dirigé par son merveilleux instinct, il prit son vol vers Sarândîp et se rendit
au puits d'où venait l'odeur. De son pied il en renversa
la pierre; y étant descendu, il reconnut Mitarchand entouré de ses compagnons, et lui adressant la parole :
« Me voilà, lui dit-il, mon cher Mitarchand, je me suis
« empressé d'accourir à ton aide selon le désir que tu
« m'as exprimé : fais-moi donc savoir en quoi je puis
« t'être utile. » Mitarchand, charmé de voir le dîv :

« Kâmrâj, lui répondit-il, a fait renfermer dans ce puits
« le kunwar comme un coupable ; et nous, ses compa-
« gnons, avons partagé son sort. Nous sommes tous
« abattus sous le poids de nos douleurs. Puisque tu as
« bien voulu venir ici, cherche quelque expédient pour
« nous tirer de ce puits.—Bien, dit le dîv ; mais si vous
« en sortez, il conviendra de vous tenir hors de la
« ville. — Nous ne demandons pas mieux, répondit Mi-
« tarchand : retire-nous d'abord d'ici ; puis dépose-nous
« dans un endroit éloigné. — C'est entendu, reprit le
« dîv : je vais vous enlever du milieu de ce puits ; mais
« n'ouvrez point les yeux, ne parlez pas, et tenez-vous
« fortement à moi. » Alors le kunwar et ses compagnons
se prirent aux mains et aux pieds du dîv, ils sortirent
avec lui du puits ténébreux, et furent transportés dans
un autre pays et sous un autre gouvernement.

Le dîv, touché de compassion pour eux, les emmena
donc loin de Sarândîp dans une autre ville et se retira.
Là le kunwar quitta le vêtement de bairâguî, se rasa la
tête et rendit à son corps, par un bain, sa couleur naturelle.

Kâmrûp était loin de Sarândîp, à l'abri de nouvelles
poursuites, lorsqu'il dénoue le coin de sa ceinture où il
avait auparavant serré la pierre philosophale ; et s'étant
fait apporter beaucoup de fer de ce pays, il le transmute
en or, en l'appliquant à cette pierre merveilleuse. Il
prend ensuite des étoffes précieuses, des tissus d'or et
d'argent, et s'en fait faire un vêtement royal. Puis il réunit
une armée innombrable qu'il pourvoit des munitions
nécessaires, et marche sur la ville de Sarândîp. Ses sol-

dats s'avancent de tous côtés vers la ville, munis de flèches, de mousquets, d'artifices. Après dix journées de marche, l'armée arrive devant la place. Alors Kâm-rûp fait battre le tambour d'alarme. Comme on entendit dans la ville ce bruit de sinistre augure, on alla préve-nir le mahârâj qu'un ennemi avait apparu dans l'île et bloquait Sarândîp. Le grand Kâmrâj, interdit de cette nouvelle, fit appeler son ministre et lui dit avec auto-rité : « Va prendre des informations sur cette armée ; de-« mande quel est celui qui se présente avec cet appareil, « d'où il vient et dans quel but ; et tu me raporteras tout « ce que tu auras entendu dire. »

Le ministre ayant pris congé du mahârâj, se mit en marche et arriva bientôt au milieu de l'armée du kun-war. Il interrogea chacun avec politesse, puis se pré-senta devant Kâmrûp et le salua respectueusement. Kâm-rûp lui dit alors : « Ne me reconnais-tu pas ? Ne te sou-« viens-tu plus des atît que tu avais fait renfermer dans « un puits ? Que de tristes jours ta cruelle conduite en-« vers nous ne nous a-t-elle pas fait passer !... Le destin a « voulu sans doute remplir ma vie d'amertume... Com-« bien de fois n'ai-je pas erré dans les forêts et les dé-« serts ? Je n'ambitionne ni royaume ni richesses ; je « veux seulement la fille de Kâmrâj dont je suis depuis « longtemps l'amant dévoué. J'avais pris le costume des « atît à cause que j'étais privé de Kala. Dirigé par le « brahmane Sumit, je me présentai dans l'assemblée « des kunwar. Kala me reconnut, d'après mon portrait « que je lui avais fait tenir ; mais ce fut inutilement qu'elle « me choisit pour époux. Toutefois la providence me pro-

« tége, mon retour à Sarândîp y a jeté la confusion. Si
« le mahârâj m'accorde la main de Kala, je le traiterai
« cordialement ; mais s'il me la refuse, qu'il sorte de sa
« capitale à la tête de son armée : je suis prêt à lui livrer
« bataille. Malgré l'inquiétude continuelle où j'ai passé
« jusqu'ici ma vie, je n'ai pas oublié Kala un seul jour ;
« que dis-je ? c'est précisément la séparation de cette
« amante chérie qui m'a rendu malheureux ; mais si je
« lui suis actuellement uni, le repos sera désormais mon
« partage. Je ne veux ni le royaume ni les richesses du
« mahârâj, je le répète ; je ne demande que sa fille
« bien-aimée. »

Le ministre de Kâmrâj, surpris du langage du kunwar,
le pria de vouloir bien lui faire connaître son nom, son
pays, sa qualité. Alors Kâmrûp, poussant un profond
soupir, répondit au ministre : « Mon pays est Aoudh-pùr
« et Gorakh ; mon père est Pat-râj, ma mère Sundar-rûp,
« et Kâmrûp est le nom qu'on m'a donné. Il était écrit
« dans le destin que je devais être amoureux de Kala que
« l'océan séparait de moi. Pour elle je quittai ma patrie,
« mon père et ma mère ; j'affrontai les flots de la mer,
« j'y fus précipité par un naufrage, et pendant longtemps
« j'errai dans les bois et les forêts. Enfin après des peines
« infinies j'ai trouvé la ville de Kala. Je suis comme le
« taon bourdonnant autour de la fleur de lotus, qui repré-
« sente si bien la bouche de cette princesse. Je n'ai pas
« épargné l'or ni l'argent ; et, comme la perdrix amou-
« reuse de l'astre des nuits, j'ai toujours conservé dans
« mon imagination l'image de la face lunaire de Kala.

« Maintenant que vous savez à quoi vous en tenir sur
« mon compte, allez et instruisez le mahârâj. »

Lorsque le ministre eut entendu le discours de Kâmrûp, il revint à Sarândîp; et, dans un moment propice,
il fit savoir au mahârâj tout ce que le kunwar lui avait
appris.

CHAPITRE XXII.

MARIAGE DE KAMRUP.

A peine le ministre eut-t-il cessé de parler, que le mahârâj appela un astrologue et le pria de lui faire connaître l'horoscope de la vie de Kala. Il vit que, selon
cet horoscope écrit à la naissance de sa fille, un étranger devait être son époux. Alors il consulta les pandit,
appela son ministre et lui ordonna de faire les préparatifs des noces de sa fille.

Kâmrûp, jusqu'alors errant et agité, change enfin de
position; il oublie ses peines et goûte le calme d'un
amour heureux. Sa joie fut en effet bien vive quand il
apprit les bonnes dispositions de Kâmrâj; et ses amis
affectueux le félicitèrent avec empressement en disant :
« Heureux soit le kunwar ! »

Comme on voulait célébrer le mariage de Kâmrûp
avec Kala dans un moment que les règles de l'astro-
logie désigneraient comme favorable, les pandit cherchèrent dans les combinaisons astrales des jours suivants un bon augure pour l'union projetée. Ils fixèrent
enfin les jours des cérémonies nuptiales, jours où les
deux jeunes amants, comme le soleil et la lune, devaient
être unis, ainsi que le moment où le kunwar devait lier
le kangan au bras de la princesse. Les officiers qui entouraient le mahârâj l'instruisirent de tout : « Allez, leur
« dit-il alors, trouver le kunwar pour l'accompagner à

« Sarândîp. Il est la lune, et vous serez le cercle lumi-
« neux qui l'environne. »

Les principaux seigneurs de Sarândîp allèrent donc
joindre le prince Kâmrûp et l'embrassèrent. Il les fit
asseoir, et leur donna un divertissement. Chacun satisfait parlait à son voisin de l'heureuse alliance qui allait
être contractée. Des réunions partielles se formèrent
de tous côtés dans des salles parfumées d'eau de rose et
d'atr. Tous les amis, pour s'amuser, se jetaient l'un sur
l'autre du gulâl comme à la fête de Holî. La totalité des
membres de l'assemblée furent couverts de cette poudre
rose. Il y eut, outre ce jeu, de la musique. On entendait
de toutes parts les sons du barbit et du chang; le man-
dîla et le manjîra résonnaient à la fois, ainsi que le tâl,
le mirdang et le daf. Des femmes charmantes parcou-
raient tous les rangs; quelques-unes, ayant pris le costume
convenable, exécutèrent une pantomime représentant
les peines de l'amour; les mains imprégnées de menhdî,
la bouche rouge comme le corail, les paupières teintes
de noir collyre, elles erraient de côté et d'autre jouant
des instruments de musique, tournant le visage et roulant les yeux. Les unes dansaient, les autres chantaient
ou faisaient résonner le tâl avec intelligence. Elles s'avan-
çaient en ligne et poussaient des cris harmonieux.

Lorsque vint la nuit où le kunwar devait contracter
son mariage, ceux qu'il avait invités à l'accompagner se
mirent en marche avec lui, chantant et proclamant ses
louanges. Il était couvert de vêtements royaux en tissus
d'or et en étoffes de brocart; sa tête était ornée d'une
couronne de perles; des chevaux et des éléphants étaient

conduits à sa suite. Le cortége s'avançait au son bruyant des cymbales ; les assistants entouraient le prince , heureux d'aller s'unir à celle qu'il aimait. La route reçut de la clarté par le passage de cette troupe brillante. Le kunwar était comme la lune resplendissante et ses amis comme le halo ; c'était une lune de quatorze nuits : sa splendeur changea la nuit obscure en un jour lumineux. Le divertissement de la danse eut lieu pendant tout le temps que dura la marche. On tirait des feux d'artifice de tous côtés, au point que la ville entière de Sarândîp en était éclairée. Enfin le kunwar et la troupe qui l'accompagnait arrivent au palais de la fille de Kâmrâj. On les invite à s'asseoir : là on fait aussi de la musique, on chante, et on joue du tâl, du mirdang et du daf.

Les compagnes et les suivantes de Kala étaient auprès d'elle occupées à la parer, et lui parlaient en riant de son amant. L'une tressait ses noirs cheveux ; l'autre lui tatouait le corps ; une troisième entremêlait des joyaux dans des guirlandes de fleurs en bouton ou épanouies, lesquelles, avec seize autres ornements, formaient trente-deux parures diverses. Lorsque la princesse eut fini sa toilette, elle parut la plus charmante des nouvelles mariées. On amena le kunwar auprès d'elle : il était comme le taon que presse le désir de s'unir au lotus. En cette nuit déclarée de bon augure par les astrologues, Kala, pleine lune de beauté, s'unit à Kâmrûp, qu'on ne saurait mieux comparer qu'au soleil. Le kunwar et la princesse s'embrassèrent tendrement. Le bonheur qu'ils goûtèrent alors leur fit oublier toutes les peines que leur avait causées l'absence : mais

9

je ne puis dire autre chose sur ce point; je suis à ce sujet dans une ignorance absolue.

Ceux qui les entouraient ignoraient généralement les circonstances extraordinaires de leur amour et les accidents fâcheux qui les avaient accompagnées.

La route escarpée de l'amour est difficile à gravir; on peut en savoir des nouvelles par celui qui l'a parcourue. Nos deux amants, sans cesse occupés l'un de l'autre, avaient fidèlement marché jour et nuit dans cette route; si Kâmrûp ne se fût pas conduit avec cette pureté de sentiments, il aurait échoué dans son entreprise : il n'aurait pas trouvé la maîtresse de son cœur et n'aurait jamais joui d'un paisible bonheur. Charmante voie que celle de l'amour, lorsqu'il n'y a ni obscurité ni difficulté à surmonter; mais si un nœud vient à s'y former, il ne peut plus se défaire, de même qu'un nœud coupé ne peut se former de nouveau. Toutefois Dieu fait jouir du succès ceux qui patiemment, comme Kâmrûp, ont supporté les peines que l'amour n'entraîne que trop souvent à sa suite.

Quand la cérémonie du mariage fut terminée, le kunwar se fit un plaisir d'amuser Kala par le récit de ses merveilleuses aventures; il ne quittait le palais ni nuit ni jour; il ne laissait pas la princesse un seul instant. C'était l'époque du retour du printemps; de toutes parts le zéphyr parcourait le monde. Dans les jardins embellis par les fleurs demi-épanouies de la rose rouge et blanche, du lis, du nard, chacun se promenait animé par le contentement et la joie.

Un jour le kunwar désira chasser, en parcourant les

vallées verdoyantes et fleuries. Il voulut se livrer à ce divertissement avec une certaine pompe. Il monta sur son coursier et prit avec lui Mitarchand. Il fit errer son cheval depuis l'aurore jusqu'au soir dans des endroits couverts de gazon ; mais pendant tout le temps que durèrent ses courses, il ne cessa d'éprouver la plus grande impatience, privé qu'il était de la vue de Kala. De son côté la princesse, en compagnie de son amie Lata, l'attendait avec une égale impatience. Agitées par mille pensées, elles regardaient à travers la jalousie d'une fenêtre du palais. Enfin elles aperçurent Kâmrûp, et ressentirent une vive satisfaction dans leur cœur. En effet, le prince, après avoir parcouru les plaines et les lieux montagneux, revint au palais de Kala par le côté du jardin. Mitarchand, son ministre, le suivait à quelque distance : il regarda par hasard la jalousie derrière laquelle était la princesse, et aperçut la belle Lata. La charmante physionomie de la confidente de Kala fit une telle impression sur le cœur de Mitarchand qu'il en fut violemment épris. L'ardeur de son amour le rendit semblable au papillon qui ne craint pas de se brûler à la flamme ; ses lèvres se desséchèrent, tandis que son œil se mouilla de larmes, et la couleur de son visage s'altéra. Comme il ne put résister au feu de l'amour, une profonde tristesse s'empara de son cœur. Heureusement ses amis s'aperçurent de son état, et en firent part au kunwar en ces termes : « Prince, lui dirent-ils, « Mitarchand maigrit visiblement depuis le jour où vous « allâtes à cheval vous livrer au plaisir de la chasse et « de la promenade. Il ne cesse de soupirer jour et nuit,

« sans vouloir s'expliquer sur la cause de ce change-
« ment. Peut-être l'ombre d'un *dîv* est tombée sur lui ;
« mais, quoi qu'il en soit, veuillez bien l'examiner vous-
« même et penser à ce qui pourrait le soulager. » Alors
le kunwar fit appeler Mitarchand, et, l'ayant pris par
la main, le conduisit dans l'intérieur du palais. Ensuite
le regardant attentivement : « Je vois en toi, lui dit-il,
« les traces de l'amour ; mais quelle est celle que tu
« aimes, en quel lieu réside-t-elle ? » — « Eh bien, puis-
« qu'il faut l'avouer, répondit Mitarchand, j'aime la
« belle Lata. Elle était assise derrière une jalousie lors-
« que mes regards, comme des flèches, l'ont atteinte.
« J'ai distingué ses tresses de cheveux qui retombaient
« sur sa gorge ; j'ai pu contempler un instant ses charmes
« divers. » — « Éloigne de ton cœur la tristesse, répartit
« le kunwar ; je vais de ce pas auprès de la princesse
« Kala, et je lui parlerai de toi. Demeure actuellement
« en repos et ne confie ton secret à personne. »

Le kunwar en effet quitta Mitarchand et alla trouver
Kala dans l'intention de l'entretenir de ce que venait de
lui communiquer Mitarchand. « Ma chère Kala, lui dit-
« il, Mitarchand, mon ministre, le compagnon, que
« dis-je ? l'âme de ma vie, est épris de ton amie Lata.
« Parles-en au mahârâj ton père, et nous célébrerons
« ensuite ce mariage avec pompe ; puis nous retourne-
« rons à Aoudhpûr, ma patrie. » D'après le désir de
Kâmrûp, la princesse s'empressa d'aller informer Kâmrâj de l'amour de Mitarchand. « Mon vénérable père,
« lui dit-elle avec respect, Mitarchand, le ministre de
« mon royal époux, désire épouser Lata. Fidèle compa-

« gnon du prince, il est parti avec lui de son pays ; puis
« ils ont été séparés, et, après avoir erré dans les bois
« et les déserts, Mitarchand a retrouvé le kunwar. Si
« vous consentez à lui donner Lata, vous ferez plaisir à
« Kâmrûp. »

Quand le mahârâj eut entendu les paroles de sa fille
bien-aimée, il lui dit qu'il se rendait volontiers à ses
désirs et à ceux de Kâmrûp, et il s'occupa de suite des
préparatifs des noces. Il invita tous les dignitaires de
l'empire à une assemblée où il y eut des divertissements
de divers genres. Ainsi, par l'entremise de Kala, le mariage de Mitarchand et de Lata fut célébré sans retard,
et chacun en éprouva de la satisfaction.

Après un certain espace de temps, Kâmrûp réfléchit
que, la providence ayant comblé tous ses désirs, il ne
lui restait plus qu'à retourner en Aoude auprès des auteurs de ses jours. Il alla donc trouver le mahârâj, et
lui demanda respectueusement en ces termes la permission de se retirer dans sa patrie : « Grand roi, lui
« dit-il, j'ai déjà un fils de douze ans, et j'éprouve un
« violent désir de revoir Aoudhpûr, pour aller poser ma
« tête aux pieds de mon père et de ma mère. Si vous n'êtes
« pas contraire à ce vœu, j'emmènerai votre fille avec
« moi ; je lui montrerai ma chère patrie. » Le mahârâj
apprit avec peine le dessein de Kâmrûp, et s'occupa
néanmoins lui-même des préparatifs du voyage. Il permit à la princesse sa fille de suivre son royal époux, et
leur donna pour les conduire un guide sûr.

CHAPITRE XXIII.

Le palanquin où la princesse était montée ouvrit la marche. Le peuple de Sarândîp accompagna Kâmrûp jusqu'à une certaine distance. Nos voyageurs s'avancèrent d'un pas rapide, marchant nuit et jour pour se rendre en Aoude le plus promptement possible. Comme ils approchèrent de la capitale, beaucoup de gens vinrent au devant du kunwar : il put ainsi savoir d'avance des nouvelles de Râj Pat son père. Il marchait sans s'arrêter, plein du souvenir des lieux où il avait passé son enfance. Mais, pendant qu'il continue sa route, faisons connaître en quelques mots quelle était la situation de Râj Pat depuis l'instant où Kâmrûp l'avait quitté.

Depuis ce jour fatal, le père et la mère du kunwar ne cessaient de pleurer ; les gens distingués et le peuple d'Aoudhpûr étaient affectés aussi de son absence. Le sourire avait fui toutes les lèvres ; on n'entendait plus de discours joyeux ; le souvenir de Kâmrûp occupait seul tout le monde. Son père surtout l'avait sans cesse présent à la mémoire : de ses deux yeux coulait à chaque instant un ruisseau de larmes ; il nommait le kunwar, et gémissait douloureusement ou poussait de froids soupirs, sans pouvoir se livrer à aucune autre pensée. « Que je suis malheureux, s'écriait-il ; dans quel pays est « donc mon fils, ce fils chéri, sans qui je ne saurais

« jouir du repos?.. Quoi! pas un seul message ne m'est
« venu de sa part!... » Cet infortuné père passait sa vie
dans ces tristes pensées, occupé seulement à soupirer,
loin de songer à prendre la nourriture et la boisson qui
lui étaient nécessaires. Ses yeux fixes semblaient chercher le kunwar; il ne répondait rien quand on lui
adressait la parole; ses courtisans l'entretenaient-ils de
son royaume, il leur parlait des pays étrangers. Kâmrûp
en un mot était toujours présent à sa pensée. « Qui sait,
« disait-il quelquefois en pleurant à ceux qui l'entou-
« raient, si je ne le reverrai pas encore?..... Oui, il
« viendra me présenter ses devoirs ; je l'embrasserai, je
« l'espère, avant de mourir. »

Toutefois le père et la mère du prince n'en avaient
aucune nouvelle; et, de son côté, Kâmrûp n'en avait
pas reçu de ses parents. Lorsqu'il arriva dans le royaume
d'Aoude, qu'il revit avec tant de plaisir, le bruit parvint à la capitale qu'un grand nombre de gens étaient
venus dans ce pays et que les habitants renfermaient
leurs troupeaux et venaient se réfugier à Aoudhpûr. Râj
Pat, pensant que la troupe dont on parlait pouvait être
une armée, fait venir son ministre Karamchand et lui
parle en ces termes : « Va, lui dit-il, au milieu de ces
« étrangers, reconnaître qui ils sont, quel est le mahârâj
« qui est à leur tête, et dans quel but il vient en Aoude ;
« sache quel est le pays d'où ils sont partis, et ne manque
« pas de leur demander des nouvelles du kunwar Kâm-
« rûp. »

Karamchand s'étant retiré de la présence du monarque, alla prendre parmi les gens de Kâmrûp les infor-

mations que désirait Râj Pat. Il leur demanda de sa part
quel était le mahârâj qui s'avançait avec cet appareil,
et s'ils avaient par hasard entendu parler du prince
Kâmrûp. Alors ceux-ci lui répondirent avec empressement : « Allez dire à votre souverain que nous sommes
« de Sarândîp et que nous conduisons ici la princesse
« Kala ; le kunwar Kâmrûp est notre chef ; ses six amis l'ac-
« compagnent. Il vint à Sarândîp il y a quelques années,
« et s'y maria avec Kala. Actuellement il a voulu revoir
« sa patrie, et il amène en palanquin son épouse bien-
« aimée. Puisque vous êtes le chambellan du mahârâj,
« allez lui porter ces nouvelles du prince son fils. Dites-
« lui qu'après un long voyage il est revenu à Aoudhpûr
« son pays pour baiser les pieds de son père. »

Lorsque Karamchand eut obtenu ces renseignements,
il voulut voir Kâmrûp de ses propres yeux. On le lui
montra, et, après l'avoir attentivement regardé, il le
reconnut, ainsi que ses amis qui l'entouraient. Sa joie
fut d'autant plus vive qu'il retrouva parmi les compagnons du kunwar son fils Mitarchand. Il le serra tendrement entre ses bras, prit ensuite congé du kunwar,
et retourna en toute hâte auprès du mahârâj le prévenir
que la troupe dont on lui avait annoncé l'arrivée venait de Sarândîp ; que le prince Kâmrûp était à sa tête ;
qu'il revenait en Aoude après avoir épousé Kala dans l'île
de Sarândîp. En apprenant d'aussi bonnes nouvelles,
le mahârâj fit battre la timbale de joie et donna ordre
à Karamchand, son ministre, de faire toutes les dispositions nécessaires pour recevoir son fils. « Préparez,
« lui dit-il, une brillante escorte de gens à cheval, et

« allez au devant de mon fils chéri. Traitez-le comme
« un nouveau marié ; conduisez-le dans la ville la tête
« ceinte d'une couronne ; faites en un mot tout ce qui
« est nécessaire pour que son cortége soit pareil à celui
« qui accompagne les nouveaux mariés. »

Pour se conformer aux ordres du mahârâj, Karamchand se met en devoir d'aller, à la tête d'une troupe
choisie, au devant de Kâmrûp, pour l'accompagner
dans son entrée à Aoudhpûr. Les habitants de la ville,
riches et pauvres, se portent sur les pas du kunwar ;
tous, selon leurs moyens, viennent lui offrir de l'argent
monnoyé. Ceux qu'on avait chargés d'escorter Kâmrûp
sortent d'Aoudhpûr et vont le joindre ; ils se réunissent
aux gens qu'il avait amenés de Sarândîp et leur demandent avec empressement des nouvelles du prince. Ils
marchaient en avant, jaloux de remplir dignement leur
mission ; Karamchand était à leur tête. Ils déposèrent
devant le kunwar les nazar qu'ils avaient apportés ; ils
lui offrirent en sacrifice l'or et l'argent dont ils s'étaient
pourvus. Il reçut tous ces dons avec dignité, et admit
ensuite en sa présence le ministre Karamchand, qui,
d'après son désir, lui fit connaître en ces termes l'état
du mahârâj Pat : « Depuis l'époque de votre départ, lui
« dit-il, le mahârâj pleure soir et matin, nuit et jour. A
« force de répandre des larmes, il a détruit ses yeux. Il
« n'a pas eu une heure, que dis-je ? un instant de repos.
« Hâtez-vous donc, mon cher prince, d'arriver auprès
« de lui ; montez à cheval pour faire votre entrée royale
« à Aoudhpûr ; ceignez votre tête d'un diadème ; faites

« battre la timbale, et remettez-vous en marche pour
« vous rendre à cette capitale. »

D'après le désir de Pat, son fils Kâmrûp se conduisit
comme un nouveau marié le jour qu'il fit son entrée
dans Aoudhpûr. Il marchait joyeux au son des instruments, se tenant près du palanquin de Kala. Les habitants sans nombre, hommes et femmes, debout sur son
passage, le cherchaient de leurs yeux. Ils traitèrent son
cortége comme celui d'une noce, et le conduisirent avec
cérémonie au travers des rues de la ville. De son côté,
le mahârâj vint à la rencontre de son fils. Lorsqu'ils
furent en présence l'un de l'autre, Kâmrûp se prosterna
respectueusement aux pieds de son père; celui-ci le re-
leva et le serra tendrement contre sa poitrine. Ils restèrent
longtemps embrassés, chacun d'eux ayant une main sur
le cou de l'autre, et une main sous son aisselle. Après
avoir rassasié ses yeux de la vue de son fils, cet heureux père le conduisit dans son palais, auprès de sa
royale épouse. En apercevant ce fils chéri qu'elle avait
tant pleuré, Sundar-rûp se leva et le pressa contre son
sein palpitant, tandis qu'il louait son amour maternel.
Ensuite elle demanda de la poudre de sandal, et se rendit à la porte de son palais pour recevoir au sortir de
son palanquin la princesse Kala. Après avoir fait prendre
toutes les dispositions nécessaires et préparer quatre
heureux présages, elle accueillit la jeune mariée à sa
descente du palanquin.

L'arrivée de la princesse de Sarândîp éclaira par la
joie le palais de Pat, que la tristesse avait obscurci si long-

temps ; de même que l'entrée de Kâmrûp dans Aoudhpûr changea cette ville au jardin d'Irem. Tous les habitants reçurent le kunwar avec enthousiasme ; chaque
maison partagea le contentement général. Les six fidèles
amis de Kâmrûp s'empressèrent de retourner à leurs
habitations respectives, auprès de leurs parents, qu'ils
désiraient tant de revoir. Le kunwar les combla de richesses, et les maria dans la capitale. Lui et ses amis
réunis jouirent enfin du repos et se livrèrent aux divertissements, aux conversations et aux ris ; de jour en
jour les peines qu'ils avaient endurées s'effacèrent de
leur esprit ; le kunwar les oublia complétement et ne
pensa plus qu'à jouir du bonheur que lui avait départi
la divine providence.

FIN DES AVENTURES DE KAMRUP.

NOTES.

Page 1, ligne 3.

On a placé en tête des mss. A et C, les mots يا فتاح , qui signifient *ô victorieux !* mots qui se trouvent souvent en tête des
manuscrits hindoustani , et qui sont une des éjaculations récitées
dans le *tasbîh* ou *chapelet musulman,* lequel est composé de quatre-
vingt-dix-neuf noms, qui désignent tous des attributs de Dieu.
Voyez la traduction de ce chapelet dans mon ouvrage intitulé :
Doctrine et devoirs de la religion musulmane et Eucologe musulman,
pag. 222 et suiv.

Les mots arabes بسم الله الرحمن الرحيم *au nom de Dieu
clément et miséricordieux,* qui sont placés au commencement de
cet ouvrage , sont la marque distinctive de tous les écrits tracés
par des Musulmans. Ainsi , dans les manuscrits hindoustani, ils
servent à distinguer ceux qu'on doit à des sectateurs de Mahomet,
d'avec ceux qui ont pour auteurs des Hindous , lesquels commencent ordinairement par la formule سری گنیش اجه *louange
à Ganéscha* (Dieu de la sagesse). Les écrits des sikh commencent
par les mots سری سرب دیال ویهه *louange au tout généreux;*
et سری پریت یال ویهه *louange au tout amour.*

L'invocation بسم الله , etc. s'emploie aussi au commencement
de toutes les actions. De là, en hindoustani, بسم الله کرنا ،
c'est-à-dire *faire le bism-illah,* signifie *commencer.*

Page 1, ligne 5.

ییدا کرن هار *créateur,* signifie à la lettre, *auteur du faire
manifeste.* ییدا کرنا est un verbe composé nominal , ییدا کرن
est le nom d'action de ce verbe. Les noms d'action hindoustani

sont souvent de cette forme, et se distinguent ainsi de l'infinitif qui prend un *alif* après le *noun*. وارا ـ وار ـ آرا ـ آر ـ هارا ـ هار ـ وال ـ والا sont des désinences qui indiquent l'agent d'un acte, ainsi que le marchand de quelque chose. Par exemple, de تماشا *spectacle*, on forme تماشا والا *faiseur de spectacles, bateleur*, etc.; de ححى *poisson*, ححى والى *poissonnière*, etc.

Page 1, ligne 10.

دسنا est un verbe neutre qui signifie *paraître*. On ne trouve dans les dictionnaires que دیسنا; mais néanmoins ce verbe est souvent écrit sans *yé* : il est entre autres ainsi employé dans les poésies de Walî.

Page 1, lignes 11 et 12.

Les premiers hémistiches de ces deux vers diffèrent dans les trois manuscrits. Au lieu de ححمى qui est la leçon du ms. A, le ms. B porte سمهى. Au lieu de حیو *vie*, le ms. B porte ici et ailleurs حیه, d'après une autre orthographe; enfin, au lieu de كیس, le ms. A porte كمیس. D'autres mots sont défigurés dans les mss. A et C. Dans le premier vers, le mot حنت signifie *animal*; il doit se prononcer *jant*, pour rimer avec انت.

Page 1, ligne 16.

On voit ici un exemple bien frappant de ce mélange de l'amour humain et de l'amour spirituel, mélange dont j'ai parlé ailleurs (avant-propos de mes *Rudiments de la langue hindoustani*, p. 15; et préface de mon édition de *Walî*, p. viij). Dans l'invocation, il ne s'agit que de l'amour de Dieu. On croirait que le poëme roule sur un sujet religieux, et cependant il n'y est question que d'amours tout humaines. C'est que les Orientaux considèrent l'amour humain comme une étincelle du divin, ou, si l'on veut, comme un emblème de cet amour. En effet, tout rappelle

le Créateur à l'homme foncièrement religieux ; il s'élève de la contemplation des choses visibles aux invisibles, des créatures au
Créateur, et ainsi il n'est rien qui ne lui annonce cet être parfait,
à la fois le créateur, le conservateur et le rédempteur du monde.
Ce qui, pour le profane, est un objet de séduction, devient un
élément de sanctification pour le contemplatif.

Il est bon de remarquer à ce propos que les Musulmans commencent tous leurs écrits, sans exception, par célébrer les louanges
de Dieu et du Prophète, auxquelles les schiites ajoutent celles
d'Ali. L'invocation de Kâmrûp est beaucoup plus étendue dans
le ms. C; j'ai suivi les mss. A et B. Dans le second hémistiche,
au lieu du mot برقع *sorte de voile*, que j'ai adopté, on lit برق
(cas oblique de برقه) dans les mss. A et B, et برقع dans le ms. C,
mot que je considère comme identique avec برقع dont il représente la prononciation adoucie.

Page 1, ligne 18.

Ayâz est célébré dans un masnawî intitulé *Histoire de Mahmoud
et d'Ayâz*, roman en vers écrit par Zulâlî, poëte renommé. La
Bibliothèque du Roi en possède un exemplaire (fonds Brueys,
n° 68). Cet Ayâz était le fils du roi de Cachemire; mais un jour
qu'il était allé à la chasse, il fut enlevé par un individu, et conduit au pays de Badakhschân où Mahmoud l'acheta: de là l'épithète d'*esclave* qu'on lui donne.

Selon l'historien Firischta, Ayâz mourut en l'année 434 de
l'hégire (1042), et selon Aboulféda, en 449 (1057). Voici ce
qu'on lit sur ce personnage, dans l'ouvrage de C. Stewart, intitulé
Descriptive Catalogue of Tippoo, p. 57, à propos du poëme persan
dont je viens de parler :

« Le sujet de ce poëme est l'anecdote qu'on rapporte sur le
« fameux Mahmoud de Guiznah et sur son esclave Ayâz. Ce der-
« nier, étant le favori de son maître, il devint l'objet de la jalousie
« des courtisans. Pour le perdre, ils firent savoir au sultan qu'ils
« l'avaient souvent vu allant seul dans la salle des joyaux de la
« couronne, et qu'ils présumaient qu'il avait détourné bien des

« effets précieux. Quoique le sultan ne fît pas beaucoup de cas de
« cette accusation, il voulut néanmoins l'épier ; aussi la première
« fois qu'on le prévint que son esclave était entré dans le trésor,
« il le suivit par une porte secrète, et, sans être remarqué, il vit
« Ayâz tirer d'un grand coffre de vieux et sales vêtements dont il
« se couvrit, après quoi il se prosterna à terre, et rendit grâce au
« Très-haut pour les bienfaits dont il l'avait comblé. Le sultan
« étonné s'avança vers lui, et lui demanda de lui expliquer sa con-
« duite. Très-gracieux souverain, lui répondit-il, ces hardes me cou-
« vraient quand j'entrai à votre service. Maintenant, par la grâce
« de Dieu et la faveur de votre majesté, j'ai été élevé au-dessus
« des nobles de la terre, et les trésors du monde m'ont été confiés.
« Toutefois, de crainte que mon cœur n'enfle d'orgueil, je pra-
« tique journellement cet acte d'humilité, pour me rappeler mon
« ancien néant. On raconte que le sultan satisfait lui accorda de
« nouvelles faveurs, et censura sévèrement ses détracteurs. »

Walî parle aussi d'Ayâz. Voyez pag. 23, lig. 21, et pag. 84,
lig. 18 de l'édition que j'ai donnée du diwân de ce poète célèbre,
sous le titre de *les Œuvres de Walî.*

Page 1, ligne 20.

Le Khusrau dont il s'agit ici est Khusrau V dit *Parwîz*, et surnommé دست افشان ou *le prodigue*. Il contracta alliance avec
Maurice, empereur grec de Constantinople, qui lui donna en
mariage sa fille Marie ou Schîrîn. Mais Schîrîn aimait Farhâd,
et c'est à ces amours malheureuses, célébrées dans plusieurs poëmes
orientaux, que ce vers fait allusion. Voyez le *Tableau de l'Orient*,
de M. d'Ohsson, t. II, p. 100, etc.

Page 2, ligne 3.

Pour me conformer à la prononciation indienne, j'ai dû mettre
Laïlî au lieu de Laïla, mot qui, en hindoustani, aurait l'air d'un
nom d'homme, la terminaison *a* étant consacrée au masculin,
tandis que Laïlî est tout juste de la terminaison féminine. Il est

bon d'observer ici qu'en hindoustani, ainsi qu'en persan, l'yé nommé مقصوره الف, ou *alif bref* et prononcé *a*, retient souvent le son d'*î*; ainsi les mots معنى *signification*, اولى *meilleur*, etc., se prononcent *manî, awlî*. Lorsque l'yé final doit être prononcé *a*, on a généralement soin de placer un *alif* au-dessus de l'yé, ou au moins un *fatha* perpendiculaire.

Page 2, lignes 4 et 5.

Nal et Daman, autrement Nala et Damayantî, sont des amants indiens très-célèbres, qui ont été chantés d'abord par Viaçadéva, dans un épisode du *Mahabarata* traduit par F. Bopp, sous le titre de *Nalus*, et analysé dans l'ouvrage intitulé *An historical Sketch of sanscrit Literature*, p. 96 et suiv.; puis, entre autres, dans un poëme persan par Faïzî dont on conserve un ms. à la Bibliothèque du Roi (fonds Anquetil, n° 123); dans un poëme hindoustani intitulé *Bahâr-i Ischq*, ou *le printemps de l'amour*, poëme qui existe en manuscrit à la bibliothèque du collége de Fort-William à Calcutta, et dans un petit roman tamoul traduit par Kindersley (*Specimen of Indian Literature*, p. 83-329). Voy. ma *Notice sur les fêtes populaires des Hindous*, p. 28.

Page 1, lignes 6 et 7.

Manohar et Madhmâlat sont de célèbres amants indiens. Nasrati, poëte hindoustani renommé, qui a écrit dans le Décan dans la dernière moitié du XVIe siècle, leur a consacré un poëme intitulé *Gulshan-i Ischq*, ou *le jardin de l'amour*, poëme dont on trouve une copie à la bibliothèque de la Compagnie des Indes à Londres. Il y a à la Bibliothèque du Roi (dans le supplément persan, n° 152) un poëme écrit en persan sur les mêmes personnages.

Page 2, lignes 8 et 9.

Le vers ici traduit ne se lit que dans le ms. A.

Page 1, ligne 10.

Au lieu de یہ qui est la leçon des mss. B et C, que j'ai suivie
dans ma traduction, le ms. A porte منہم; or دیکھنا منہم signifie,
entre autres, *être étonné*, ce qui fait également un sens très-con-
venable.

Page 1, ligne 18.

Le mot عقل *esprit*, qu'on lit dans le texte, doit être ici prononcé *acal*, conformément à la prononciation vulgaire, à cause
de la mesure. Dans le vers suivant, le mot شرم doit aussi se prononcer *scharam*. On doit prononcer généralement de même, dans
tout ce poëme, tant ces mots que ceux de la même forme.

L'auteur compare les deux principales boucles de cheveux d'une
femme à un ع, parce qu'effectivement cette lettre ressemble assez
à deux boucles de cheveux.

Page 2, ligne 20.

Ce que l'auteur dit ici du ش a peut-être pour motif sa ressemblance avec les parties sexuelles de la femme; ou c'est parce que
cette lettre est la première du mot شکر *vulva mulieris*.

Page 2, ligne 22.

L'auteur parle ainsi peut-être du ق, parce qu'il se trouve deux
fois dans قلق *inquiétude, trouble*, etc., mot arabe usité aussi en
hindoustani.

Page 2, ligne 27.

Le mot arabe عشق *amour* est ici l'appositif de l'hindoustani
آگن *feu*. On pourrait bien lier, par licence poétique, ces deux
mots au moyen de l'*izafat* persane; mais la mesure s'y oppose.

10

Page 2, ligne 30, et page 3, lignes 1-6.

Les quatre vers traduits par ces lignes ne se lisent que dans le ms. A.

Page 3, ligne 14.

Le mot منان que je traduis par *éminent*, est le nom de patient ou participe passé de la 4ᵉ forme du verbe arabe نان يـنـيف *eminuit, extulit se supra rem*, etc. Il a le même sens que le nom d'agent ou participe présent, et signifie aussi bien que نيف *eminens, excellens, præstans*.

Page 3, lignes 15-27.

Les cinq vers ici traduits ne se lisent que dans le ms. A.

Page 3, lignes 17, 18.

On trouve beaucoup d'expressions de ce genre dans le *Borda*, célèbre poëme à la louange de Mahomet, par Scharf-uddîn al-Bûcîrî, dont M. de Sacy a donné une traduction imprimée à la suite de mon *Exposition de la foi musulmane*. Voici comment s'exprime le poëte hindoustani Amîn, dans l'invocation de son poëme de Joseph et Zalîkhâ :

« O Dieu, c'est pour Mahomet que tu es devenu créateur, et « qu'ainsi tu t'es manifesté visiblement par le monde. C'est pour « lui que tu as orné le firmament du soleil, de la lune et des « étoiles.... C'est pour lui que tu as fait le paradis, ses houris « et ses glorieux jeunes hommes.... Enfin tu as créé Mahomet « pour lui donner le royaume des deux mondes. » Et Jawân, dans son *Bârah mâça*, s'exprime ainsi (p. 2) : « Mahomet est la cause « de la manifestation des deux mondes : tout ce qui existe est pour « lui. »

Voici la tradition sur laquelle est fondée cette opinion ; elle est

du nombre de celles qu'on nomme حـدیث قـدس : « Si ce n'était
« toi, les mondes n'auraient pas été créés. » لولاك لمّا خــلــقــت
الافـــلاق

Page 3, lignes 19-21.

Par ce vers on voit clairement que les Musulmans considèrent
Mahomet non-seulement comme leur intercesseur tout-puissant,
comme leur médiateur auprès de Dieu, mais même comme le rédempteur et le juge des hommes au dernier jour. Il semble que les
sectateurs de Mahomet aient voulu, autant que possible, l'assi-
miler à J. C. Selon eux des prodiges accompagnèrent sa naissance
et sa mort; comme J. C. il eut douze principaux disciples, etc.
Comparez ceci avec un passage de Walî, pag. 143, lig. 11 et 12.

Page 3, lignes 23 et suiv.

Ce vers indique que l'auteur est *sunnî* ou *châr yârî* (de la secte
des quatre amis, c'est-à-dire de ceux qui reconnaissent les quatre
premiers khalifes). Voy. sur cette communion musulmane, mon
Mémoire sur la religion musulmane dans l'Inde, pag. 13.

Page 4, ligne 2.

Le titre de ce chapitre, et de tous ceux qui composent ce
poëme, est en persan dans les mss. A et B. En hindoustani aussi
bien qu'en turc, les titres des ouvrages et des chapitres ou sec-
tions qui les composent, sont généralement en persan.

Page 4, ligne 6.

« La ville d'Aoude, nommée *Ajodhya* dans les livres indiens,
« fut la patrie et la capitale de Râm-chand, et pour ce motif les
« Hindous la considèrent comme un grand lieu de dévotion. Le
« râja susdit était d'une origine illustre, d'un noble caractère et
« plein d'avantages extérieurs et intérieurs. Il fit beaucoup de mer-

10.

« veilles et de prodiges, et des choses étonnantes eurent lieu par
« son pouvoir. Il jeta entre autres un pont sur la mer, et alla atta-
« quer Lancâpûr (Ceylan) à la tête d'une armée innombrable de
« singes et d'ours. Il battit Râwan (roi de Ceylan), et délivra des
« fers son épouse (Sîta) qu'il ramena avec lui. Toutes ces choses
« sont développées dans le *Râmâyana*.

« Aoude avait 148 kos[1] de long sur 36 de largeur. Quiconque
« criblait la terre des environs y trouvait de l'or......» (Afsos,
Araïsch-i Mahfil, pag. 95.)

Le récit qui précède donne une idée de la manière grave et
mesurée dont les Musulmans parlent des divinités indiennes. Râm-
chand est, comme on sait, la septième incarnation de Wischnou.
Le prétendu pont dont il s'agit ici n'est autre chose que les rochers
et les bancs de sable situés entre le Carnatic et Ceylan, au golfe
de Manaar. Ce lieu est nommé *Pont d'Adam*.

Page 4, ligne 6.

Gorakh ou Gorakhpûr est un district qui fait partie du royaume
d'Aoude. Voyez l'*East India Gazetteer* de W. Hamilton, dont la
science déplore la perte récente, t. I, pag. 591.

Page 4, ligne 11.

Dans le texte il faut sous-entendre پاس *auprès*, qui s'emploie
dans le même sens que عند, en arabe, c'est-à-dire non-seulement
pour indiquer la résidence de quelqu'un, mais la possession, etc.
Cette ellipse est assez fréquente. On lit dans un conte hindoustani (*Muntakhabat-i hindi or hindustani Selections*, t. I, pag. 9):
سوار کی جب تیر لگا « Lorsque la flèche atteignit le sanglier »
(à la lettre : « s'appliqua auprès du sanglier »).

Page 4, ligne 18.

مشر signifie un *médecin hindou*, par opposition à حکیم ou
طبیب *médecin musulman*.

[1] Le kos équivaut à 2 milles environ.

Page 4, lignes 19, 20.

کیان ونت signifie *sage*; ce mot est composé de کیان *sagesse*, et de ونت *possesseur*. On trouve fréquemment en hindoustani des mots dans la composition desquels se trouve le mot ونت; tels sont لاج ونت *modeste*, بل ونت *puissant*, etc.

Page 4, ligne 25.

Dans le second hémistiche du vers ici traduit, il faut sous-entendre انهونسی *par eux*, mots exprimés dans le ms. A, dont la rédaction est ici un peu différente de celle que j'ai suivie dans ma traduction.

Page 5, lignes 1-3.

Le vers ici traduit ne se lit pas dans le ms. A.

Page 5, ligne 2.

Il y a encore dans ce vers یهان sous-entendu.

Page 5, ligne 2.

Dans le texte, چهون est le pluriel de چه *six*, on doit le prononcer چهون à cause de la mesure. Il ne faut pas confondre ce mot avec چهون *quatre*, usité surtout dans l'expression چهون اور *des quatre côtés*, c'est-à-dire *de tous côtés*.

Page 5, lignes 6, 7.

Une expression pareille se trouve dans le roman intitulé *Sihr-ulbayán* (la magie de l'éloquence), ou histoire du prince Bénazir, pag. 24: نرکهتنا تها وه ایئی گهرکا جراغ « Il n'avait pas de lampe dans sa maison, » c'est-à-dire « il n'avait pas d'enfants. »

Au lieu de ce vers et des huit suivants, les mss. B et C n'en contiennent que cinq, tout différents quant à l'expression, mais dont le sens est à peu près le même.

Page 5, lignes 15, 16.

Bairâguî بيراكى dérive de بيراك *pénitence, austérité.* On distingue, selon Afsos, six classes de faquîr hindous : les sanniâci, les joguî, les bairâguî, les udâci, les jatî et les séora. Les individus qui font partie de la sorte d'ordre religieux des bairâguî se livrent, comme ceux des autres classes, à la pénitence et aux austérités ; mais ils sont moins adonnés que les autres à de pénibles pratiques extérieures : ainsi leur vie contemplative est plus rapprochée de la nature.

« Plongés, dit Afsos, dans l'amour de Dieu, et libres du souci
« des créatures, ils suivent fidèlement la direction de leurs guides
« spirituels. Matin et soir ils chantent, en s'accompagnant d'ins-
« truments de musique, des hymnes de la composition de ceux
« d'entre eux qui joignent à la ferveur le talent poétique ; ces
« hymnes roulent toujours sur l'unité et la connaissance de Dieu.
« Mais la pratique la plus excellente, selon eux, c'est de sauter et
« de tourner en dansant; aussi beaucoup de bairâguî, dans un
« état extatique, se livrent-ils à ces exercices, persuadés qu'ils s'é-
« lèvent ainsi aux degrés les plus éminents du spiritualisme [1].
« D'autres récitent le nom et les attributs de Dieu ; ou, assis dans
« la contemplation, ils cherchent à s'en former une image. Ceux-
« ci lisent assidûment le Bédânt châstar [2], et ayant bien compris
« les secrets de l'unité de l'unique absolu, ils remplissent de lu-
« mière l'habitation de leur cœur.

« Il y a plusieurs espèces de bairâguî qui sont désignées sous
« les noms de leur chefs particuliers. » (*Araïsch-i Mahfil*, pag. 40.)

[1] Les moines Turcs nommés *mewlevî* font la même chose à Constantinople.

[2] Ou Védânta, un des six principaux livres de philosophie indienne, lequel est attribué à Viâçadéva, auteur du Mahâbhârata et du Bhagawat, et rédacteur des Védas.

Page 5, ligne 17.

Les faquir sont dans l'usage de se frotter le corps avec de la cendre de fiente ou bouze de vache, qu'on nomme بهيهوت.

Le second hémistiche du vers traduit ici est ainsi conçu dans le ms. A. dont je n'ai pas suivi la rédaction : كروى ذال منذ ۱۳ ایبتونکا بیکه « Je me raserai à la manière des atît. » بیکه rime, dans ce ms., avec ریکه. Dans le ms. B, que j'ai suivi dans ma traduction, le premier hémistiche finit par les mots بهس کهيس mais le premier de ces mots se trouvant répété à la fin du second, pour la rime, je pense qu'au lieu de laisser ces deux synonymes, on doit les remplacer par کری کیس leçon du ms. C.

Page 5, ligne 19.

Les atît, quoique appartenant à la secte des dandî, ne portent pas comme eux un petit *danda* ou bâton. Ils vivent des aumônes en nature que leur font les brahmanes. Ils sont souvent réunis dans des couvents ou *math*, comme les dandî ; mais ils sont libres de se livrer aux affaires du monde. On en voit exercer les fonctions du sacerdoce dans des chapelles tumulaires, tandis que d'autres se marient. Voyez, au surplus, sur les dandî et les atît, le savant mémoire de M. H. H. Wilson, sur les sectes hindoues, *Asiatic Researches*, t. XVII, p. 182 et ailleurs.

Page 5, ligne 21.

« Les joguî[1] composent la seconde secte des faquir hindous. Ils « passent la nuit et le jour à méditer sur Dieu. La pratique de « retenir l'haleine, à laquelle ils se livrent, les fait vivre des cen- « taines d'années. Malgré le poids de leurs austérités, leur vête- « ment terrestre est si léger, qu'ils volent dans l'air et marchent

---

[1] جوگی dérive de جوک *pénitence*

« sur l'eau. Ils peuvent faire sortir leur âme de leur corps et la
« placer dans le corps d'un autre individu. Ils prennent la forme
« qu'ils veulent, annoncent les choses cachées, changent en or le
« cuivre mêlé à la cendre. Par la force de leurs charmes, ils sou-
« mettent des catégories entières d'êtres.... Ils guérissent les ma-
« lades et les mourants par une parole, et devinent de suite ce
« qu'on a dans l'esprit. Ils ne se soucient de rien, ne tiennent à
« aucune relation. De là vient le proverbe : *De qui les joguî sont-ils*
« *amis ?* جوگی کس کی میت . Quoique les sanniâcî (autres faquîr)
« soient habiles dans l'enchantement et l'alchimie, les joguî ont
« encore plus de célébrité en ce point. » (*Araîsch-i Mahfil*, p. 39.)

Le proverbe qui vient d'être cité se trouve dans le *Sihr ulbâyan*,
pag. 97. Najm unniçâ, pour dissuader Badr-i Munîr de l'amour
qu'elle avait conçu pour Bénazîr que le hasard lui avait fait connaître, lui dit : « Doit-on se livrer à l'amour d'un voyageur ? ne te
« souviens-tu pas de ce proverbe : *Les joguî, de qui sont-ils amis ?* »

مسافر سی کوئی بھی کرتا ہی بیت
مثل ہی کہ جوگی ہوئی کس کی میت

Page 5, ligne 22.

Le ms. A porte مو pour مون plus usité ; ce mot, dans le dialecte hindoustani du midi, est synonyme de میں , postposition
qui signifie *dans*, etc.

Page 6, ligne 5.

بدهاتا signifie proprement *la providence* ; les Hindous nomment ainsi *Brahma*.

Page 6, lignes 8, 9.

سدابرت exprime une distribution de vivres faite aux pauvres,
aux voyageurs, etc.

Page 6, ligne 19.

ذکر qu'on doit prononcer ici *zikar*, indique proprement *la lecture du Coran*; mais, par suite, ce mot signifie *réciter les louanges et les noms de Dieu*. Il est néanmoins assez singulier de voir ce nom employé en parlant de faquîr hindous.

Page 6, ligne 19.

مگر a souvent le même sens que لعل en arabe, et signifie *peut-être, il peut se faire que*, etc.; souvent aussi il a le sens de la conjonction *mais*.

Page 6, ligne 22.

Dans le texte on trouve جاكے pour جاے, participe de suspension du verbe neutre جانا *aller*. Le ے de ce participe passé conjonctif est souvent écrit كے dans les mss. *dakhnî*.

Page 6, lignes 23-30, et page 7, lignes 1-4.

Les six vers traduits ici ne se lisent que dans le ms. A.

Page 7, ligne 14.

چرمیں synonyme de چرمینہ est un adjectif formé de چرم cuir, et signifiant *coriaceus*, de cuir. La terminaison این ou اینہ est très-usitée pour les adjectifs relatifs. Ainsi de چوب *bois*, se forme چوبیں *ligneus*, de bois; de ریشم *soie*, ریشمینہ *sericus*, de soie, etc. Voyez *Shakespear, Hindustani Grammar*, p. 118.

Page 7, ligne 15.

Le ms. A seul contient le vers suivant, que je n'ai pas cru devoir traduire :

NOTES.

نهيى ذر اسى شير چيمرکا هوا حکم اسکو يهى پير کا

« Il ne craignait pas le tigre de la chasse, il obéissait en ceci
« à son *pír*. »

Or, on nomme *pír* dans l'Inde les saints personnages musulmans et même hindous qui, retirés du monde, ne s'occupent
que des pratiques de piété. Les natifs disent que ces *pír* ont une
sorte de souveraineté sur les tigres : voilà pourquoi nous lisons
dans le poëme de Kâmrûp que l'envoyé du *pír* dont il s'agit
ne craignait pas les tigres. Voyez sur les *pír* les détails que j'ai
donnés dans mon *Mémoire sur la religion musulmane dans l'Inde*,
pag. 22 et suiv. Ces *pír*, comme je l'ai fait observer dans ce mémoire, équivalent, pour les musulmans, aux *garú* des Hindous :
les gens religieux doivent en avoir un. De là on nomme *sans
pír* ی پير un homme vicieux et cruel. Shakespear, *Dictionary*,
pag. 161.

Page 7, ligne 22.

Le *sríphal* ou *síphal*, en sanscrit श्रीफल. est le fruit du végétal nommé en botanique *ægle* ou *Cratæva Marmelos*. Pidding-
ton, *an english Index to the Plants of India*, p. 2. Le fruit du
Cratæva Marmelos est de la grosseur d'une orange : on le mange
dans l'Inde avec du sucre. Il consiste en une pulpe charnue d'un
goût agréable, laquelle est recouverte d'une écorce dure. Ainslie,
Materia indica, t. II; p. 86.

Page 7, lignes 28-30.

Le vers ici traduit ne se lit que dans le ms. A.

Page 8, ligne 7.

Le second hémistiche du vers traduit ici est cité par Gilchrist,
Hindoostanee Grammar, pag. 201.

Page 8, ligne 8.

Le mot برت qu'on lit dans le texte, paraît être la racine du verbe برتنا réfléchir, etc.

Page 8, ligne 12.

Le texte signifie à la lettre : « la reine joua avec le roi. » Les Orientaux donnent le nom de *jeu* aux plaisirs de l'amour.

Page 8, ligne 13.

Dans le texte, گربتا *enceinte* est au masculin, parce que l'emploi de ce genre ne peut faire d'amphibologie. Les Arabes emploient de même حامل participe présent masculin, qui a le même sens, au lieu du féminin حاملة. On dit plus ordinairement گربهونت et گربهونتی گربهونتی dans ce sens ; گربتا ne se trouve même dans le dictionnaire de Shakespear qu'avec le sens de *proud woman*.

Page 8, lignes 15-19.

Les deux vers ici traduits ne se lisent que dans le ms. A. Il y en a aussi un troisième que je n'ai pas traduit.

Page 8, ligne 21.

Dans le texte, گرب est pour گربه (गर्भ) *grossesse*.

Page 8, ligne 23.

Le mot مانس, qu'on lit dans le texte hindoustani, est pour ماس *mois*. On sait que les poëtes se plaisent à ajouter un *noun* nasal aux voyelles longues.

Page 8, ligne 25.

ارغوانی est un adjectif relatif formé de ارغوان *arbre de Ju-*
dée et qui signifie de la couleur des fleurs de cet arbre, c'est-
à-dire *pourpre*. Voyez d'Herbelot, *Bibliothèque orientale*, au mot
argévan.

Page 8, ligne 26.

Dans les manuscrits, le mot مثل *ressemblance* (semblable),
est écrit مسل, parce qu'en hindoustani le ث se prononce absolument comme س. C'est une faute d'orthographe.

Page 8, ligne 26.

Le *khas* خس nommé vulgairement *khas-khas*, est l'*andro-*
pogon muricatum, que nous nommons en français *véti-ver*, du
nom tamoul. On en fait des *pankha* ou de grands éventails et
des nattes qui servent de persiennes aux fenêtres et de stores
aux palanquins. On a soin de les arroser pour donner de la
fraîcheur : les Indiens aiment beaucoup l'odeur qui s'en exhale.

Page 8, ligne 30, et page 9, lignes 1-5.

Les quatre vers ici traduits ne se lisent que dans le ms. A.

Page 9, ligne 4.

کنی est synonyme de کنے *auprès*. Voyez le dictionnaire des
mots *dakhnî*, publié à la suite de la traduction hindoustani de
l'*Anwâr-i suhaïlî*, imprimé à Madras, en 1824, in-fol.

Page 9, ligne 6.

Le mot *kunwar* کنور ou کنوارا signifie un prince royal, l'héritier de la couronne.

Page 9, ligne 7.

Le ms. A, le seul où ce vers se trouve, porte نظر *regard* à la fin du premier hémistiche, mais je crois que c'est une erreur de copiste et qu'il faut lire نذر *présent*.

Page 9, ligne 8.

Il est parlé dans différents ouvrages de cette cérémonie qui consiste à jeter, dans certaines circonstances solennelles, des pièces d'argent et d'or ou d'autres choses sur la personne qui est l'objet de la cérémonie.

Page 9, ligne 12.

رنگ, signifie proprement *couleur*, et, par suite, *espèce, variété*, et enfin *plaisir, amusement*. Shakespear, *Dictionary*, p. 464.

Page 9, ligne 16.

La danse (*nâch*) est le divertissement favori des Indiens ; mais elle diffère de la nôtre en ce que ce ne sont que des bayadères et des danseurs rétribués qui l'exécutent. Dans les solennités religieuses et civiles, la danse occupe le premier rang. On trouve dans le célèbre poëme hindoustani d'Haçan, intitulé *Sihr-ulbaiân*, p. 137, une description de la danse des bayadères qui me paraît curieuse sous le rapport ethnographique, et dont je crois devoir donner ici la traduction.

« Les bayadères commencent leur danse délicieuse ; elles dé- « veloppent leur grâce charmante. ... Ces agaçantes beautés se « présentent d'abord en groupes, attentives aux sons harmonieux « de la musique qui règle leurs pas. ... Une jeune coryphée sort « ensuite des rangs et s'avance en déployant la première son joli « talent aux yeux du spectateur. Elle soulève son *dopatta* (sorte de « voile) et en joue en suivant la mesure : elle laisse admirer sa taille

« déliée et fait résonner en cadence les *ghângrâ* (anneaux de mé-
« tal à grelots) qui ornent ses pieds nus. Quelquefois elle parcourt
« si rapidement la salle qu'on dirait que c'est un éclair qui sil-
« lonne l'atmosphère ; d'autres fois, sa danse est expressive et
« passionnée. . . . Tantôt elle fait des minauderies ou prend des
« poses voluptueuses ; tantôt elle se cache pour reparaître ensuite.
« Cependant elle s'arrête, va fumer quelques traits de *hucca*,
« mâche du bétel, et donne ainsi à ses lèvres une couleur plus
« foncée ; puis elle se regarde dans un petit miroir qui forme le
« chaton de l'anneau qu'elle porte au pouce et y contemple son
« visage aussi frais qu'un parterre de fleurs. Elle retrousse ses
« manches, entr'ouvre sa robe et resserre son *angnia* (sorte de
« corset) ; elle replace son peigne, arrange ses sourcils, ajuste
« ses vêtements, et vive et légère, tenant son *dopatta* levé sur
« sa tête, elle traverse le groupe de ses compagnes et revient en-
« core en avant. Elle se prend l'oreille, soulève ses pieds, y re-
« place les *ghângrâ* et les fait toucher à sa tête. Ayant mis ses
« deux mains sur ses épaules, elle danse enfin avec les com-
« parses, et elles exécutent ensemble les figures les plus gracieuses.
« Tantôt elles dansent, puis elles chantent ; leur but est de plaire.
« . . . . . Elles déploient à chaque instant un nouvel art, une
« nouvelle adresse. Ce charmant spectacle, où l'oreille et les yeux
« sont également charmés, jette dans une douce émotion le cœur
« des spectateurs. Ces guirlandes de fleurs, ces diadèmes tissus
« d'or, cette rangée de femmes artistement parées, tout cet éclat
« déployé partout, chasse bien loin du cœur le chagrin. »

Page 9, ligne 19.

Le *nau-roz* ou nouveau jour (jour de l'entrée du soleil dans
le signe du bélier) est le jour de l'an des Persans et des musulmans de l'Inde. Voici ce qu'en dit Jawân dans son *Bârak
mâça :* « Ce jour est heureux et béni pour tous. On se revêt de
« vert ; les beautés aux joues de roses se couvrent de cette cou-
« leur et jettent ainsi dans l'admiration l'émeraude et le cyprès.

« Chacun se pare conformément à ses moyens. Chaque rue,
« chaque marché est tellement propre, que l'ambre n'aurait pas
« une paille à y attirer. Les marchands ornent leur boutique;
« ils étalent leurs denrées sur le tapis du plaisir. De belles fem-
« mes, à figures de fées, se montrent de toutes parts ; leurs
« regards sont des filets qui enveloppent le cœur. Les habita-
« tions des gens opulents reluisent comme un miroir que rien
« ne ternit. Des rideaux brochés d'or, plus brillants que les
« rayons du soleil, y sont suspendus. Le nau-roz est, en un
« mot, un jour de fête solennel que distinguent des réjouis-
« sances et des divertissements particuliers. On joue des séré-
« nades aux portes des grands ; on n'aborde personne sans lui
« dire moubârac bâd (qu'il soit béni!). Ici se font entendre la
« flûte, la harpe, le tambour et la guitare ; là, les danseuses
« légères, en exécutant leurs danses, ravissent le cœur par la
« cadence mesurée du son des ghûngrû qui ornent leurs pieds.
« Toutes les maisons sont embellies, le contentement règne par-
« tout, partout chacun a la face riante comme la rose. Des cous-
« sins et des canapés sont disposés, des pots à fleurs, des boîtes
« de bétel sont symétriquement arrangés. L'un respire l'odeur
« des fleurs, tandis que l'autre donne à son voisin des feuilles
« de bétel préparées. Un troisième prend un flacon d'essence
« de roses et s'en parfume le corps. Des bouteilles de vin sont
« placées sur les fenêtres derrière les jalousies ; il y a partout des
« corbeilles de fleurs. L'enfant, le jeune homme, le vieillard,
« tous jouent et se divertissent. Les œufs sont très-recherchés
« en ce jour ; chacun en prépare des rangées. La nouvelle an-
« née commence au nau-roz, et ce jour est aussi la fête des sou-
« verains, ornements du banquet du monde. Les astronomes
« font pour eux chaque année un almanach qui contient toutes
« les prédictions du nouvel an et le leur présentent en ce jour. »
(Bârah mâça, pag. 22, 23.)

Mᵉ H. Ali, dans son ouvrage intitulé : *Observations on the mu-
salmauns of India*, t. I, p. 284, dit que la couleur des vêtements
qu'on prend au nau-roz varie selon l'heure du jour ou de la

nuit à laquelle le soleil entre dans le signe du bélier. Elle est donc brune tirant sur le noir, si ce passage a lieu à minuit ; cramoisi, s'il a lieu à midi, et de couleur intermédiaire s'il a lieu à une autre heure. M⁼ H. Ali ajoute que, quelque couleur qu'on adopte pour ce jour, tout le monde est tenu de la porter, depuis le roi jusqu'au dernier citoyen.

Les dames envoient en ce jour à leurs parentes et amies des fruits secs et confits, mais surtout des œufs durs teints de différentes couleurs dans le genre de notre papier marbré. Ces œufs sont quelquefois ornés de figures, de devises et même dorés ; car chaque dame déploie son goût particulier dans la préparation des œufs du *nau-roz*. Le tout est mis dans des plats de terre enduits d'un vernis qui les fait ressembler à de l'argent, et ornés de papiers de couleur artistement découpés.

Les familles religieuses ne manquent pas d'offrir à Dieu en ce jour des prières particulières.

Lorsque l'entrée du soleil dans le bélier doit avoir lieu de jour, les femmes sont dans l'usage de jeter, au moment dont il s'agit, une rose sens dessus dessous dans un bassin d'eau. Elles prétendent que la fleur se retourne au moment précis du passage de l'astre du jour.

Page 9, ligne 20.

Pandit signifie proprement *savant*. Il indique aussi le brahmane qui enseigne le sanscrit, comme *munschî* désigne les maîtres d'hindoustani et de persan, et *mulla* ceux d'arabe.

Page 9, ligne 24.

جنيّو est le cordon que les brahmanes portent de l'épaule gauche au côté droit. Ce cordon est le signe distinctif de leur caste.

Le تلك est la marque que les Hindous font sur leur front et qui varie selon les castes et les sectes. Voyez sur ces marques

distinctives des sectes, l'ouvrage de M. C. Coleman, intitulé;
The mythology of the Hindus, p. 68.

Page 9, ligne 25.

Au lieu de la prononciation régulière بُهِت, il faut, dans le
texte, lire et prononcer بُهُت *bhut*, d'après l'usage vulgaire.

Page 9, ligne 26.

« Les Brahmes sont attentifs à noter dans les pagodes la nais-
« sance des enfants, et il s'y en trouve toujours un ou deux
« payés pour tenir note des naissances, des décès, des mariages
« et des autres événements.... Ils calculent le point de la nais-
« sance, pour savoir sous quelle constellation ou planète l'enfant
« est né, et prédisent en conséquence quel doit être son sort
« et sa destinée dans le monde.... Le nom imposé à l'enfant
« se prend des constellations, des éléments, des planètes et des
« divinités qui les représentent.... » Paulin de Saint-Barthélemy,
Voyage aux Indes orientales, édition française, t. II, p. 7-11.

Il est dit de plus, dans le ms. A, qu'on fit le premier nœud
au cordon nommé *baras ki gairah* برس کی گره . Or, ce mot est ici
le synonyme de برس گانٹھ ou سال گره, à la lettre *nœud de
l'année.* Cette expression indique une cérémonie qui consiste à
faire un nœud à un cordon *ad hoc* à l'anniversaire de la naissance d'un garçon. Je ne sache pas qu'on en fasse un au moment de la naissance. Pour les filles, on ajoute annuellement
un anneau d'argent à leur collier, nommé گردنی. Chez les natifs
de l'Inde, le seul moyen de constater l'âge d'un individu, c'est
de recourir au cordon ou au collier dont il s'agit. Voyez *Observations on the musulmauns of India*, t. II, p. 11.

Page 9, lignes 29 et 30, et page 10, lignes 1 et 2.

Les deux vers traduits ici n'en forment qu'un dans les mss.
B et C.

11

Page 10, ligne 8.

La même époque (de 12 ans) est fixée aussi par les astrologues pour les périls amoureux auxquels doit être en proie Bénazîr, le héros du *Sih-ulbayân*, célèbre poëme d'Haçan. Le commencement de ce poëme se rapproche beaucoup de celui-ci,
quant aux idées.

بروكى ou بيروكى , synonyme de بيوكى , est un adjectif formé de بروك substantif synonyme de برو *séparation, absence de
deux amants*, et par suite *amour*. Cet adjectif signifie par conséquent *amant*.

Page 10, ligne 26.

Au lieu de *fit élever*, il y a dans le texte, *se mirent à élever;*
le verbe est ici au pluriel qu'on nomme *respectueux*, lequel est
employé en parlant des personnages éminents. On emploie même
quelquefois, par honneur, des noms au pluriel, en parlant d'une
seule personne. Tels sont, par exemple, les mots *muçalman* مسلمان,
umra امرا, qui sont les pluriels de مسلم et de امير. C'est de
la même manière qu'en hébreu *Elohîm* אלהים et *Adonaïm* אדנים
sont employés en parlant du *Dieu unique*. Rosenmüller, *Scholia
Genes.* cap. 1, p. 65.

Page 10, ligne 28.

Le vers ici traduit ne se lit pas dans le ms. A.

Page 11, lignes 1-3.

Dans le vers rendu par ces lignes, la construction paraît
irrégulière, quoiqu'elle soit tout-à-fait conforme à la grammaire.
Le mot que je traduis par *on plaça* est ركـى, prétérit du verbe
ركهنا *placer*, au masculin singulier, à cause que ce verbe est
actif, لوك في étant sous-entendu. Les mots rendus par *on éleva*

sont لگی پالـنی. Or, le premier verbe est au pluriel, parce qu'étant neutre il doit être en concordance, quoique au passé, avec son sujet. Voyez mes *Rudiments hindoustani*, p. 59 et 85, 86.

Dans ce même vers on lit منی *dans*, qui rime avec کنی, au lieu de مـیـں ou مـوں plus usités. On trouve encore منی plus loin.

Page 11, ligne 5.

Les mots *avec soin* sont la traduction de وسواس سی, mais le ms. C seul donne clairement le mot وسواس; en hindoustani, ce mot est souvent synonyme de وحشـت, et signifie *appréhension*, *crainte*, etc.

Page 12, lignes 3-14.

Les cinq vers traduits ici ne se lisent que dans le ms. A.

Page 12, ligne 7.

La tablette dont il s'agit équivaut à nos tablettes d'ardoise sur lesquelles on fait écrire les enfants. « Attached to each « Mosque, dit Maria Graham (*Journal of a Residence in India*, « pag. 17) there is a School where Arabic is taught; the Master « only attending to the elder Boys, while the others are taught « by the more advanced school-fellows. Instead of Books, there « are Alphabets and Sentences painted on wood for the youn- « ger Scholars. »

Voici ce que dit des écoliers indiens l'auteur du *Bârah mâça* [1] : « Lorsque les enfants ont atteint leur quatrième année, on « leur fait réciter le *bism-allah* [2] et on les confie ensuite au maître « d'école jusqu'à ce qu'ils sachent parfaitement lire et écrire. « Mais à cet âge leur esprit ne saurait trouver de charmes à

---

[1] Page 82.

[2] Abrégé de l'invocation بسم الله الرحمن الرحـيـم « au nom de « Dieu clément et miséricordieux. »

11.

« l'étude ; tout leur bonheur consiste à jouer. L'école leur pa-
« raît une prison ; lorsqu'on les y conduit, le chagrin s'empare
« de leur cœur, et souvent leurs pleurs et leurs gémissements
« s'y font entendre. . . . . Le jeu leur fait oublier la leçon, aussi
« l'instituteur doit-il les mettre aux arrêts s'il veut qu'ils s'ap-
« pliquent. Néanmoins, quand ils peuvent se cacher de leur
« maître, ils déchirent leurs devoirs et en font des cerfs-volants.
« Le vendredi (jour consacré spécialement au culte chez les Mu-
« sulmans et jour de congé pour les écoliers), les enfants se lèvent
« de bon matin pour se livrer à leur jeu favori ; l'un se munit
« d'une pelote de ficelle, l'autre d'une pâte de verre pilé [1]. Ils
« font élever les cerfs-volants, tantôt les laissant planer, tantôt
« les lançant dans l'air ; puis ils les font rencontrer ensemble
« et s'entrechoquer ; ils offrent en un mot aux regards un spec-
« tacle étonnant. Et non-seulement les enfants se livrent à ce
« jeu, mais les jeunes gens et les vieillards mêmes y prennent
« part. On joue surtout en hiver au cerf-volant, peu dans les
« autres saisons. »

Page 12, ligne 11.

Au lieu de پرهايا on fit lire, on enseigna, le ms. A porte پڈهايا.
Or, il est bon de faire observer à ce sujet que, dans les manuscrits
hindoustani, le ré cérébral est quelquefois remplacé par le dé
cérébral, à l'imitation du sanscrit, où une seule figure représente ces deux lettres, qui effectivement ont beaucoup de rapport aussi dans la prononciation.

Page 12, ligne 12.

L'art de régner n'est pas moins difficile dans un empire absolu
que dans un gouvernement constitutionnel ; aussi plusieurs écrivains orientaux ont-ils écrit des traités spéciaux sur cette matière.
J'ai donné il y a quelques années la traduction d'un traité turc de

---

[1] Cette pâte se nomme مانجها. On l'applique à la ficelle d'un cerf-
volant pour couper celle d'un autre.

ce genre ; traité qui a une certaine réputation dans l'empire otto-
man. Voyez Journ. Asiat. t. IV, p. 2 1 3 et suiv., et 283 et suiv.

Page 12, ligne 14.

Dans sa traduction du roman persan sur les aventures de Kàm-
rùp, M. Francklin paraît avoir pris pour un nom propre le mot
arabe طبيب *médecin*, et l'a rendu par *Tabeel* [1], p. 5 et ailleurs.

Dans le roman persan, la narration de la partie qui sert d'introduction aux aventures de Kâmrûp est extrêmement abrégée :
il est dit seulement en deux mots que le mahârâj Pat n'avait point
d'enfants, qu'un derviche lui annonça qu'il n'en serait pas plus
long-temps privé, et qu'effectivement il eut bientôt de sa femme
favorite le prince Kâmrûp. Tout ce qui se passe jusqu'au départ
de Kâmrûp est rapporté très-succinctement aussi.

Page 12, ligne 16.

Les brahmanes seuls ont le droit de lire les Védas. Les chatriya
(c'est-à-dire les individus de la caste militaire) peuvent seulement en entendre la lecture. Le mot گرنت ou mieux گرنتهـ indique *un code de loix*, spécialement *celui des Sikhs*, code dont
l'auteur est Nânak schâh.

On voit que les fils des six courtisans de Pat doivent embrasser
l'état de leur père, d'après l'usage invariable de l'Inde.

Page 12, ligues 16-19.

J'ai suivi dans ma traduction la leçon du ms. A ; les mss. B et
C portent simplement un vers au lieu de deux, lequel signifie :
« Le cinquième était un peintre habile, le sixième s'était occupé
« de l'art de la musique. »

[1] Dans une romance hindoustani publiée par Trinks en caractères
latins, on a aussi imprimé *en tabeel na* pour *un tabib né*, ou, selon l'orthographe de Gilchrist, *von Tabeeb ne*, le médecin. *Collect. of hind. Songs*, p. 8.

Page 52, lignes 25 et 26.

Il y a proprement dans le texte : « jouèrent à la chasse » ; c'est un idiotisme.

Page 13, ligne 1.

Dans le texte il faut prononcer *amar*, en deux syllabes, le mot عمر vie (âge) , comme plus haut *zikar* et *fikar*.

Page 13, ligne 5.

Le mot نگاه *regard* (surveillance) est écrit dans le texte نگاح , pour que la rime soit apparente, à peu près comme, dans de nouvelles éditions de nos anciens poëtes, on écrit par exemple *françois* au lieu de *français*, pour que la rime de ce mot avec François nom propre soit moins choquante.

La rime de صلاح avec نگاه est du reste bonne en hindoustani, attendu que l'aspiration du ح n'y est pas plus forte que celle du ه. Voyez mon mémoire sur la métrique, p. 10.

Page 13, ligne 11.

Dans le roman persan qui roule sur le même sujet que celui que je publie, l'auteur fait observer que la chasse est le plaisir des rois puissants شیوهٔ فرمان دهان کامگار است , et il cite ensuite un vers persan qui se retrouve dans le passage suivant du poëte hindoustani Haçan, lequel s'exprime ainsi en parlant du célèbre Nawâb Açaf uddaula (Sihâ-ulbaïn, pag. 20).

نه هو اس کو کیونکر هوای شکار
تهور شعاروں کا ہی یہ شعار
دلیروں کتیں ہی دلیروں سی کام
کہ رہتا ہی شیروں کو شیروں سی کام

شهان را ضرور است مــشـــق شــكار
کـه آیـد یئ صیـــد دلــهــا بــكار

« Comment n'aimerait-il pas la chasse, qui est l'amusement
« favori des braves et qui ne peut convenir qu'à eux; car ce ne
« peuvent être que des lions qui aiment à avoir affaire à des lions.
« D'ailleurs, comme le dit un poète, l'exercice de la chasse est
« nécessaire aux rois; car après s'y être livré on est plus disposé
« au travail. »

Page 13, lignes 14-16.

Le vers traduit ici ne se lit que dans le ms. A.

Page 13, ligne 22.

Le vers rendu par cette ligne ne se lit que dans le ms. A.

Page 13, ligne 25.

جـانور est un mot persan dérivé de جـان, âme, vie, et signifiant
animal, être vivant. De ce mot, l'auteur du poëme en a formé irrégulièrement le pluriel arabe جنـاور qui est de la forme فعالل.

Page 13, ligne 29.

Au lieu de بخروت en liberté (avec effusion), les mss. B et C
portent بلاکر, qui se trouve déjà une première fois dans le premier hémistiche.

Page 14, lignes 27 et 28.

Le vers ici traduit ne se lit que dans le ms. A, et il est suivi
d'un autre qui revient inutilement sur l'idée exprimée par le
premier.

Page 16, ligne 2.

Au lieu du titre, il y a dans le ms. A un espace blanc qui était

destiné à placer ce titre en encre rouge et qu'on a oublié d'écrire.
Les copistes orientaux passent ordinairement, en transcrivant les
mss., les titres et tout ce qui doit être écrit en encre rouge; ils
reviennent ensuite sur leur travail et écrivent ce qu'ils ont omis;
mais souvent aussi ils oublient de le faire. De là vient qu'on
trouve beaucoup de manuscrits avec les titres en blanc, et d'autres
où ils sont généralement mis, mais où quelques-uns été oubliés.

Page 16, ligne 7.

Le mot بازبو qu'on trouve dans le texte est le nom de l'*ocymum
pilosum* de Roxburgh; ce végétal se nomme aussi تلسی كالی ou
tulcí noir. Gladwin (*materia medica*, n° 948) le donne mal à propos
comme synonyme de ريحان, qui est proprement l'*ocymum basi-
licum*. Voyez *Flora Bengalensis*, pag. 45, et mon ouvrage intitulé:
Les Oiseaux et les Fleurs, pag. 153.

Toutes les fois que les Orientaux veulent décrire un lieu agréable, ils ne manquent pas d'y placer de l'eau et de la verdure.
C'est ainsi que Mahomet, pour donner une idée physique du paradis à ses sectateurs, répète sans cesse qu'on y trouve « des jar-
« dins que baignent des ruisseaux. » جنات تجری من تحتها
الانهار.

Page 16, ligne 8.

سوسی est le lys, qui reconnaît l'Inde pour sa patrie. Ce mot
arabe est le même que l'hébreu שׁוֹשָׁן qui est aussi le nom propre
Suzanne.

Page 16, ligne 9.

La fleur nommée نسترین et proprement نسترن, est la
rosa glandulifera de Roxburgh, c'est-à-dire, la rose blanche de
l'Inde.

Page 16, ligne 10.

Dans le texte, l'adjectif ou participe passé persan ستاده *stans* est apocopé de la forme complète استاده qui est celle du dialecte parsî, tandis que استاده est la forme du dialecte darî. Voyez Shakespear, *Hindustani Dictionary*, pag. 404.

Ce vers me rappelle un morceau pittoresque de l'historien turc Saad uddin où l'on retrouve la même idée, morceau dont j'ai donné la traduction dans le tome IX de l'Histoire des croisades de M. Michaud, p. 446. C'est en effet ainsi que l'auteur commence la description de la prise de Constantinople par Mahomet II :

« . . . . . Cependant la violette avait pris en main sa massue, le « lis avait ceint son épée ; mille fleurs rangées en bataille dans la « plaine attendaient le roi du temps pour passer en revue sous « ses yeux ; la tulipe s'était revêtue de son bonnet rouge comme « celui de l'Azeb[1] ; l'anémone portait sa massue de fer ; la rose « avait couvert d'un bouclier son visage pour ne point voir les « pointes acérées de ses boutons à peine éclos ; l'odorant œillet « avait élevé sur sa tête une lance d'émeraude. Ceux qui virent « cette armée végétale exprimèrent leur admiration. Le zéphir en « était l'avant-garde, le narcisse la sentinelle : il veillait à ce que « aucune mauvaise herbe ne vînt souiller ce camp. Le jasmin por- « tait en avant un étendard blanc d'une beauté parfaite, le pla- « tane tendait les mains pour faire des vœux au ciel ; il disait : « Mon Dieu, éloigne du roi de l'univers le malheur ; daigne lui « accorder le secours qu'il attend de toi ; facilite-lui la conquête « de Constantinople. »

Page 16, ligne 13.

On a employé dans le texte le mot اش qui est le pronom possessif persan de la troisième personne.

Page 16, lignes 14 et 15.

Les mots *en songe* سپنی میں, sont sous-entendus dans le ms. A que j'ai suivi ; on les lit dans les mss. B et C.

---

[1] Ce mot, qui signifie à la lettre *célibataire*, est ici le nom d'une sorte de milice.

Page 16, ligne 18.

Dans le texte, l'île de Ceylan est désignée sous le nom de
Sarândîp سراندیپ, c'est-à-dire, l'île دیپ de *Singhala* सिंहल
(de सिंह *lion*), nom propre de cette île, duquel nous avons fait
Ceylan. Ce nom est aussi écrit dans le roman persan سنگلدیپ
Singala-dîp, et cette orthographe milite en faveur de l'étymologie
dont je parle, et prouve qu'on ne peut guère faire dériver ce mot
de *Srî Râm Dutp* ou *île de Râma* (*Sacountala*, pag. 276 du texte).
Cette île est appelée *Lanka* par les hindous du continent; les anciens la nommaient Taprobane, nom qui dérive, dit-on, des mots
Tappâ Râvana تپو راون, l'île de Ravan, ravisseur de Sita, femme
de Rama; mais M. E. Burnouf (*Journal des savants*, 1834, p. 206)
nous apprend que le mot pâli *Tâmbrapâní*, qu'on donna d'abord à
cette île, signifie *couleur de cuivre*, ou, pour mieux dire, *feuille
couleur de cuivre*, ce qui paraît désigner le cannellier, dont les
feuilles ont cette teinte, et qui est très-commun à Ceylan.

Ici par Sarândîp il faut entendre un des trois royaumes de l'île
de Ceylan dont il s'agit dans ce roman. Les natifs de cette île se divisent réellement en trois classes; les Cingalais ou les Ceylanais,
les Candiens et les Malabars. Les premiers occupent la moitié
méridionale de l'île, jusqu'à Batticalo à l'est, et à la rivière de
Tchilau à l'ouest, espace dans lequel Colombo est compris; les
côtes du nord sont occupées par les Malabares; la partie du centre
par les Candiens, et elle formait l'ancien royaume de Candy. Voyez
Hamilton, *East India Gazetteer*, t. I, pag. 386, et Robert Knox,
Historical relation of the Island of Ceylan, pag. 122 et suiv. de la
nouvelle édition in-4°.

Page 16, ligne 20.

Au lieu de باغ *jardin*, pris (probablement) par métaphore pour
monde, le ms. B porte راج *royaume*.

Page 16, ligne 24.

Dans le texte on trouve ici et plus bas لـكهن pour लक्ष *cent mille*, qu'on écrit plus ordinairement لك ـ الكه et لاكه.

Page 16, ligne 25.

چنتر et چنتری sont écrits fort lisiblement dans les mss. A et C ; le premier signifie *peinture* et le deuxième, *voile*.

Page 16, ligne 26.

L'adjectif سكهر signifie *beau* ; le ms. A porte سوكهر avec un و mais ce mot ne se trouve pas ainsi orthographié dans le dictionnaire de Shakespear. Toutefois, il est mis dans le dictionnaire anglais hindoustani de Gilchrist au mot *handsome*, ainsi que سوهاون dont on trouve trois vers plus bas le synonyme سوهانـه.

Page 17, ligne 2.

Le mot que je traduis par *collier de perles* est دولاڙی synonyme de دلـری, il signifie, d'après le *Qanoon-e Islam*, pag. XXIII, *un collier à deux rangs de grains d'or passés dans un fil*.

Page 17, ligne 9.

C'est proprement *oie*, et même *canard*, que signifie le mot هنس *anas*, que j'ai rendu par *cygne*.

Page 17, ligne 16.

Le *minhdi* ou *menhdi* مهندی ou مینهدی et, selon l'orthographe du ms. A مهدی est le *lawsonia inermis*, nommé *hinna* حنا en arabe. Les naturels de l'Inde se teignent avec ce végétal les pieds et les mains. Afsos nous apprend (*Araïsh-i Mahfil*, pag. 62) que « le *menhdi* de Narnaul, dans la province de Dehli, est très- « coloré : des champs de cette plante, dit-il, entourent la ville. « Souvent les enfants des habitants vont y jouer, et, en retournant « chez leurs parents, ils remplissent leurs souliers des feuilles de « cette plante. Lorsqu'ils arrivent, leurs pieds sont aussi rouges « que la jujube. »

Page 17, ligne 19.

Le *missi* مسّی est proprement une poudre noire faite avec du vitriol et destinée à teindre les dents, mais ce nom s'applique aussi, à ce qu'il paraît, à du charbon en poudre dont le *kájal* کاجل ou *noir de fumée* paraît être le résidu. Il ne faut pas confondre le کاجل avec le *surma* سرمه ou *antimoine*. Voyez à ce sujet le *Qanoon-e Islam*, traduit de l'hindoustani par G. H. Herklots (mort à Wallajabâd le 8 janvier 1834), app. pag. xciv.

Page 17, ligne 19.

Dans le texte il y a نیلوفرن adjectif dérivé de نیلوفر *nénuphar*, peut-être faut-il lire نیلا برن qui est employé plus bas.

Page 19, lignes 5 et 6.

Le vers traduit ici ne se trouve que dans le ms. A.

Page 17, ligne 22.

Au lieu de سائيه *avec*, il y a dans le texte : سپات, mot qui, selon l'opinion du savant M. Shakespear, est ici synonyme du premier.

Page 18, ligne 12.

On trouve dans le texte le mot خبردار interjection qui signifie *gare*, *garde à vous*, etc. Voyez Shakespear, *Hindustany Grammar*, pag. 102.

Page 18, lignes 12 et 13.

La rime, dans le vers traduit ici, est entre les mots سنا et هیان synonyme de یهان *ici*, ce qui ne doit pas étonner, puisque le *noun* de هیان est tout à fait sourd.

Page 18, ligne 21.

Les arbres dont il s'agit sont précisément ceux sous lesquels s'était caché Kâmrûp. Ce vers se lit ainsi en effet dans les mss. B et C :

سهیلیان که زی وهان رهی آن کسر

درختونکی بهینتر چهپا تها کنور

« Ces femmes vinrent se tenir au milieu des arbres où était « caché Kâmrûp. »

Page 19, ligne 11.

« Il y a un homme dans ce jardin où (ajoute l'auteur persan « du roman sur le même sujet) le zéphir ne saurait pénétrer sans « permission. » باد را یی دستور مجال عبور نیست

Dans le texte, مردوا est le diminutif de مرد, comme en italien *uomaccio* l'est de *uomo* et dans le même sens. Ce vers et le précédent ne se lisent que dans le ms. A.

Page 19, ligne 14.

سر دهنا *se frapper la tête*, s'emploie souvent en hindoustani en parlant de quelqu'un qui est dans l'étonnement ou l'admiration, de même qu'en persan on emploie dans le même sens انگشت بر دهان نهادن « mettre le doigt sur la bouche, » expression également usitée en hindoustani, ainsi qu'on peut le voir quelques lignes plus bas.

Page 19, lignes 17 et 18.

لتّو signifie *une toupie*. De là لتّو هونا « être comme une toupie » s'emploie dans le sens de *devenir amoureux*, etc. Au lieu de لتّو le ms. B porte لٹا qui est apparemment usité dans le même sens.

Page 19, ligne 21.

Il y a ici dans le texte trois mots qui signifient à peu près la même chose, ce sont *dív, parí, jinn*; mais voici, je crois, néanmoins les différences qu'il y a entre eux; *jinn* جنّ est un mot arabe qui indique les bons génies, son synonyme persan est *parí* پری. Le mot *dív* ديو est persan; il désigne les mauvais génies; son synonyme arabe est *afrít* عفريت. Il y a ensuite les ogres nommés *gûl* غول en arabe et *rákas* راکس (राक्षस) en hindoustani. A ce propos, je dois dire que les Indiens se servent de cette expression pareille à la nôtre : « Il mange comme un ogre. » وہ جیسا راکس کھاتا ہے.

Page 19, ligne 26.

Les hommes qui pénètrent dans les jardins des femmes sont souvent exposés dans l'Orient à de mauvais traitements et quelquefois à être tués. Il arrive même, s'il faut en croire les *Mille et une nuits*, que la marche d'une princesse à travers une ville est signalée par des coups de bâton appliqués à la foule trop curieuse.

Page 20, lignes 6-12.

Ces lignes sont la traduction de trois vers du ms. A. Les mss. B et C n'en portent que deux, différents de ceux-ci.

Page 20, ligne 16.

Le mot arabe طيش qui signifie *colère*, etc., est écrit fautivement نیش dans les trois mss. Cette erreur orthographique vient de ce qu'en hindoustani le ت et le ط ont une prononciation identique.

Page 20, ligne 19.

L'expression persane employée dans le texte est حلقه بگوش l'anneau à l'oreille, qui signifie *esclave*, parce qu'en Perse on distinguait les esclaves par cet ornement.

Page 21, ligne 1.

A la lettre, « nous te lierons le cou. » كل synonyme de كلا *cua*, est le mot sanscrit गल sans altération.

Page 21, lignes 10-12.

Les manuscrits portent بتنا أو *emmenez* et ليجبا أو *indiquez* avec un *alif* pour supporter le *hamzah* et le crément du verbe séparé de la racine, au lieu de ليجاوٌ et بتناوٌ selon l'orthographe ordinaire.

Page 21, lignes 15 et 16.

Dans le second hémistiche, جو, *afin que*, est sous-entendu dans le texte.

Page 22, lignes 9 et 10.

Le papillon qui vient se brûler à la bougie fournit aux poëtes orientaux des allusions mystiques qu'ils se plaisent à reproduire fréquemment. L'allégorie du papillon dans l'ouvrage d'Azz-eddin, intitulé : *les Oiseaux et les Fleurs*, est en ce genre une pièce pleine d'intérêt. Walî a dit quelque part dans son divan : « Mon cœur, « semblable au papillon, désire se brûler; il veut s'approcher peu « à peu de cette bougie. »

میرا دل مثل پروانیکی نها مشتاق جلنیکا

لگی جا اس شمع ستی لگن آهسته آهسته

Afsos, écrivain hindoustani distingué, compare fort ingénieusement le brûlement des veuves indiennes à celui du papillon, en décrivant dans sa statistique cet usage barbare : « Les indiennes, dit-il, ont un si grand amour pour leurs maris, qu'elles ne « peuvent supporter la douleur d'en être séparées. Pour ne pas « rester un instant sans eux, elles revêtent aussitôt après qu'ils « sont morts le costume des nouvelles mariées ; et, ainsi parées, « le corps oint d'*argaja*[1], et les cheveux de *sûndha*[2], elles se brû- « lent sur le même bûcher qui consume le cadavre de leur mari ; « à défaut du cadavre, elles tiennent en main les vêtements du « défunt, et avec leurs propres deniers elles réduisent leurs corps « en cendres, afin que leur nom soit célèbre dans le monde, et « que dans l'autre elles jouissent du bonheur éternel. »

QUATRAIN.

« N'ayez garde de comparer la femme qui se brûle sur le corps de son « mari, au papillon qui vient se consumer à la bougie. Quel rapport y a-t-il, « en effet, entre l'un et l'autre ? C'est pour un mort que l'indienne se « laisse dévorer dans le feu ; mais le papillon ne s'approche jamais de la « bougie éteinte. »

« Toutefois, quelques femmes ne se brûlent pas, mais, fidèles « à la mémoire de leur mari, elles renoncent, après leur mort, à « la recherche dans les vêtements, dans les mets, etc., et passent « jour et nuit leur temps dans la pénitence et les austérités. Quoi- « que très jeunes, bien plus, ne seraient-elles mariées que d'une « seule nuit, elles tiennent cette conduite et se brûlent ainsi *sans* « *feu* pendant toute leur vie. En un mot, selon l'opinion des In- « diens, en se remariant on perd ses droits à la demeure de « l'éternité et on couvre d'opprobre sa famille dans le monde « présent. »

« Quoique chez les Musulmans les femmes puissent se remarier

[1] Parfum jaune composé de différents ingrédients d'agréable odeur.
[2] Composition de substances odorantes dont on se sert pour se nettoyer les cheveux.

« sans encourir aucun blâme, néanmoins elles suivent en cela
« l'usage des Hindous, surtout dans les villages ; c'est au point
« qu'après que les fiançailles ont eu lieu, si le fiancé vient à
« mourir, la fiancée prend les vêtements de veuve et va demeurer
« dans la maison de celui qui devait être son beau-père, ou bien,
« elle reste chez sa mère ; mais, de toute façon, elle passe le reste
« de sa vie à la manière des veuves, c'est-à-dire, à lire le Coran,
« et dans des pratiques continuelles de piété.....

VERS :

« La femme qui se brûle sur le corps de son mari acquiert une grande
« célébrité ; toutefois, celle qui endure sans feu le même supplice ne lui
« est-elle pas semblable ? Que dis-je ? celle-là, en éprouvant un instant
« de souffrance, se trouve dégagée de la vie, tandis que celle-ci ne passe
« pas un instant sans mourir.........» (Araïsch-i mahfil, pag. 48.).

Tandis que nous sommes pénétrés d'horreur contre cet usage
barbare que l'Angleterre a enfin aboli [1] dans ses possessions, Pro-
perce [2] le chante en beaux vers qu'on ne sera sans doute pas fâché
de trouver ici :

> Felix eois lex funeris una maritis,
>   Quos aurora suis rubra colorat equis.
> Namque ubi mortifero jacta est fax ultima lecto,
>   Uxorum fusis stat pia turba comis :
> Et certamen habent lethi, quæ viva sequatur
>   Conjugium, pudor est non licuisse mori.
> Ardent victrices, et flammæ pectora præbent,
>   Imponuntque suis ora perusta viris.
> Hic genus infidum nuptarum, hic nulla puella...

Page 22, ligne 23.

Au lieu de عشق amour, les mss. B et C portent برو absence ,

[1] Voyez dans l'*Asiatic Journal*, N. S. II, 38, le texte de l'ordonnance sur
l'abolition des *Satî* ستی.
[2] Livre III, élégie 11.

pris évidemment ici et ailleurs dans le sens d'amour, comme
بروکی dans celui d'*amoureux*, etc.

Page 22, ligne 26.

Dans کون pronom interrogatif, le ن n'est pas nasal; voilà
pourquoi il peut être mû par un *zer* et qu'il forme dans le vers
traduit ici la première syllabe brève du troisième pied. Il n'en
serait pas de même si کون était pour کو postposition du datif et
de l'accusatif, qui s'écrit aussi کن en dialecte du Décan.

Page 23, ligne 3.

Il y a dans le texte, en parlant de Kala, بولی au féminin et کیا
au masculin. Quoique de deux genres différents, ces mots ont par
conséquent le même sujet logique : cela tient à la syntaxe relative à la postposition نی. On verra souvent des constructions analogues.

Page 23, ligne 17.

• Le mot پاتر qu'on lit dans le texte signifie *bayadère* et *courti-
sane*. Ce mot, aussi bien que ses synonymes, a ces deux significa-
tions ; toutefois l'auteur du poème que je traduis donne plus bas
à ces femmes l'épithète de سکهر qui signifie *belle* et *vertueuse*,
à peu près comme le persan خوب qui signifie *beau* et *bon*. On
peut se rendre raison de cette alliance verbale, qui a droit de nous
paraître singulière, en se reportant aux mœurs de l'Inde. Le beau
drame de Soudraka intitulé le *Chariot d'enfant* [1], est bien propre
à nous faire connaître sur cet article ces mœurs si différentes des
nôtres.

Page 23, ligne 20.

Le vers ici traduit ne se lit pas dans le ms. A. Le sàri est un

[1] Voyez-en la traduction par Wilson dans le *Select Specimens of the Thea-
tre of the Hindus*, et la reproduction française par M. Langlois, dans la
traduction de cet ouvrage.

vêtement qui consiste en une pièce d'étoffe dont les Indiennes se drapent artistement le corps et dont elles ornent aussi leur tête.

Page 23, lignes 28 et 29.

Celui-ci est cité dans la grammaire hindoustani de Gilchrist, pag. 204, de la manière suivante, qui me paraît préférable à la rédaction que j'ai suivie dans ma traduction :

رکھا نہا جو راٹی کی اوپسر نظر
نہ پھیرا نظر پھر کسی کی اوپسر

« Comme il vit la princesse, il ne tourna plus ses regards sur « aucune autre femme. »

Page 24, ligne 2.

راز signifie *secret* et نیاز *prière*; mais on fait très-souvent suivre le premier mot du dernier pour offrir un parallélisme agréable à l'oreille, quoique نیاز n'ait dans ce cas aucun sens. C'est ainsi qu'on fait suivre بٹا *change, escompte*, de سٹا qui ne signifie rien; جھوٹ *fausseté*, de موٹھ qui n'a pas de sens.

Page 24, lignes 6-9.

Les deux vers ici traduits ne se lisent que dans le ms. A.

Page 25, ligne 14.

On a écrit dans le ms. A شباھت au lieu de شباہت *ressemblance* (image); c'est qu'ainsi que je l'ai déjà dit, le ح et le ہ se confondent en hindoustani dans la prononciation. Il est bon de remarquer à ce sujet qu'en hindoustani les mots arabes terminés en ة, d'un usage très-commun, c'est-à-dire, ceux que les Indiens ont entendu prononcer aux Arabes, s'écrivent par ہ : ainsi on dit قریہ *village,* صوبہ *province,* etc.; ceux au contraire qu'ils n'ont

12.

guère vus que dans des livres s'écrivent par un ت ; tel est le mot
شباهت ‎ ressemblance, dont je viens de parler, زينت ‎ ornement,
qu'il ne faut pas confondre avec le mot persan زينه ‎, qui signifie
escalier, etc.

Page 25, ligne 23.

كسى فى تحر كيا ‎ « quelqu'un a-t-il jeté un sort » est la leçon
du ms. B. Au lieu de كيا ‎, les mss. A et C portent كرا ‎, passé
inusité de la racine كرنا ‎ lequel est actuellement remplacé pour
l'ordinaire par كيا ‎, de l'ancienne racine كينا ‎.

Page 26, lignes 15-23.

Les vers ici traduits se lisent plus loin dans les ms. B et C :
les quatre suivants sont réduits à un seul dans les mêmes mss.

Page 26, ligne 17.

Dans le texte le mot پت ‎ nom propre du Mahârâj rime avec
سكت ‎ force; il est donc évident qu'il faut le prononcer Pat. C'est
par erreur que ce mot a été écrit Pit dans les premières feuilles
de cet ouvrage. La même observation s'applique au nom propre
Karpat, qui doit être écrit ainsi, et non pas Karpit.

Page 27, ligne 3.

ارغوانى ‎ est pris dans le sens de couleur de pourpre, proprement d'argouan. Voyez plus haut, page 156. — نيلفر ‎ nénufar
indique ici la couleur bleue. Voy. les Oiseaux et les Fleurs, p. 141.

Page 27, ligne 23.

Dans les mss. A et C, le mot que je rends par officiers est écrit
حنّاديم ‎, qui est un pluriel arabe de la forme مفاعيل ‎ dérivé

irrégulièrement de خادم serviteur, ministre ; il faut lire مخادم de la trentième forme, la même de مشايخ, pluriel irrégulier de شيخ vieillard, etc.

Page 27, ligne 21.

شيو, est la manière dont on écrit en hindoustani le nom de *Sfva*, seconde personne de la trinité hindoue, nommée plus souvent مهاديو *Mahâdéo* (grand Dieu.)

Page 27, ligne 26.

تعويذ *amulette* est peut-être le seul nom arabe de la forme تفعيل qui soit masculin. Ces amulettes, nommés aussi حرز, consistent en de petites plaques d'or ou d'argent où sont gravés des versets du Coran. Ils sont garnis de chaînes d'or déliées, au moyen desquelles on les suspend à une épaule, et on les laisse pendre sous la hanche opposée. (*Observations on the Musulmauns of India*, tom. II, pag. 9, et *Mémoire sur la religion musulmane dans l'Inde*, pag. 23.)

Page 27, ligne 28.

خالدار est un mot composé de عمل *gouvernement, commandement*, et de دار *ayant*, participe présent du verbe persan داشتن. Il signifie : *an chef quelconque*, et spécialement, *un percepteur d'impôts*.

Page 28, ligne 8.

ديوان est un nom substantif arabe qui signifie d'abord un recueil de poésie, ensuite une réunion de personnes, une assemblée, un conseil, un tribunal ; et, dans l'Inde, un *ministre* ; c'est le sens que ce mot a ici.

Page 31, ligne 19.

Il y a dans le texte نه هسی « elle ne rit plus » de هنسا pour هسا *rire*, le *noun* nasal s'ajoutant et se retranchant à volonté.

Page 31, ligne 22.

Dans رجی بزی « elle resta plongée (tombée), » le participe بزی
est ce que M. de Sacy nomme, dans ses *Principes de grammaire
générale*, un *sur-attribut*. Les verbes composés qu'on appelle *conti-
nuatifs* sont formés de la même manière.

Le substantif نیر qui signifie *eau*, est pris ici pour *larmes*. Au
lieu de ce mot le ms. A porte, mal à propos, نیند *sommeil*, pour
نینند qui est plus usité.

Page 31, ligne 25.

نیلا برن signifie proprement *de couleur bleue*, et, comme plus
haut نیلفر, il est opposé à ارغوان رنک.

Page 32, ligne 8.

Le mot *math* منه ou مت, signifie à la fois un temple hindou,
un couvent et un collége, un palais, parce qu'auprès des temples
il y a ordinairement un couvent ou un collége, et quelquefois l'un
et l'autre établissement.

Ici, il ne s'agit pas de la ville d'Haridwar (la porte de Hari ou
Vischnou), qui est un lieu très-célèbre de pélerinage hindou dans
la province de Dehli, et sur lequel on peut consulter Hamilton,
(*East India gazetteer*, tom. I, p. 667). Mais il est question d'un
temple nommé Hardwar (la porte de Har ou Sîva), et situé dans
la capitale du royaume de Kâmrâj. Il est tout naturel que Kala
aille demander la réussite de son amour à Sîva ou Mahâdéo, dieu
de la reproduction, adoré sous l'emblême du *lingam*.

Page 32, ligne 10.

Voyez, sur le *pûja* ou *adoration* et les cérémonies qui le constituent, l'ouvrage de M. l'abbé Dubois sur les mœurs et les usages

de l'Inde, tom. I, p. 199; et l'ouvrage de M. C. Coleman, intitulé : *Mythology of the Hindus*, pag. 392.

Page 32, lignes 15 et 16.

Le vers ici traduit ne se lit pas dans le ms. A.

Page 33, lignes 5-9.

Les deux vers rendus ici en français ne se lisent que dans le ms. A. Les mots خط وخال que j'ai traduits par « les moindres « signes particuliers de son visage, » indiquent proprement *les moustaches et les lentilles du visage*; de là on les emploie métaphoriquement pour désigner les lignes de l'écriture et les points diacritiques. C'est ainsi qu'Ismaïl khân, fils de feu Hâjî Khalîl khân, ambassadeur persan près le gouvernement anglais de l'Inde, joue sur cette double signification, dans la phrase suivante extraite d'une lettre qu'il m'écrivit il y a quelques années : آرایش عذار عذرای صفحه را بخط و خال تعریفات از مکلات مراسم مـودت شـنـاخته « Persuadé que la feuille de papier ornée comme le « visage d'Ozra (femme célèbre par ses amours avec Wamac) « pouvait, par ses lettres et ses points diacritiques (qui ressem- « blent au duvet charmant de ses joues et à leurs noires lentilles), « vous faire connaître l'expression de ma parfaite amitié, etc. »

Page 33, ligne 12.

Au lieu de يِنَا *père*, le ms. A porte هنر *talent*, *métier*.

Page 33, ligne 27.

Le *parohit* پروهت est le prêtre hindou qui, comme l'imâm des Musulmans, préside aux exercices du culte. Voilà pourquoi Kala, prenant Sumit pour *parohit*, lui dit de l'unir au prince, de bénir son mariage avec lui. La femme du *purohit* se nomme *purohitânî* يروهتانى.

Le vers ici traduit se lit ainsi qu'il suit dans le ms. B, et cette leçon serait préférable si la rime n'était défectueuse :

يهى كه كى ديا كره لت كــــــــــــــــتــــــــى

كلا كام يهر گهر چلى منهم ســـــــــتـــــــــى

« Ayant dit ceci, Kala lui remit une boucle de ses cheveux et « quitta le temple. »

Page 34, lignes 15-18.

Les deux vers ici traduits sont réduits à un seul dans les mss. B et C.

Page 34, lignes 23-24.

Cette ligne explicative rend un vers qui ne se lit que dans le ms. A ; le suivant au contraire se trouve seulement dans les deux autres.

Page 34, ligne 29.

Dans le texte, هـت , paraît pris ici dans le sens sanscrit de *gone, proceeded.* Voyez Wilson, *Sanscrit dictionary*, pag. 975.

Page 35, ligne 10.

Dans le texte, le verbe هونا *être*, est construit avec ك postposition du génitif, par l'effet d'une ellipse commune à plusieurs langues.

Dans ce cas, la postposition concorde en nombre, en genre et en cas avec le verbe.

Page 35, ligne 10.

Le nom de *Sarândíp* est donné ici à une ville. Selon le traducteur du roman persan sur le même sujet, elle est située sur une rivière nommée *Douan*; mais je ne trouve rien de semblable dans le texte.

Page 35, ligne 15.

Au lieu de ﺳﻤﻴﺖ *attentif* et ﺳﻤﻴﺖ *avec*, comme le portent les mss. B et C, la rime, dans le ms. A, est entre ﺳﻤﺖ et ﺳﻤﻴﺖ (*sumit*). Or le premier mot est ﺳﻤﺖ ou ﺳﻤﺖ *côté*, etc.; mais il doit se prononcer ici *samit*, à cause de la mesure et de la rime. Nous avons déjà vu plusieurs monosyllabes de trois consonnes devenir, dans ce poëme, dissyllabes, conformément à la prononciation vulgaire.

Page 36, lignes 11, 12.

Dans le texte, ﻟﻴﺎﺋﻰ est pour ﻟﻰ ﺁﺉ, de ﻟﻰ ﺁﻧﺎ *emmener* (ayant pris, aller), verbe composé qui équivaut tout à fait au ﺫﻫﺐ ﺏ des Arabes. De ﻟﻰ ﺁﻧﺎ, on a formé le verbe ﻻﻧﺎ qui signifie *porter*, et qui est par conséquent actif; mais, comme le dernier verbe qui entre dans sa composition est neutre, on n'emploie pas avec ce verbe, lorsqu'il est au prétérit, la construction usitée pour les autres verbes actifs. Ce verbe, ainsi que ﺑﻮﻟﻨﺎ et ﺑﻜﻨﺎ *parler*, quoique quelquefois actifs, sont exceptés de la règle générale qui exige que le sujet des verbes actifs à un temps passé soit suivi de la postposition ﻧﻰ et que le verbe soit en concordance avec l'objet. Voyez mes *Rudiments*, pag. 59.

On lit dans les mss. ﺍﻭﺳﻜﻰ pour ﺍﺳﻰ plus usité, datif-accusatif du pronom personnel de la troisième personne. Voyez ce que j'ai dit dans l'*Appendice à mes Rudiments*, sur l'emploi facultatif du *noan* représentant l'*anaswara*, pag. 58.

Page 36, ligne 14.

Au lieu de l'hémistiche rendu par les mots : « tomba évanoui », le manuscrit A porte : ﻛﻴﺎ ﺩﻛﻠﻨﺘﻴﻦ ﺍﻳﻨﻰ ﺯﻳﺮ ﻭﺯﻳﺮ : à la lettre : « il rendit son cœur dessous, dessus. » Nous avons dans

notre langue la même expression ; seulement, comme la construction hindoustani est l'inverse de la nôtre, *dessous* précède *dessus*.

Page 37, lignes 4-9.

Les quatre vers ici traduits ne se lisent pas dans le ms. A.

Page 37, ligne 18.

Le vers ici traduit ne se trouve encore que dans le ms. A.

Page 38, ligne 8.

Mir décrit ainsi les effets de l'amour, dans un masnawi qui roule
sur un événement fatal arrivé par suite d'un amour contrarié. Ce
poëme, qui se lit pag. 897 et suiv. de l'édition donnée à Calcutta,
des œuvres de ce poëte célèbre, a été publié à part, mais avec des
coupures et sans traduction, sous le titre de *The Flame of Love*,
par C. Smyth.

« Quel habile magicien, quel ingénieux prestigiateur n'est pas
« l'amour ? Partout il produit quelque acte nouveau. Entre-t-il dans
« un cœur, ici la douleur le suit, de longs soupirs s'échappent de
« la poitrine ; là des larmes de sang coulent des yeux, quelquefois
« la démence trouble le cerveau. Ailleurs, l'un est en proie au
« regret ; l'autre rit de sa blessure. Ici un amant se désespère ; là il
« est consumé par la flamme de l'amour comme la teigne par celle
« de la bougie. Quelque part l'agitation du cœur annonce l'amour
« qu'on ressent, le sourire, celui qu'on inspire. Ici les pleurs sont
« contagieux ; la maîtresse partage les peines de l'amant ; là les
« plaintes les plus attendrissantes ne sauraient émouvoir un cœur
« froid et sec, l'expression de la douleur est impuissante. D'un
« côté le cœur est dévoré de chagrin, l'amant supplie ; ailleurs, en
« proie à l'insomnie, il se livre à l'impatience et au désespoir.
« C'est l'amour qui pâlit le visage brun de Majnoun, c'est lui qui
« lui fit suivre, à travers les déserts brûlants, la litière de sa bien-

« aimée Laïli. C'est l'amour qui, par le ciseau de Farhàd, tira des
« étincelles du mont *Bésatân*; c'est lui qui délie la langue de
« l'oiseau du bosquet; qui lie le cou de la tourterelle d'un collier
« diapré. Ici on voit des amants immolés comme la brebis dans la
« boucherie, là des cœurs réduits en morceaux comme de la viande
« sur l'étal. Tandis que la vapeur des soupirs s'élève du cœur d'un
« amant, quelquefois des mots cruels s'échappent des lèvres de la
« maîtresse. Tantôt l'amour fait le charme de l'homme, tantôt il
« en est le tourment jusqu'à ce qu'il l'ait fait périr. Si l'absence de
« l'objet aimé jette dans la plus vive inquiétude, la réunion ines-
« pérée comble de bonheur. Un soupir rend quelquefois à celui-ci
« une maîtresse; à celle-là, un regard attire un amant. La sympa-
« thie de l'amour est quelque chose de merveilleux. Rânjha
« (Léandre) est-il submergé dans les flots, Hîr (Héro) n'hésite
« pas à le suivre. Une houri quitte-t-elle la vie, son fidèle ami ne
« saurait y rester sans elle. Heureux celui dont l'amour est l'hôte
« quelques jours seulement; malheureux celui qui ne le connaît
« pas; rien ne peut l'attacher à la vie. »

Page 38, ligne 12.

Dans le ms. A une variante que je ne suis pas dans ma traduction et un vers qui ne se lit que dans ce ms. et que je passe, changent le sens du discours du père de Kâmrûp et lui font dire qu'il
ira lui-même à Sarândîp; ce qui n'est probablement pas le sens
qu'a voulu donner à ce passage l'auteur du poëme.

Page 38, ligne 30.

ذنبيت qu'on lit dans le texte est synonyme de ذنوت, mot
sanscrit signifiant *prosternation*, etc.

Page 39, ligne 1.

Il y a dans le texte un ک qui semble se rapporter à un subs-

tantif sous-entendu ; mais il se rapporte en effet au mot ساخد souvenir, pensée, soin, etc., qui est du féminin. Ce mot exprimé une
première fois est sous-entendu une seconde.

Page 39, lignes 19-20.

Le copiste du ms. A a mis راه ك et بنگاله ك, quoique la postposition se rapporte à deux mots féminins; parce qu'en vulgaire
on considère généralement comme masculins tous les mots qui ne
sont pas féminins de leur nature. La concordance grammaticale
exige راه ك et بنگاله ك or بنگاله ou بنگ est la province plus
communément appelée بنگاله, le Bengale. Voici ce que dit Afsos
sur le Bengale dans sa *Statistique de l'Inde* :

« Le Bengale s'appelait d'abord Bang [1]. On a ensuite ajouté à
« ce mot la syllabe *âl*, qui en bengali signifie : les levées de terre
« qu'on fait autour des jardins, des champs ensemencés, etc.,
« pour les préserver de l'inondation. Autrefois les *zamîndar* (pro-
« priétaires de terres, ou pour mieux dire *tenanciers*) de cette pro-
« vince élevaient aux pieds des montagnes des chaussées hautes
« de dix coudées, et larges de huit, et bâtissaient dessus leurs habi-
« tations. C'est pour cette raison qu'on a donné le nom de *Ban-*
« *gâla* à la province dont il s'agit.

« La chaleur était presque modérée dans le Bengale il y a 40 à
« 50 ans [2], et l'hiver ne s'y faisait pas sentir. Le temps des pluies
« commençait au mois de jeth (mai-juin) et durait six mois. Mais
« actuellement la chaleur est-elle quelque part plus forte que dans
« ce pays-ci ? L'année passée (1806), elle eut tant d'intensité que
« tout le monde en souffrit, et que beaucoup d'hommes et d'ani-
« maux en moururent. L'hiver est si peu rigoureux, qu'on n'a
« besoin pour se couvrir en dormant que d'une pièce de coton du
« poids d'un ser (1 liv. 13 onces), qui suffit pour qu'on n'éprouve
« jamais l'engourdissement du froid. Pendant une partie du jour,

---

[1] Mot qui, selon Hamilton, *East India Gazetteer*, t. I, p. 174, signifie
un lieu inondé annuellement.

[2] Afsos a écrit en 1807, ce qui recule de 27 ans le temps dont il parle.

« on peut se passer de vêtement, et vers le soir, un dopatta (sorte
« de châle en toile à deux lez) suffit. Mais, dans cette saison, il
« tombe beaucoup de brouillard qui ressemble à une pluie légère ;
« quelquefois même on dirait qu'il y a de la fumée dans l'air. Le
« soleil ne se voit qu'un pahar (3 heures) ou un pahar et demi
« après son lever. Les pluies durent cinq mois et quelquefois un
« peu moins ; elles commencent à la mi-jeth (mai-juin) et finis-
« sent au commencement de kâtik (octobre-novembre); mais s'il
« vient à pleuvoir au commencement de jeth ou à la fin de kâtik,
« il n'y a pas de mal à cela ; car ne pleut-il pas quelquefois dans
« les contrées de l'ouest hors de la saison des pluies ?

« Le riz est très-abondant au Bengale, et les espèces en sont si va-
« riées, que, si on prenait un seul grain de chacune, on en pourrait
« remplir un vase à eau. Ce qu'il y a d'avantageux, c'est qu'on
« fait par an trois récoltes de cette graminée, et que sa tige s'élève
« en proportion de la crue de l'eau ; de manière que l'épi est tou-
« jours au-dessus, à tel point qu'on en a trouvé des tiges de cin-
« quante à cinquante-cinq coudées . . . . .

« Dans ce pays, la plupart des maisons sont couvertes de
« chaume, quoiqu'il y en ait beaucoup d'agréables, solides, bien
« construites et durables, qui coûtent de 4 à 5,000 roupies (de
« 10,000 à 12,500 fr.). Il n'est pas d'usage de construire les murs
« en terre, mais on les élève en briques cuites ; or les pauvres ne
« sauraient faire cette dépense ; c'est pourquoi ils se contentent
« de volets tressés (à la manière des nattes) ou de paillassons ;
« souvent même des gens aisés se contentent par avarice de ces
« sortes de murs. Les ustensiles sont la plupart en argile, très-peu
« en cuivre. On bâtit ordinairement les villages dans des endroits
« couverts d'arbres, en sorte que, si, ce qu'à Dieu ne plaise, le
« feu prend à une maison, et que tout le village soit embrasé, on
« reconnaît la place de sa maison par les restes des arbres.

« Les nattes du Bengale sont comparables à la soie pour la
« souplesse, et préférables pour la propreté et pour la fraîcheur
« aux légers tapis nommés chandnî. On les nomme avec raison
« nattes froides سبتـل ياثـى.

« La principale nourriture des habitants consiste en poisson,
« riz cuit, huile amère, lait aigre, piment (poivre rouge زل
« ح ر) , légumes et herbages. Le peuple aime tellement le
« poisson, que, s'il trouvait celui du prophète Jonas, il le prendrait
« pour s'en nourrir. Les végétaux bons à manger sont en si grand
« nombre au Bengale, qu'il faudrait pour en écrire les noms une
« feuille de papier telle que la main ne pourrait la soulever. On y
« fait aussi une grande consommation de sel, quoiqu'on ne s'en
« procure en plusieurs lieux que difficilement; mais on n'y mange
« pas de pain, qu'il soit fait avec du froment, de l'orge, ou des
« vesces. Les naturels du Bengale craignent la viande de chèvre,
« la volaille et le beurre fondu; on dit même qu'ils vomissent
« lorsqu'ils en mangent par hasard; mais je n'ai jamais vu cela
« par moi-même : je n'ai d'ailleurs pas fréquenté de pur Benga-
« lien.

« Le vêtement des gens du Bengale, riches ou pauvres, consiste,
« pour les hommes, en une pièce d'étoffe blanche qu'on nomme
« *dhotí,* qui les couvre depuis le nombril jusqu'au genou, et en
« un turban qui forme deux ou trois plis autour de la tête, laissant
« le haut découvert. Mais ceux qui ne sont pas originaires du Ben-
« gale, ou qui fréquentent des habitants de l'Hindoustan propre-
« ment dit, ou d'autres étrangers et les domestiques, se couvrent
« des vêtements nommés *jâmah* et *nîmah.* L'auteur du *Khaláçat ut-*
« *tawârîkh* [1] écrit que, dans le Bengale, les hommes et les femmes
« ne portent aucun vêtement, et qu'ils vont tout nus; mais par
« là il veut dire sans doute qu'ils ne s'habillent pas comme les
« peuples qui portent des vêtements complets, mais qu'ils le font
« ainsi que nous venons de le dire. Quant à ce qu'il dit aussi, que les
« femmes sont chargées des affaires du dehors, il peut se faire
« que ce fût ainsi dans le temps où il écrivait (dans la dernière
« moitié du dix-septième siècle); mais cet usage n'a pas lieu ac-
« tuellement.

[1] Ouvrage persan qui a servi de base au travail d'où est tiré cet extrait.

« Les femmes n'ont pour vêtement qu'une seule pièce d'étoffe
« nommée *sârî*, elles s'en enveloppent de manière qu'une moitié
« part du nombril et va jusqu'aux mollets, et que l'autre couvre
« le dos jusqu'au cou ; elles ont ordinairement la tête et les pieds
« nus.

« On voyage dans ce pays, surtout pendant le temps des pluies,
« sur des bateaux qu'on trouve en quantité et de différents genres
« sur les quais. Le voyageur y monte à son gré et se rend ainsi
« dans la ville où il a affaire. Pendant la chaleur ou le froid, on
« trouve à sa disposition des voitures à quatre roues (rath) ou à
« deux roues (gârî), des litières (chaupâla) et des palanquins,
« mais on ne peut se procurer un bon cheval[1], si ce n'est à un
« grand prix. Au contraire, les éléphants y sont en grande quan-
« tité. Il n'y a de pierres précieuses (telles que la cornaline,
« l'agate, etc.) que celles qui viennent des autres pays.

« Le Bengale produit des fruits de toute espèce, à l'exception
« cependant du raisin et du melon muscat. La mangue, l'ananas,
« la banane, y sont meilleurs que dans les autres pays de l'Inde.
« Parmi les fruits particuliers au Bengale, on distingue une sorte
« de pomme qui sent la rose, et qu'on nomme *gulâb jâman*
« (eugenia jambos) ; mais, quoiqu'elle soit douce, elle n'est pas
« bonne. Ce qu'elle a de particulier, c'est que, si, après l'avoir
« mangée, on a des rapports, ils ont le parfum de la rose.

« Les fleurs y sont aussi de mille espèces. Le kéora (*pandanus
« odoratissimus*) y est surtout en grande quantité, ainsi que le

---

[1] Il n'en est pas de même dans le haut Hindoustan, car Afsos s'exprime ainsi dans la description qu'il donne de Dehli : « On vend cons-
« tamment à Dehli, dit-il, une très-grande quantité de chevaux. Ils y
« arrivent de tous les pays. Si vous en demandez un, on vous en offre
« mille ; mais néanmoins le prix en est fort élevé...... Jeunes et vieux,
« tous les habitants veulent avoir de ces animaux. C'est à tel point,
« que les premiers mots d'un enfant en nourrice sont ceux-ci : apporte
« un cheval كهورا لا, et il n'est pas possible de lui donner un autre
« jouet qu'un cheval ; aussi les potiers ne manquent pas d'en fabriquer
« en terre, qu'ils vendent au prix de l'argent. »

« mâdholta[1], qui est particulier à cette province. Le gingembre
« et le poivre y croissent en quelques endroits ; et le bétel de diffé-
« rentes espèces y vient en abondance.

   « Il s'y produit de la soie et on en tisse diverses étoffes, telles
« qu'on n'en fait nulle part de pareilles. . . . . . . .Il y en a de si
« artistement ourdies qu'on dirait en les voyant que c'est de l'eau
« courante, et qu'en les revêtant on éprouve un bien-être indi-
« cible. Les tisserands d'un autre pays ne sauraient atteindre à la
« perfection qui distingue ces étoffes, quand même ils passeraient
« leur vie entière à défaire et à tisser de nouveau. Aussi les per-
« sonnes du Bengale élevées en dignité ne manquent-elles pas
« d'en envoyer à leurs amis en présent, et les marchands en
« transportent-ils de royaume en royaume, pour en retirer du
« profit. . . . . » (*Araïsch-i mahfil*, pag. 116 et suiv.)

Page 39, ligne 30.

   Dans les mss. B et C, Mitarchand est substitué à Karamchand ;
mais la leçon du ms. A, que j'ai suivie dans ma traduction, me
paraît meilleure.

Page 40, ligne 7.

   Les pandit dont il s'agit ici sont des astrologues اختــــر
شناسان, comme le porte le roman persan sur le même sujet
que celui-ci.

Page 40, lignes 18-20.

   Le vers ici traduit ne se lit que dans le ms. A.

Page 40, ligne 20.

   Dans le texte, les mots یہ بات *ces paroles* sont sous-entendus
dans le premier hémistiche du vers. C'est avec ces mots que کہی

---

[1] Cette fleur est apparemment un *pandanus*, car, en parlant d'elle,
l'auteur se sert de l'expression یہ قسم cette espèce (de *pandanus*).

prétérit féminin de كهنا *dire* est en concordance, et non avec le sujet سنددروپ qui est gouverné par la postposition نى.

Page 41, ligne 9.

Il y a dans le texte, چرن *conduite* comme synonyme de چلن. Ce mot employé ici comme féminin est néanmoins indiqué comme masculin dans les dictionnaires, mais il y a beaucoup de vague dans l'application des genres ; ainsi dans l'hindoustani du Décan, bien des noms prennent un genre différent de celui qu'ils ont dans le dialecte du nord.

Page 41, ligne 11.

آكاس que je traduis par *firmament*, signifie proprement l'*éther*, c'est-à-dire un fluide extrêmement subtil qui remplit tout l'espace ; fluide que les Indiens considèrent comme le véhicule du son, et dont ils forment un cinquième élément distinct de l'air.

Page 41, ligne 18.

Il est d'usage dans l'Inde que les voyageurs qui se mettent en route un mercredi mangent auparavant du *dahí* ou lait caillé, ce qui est un gage qu'ils reviendront riches et en santé. Voyez à ce sujet le chapitre *concerning Travelling,* pag. 395 et suiv. de l'intéressant ouvrage intitulé : *Qanoun-e Islam,* ouvrage traduit de l'hindoustani par G. A. Herklots.

Page 42, ligne 13.

Au lieu de نام *nom,* les mss. B et C portent بات *mot, parole,* ce qui vaut peut-être mieux.

Page 42, ligne 18.

Dans le texte, جى désigne la ville connue sous le nom de

هُگْلی *Hougly*. Au lieu de بندر هجلی que porte le texte persan,
M. W. Francklin a lu بندر هجلی et il l'a pris pour *Masulipatam*.

L'auteur de l'*Araïsch-i mahfil* parle en ces termes d'Hougly :
« Le port d'Hougly n'est qu'à un demi-kos de Satgam[1], ville autre-
« fois très-grande, très-florissante et très-peuplée, où l'on voyait
« de beaux édifices et où résidait le gouverneur du Bengale. Le
« débordement des eaux ayant renversé cette ville, la prospérité
« d'Hougly s'en accrut. Son faujdâr[2] avait des rapports directs avec
« le sultan de Dehli, et peu par conséquent avec les gouverneurs
« du Bengale ; mais Jafar khân, nawâb du Bengale, demanda pour
« lui-même au sultan cette charge de faujdâr et fit entrer cette
« ville dans l'administration de la province. Il protégea les négo-
« ciants et les marchands, il se fit une loi de ne pas extorquer un
« dâm[3] de plus que la taxe véritable ; et même, il ne la percevait
« pas toute. Aussi les commerçants de l'Europe, de la Chine, de
« l'Irân, du Tourân, les Arabes et les Barbares s'y rendirent en
« foule, et beaucoup d'armateurs y fixèrent leur résidence ; en
« sorte qu'Hougly devint florissante de plus en plus. Quoiqu'il
« y eût des marchands de différentes nations, néanmoins les Mo-
« gols étaient les plus considérés. On ne permettait pas aux Francs
« de jeter le fondement d'un fort ou d'une tour ; ils ne pouvaient
« construire que de petites maisons pour leurs comptoirs et maga-
« sins. Mais ensuite, lorsque les faujdâr se mirent à extorquer des
« impôts au-dessus de la taxe, et Calcutta offrant des avantages su-
« périeurs, tant à cause du *gouvernement paternel des Anglais qu'en*
« *raison de la modération des impôts*, cette dernière ville devint plus
« florissante qu'Hougly, et elle est aujourd'hui la capitale du
« Bengale. » (*Araïsch-i mahfil*, pag. 123.)

[1] Ville que les Anglais nomment *Satgong* et sur laquelle on peut consulter l'*East India Gazetteer*, t. II, pag. 509.

[2] Magistrat, sorte de maire.

[3] Vingt-quatrième d'un païça dont il faut douze pour faire un *âna*.
C'est la plus petite monnaie de cuivre.

Page 43, ligne 13.

Le mot جهاز *vaisseau* est arabe quoiqu'il ne soit pas du tout usité dans ce sens en cette langue, où il signifie ordinairement le trousseau qu'une femme, par exemple, apporte dans la maison de son époux en se mariant, et le bagage dont un voyageur se munit pour son voyage. On emploie aussi en hindoustani le mot سفينة usité pareillement en arabe dans le sens de *navire*, ainsi que plusieurs autres synonymes d'origines diverses. Voyez Roebuck, *Hindoostanee naval Dictionary*, page 109.

Page 43, ligne 25.

Le mot que je rends par *temple* est ديهرا, qui signifie un *temple hindou*, et spécialement un *temple de Jains*. Ce mot qu'on considère comme dérivé du sanscrit देवगृह a une analogie bien plus frappante avec l'arabe دير qui dérive du syriaque ܕܝܪܐ, et signifie *temple* (chrétien).

Page 45, ligne 3.

Au lieu de : *les vaisseaux*, il y a simplement dans le texte يهى, mais ce mot désigne ici les vaisseaux, ainsi que l'indique la leçon du ms. C qui porte جهازان يهى سب اسى تهور سى « Tous « les vaisseaux étaient de ce côté. »

Page 45, ligne 7.

Ce vers signifie à la lettre : « (La mer) fit les vaisseaux, à savoir « tous, remise des flots, c'est-à-dire : la mer livra tous les vaisseaux « aux flots. »

Le mot حوالى qu'on lit dans le texte dérive de حوالة, nom d'action de la forme فَعَالَة dérivé de la quatrième forme du verbe

13.

arabe ḥamal, dans le sens de « charger quelqu'un de quelque « chose. » De là, ce nom d'action signifie *charge*, *garde*, etc. : ensuite, mis au cas oblique hindoustani, il est considéré comme un adverbe, ou, pour mieux dire, comme un substantif régi par une postposition sous-entendue, et signifie *à la charge, à la garde de*. Uni au verbe karnā, ce mot forme avec lui un verbe composé nominal, lequel signifie *confier, livrer, etc.* ; et il est bon de faire observer que dans les verbes composés nominaux, l'objet du verbe composé est quelquefois régi au génitif par le substantif qui entre dans la composition du verbe, et quelquefois au nominatif pour l'accusatif : dans ce cas, le nom qui sert à former le verbe composé est censé former un tout avec le verbe.

Page 45, ligne 14.

Dans le premier hémistiche du vers ici traduit, kisū, cas oblique de kī, est employé comme pronom indéfini pour les personnes, tandis qu'il est plus spécialement adapté aux choses. On trouve fréquemment des irrégularités de ce genre chez les écrivains hindoustani.

Page 45, ligne 14.

Dans le texte, ko est employé comme postposition du second complément indirect de kahnā *dire*, au lieu de se qui est plus usité. Il paraît qu'avec ce verbe on peut se servir de ko, toutes les fois que cette postposition ne peut pas faire d'amphibologie, et qu'on doit se servir de se dans le cas contraire. J'ai vu plusieurs exemples de l'emploi de ko, entre autres dans les dialogues que M. Shakespear a donnés dans ses *Muntakhabat-i hindi*.

Page 46, ligne 20.

Le mot jangal dont les Anglais ont fait *jungle*, et que je me suis permis de franciser à leur imitation, signifie « une terre couverte d'arbres et de broussailles, une sorte de *lande*, de *hallier*. »

Il est bon de remarquer à propos de la transcription anglaise
du mot جنگل, que les Anglais n'ayant pas d'accent circonflexe
dans leur langue pour distinguer de l'*a* long آ, l'*a* bref des langues orientales, ils rendent celui-ci par *u*, et celui-là par *a*. Faute
de savoir cela, les Français se sont trompés presque toujours dans
l'orthographe des mots orientaux qu'ils ont connus par l'entremise
des Anglais: ainsi ils écrivent *Calcutta* pour *Calcatta* ; *punch* pour
panch, du mot persan پنج (پانچ en hindoustani) *cinq*, à cause des
cinq ingrédients qui le composent, le thé, le sucre, l'eau-de-vie
la canelle et le citron.

Page 46, ligne 23. — Page 47, ligne 3.

Les cinq vers ici traduits ne se lisent pas dans les mss. B et
C. Dans le premier et le second il y a quatre aoristes qui doivent
se traduire par l'imparfait parce qu'en hindoustani ainsi qu'en
arabe un verbe au prétérit influe quelquefois sur les suivants qui
sont à l'aoriste et qui prennent alors un sens imparfait. Voyez la
Grammaire arabe de M. Silvestre de Sacy, t. I, n° 553.

Page 47, ligne 6.

« Le *Tirya-ráj* est situé près de Parsotam sur la côte d'Orissa.
« Les hommes de cette contrée s'habillent comme les femmes des
« autres pays de l'Inde et s'ornent des mêmes joyaux, tandis que
« les femmes se contentent de se couvrir les parties sexuelles. Les
« vêtements de feuilles y sont très-usités. Les femmes font les af-
« faires du dehors et les hommes celles de l'intérieur. » *Araïsch-i
mahfil*, p. 144.

C'est apparemment à cause de l'usage dont parle Afsos qu'on
représente, ici et dans d'autres écrits, le Tirya-râj comme un
royaume d'amazones, aussi fabuleux, par conséquent, que celui
de l'Asie mineure. تریا راج signifie du reste, *royaume des femmes*,
de تریا *femme*, (du sanscrit स्त्री) et de راج *royaume*.

Page 48, ligne 6.

Le mot مکت *perle*, qu'on trouve dans le texte, doit être prononcé *makat* en deux syllabes, à cause de la mesure.

Page 48, ligne 24.

Il y a proprement dans le texte, « la reine ayant mangé de la « colère, etc., » parce qu'en hindoustani le verbe کهانا *manger*, aussi bien qu'en persan le verbe خوردن qui a le même sens, s'emploie souvent pour *souffrir, supporter, ressentir*.

Page 48, ligne 24.

Le mot que je traduis par *pâle* est زرد, qui signifie proprement *jaune*; mais il équivaut ici à *pâle*, parce que dans l'Asie, les figures décolorées y ont cette teinte. Voyez ce que j'ai dit à ce sujet, dans *les Oiseaux et les Fleurs*, pag. 150.

Page 49, ligne 8.

Katwâl کتوال est dérivé de کوت et وال : à la lettre, *maître de la forteresse*, et se prend dans le sens de *préfet de police*. Ce mot était usité avec cette signification dans le royaume de Cochin, à l'époque des premières expéditions des Portugais. On le trouve employé plusieurs fois dans les *Lusiades* du Camoens.

Page 49, ligne 13.

Le mot بهوجنا *nourriture*, qu'on lit dans le texte, est synonyme de بهوجن qui est plus usité. Il n'est pas rare de trouver dans les manuscrits, un *alif* paragogique à la fin des mots terminés par une consonne, parce que, d'après le système indien, ces mots devraient s'articuler avec un *a* bref final. C'est ainsi qu'en

arabe vulgaire on remplace souvent par un *yé*, le *kesra* final du
féminin. Voyez à ce sujet, mon *Appendice aux Rudiments de la
Langue hindoustani*, pag. 58.

Page 50, ligne 7.

Le premier hémistiche du vers ici traduit se lit ainsi dans le
ms. A :

کنور ہوک خوش پان کہانی لــگـــا

« Le prince content, se mit à manger du bétel (ou *pān*). »

پان est le nom indien du bétel. On emploie avec le bétel, trois
ingrédients, la chaux de coquillages nommée *chuna* چونا, la
noix d'arec سیاری, et enfin le کتھ *kath* [1]. Gourou Govind,
célèbre chef des Sikhs, disait que les quatre castes indiennes ne
devaient former qu'une seule tribu, comme ces quatre parties cons-
tituantes du bétel, lorsqu'elles sont mâchées, ne forment qu'une
substance. Malcom, *Sketch of the Sikhs*, t. XI des *Asiatic Research*.

Afsos s'exprime ainsi au sujet de ce végétal : « Ordinairement les
« feuilles d'un végétal sont fraîches tant qu'elles tiennent à la plante ;
« mais séparez-les-en, elles se flétrissent aussitôt : toutefois la feuille
« du bétel fait exception à cette règle. Loin de sa tige, elle acquiert
« plus de fraîcheur, et quand elle vieillit, sa fraîcheur augmente
« Le roi et le sujet font usage de cette feuille, l'un dans un vase
« d'or, l'autre dans un vase de terre. Elle réjouit le riche et console
« le pauvre; elle prête une beauté nouvelle à la bouche rosée des
« vierges aux joues de tulipes ; car, de même que sans les lignes
« du *missî* [2], une femme, quelque belle qu'elle soit, ne saurait
« plaire ; ainsi, sans la gomme du bétel sur les lèvres, toute pa-
« rure est jugée insipide.

[1] Nom de l'extrait végétal astringent que les Indiens mangent avec la
feuille du bétel. C'est le produit d'une espèce de *mimosa* (chadira) qu'on
nomme *Catchou* ou terre de Japon.

[2] Poudre faite avec du vitriol pour teindre les dents et les lèvres en
noir.

« Les variétés du bétel sont en grand nombre. Celles qu'on dé-
« bite le plus à Dehli et à Agra sont nommées *kapûrî* et *pérî*. Elles
« sont surtout remarquables par leur extrême délicatesse, prin-
« cipalement la seconde, dont la feuille est si tendre que ce qui
« s'échappe de la main se brise en mille morceaux. Les feuilles du
« bétel qu'on vend au Bengale se tirent d'Aoude et de Lakhnau ;
« celles qu'on apporte de Magadh [1], et qui se nomment *bangla* et
« *disâwarî*, sont très-estimées et de l'odeur la plus agréable. Si l'on
« en mâche une seule feuille, la maison entière est remplie d'un
« parfum délicieux. Quoiqu'on emploie avec le bétel le *kath* et
« la noix d'arec, cependant on ne nomme jamais ces éléments
« étrangers : le nom du bétel seul est usité. Son goût varie, il est
« tour à tour amer et piquant. Si on met à rafraîchir dans de l'eau
« la feuille de bétel, sa chaleur naturelle ne diminue point. Après
« les repas, elle aide à la digestion ; en tout temps elle peut être
« considérée comme l'ornement de l'assemblée de la joie. Juste-
« ment recherchée par la beauté, elle rend plus vif l'incarnat des
« joues ; elle prête un nouvel éclat aux lèvres vermeilles. Sorte de
« parure indispensable, elle embellit la bouche de la vierge timide
« au corps de rose. Que celle en effet qui en fait usage ait un teint
« brillant de fraîcheur ou hâve et décoloré, le bétel rend sa bouche
« semblable au bouton de la tulipe. C'est à cause des bonnes qua-
« lités qui se trouvent réunies dans cette feuille précieuse que tout
« le monde en fait usage. Quel est l'amant qui ne se sacrifierait
« point pour une maîtresse dont elle orne la bouche ! Elle donne
« aux lèvres pâles la couleur des pétales de la rose, aux lèvres
« rosées celle du sang. Mais cessons d'en décrire les propriétés ;
« elle n'a pas celle de prêter ses charmes au calam. » (*Araïsch-i
mahfil*, p. 16, 17.)

On trouve un joli morceau sur le bétel dans l'ouvrage de
M. Langlois intitulé : *Monuments littéraires de l'Inde*, p. 136.

[1] Nom d'une province qui renferme Patna, Gaya, etc.

Page 5o, lignes 12-16.

Les trois vers assez insignifiants traduits ici ne se lisent que dans le ms. A.

Page 5o, ligne 19.

Dans l'Inde le jour entier ou les 24 heures se divisent en 8 *pahar*, quatre de jour et quatre de nuit [1] : chacun de ces *pahar* se subdivise en *ghari*, et chaque *ghari* en 6o *pal* dont deux et demi valent une de nos minutes ce qui fait que le *ghari* se compose de 24 de nos minutes. Comme le jour artificiel commence avec l'aurore et finit au coucher du soleil, les *pahar* du jour et de la nuit sont plus ou moins longs en proportion de la longueur ou de la briéveté des jours et des nuits, et sont, par conséquent, d'un plus ou moins grand nombre de *ghari*. Voyez des détails sur cette matière dans la *Grammaire hindoustani* de Gilchrist, imprimée à Calcutta en 1796.

Page 5o, ligne 20.

Dans le texte, هسبيان est pour هنسبيان pluriel de هنسى réjouissance, divertissement. De même qu'on ajoute souvent le *noun* destiné à représenter l'*anuswára*, on le retranche aussi quelquefois. Voyez l'*Appendice à mes Rudiments*, pag. 58.

Page 5o, ligne 24.

A la lettre *elle étendit le lit*, parce qu'en Orient les lits ne consistent qu'en un tapis ou une natte qu'on déroule sur un sofa garni de matelas et on se couche dessus sans se déshabiller. Voyez des détails intéressants sur cette matière dans l'ouvrage de M⁵ H. Ali, intitulé *Observations on the Musulmauns of India*, t. I, p..3o7.

---

[1] De là آٹھ پہر les huit pahar signifie *toujours*.

Page 51, ligne 7.

On lit dans le texte : ﻣﻴﻦ راونا کی حل pour حل راونا کی مﻴﻦ ; c'est une inversion permise en poésie. On en trouve sans cesse des exemples chez les poëtes les plus distingués.

Page 51, ligne 9.

گهاس signifie *de l'herbe, de la paille* (*grass* en anglais). La comparaison qu'on trouve ici est usitée en hindoustani. On lit de même, dans une fable du *Khirad Afroz* (traduction hindoustani du *Aydr Dânisch*, t. II, pag. 166) :

اس بوهیا یہسوس کی جان

« La vie de cette vieille femme semblable à de la paille. »

Page 51, ligne 21.

Le mot سات est mis dans le texte pour ساتهﻰ, à cause qu'il rime avec بات : cette orthographe est également usitée.

Page 53, ligne 10-11.

Le vers traduit ici ne se lit pas dans le ms. A.

Page 53, ligne 17.

Le mot پری *fée* est proprement féminin; mais comme il y a néanmoins des fées mâles aussi bien que des fées femelles, il paraît que ce mot est pris aussi dans un sens générique au masculin pour exprimer la *gent fée*, le *peuple des fées*. Ce vers et le suivant en offrent un exemple; car on lit dans les trois manuscrits گی au pluriel masculin.

Page 53, ligne 21.

Voyez sur les *râkas* ou *râkchasa* une note p. 174.

Page 53, ligne 23.

Des mots كوه قاف ou *montagne de câf* s'est formé notre mot *Caucase*, qui indique le mont nommé par les anciens *Imaüs*. Il est considéré par les Orientaux comme un des pieux ou des clous destinés à consolider la terre, d'après ce qui est dit dans le Coran que *les montagnes sont des pieux* والجبال اوتاد (sur. LXXVIII, v. 7.) Le Caucase, toujours selon les Orientaux, est le lieu où les dîv et les parî ont été relégués par les héros de la race d'Adam qui les ont vaincus. Voyez la *Bibliothèque orientale* au mot *Caucase*.

Page 54, ligne 14.

Dans le texte, هيان est pour يهان *ici*, qui est plus usité; comme quelques vers plus bas هوان est pour وهان : ce dernier adverbe, formé du pronom وه, est pris ici dans le sens d'*auprès*, *chez*, comme يهان qui est formé de la même manière du pronom يه, et qui est plus souvent employé avec cette signification.

Page 54, ligne 18.

Le vers ici traduit ne se lit que dans le ms. A. Les trois suivants diffèrent entièrement, dans les mss. B et C, du ms. A que j'ai suivi dans ma traduction.

Page 55, ligne 6.

Tout le passage relatif au fiancé est différent dans les mss. B et C; je n'ai pas cru devoir abandonner la rédaction du ms. A qui, du reste, est beaucoup plus courte.

Page 55, ligne 9.

A la lettre: « dans les lieux de Chandar-mukh. » معلون est le pluriel de ـهـل *lieu*, qui perd le *taschdîd* qu'il a sur le *lam* en arabe ; et se prononce *mahlon*, à cause de la mesure, et pour se conformer à la règle d'après laquelle les noms de trois lettres et de deux syllabes restent dissyllabes en prenant les désinences du pluriel ; ainsi ـهـگـج *lieu* fait *jaghen*, بَرَس *année*, fait *barcen*, etc.

Page 55, ligne 13.

Dans le texte, روپا est pour روپ. Nous avons déjà vu l'emploi de cet *alif* paragogique.

Page 58, ligne 2.

Les *Tasma-païr* ou *Tasma-païra* [1] à la lettre *pied de cuir*, se nomment en persan *duâl-pâ* expression composée qui signifie la même chose. C'est une race d'hommes fabuleuse qui est censée habiter le nord de l'Hindoustan. Les individus qui la composent ont pour jambes des longes de cuir. Ils trompent les voyageurs égarés, s'en servent de monture et souvent les étranglent ensuite.

On trouve, dans l'*Histoire de Sindebâd le marin*, un récit à peu près pareil à celui des *Aventures de Kâmrûp*, récit que je crois devoir donner ici : « Tout l'équipage se noya. Pour moi je me « suspendis à une pièce de bois, et, l'ayant embrassée, je ramai « avec mes pieds ; mais l'onde et les vents me ballottaient de droite « et de gauche. Il y avait auprès de moi une île ; les vagues m'y « lancèrent. Je mis pied à terre dans l'état d'un homme qui se « meurt. Je demeurai quelque temps étendu comme un mort, « jusqu'à ce que la respiration me revînt. Alors je me levai, je « parcourus l'île. C'était un des jardins du paradis, avec des fruits « de toute espèce, verts, mûrs, et des ruisseaux d'eau pure et « vive. Je mangeai, je bus, je revins à moi tout à fait, et le soir « étant arrivé je dormis sur la terre ; mais j'avais peur, ne voyant

---

[1] Quoique le titre de ce chapitre soit persan dans l'original, on y a néanmoins employé le mot hindoustani پيـر.

« avec moi ni ami ni compagnon...... Dès que l'aurore brilla et
« que le soleil commença sa carrière, je me mis à marcher au
« milieu des arbres, toujours glacé d'effroi. Enfin j'aperçus un
« beau courant d'eau, et un vieillard شَيخ [1] tout nu, assis au bord.
« Il était chargé d'un amas d'écorces d'arbres ; je le pris pour un
« naufragé comme moi. Je m'approchai de lui, je le saluai, et il
« me rendit mon salut de la tête. « Que fais-tu donc ici ? » lui dis-je.
« Il me fit signe (il y a dans le texte, *il me dit*) qu'il voulait passer
« la rivière pour cueillir des fruits. Aussitôt je m'approche, je le
« porte sur mon dos, et je traverse la rivière avec lui, pensant
« toujours qu'il était homme comme moi et que je me consolerais
« avec lui. Je lui dis de descendre, imaginant que j'allais le dé-
« poser à terre : il m'enveloppa le cou avec ses jambes, et me serra
« comme si elles eussent été véritablement de cuir de vache كانّهم
« جلود بقر : je fus suffoqué et tombai par terre évanoui. Alors il
« retira ses deux jambes de dessus mon cou, et mes esprits revin-
« rent au bout de quelque temps ; mais il me serra de nouveau
« avec une seule jambe et se mit à me frapper de l'autre dans le
« flanc : je la trouvai plus dure qu'un nerf de bœuf. Il me fait lever
« et me force de m'enfoncer sous les arbres, et de m'éloigner de
« la mer ; il me pousse d'une jambe et de l'autre m'enveloppe le
« cou. Il va ainsi, toujours suspendu après moi, de place en place ;
« il prend les meilleurs fruits, il les mange et fait toutes ses or-
« dures sur mes épaules. Lorsque je m'endors, il s'étend sur moi
« un instant, puis il me fait relever et me presse avec sa jambe ;
« enfin je n'en attends plus que la mort. Cependant je m'accou-
« tumai à lui obéir ; je me familiarisai avec lui ; je continuai de le
« porter, et je me nourrissais de fruits. ... Dans cette situation,
« je vis sur la terre de grands potirons secs ; j'en pris plusieurs,
« dans lesquels je pressai des raisins qui étaient là, jusqu'à ce que
« je les eusse remplis. Alors je les laissai au soleil, ce qui forma

---

[1] Qui sait si l'auteur arabe, qui apparemment avait lu ceci dans un
ouvrage indien, n'aura pas pris le mot hindoustani پَير *pied*, pour le mot
persan پیر *vieillard*.

« une excellente boisson ; je me mis à boire pour me distraire de
« ce que j'endurais, et je repris bientôt des forces : je devins gai,
« je chantai, je dansai. Dès que le vieillard me vit ainsi plus fort
« que de coutume, il me fit signe (il y a dans le texte, *il me dit*)
« de lui donner à boire de cette liqueur ; je lui en présentai plein
« un potiron : il la but tout entière, et, la trouvant bonne, en
« désira un autre ; je le lui donnai, et il le but encore, tellement
« qu'il s'enivra, puis il se mit à chanter, dansa sur mes épaules
« et y vomit, urina sur ses jambes et perdit la raison. Ses jambes
« se desserrèrent d'autour de mon cou. Alors j'étendis la main,
« et je m'en délivrai tout à fait[1]. »

En expliquant ce singulier passage des *Voyages de Sindebâd le
marin*, Richard Hole[2] exprime l'opinion que l'être dont il s'agit
ici n'est autre chose qu'un orang-outang dont les jambes flexi-
bles pouvaient se serrer facilement autour du cou de Sindebâd,
et qu'il n'est pas extraordinaire que cet animal ait bu, à l'imitation de Sindebâd, la liqueur contenue dans la calebasse, puisqu'on sait que les singes sont les humbles copistes de l'homme.
Mais je ferai remarquer qu'à Ava le roi et des personnes du sang
royal se font porter sur les épaules d'un homme ; qu'ainsi il peut
y avoir d'autres contrées où cet usage soit plus général et qu'on
n'a, par conséquent, pas besoin peut-être de recourir, pour expliquer ce passage des aventures de Kâmrûp et des voyages de
Sindebâd, à la fable des lexicographes ou à l'explication de R.
Hole. Voici comment s'exprime, au sujet de l'usage dont je
parle, M. E. Burnouf dans l'article qu'il a consacré à l'examen du
Journal of an Embassy to the court of Ava, par J. Craufurd (*Journal
des Savants*, 1833, p. 28). « Le roi des Barmans. . . . a l'habitude
« de se faire porter sur les épaules d'un homme. Le cavalier royal
« ne fait pas usage de selle, il se sert seulement, en guise de
« bride, d'une pièce de mousseline passée dans la bouche du bi-

[1] Langlès, *Voyages de Sindebâd le marin*, à la suite de la *Grammaire
arabe* de Savary, p. 502 et suiv. Voyez aussi le texte dans l'édition d'Habicht, t. IV, pag. 82 et suiv.
    [2] *Remarks on the arabian Night's Entertainments*, pag. 151.

« pède qu'il honore de ses bonnes grâces. Avant la guerre sa mon-
« ture favorite était un homme de Sarwa, d'une force et d'une
« grosseur remarquable, dont les épaules larges et charnues of-
« fraient à sa majesté un siége aussi sûr que commode. A l'époque
« où M. Craufurd était à Ava, le roi venait de disgracier sa mon-
« ture. On assura à M. Craufurd que cet amusement..... n'était
« pas de l'invention du roi actuel, mais qu'il avait été souvent
« recherché par d'autres personnes du sang royal. »

Je rappellerai aussi que Wischnou est porté de la même manière
sur les épaules de Garouda. Voyez le dessin qui le représente dans
Coleman, *Mythology of the Hindus*, planche IV, p. 11.

Page 59, ligne 1.

En traduisant le premier hémistiche du vers rendu par cette
ligne, j'ai suivi la leçon des mss. A et C. Celle du ms. B est peut-
être préférable ; la voici :

كنور اسكى بانونسى ركـه دلـــين آس

« Le prince ayant conçu de l'espoir par ces paroles, etc. »

Page 59, ligne 17.

Le retranchement du ي dans كامرو, retranchement qu'on observe dans les mss., ici et ailleurs, est motivé par la mesure du
vers.

Page 59, ligne 19.

Le mot طوس signifie *pourpre :* de là, l'adjectif relatif طوسى
de pourpre , purpureus.

Page 59, ligne 20.

Le mot سندى qu'on lit dans le texte est un adjectif dérivé de
سندل l'*arbre de sandal*, et signifiant *couleur de sandal*, c'est-à-dire,
d'un jaune tirant sur le rouge. On sait que les femmes indiennes

font usage, pour se parfumer et s'oindre le corps, de l'écorce ré-
duite en poudre très-fine de ce bois odoriférant. On l'emploie aussi
dans différentes cérémonies; on en applique, entre autres, au cou
des personnes qui viennent vous visiter. Herklots, *Qanoun-e Islam*,
p. 264 et ailleurs.

Page 60, ligne 12.

Le mot شراب qui signifie en arabe, d'une manière générique
boisson, est pris en hindoustani pour le *vin*. Les musulmans évitent
de se servir du vrai nom arabe du *vin* qui est خمر, parce que
Mahomet a stigmatisé sous ce nom les liqueurs enivrantes, dans
le passage suivant du Coran :

ويسالون عن الخمر و الميسرقل فيها اتم كبير ومنافـــع

للناس و اتمها اكبر من نفعـهـمـا

« Ils t'interrogeront sur le vin et les jeux de hasard. Dis-leur
« qu'ils sont criminels et plus funestes qu'utiles. » (II, 215.)

Ils ont donc soin de donner au vin un autre nom, pour n'avoir
pas contre eux la *lettre* de leur livre sacré; ainsi ils le nomment
نبيد en Égypte, et شراب en Barbarie et dans l'Inde.

Page 60, ligne 18.

L'auteur a mis كهورا au singulier masculin, attendu que cette
construction est permise, lorsque les adjectifs sont séparés de
leurs substantifs.

Page 60, ligne 25.

Au lieu de ماندى *fatigués*, le ms. B porte اندهى *aveugles*, et le
ms. C ماتى *ivres*.

Page 64, ligne 1-5.

Au lieu des deux vers ici traduits, le ms. A porte le suivant
seul :

اتها کی گیا لی جهان تهــــی ســــورنـــک

یکو مانسونمبی رکها ایــــک ســـفیـــک

« M'ayant enlevé, il m'emporta dans un lieu où était une ca-
« verne ; il me mit parmi les hommes (qui y étaient déjà), et
« plaça à l'entrée une grande pierre. »

Page 64, ligne 23.

Cette histoire a beaucoup d'analogie avec celle de Polyphème qui
se lit dans le liv. IX de l'*Odyssée*, et se retrouve presque à la lettre
dans les *Voyages de Sindebâd le marin* déjà cités, p. 485 et suiv.
de la *Grammaire arabe* de Savary, et dans l'édition des *Mille et
une nuits* d'Habicht, t. IV, p. 5 et suiv.

Page 65, ligne 5.

Il y a dans le texte, آونیک de آونا pour آنا *venir*. On verra de
même plus loin لگاونا pour لگانا *appliquer*, et جیونا pour
جینا *vivre*.

Page 66, ligne 15.

A la lettre : « je ferai avec la tête. » On répond de même en
arabe à quelqu'un qui vous donne une commission : علی راسی
sar ma tête.

Page 66, ligne 26.

Dans le texte, دیکهی est le gérondif passé de دیکهنا *voir ;* il
est en concordance avec le génitif کنورک.

Page 67, lignes 5-7.

Le vers ici traduit ne se lit que dans le ms. A.

14

Page 67, ligne 10.

داتٌ ou دانتٌ, avec ou sans le *noun* qui répond à l'*anuswâra*, est le mot sanscrit दंत *dent*.

Page 68, ligne 12.

Dans le texte, il y a غمهار pour غمهارا. De même qu'on ajoute souvent un *alif* à la fin des mots qui se terminent par une consonne, on retranche quelquefois aussi l'*alif* final des mots où il est censé représenter l'*a* bref indien.

Page 69, ligne 6

J'ai suivi dans le premier hémistiche du vers ici traduit la leçon des mss. A et C. La leçon du ms. B est peut-être préférable : au surplus, elle rend plus claire celle que j'ai adoptée. Du reste, la voici :

نہ پانی میں کچھ کیاں تھا میری تشین

« Au milieu des flots je m'ignorais moi-même. »

Page 69, ligne 21.

Cette fée ressemble beaucoup, selon M. W. Francklin, à la femme du juge dans *Roland furieux* de l'Arioste, chant XLIII.

Page 70, ligne 1.

شاه راه ou راه شاه *la route du roi* ou *royale*, signifie *la grande route*. On dit de même en arabe درب سلطانی.

Page 70, ligne 15.

هاتهی *éléphant* tire son nom de هاتھ *main*, ce qui fait allusion au proboscide qui le distingue des autres animaux.

Page 72, ligne 20.

Le mot *derviche* (darwesch), qui se dit proprement des moines errants de l'islamisme, s'applique ici à un Hindou, comme plus haut le mot *pír* et le nom générique *faquír* qui est synonyme de *derviche*.

Page 72, ligne 26.

Le deuxième hémistiche du vers ici traduit se termine dans le texte par le mot arabe قريب *auprès;* or, dans ce mot, le *noun*, quoique radical, est censé représenter l'*anuswára* et a un son presque imperceptible, au point qu'il rime avec أدى.

Page 73, ligne 23.

Vous تم est accompagné dans le texte de la postposition explétive نين qui est pour في : nouvel exemple du *noun* paragogique que nous avons déjà vu ajouté bien des fois à des mots.

Page 75, ligne 7.

Voici ce que Hariri a dit dans ses *Séances* à la louange de l'or (p. 30 de l'édit. de M. Silvestre de Sacy) : « Quelle agréable cou-« leur! qu'une pièce d'or est une jolie chose! L'or traverse tous « les pays, il a partout la même valeur ; il donne le contentement, « il fait réussir l'homme dans toutes ses entreprises : sa vue seule « réjouit, et l'amour violent qu'il inspire ne peut s'exprimer ; aussi « celui dont il remplit la bourse est-il fier et superbe ; car l'or peut « lui tenir lieu de tout. Que de gens qui, par son moyen, trouvent « partout des esclaves prêts à exécuter leurs ordres, seraient sans « lui condamnés à se servir eux-mêmes! Que d'affligés dont il dis-« sipe l'armée des noirs chagrins! que de beautés il parvient à « séduire! que de colères il apaise! que de captifs dont il brise « les chaînes et dont il sèche les larmes! Oh, si je n'étais retenu

14.

« par la religion, j'oserais attribuer à l'or la puissance divine. »

Plus loin le même écrivain arabe s'exprime ainsi pour déprécier ce métal : « Fi de cette pièce trompeuse qui a deux faces « comme le fourbe, et présente à la fois et la couleur brillante « des belles étoffes qui parent la jeune amante, et celle du visage « hâlé de son ami que l'amour a décoloré. La malheureuse envie « de posséder l'or entraîne l'homme à commettre des crimes qui « attirent sur sa tête l'indignation de Dieu. Sans l'or la main du « voleur ne serait pas coupée [1]; sans l'or plus d'oppression, plus « d'oppresseur; l'avare ne froncerait point le sourcil, lorsque, du-« rant la nuit, on vient lui demander l'hospitalité; le créancier « ne se plaindrait pas des retards de son débiteur. On n'aurait « point à craindre l'envieux qui attaque avec les flèches de la « médisance. D'ailleurs j'aperçois dans l'or un défaut palpable et « bien propre à le déprécier, c'est qu'il ne peut être utile dans le « besoin qu'en sortant des mains de celui qui le possède. Honneur « à l'homme qui le méprise! honneur à celui qui résiste à ses per-« fides appâts ! »

Ces deux morceaux paraissent imités du suivant de Hamadâní, qui a dit en parlant d'une pièce d'or : « Apporte-moi un ennemi « qui porte la marque d'un ami, jaune de sa nature, qui mène à « l'incrédulité, et qui échappe facilement aux doigts qui le tiennent ; « qui ressemble à la prunelle de l'œil, qui débarrasse du fardeau « des dettes, et qui a deux faces comme l'hypocrisie. » (M. de Lagrange, *Anthologie arabe*, p. 155.)

Houçaïn Waïz Kâschifî a dit sur le même sujet dans l'*Anwâr-i-Suhaïlí* (p. 98 recto, édition de Calcutta, 1805, p. 208) : « Ac-« quiers de l'or à quelque prix que ce soit, car c'est l'or qu'on « estime le plus au monde. On prétend que la liberté est préférable : « ne le crois pas, c'est l'or seul qui renferme la vraie liberté. . . .

« La pièce de monnaie de ce beau métal a les joues riantes « comme le soleil et brillantes de pureté comme la coupe de

---

[1] Autrefois on coupait, chez les Arabes, la main à un homme qui avait volé quatre pièces de monnaie d'argent et plus.

« Jamschid ; c'est une beauté estampée au visage vermeil , un objet
« de bon aloi, précieux et agréable. Tantôt l'or entraîne dans le
« crime les belles au sein d'argent , tantôt il les arrache à la séduc-
« tion. Il réjouit les cœurs affligés ; il est la clef de la serrure des
« événements fâcheux du siècle. »

Voyez dans la préface de mon édition de Walî la traduction
d'une gazelle dont tous les vers se terminent par le mot طلا or,
et à la fin du 8e chant des *Lusiades* un morceau remarquable sur
ce métal.

Page 76, lignes 13-15.

Les deux vers ici traduits se lisent ainsi dans les mss. B et C :

چترمن گیا باغ کو دیکھ کر

جو دیکھی تو بیٹھا ہے مالی بھیتر

وہ مالی چترمن کتین دھیان سی

کہا تون کہانکا ہے انجان سی

« Chitarman entra dans ce jardin qu'il avait aperçu ; il y vit un
« jardinier assis. Celui-ci ayant considéré Chitarman, lui dit, D'où
« es-tu ? ne le connaissant pas. »

Page 76, ligne 21.

Le mot چترار que je traduis par *peintre,* signifie proprement
« un peintre de fleurs, » spécialement sur bois.

Page 77, ligne 6.

Le personnage nommé *Gandharb* est appelé dans le roman persan *Kajpati* کجپتی , et son royaume, l'*île de Ceylan* جزیرہ سیلان
L'auteur veut désigner apparemment par là un autre royaume que
celui du père de Kala auquel on donne ici le nom de *Sarândip.* Ne
pourrait-on pas considérer le royaume de Gandharb comme celui
de Colombo, dont les habitants se nomment effectivement Ceyla-

nais, par opposition à ceux de Candy qui sont désignés sous le nom de Candiens ?

Page 77, ligne 24.

Dans le texte, les mots مورتان *statues* et صورتان *figures* sont les nominatifs pluriels des noms féminins مورت et صورت, qui plus régulièrement seraient مورتیں et صورتیں; mais la désinence plurielle persane آں est fort usitée, surtout dans le dialecte du Décan, non-seulement au nominatif pluriel, soit féminin, soit masculin, mais encore aux cas obliques de ce nombre. Voyez la *Grammaire* de Shakespear, p. 36. Cette terminaison آں est quelquefois précédée d'un *yé* euphonique; ainsi, par exemple, on trouve souvent dans Wali le mot آنکهیاں comme pluriel de آنکه *œil*.

Page 77, ligne 24.

Par l'expression *des statues de peintures* qu'on lit dans le texte, il faut entendre des figurines en terre peintes dans le genre de celles que M. Lamare-Piquot a rapportées de l'Inde.

Page 78, ligne 6.

J'ai donné pag. 194 la valeur du *dam*; quant au *diram* درم ou plus régulièrement درهم, c'est une monnaie d'argent dont la valeur a beaucoup varié; vingt à vingt-cinq ont valu, selon les temps, un dînâr دینار, pièce d'or équivalente, à peu près, à un ducat.

Page 78, ligne 9.

Dans le ms. A, on lit ici پونچهی, aoriste de پونچهنا *arriver* pour پهنچنا plus usité. Quoique cette première orthographe soit moins régulière que la seconde, d'autant plus qu'elle peut faire confondre ce verbe avec پوچهنا *demander*, elle est néanmoins fort usitée dans les manuscrits.

Page 78, ligne 16.

Dans le texte, جیو est employé comme synonyme de ج pris pour un titre d'honneur. Ces deux mots sont mis indifféremment l'un pour l'autre dans les trois manuscrits dont je me suis servi pour mon travail. On peut rendre جیو ainsi que ج par *sa majesté*. Ce mot se trouve dans la table des mots hindoustani du midi ou Décan, lesquels sont employés dans la traduction de l'*Anwâr-i Suhaili*, imprimé à Madras, pag. 424.

Gandharb, qu'on peut considérer comme roi de Colombo, traite ici avec beaucoup de respect son collègue, peut-être roi de Candy, ce qui doit faire supposer qu'à l'époque dont il s'agit dans ce poëme, ce dernier royaume était plus considérable que le premier

Page 78, ligne 22.

Les mots que je traduis par *salut* sont رام رام (*Rama, Rama*), salutation hindoue équivalente à l'*ave Maria* des Espagnols.

Page 78, ligne 29.

Au lieu de بلاکی *ayant fait appeler*, il y a dans le ms. A بولاکی mais rien n'est plus ordinaire dans les manuscrits que l'emploi irrégulier des lettres de prolongation و et ی pour fixer la prononciation de la voyelle brève analogue, laquelle n'est pas ordinairement écrite. Cela se pratique de même en arabe vulgaire.

Page 79, lignes 1-2.

Les Orientaux posent sur la tête, par respect, les lettres d'introduction qu'on leur remet et celles qu'on leur adresse. C'est ainsi que l'imâm de Mascate dit dans une lettre à M. Rousseau, publiée dans la *Chrestomathie* de M. de Sacy, t. III, p. 298 et 128 du texte (2ᵉ édit.): « Nous avons reçu votre très-honorée lettre qui

« renfermait deux dépêches de la part de S. Exc. le Ministre. . . .
« Nous avons posé ces lettres sur notre tête comme une couronne,
« et nous les avons approchées de nos yeux comme une lumière
« vive et réjouissante. »

Page 79, ligne 27.

Dans le texte, le verbe سكنا employé comme potentiel est joint
à des verbes aux cas obliques de l'infinitif, ce qui est irrégulier
attendu que ce verbe, uni à un autre, exige que le verbe qui
entre avec lui en composition soit employé à la racine.

Page 82, lignes 29-30.

Le mot كهلائي employé dans le texte est l'aoriste de كهلانا
verbe doublement actif formé de كهانا *manger*. Voyez mes *Rudiments de la langue hindoustani*, pag. 68.

Page 84, lignes 16-17.

Dans le ms. A on lit شبيهي pour شبيه *ressemblance, peinture*,
etc. Cette orthographe irrégulière paraît avoir été adoptée pour que
la rime avec ابهي *à présent même*, fût apparente. Toutefois on
retrouve plus loin ce mot écrit ainsi sans que rien puisse motiver
cette altération.

Page 84, ligne 19.

Les Indiens ne font guère que des dessins coloriés sur papier,
mais ils excellent en ce genre. On voit au dépôt des estampes de
la Bibliothèque du Roi une collection fort curieuse et fort remarquable de dessins faits dans l'Inde. Il y a, entre autres, les
portraits des empereurs mogols fort bien exécutés.

Les artistes indiens, surtout ceux de Patna (capitale du Bahar),
font aussi de fort jolis dessins sur du talc.

Page 85, ligne 11.

خواص *courtisans*, etc., est un substantif arabe (pluriel de خاص et de خاصة) du genre commun; masculin, s'il se rapporte à des hommes, et féminin, si, comme ici, il se dit des *dames de compagnie*.

Page 87, lignes 1-2.

Au lieu de « donna beaucoup d'argent *au médecin* » مشرکو les mss. B et C portent نچهاور *en sacrifice, en offrande* (aux brahmanes ou aux dieux).

Page 87, lignes 6-7.

خلعتان est le pluriel persan et *dakhnî* du mot arabe خلعت *robe d'honneur*.

Page 87, ligne 7.

Dans le texte, la répétition de l'adjectif شاد *content*, indique ici la continuité de la sensation. Voyez la *Grammaire hindoustani* de Shakespear, pag. 141.

Page 88, lignes 16-18.

Les deux vers ici traduits ne se lisent pas dans le ms. A. Dans le dernier hémistiche du second, au lieu de کلا کام ک, il y a dans le ms. C, هردوار کا.

Page 90, ligne 17.

Cet hémistiche signifie à la lettre : « Je n'ai pas la force que je « supporte, c'est-à-dire, la force de supporter. » En arabe on s'exprime de la même manière. On dit par exemple : التمس شيئا « il chercha quelque chose pour qu'il le mange, » c'est-à-

dire, « pour le manger. » Voyez la *Grammaire arabe* de M. de Sacy
t. I, pag. 134.

Page 90, ligne 23.

L'oiseau nommé *papiha* est le *falco nisus*.

Page 90, ligne 28.

Au lieu du mot جنگل *forêt*, etc., qui commence le vers dans
les mss. B et C, le ms. A porte مندر *palais*.

Le *koyal* کویل en sanscrit कोकिल (kokila) est une sorte
de coucou, *caculus*.

Page 91, ligne 24.

Le mot arabe نسبت *relation*, employé dans le texte, est pris
évidemment ici dans le sens de *fiançailles*, ou même de *mariage*,
quoiqu'on ne le trouve pas avec cette signification dans les dictionnaires. Ce mot est effectivement donné comme synonyme du mot
mángní مانگنی dans le curieux ouvrage de G. A. Herklots, intitulé:
Qanoon-e Islam, pag. 96. Or, le mot *mángní* signifie une sorte de
demande en mariage, ou de visite d'étiquette que fait le futur
époux à sa prétendue. Cette cérémonie équivaut aux fiançailles
usitées en divers pays. On peut en voir la description dans l'ouvrage déjà cité, pag. 93 et suiv., et dans celui de M⁰ᵉ H. Ali, intitulé : *Observations on the Musulmauns of India*, t. I, p. 352 et s.
Le mot منسوب qui est le participe passé du même verbe arabe
dont نسبت est le nom d'action, est pris dans le Nouveau Testa-
ment hindoustani de Martyn (Math. I, 18 et ailleurs), dans le
sens de *fiancé, marié*.

Page 91, ligne 30.

Le mot هارو qu'on trouve dans le texte, et هروا qu'on verra
plus loin, sont synonymes de هار ou هارا *collier, guirlande*.

Page 92, ligne 6.

Le mot que je traduis par *messager* est قاصد, adjectif verbal arabe; son synonyme persan هرکاره (à la lettre, *factoton*) est plus usité en hindoustani. Ce nom que les Anglais écrivent *harkaru*, désigne un des trente-sept domestiques que les Indiens, et, par suite, les Européens qui habitent l'Inde, ont à leur service. « Le « *harkára* était d'abord employé seulement pour porter des lettres, « etc.; c'était tout à fait ce qu'on nomme actuellement un *cácid*. « On a retenu la désignation de *dák harkára* pour les courriers de « la poste; mais dans tout autre cas, le devoir des *harkára*....est « pareil à celui des *pidda* ou *pions* dont les fonctions consistent à « suivre à pied le palanquin de leur maître. Ils portent un bâton « vernis.....sur l'épaule.....ils ont généralement un turban et « une ceinture de la même couleur comme une livrée. Lorsqu'ils « sont au service de quelque homme riche, spécialement des prin- « cipaux officiers du gouvernement, ils portent une large ban- « doulière de drap avec une plaque de métal aux armes de leur « maître. » (*East India Vade mecum*, pag. 150.)

Page 92, ligne 24.

کنک ou کنگا signifie *une rivière* en général, et spécialement la rivière par excellence, le Gange. Ici, ce mot indique peut-être le *Mahavilly ganga*. Quant à l'épithète de mère que l'écrivain lui donne, c'est d'après le principe du Coran, xxi, 31 : وجعلنا من « C'est de l'eau que nous avons tiré tous les êtres الماء كل شيء « vivants. »

Page 93, ligne 12.

Dans le texte on a mis ايغان comme synonyme de اينا. Nous avons déjà vu souvent l'emploi de ce *noun* paragogique représen- tant l'*anuswára*.

Page 93, ligne 25.

Au lieu de ڪرى au prétérit pluriel qu'il y a dans le texte, il faudrait ڪى (le prince) *dit*, au singulier, pour se conformer à la syntaxe, mais on peut sous-entendre les mots فى لفظ *ces paroles*, et alors la syntaxe est observée. Au surplus il est encore plus simple de considérer ڪرى comme un pluriel respectueux en concordance avec ڪنور .

Page 95, ligne 7-8.

Il y avait peut-être dans l'Inde, à cette époque comme à présent, des voleurs dont les bandes, habilement organisées, étaient soumises à des chefs et à des règlements ingénieux. Tels sont les *Thag* ou *Phancegar* dont les raffinements de barbarie pour étrangler et voler les voyageurs, et l'adresse à éviter ce qui pourrait les faire découvrir, surpassent tout ce qu'offrent chez nous en ce genre les annales du crime. Voyez dans l'*Asiatic journal*, N. S., t. XI, p. 17 et suiv., un mémoire curieux sur ces voleurs redoutables.

Page 95, lignes 8-9.

Les pronoms وه ainsi que يه sont souvent employés pour وى et ى ; on en voit ici un exemple dans le texte.

Page 95, ligne 21.

Dans le texte, ڪسب *état* (gain), doit être prononcé *kaçab* et non pas *kasb*. Nous avons déjà vu plusieurs noms de cette forme avoir, à cause de la mesure, cette prononciation vulgaire.

Page 96, ligne 6.

ديار est proprement le pluriel arabe de دار *habitation*, et signifie « un assemblage d'habitations, un pays; » comme aussi بلاد est de même le pluriel de بلد *ville*, et signifie « une réunion de villes, un pays. »

Page 96, ligne 9.

Par كنتها il faut entendre *un collier* ou *chapelet* composé de gros grains d'argent, de cristal ou de la terre de Karbala. Voyez mon *Mémoire sur la religion musulmane dans l'Inde*, p. 32. Le Kantha, selon G. A. Herklots dans son ouvrage intitulé *Qanoun-e Islam*, p. lxxxiij de l'appendice, est un collier de gros grains faits avec des coquillages, collier que les *sipahí* du Bengale portent au cou.

Page 96, ligne 12.

Le *Khappar* كهپر est un vase de terre à l'usage des *jogaí*.

Page 96, ligne 28.

Voici un autre roi de Ceylan, peut-être celui de la portion des habitants de cette île qu'on nomme Malabars, parce qu'effectivement ils sont originaires du Carnatic ; leur capitale est Trincomali. Il est aussi question de ce personnage dans le roman persan, mais il est nommé *Prithí pat* پرتهى پت. Knox, dans son *History of Ceylon*, pag. 63, nouvelle édition, nous apprend, du reste, que l'île de Ceylan était anciennement divisée en neuf royaumes.

Page 97, ligne 13.

Dans le texte, le mot كال est pour كل *demain*, qui est plus usité. Dans le vers suivant, on a employé au lieu de ce mot, كال, cas oblique de كل pour كال avec l'addition de l'*alif* représentant l'*a* bref final sanscrit.

Page 97, ligne 30. — Page 98, ligne 1.

Les mots دهريد ou دهريت selon l'orthographe du ms. A, sont des noms de chants hindous, tandis que le خيال signifie

une *chanson persane*. Voyez la *Grammaire* de Gilchrist, pag. 275
et suiv. On trouvera sans doute des détails intéressants sur tout
cela dans un ouvrage récemment annoncé dans les journaux de
l'Inde sous le titre de : *A Treatise on the Music of Hindoostan*, by
N. Willard.

Page 98, ligne 12.

Le mot que je traduis par *saints personnages* est مها پرس ou
مها پرش, à la lettre *grands hommes ;* mais il se prend dans le sens
que je lui donne ici.

Page 98, ligne 23.

Au lieu de سنا *j'ai entendu*, que portent les manuscrits, la
règle de syntaxe exigerait سنی, parce que ce mot devrait être en
concordance avec حقيقت *récit* (véritable) qui est féminin,
مین *je* (moi) étant sous-entendu. Mais, bien que cette construction soit prescrite par la grammaire, toutes les fois qu'un
verbe actif se trouve à un temps passé, elle n'est pas exactement
suivie par les écrivains même les plus corrects, qui adoptent souvent, en ce cas, la construction naturelle. Je pourrais citer une
foule de passages pour prouver ce que j'avance ; je me contenterai de faire connaître les deux suivants :

شمع کون دیکھا ھون

« J'ai vu la bougie. » (Walî, pag. 36, lig. 18 de mon édition.)

تو وهان زلف کون بنایا کی

« Là, tu (femme) as arrangé les boucles de tes cheveux. » (Mîr
Takî, pag. 904, lig. 18, édit. de Calcutta.)

Page 99, ligne 2.

Le contenu de ce chapitre, un des plus curieux de tout l'ouvrage, ne se trouve pas dans le roman persan de Kâmrûp. Dans
le texte, le mot *kalâwant* (chanteur) est écrit کلانوت au lieu

de كلاونت. Comme le *noun* représente ici l'*anuswâra*, la prononciation est la même. پانو .et پاوٌن pied, نانو et ناوٌن *nom*, sont
dans le même cas.

Page 99, ligne 8.

Dans le texte, le mot بوهمت est employé comme synonyme
de جهاز. Ce mot signifie effectivement *navire*. Il ne se trouve pas
dans le Dictionnaire de Shakespear; mais il est dans celui de Gilchrist, au mot *ship*.

Page 99, lignes 14-19.

Les deux vers ici traduits ne se lisent que dans le ms. A.

Page 99, ligne 22.

Les Orientaux évitent la société des personnes que le malheur
semble poursuivre, de crainte de partager leur sort funeste. Le passage du texte qui donne lieu à cette note me rappelle une anecdote hindoustani où un individu voyageant avec un compagnon,
et apprenant que ce dernier est dans le dénûment le plus absolu
lui dit : « Marchez en avant et je resterai en arrière ou, si vous le
« préférez, je vous devancerai et vous me suivrez, de crainte que
« l'exhalaison de votre pauvreté ne s'attache à moi. » (*Munta-
Khabat-i hindi*, 1ʳᵉ édit. t. II, p. 8.)

Page 100, ligne 5.

Dans le texte, les deux hémistiches se terminent par les mots
کهات پر. Les deux postpositions پر ne pouvant rimer ensemble,
la rime se reporte, d'après l'usage, aux mots précédents qui sont
écrits pareillement, mais qui ne sont pas identiques, et peuvent
ainsi rimer ensemble. Le premier, qui signifie *quai*, est d'origine
sanscrite; le second, pris dans le sens de *manière*, est hindoustani.

Page 100, ligne 9.

L'épisode de la pêche du corail et celui qui le suit ne se lisent
que dans le ms. A.

Page 100, ligne 20.

Dans le texte, تون est pour تو *tu, toi*; autre exemple du *noun
paragogique* représentant l'*anuswâra*.

Page 101, ligne 2.

Il est peut-être ici question des îles Laquédives qui sont en-
tourées de corail. Voyez Hamilton, *East India Gazetteer*, II, 110.

Page 101, ligne 10.

Le corail, qui est désigné ici sous le nom persan de مرجان,
se nomme proprement en hindoustani مونگا, et, selon Ainslie
(*Materia Indica*, t. I, pag. 90), کڭی en *dakhnî*; mais ce dernier mot signifie proprement *une pierre à aiguiser*. Voyez Shakespear, *Hind. Dict.*, pag. 683.

Les Orientaux comparent souvent au corail les doigts teints
de *menhdî*, des jeunes beautés. Mîr Takî a dit (pag. 909, édit. de
Calcutta.) :

تهین وه اسکی حنائ انگشتان
غیرت افزای پنجهٔ مرجان

« Ses doigts teints de hinna excitaient la jalousie du corail, dont
« la plante ressemble à une main. »

Page 101, ligne 16.

Les mots برس روز qu'on trouve dans le texte signifient à la

lettre, *l'année, le jour,* c'est-à-dire, « une année, jour pour jour. »
C'est un idiotisme qu'il n'est pas rare de rencontrer dans les écrivains hindoustani.

Page 102, ligne 3.

On entend spécialement par le mot *tâl,* des cymbales dont se servent les dévots. Cet instrument fait aussi partie des طائفة
tâifa, sorte d'orchestres dont les souverains et les grands personnages se font suivre quelquefois. Voyez le *Qanoun-e Islam* du docteur Herklots, p. xlv et li de l'Appendice.

Page 102, ligne 29.

Le *kachkol* est une sorte de vase dont se servent les *sanniâcî* mendiants.

Page 103, ligne 28.

Il y a dans le Coran (xviii, 64-81), au sujet de Moïse et d'un serviteur de Dieu, une histoire à peu près semblable qui paraît avoir été imitée dans différents ouvrages, entre autres dans un fabliau [1] et dans le *Zadig* de Voltaire.

Page 104, ligne 4.

Les mots کیا میں (ق) قرار qu'on trouve dans le texte, signifient à la lettre : « j'ai fait l'engagement, je me suis engagé, » et non, je m'engage, comme nous le disons dans ce cas. On se sert du prétérit en hindoustani dans cette circonstance, pour donner plus d'énergie à l'expression. M. de Sacy fait observer que les Arabes sont de même dans l'usage d'employer le prétérit au lieu du présent, dans les transactions sociales, comme mariages, achats, ventes et autres genres de conventions pour indiquer que

[1] Voyez *Fabliaux ou contes des XIIe et XIIIe siècles,* publiés par Legrand d'Aussy, t V, pag. 211.

tels ou tels engagements sont irrévocables, et qu'il ne peut pas plus y être apporté de changement qu'aux choses passées. (*Chrestomathie arabe*, deuxième édition, t. I, pag. 44.)

Je ferai remarquer à ce propos que, dans toutes les langues musulmanes (si on peut se servir de cette expression), c'est-à-dire, parlées par les musulmans et écrites en lettres arabes, on imite souvent la syntaxe arabe, et qu'en la connaissant on se rend facilement raison des constructions qui paraissent contraires au génie de ces langues. Ainsi, en hindoustani, plusieurs verbes par exemple se construisent avec des postpositions synonymes des prépositions que prennent les verbes arabes qui leur correspondent.

Page 104, ligne 7.

Dans le texte, le mot جهازى *marin* (homme de vaisseau), a été pris jusqu'ici au pluriel, pour indiquer les marins, les gens du vaisseau dont il s'agit. Ici, il faudrait le considérer comme étant au singulier, ou supposer une irrégularité dans la rédaction, à cause de la rime, ce qui est, je crois, le cas :

> Et quand la rime enfin se trouve au bout des vers,
> Qu'importe que le reste y soit mis de travers.

Page 104, lignes 17-18.

سكا نرهــنى *il ne put résister* (à la lettre : il ne put rester), est une licence poétique ; car le verbe composé potentiel se forme de سكنا *pouvoir*, joint à la racine d'un autre verbe : il faudrait donc نس ه سكا, ou نره سكا.

Page 104, ligne 24.

On lit dans le texte, نديو *vous ne donnez* ; mais quoique, dans ce mot, l'*yé* soit radical, on dit ordinairement ندو sans *yé*. Dans le dialecte du Décan, cette lettre se trouve du reste employée par euphonie, devant la désinence du participe passé des verbes dont la dernière lettre radicale est une consonne. Ainsi, dans la traduction hindoustani de l'*Anwâr-i Suhaïlî*, par exemple, on trouve سفیا سنا pour سنا *il entendit*; بولیا pour بولا *il dit*, etc.

Page 105, ligne 24.

L'expression حقا *en vérité* (à condition que), qu'on lit dans le texte, est un barbarisme de l'arabe vulgaire; il faudrait régulièrement حق; mais comme les peuples qui parlent l'arabe n'ont conservé des nunnations que le *tanwin fatha*, ou ً, ils l'emploient quelquefois ridiculement pour le génitif indéterminé; ainsi il n'est pas rare de voir sur des adresses de lettres : امانه تخیرًا « qu'elle « soit fidèlement transmise. » On voit que ces barbarismes ont même franchi les limites des contrées où l'arabe moderne est usité.

Page 106, ligne 6.

Dans le texte, le mot رسانی « il faut faire parvenir, » est le précatif du verbe رسانا, qui est évidemment formé du persan رسانیدن *faire parvenir*.

Page 107, ligne 9.

گاونا *chanter*, est employé dans le texte comme synonyme de گانا plus usité; de même que آونا l'est de آنا, etc.

Page 107, ligne 13.

Dans le texte, le mot نعمتی *des biens, des objets*, est employé comme le pluriel de نعمت, auquel on a ajouté l'*alif* paragogique dont j'ai parlé plus haut, *alif* qui a été changé au pluriel en *yé*, conformément aux règles de la grammaire.

15.

بنچهی پکهیرو à la lettre, *oiseaux* (pour *animaux quelconques*), synonymes qui sont souvent ensemble dans cet ouvrage. En hindoustani, au lieu d'un seul substantif pour exprimer un être physique ou de raison, on se sert très-souvent de deux synonymes, soit pour donner plus d'énergie au discours, soit pour offrir à l'oreille un agréable parallélisme.

Page 108, ligne 20.

Le mot بهَوز qu'on lit dans le texte, est probablement le synonyme de بهر *bateau*.

Page 109, ligne 4.

Le mot سبب est ici dans le sens de *chose, negotium*.

Page 109, ligne 7.

توا signifie « la plaque de fer sur laquelle on cuit le pain, » et aussi, la partie du *hucca* (pipe indienne) dans laquelle le tabac est mis : on donne aussi ce nom au tabac lui-même.

Page 109, ligne 23.

Le mot hindoustani گاچه *arbre* qu'on lit ici dans le texte est très-probablement dérivé du turc اغاچ. Un très-petit nombre de mots turcs ont passé en hindoustani.

Page 110, ligne 15.

Ce récit est plus court dans les mss. B et C.

Page 112, ligne 3.

Voici encore, dans le mot دنا *jour* qu'on lit dans le texte, un exemple de l'*alif* paragogique dont j'ai parlé pag. 198 et ailleurs.

Page 112, ligne 20.

بژی بهور *de grand matin.* Idiotisme pareil au nôtre.

Page 113, lignes 6-7.

Il s'agit ici de la cérémonie nommée *swayambar* ou *choix d'un époux* de la part d'une jeune fille. Cette cérémonie était en effet anciennement en usage dans l'Inde parmi les princes du pays. Lorsque leurs filles atteignaient l'âge de puberté, ils avaient soin de convoquer les *râja* des états voisins à une assemblée solennelle afin que la jeune personne pût choisir un époux au milieu de cette réunion brillante. Au jour désigné, la jeune fille paraissait dans l'assemblée ornée d'un collier de lotus qu'elle donnait à celui qu'elle préférait: cette cérémonie se nommait *swayambar*. Daman choisit ainsi pour son époux Nal son amant. Voyez le poëme intitulé *Nalus*, publié par M. Bopp, p. 31, édition de Londres, 1819.

Page 114, ligne 15.

Au lieu des mots اسی صورتون qu'on lit dans le texte, il faudrait régulièrement انهین صورتون; mais, de même que وه et يهم remplacent quelquefois وی et ی, de même aussi, اُس et اِس peuvent apparemment remplacer اُن et اِن.

Au lieu du mot برهمن *brahmane*, on a employé dans le texte برور pour برهم qui s'emploie dans les mots composés, à la place du premier nom.

Page 114, ligne 30.

Le mot بیانی qu'on lit dans le texte est un adjectif dérivé de
بیان explication, et signifie explicatif; le mot زبانی qui suit est
un substantif formé de زبان, et il signifie langage, paroles de la
bouche.

Page 115, ligne 1.

Voyez ce qui est dit du dopatta, pag. 189; consultez aussi le curieux ouvrage de M. Herklots, traduit de l'hindoustani, sous le
titre de Qanoon-e Islam, appendice, pag. XII.

Page 116, ligne 4.

Le mot جگمگا qu'on lit dans le texte est un adjectif qui
signifie brillant, resplendissant.

Page 116, ligne 11.

Au lieu de پیلا jaune, les mss. B et C portent میلا sale.

Page 116, ligne 19.

L'eau du Gange a, selon les Indiens, des propriétés merveilleuses. Afsos, quoique musulman, en parle en ces termes dans
son Araïsch-i Mahfil, p. 70 : « On met, dit-il, l'eau du Gange dans
« des vases et on l'envoie dans toutes les provinces de l'Inde. Ce
« qu'il y a d'étonnant, c'est qu'elle peut rester un long espace de
« temps sans se gâter et sans que les vers s'y engendrent. Elle est
« plus douce et plus légère que l'eau des autres rivières et telle-
« ment bonne qu'elle est propice à toutes les constitutions et rend
« même la santé à des malades. Elle est surtout salutaire pour
« certaines maladies chroniques, elle donne de la force et rafraî-
« chit; elle purifie l'estomac et accroît la faculté digestive; elle

« augmente aussi l'appétit, donne des couleurs et améliore le
« tempérament. Les souverains de l'Inde et beaucoup d'amír ne
« boivent que de cette eau, quelque part qu'ils se trouvent. »

Page 116, lignes 21-22.

Le second hémistiche du vers ici traduit est ainsi conçu dans
le ms. B :

لگـايا بتن عنـبـر وعـطـرسـب

« Elle appliqua à son corps de l'ambre et de l'essence de rose. »

Page 116, lignes 25-26.

On sait que les Indiennes se séparent les cheveux en deux portions, laissant une raie au milieu de la tête.

Page 116, ligne 27.

عشق کا يـبـي est synonyme de عشق پيبا fleur connue sous
le nom vulgaire de *jasmin américain*, et en botanique sous celui
d'*Ipomœa quamoclit*.

Page 116, ligne 30.

Le *sís-phál*, que je traduis par *une couronne de prix*, est un grand
ornement d'or de forme circulaire avec des fleurs figurées en
relief. Les femmes le portent sur le sommet de la tête. On nomme
aussi cet ornement *súraj*, soleil. (*Qanoun-e Islam*, append. p. xvij.)

Page 117, ligne 1.

Par les mots لباس چـنـدرمان qu'on lit dans le texte et qui
signifient à la lettre, *vêtement de lune*, il faut entendre un ornement
de tête qui ressemble au disque de la lune. On le nomme aussi
simplement چانـد *lune*. (*Ib*. pag. xviij.)

Page 117, lignes 4-5.

Le *karan phâl* est un ornement d'or qui consiste en un écusson d'environ un pouce et demi de diamètre, souvent orné de pierres précieuses. Il est suspendu au lobe de l'oreille, mais il est aussi soutenu par une chaîne d'or qui entoure l'oreille. (*Qanoun-e Islam*, p. xix.)

Page 117, ligne 7.

Le *nau-ratan*, à la lettre, *neuf pierres*, est un bracelet composé effectivement de neuf différentes pierres précieuses.

Page 117, ligne 11.

Le *lâkh* vaut *cent mille*. S'il s'agissait ici d'un lâkh de roupies de Calcutta, la valeur de ce collier aurait été de 250,000 fr., car cette roupie surnommée *sikka*, vaut 2 fr. 50 cent.

Page 117, ligne 13.

Le mot نازى signifie proprement *arabe*; il se prend aussi pour désigner les chevaux arabes. C'est une des nombreuses dénominations du cheval en hindoustani.

Page 118, ligne 4.

Le mot هليل qu'on lit dans le texte est synonyme de هليل *trouble, tumulte*, etc.

Page 118, ligne 7.

L'adverbe بهت *beaucoup* devrait être écrit ici بهوت, orthographe usitée dans l'hindoustani du Décan (Voyez le Vocabulaire dakhnî, à la fin de l'*Anwâr-i Suhaïlî*, traduit en hindoustani pag. 418), attendu que ce mot forme dans ce vers un وتد مفروق ou trochée.

Page 118, ligne 17.

Dans le texte, le mot گل est synonyme de گلد cou ; nous l'avons déjà vu plus haut. Il paraît que ce mot éprouve ici la suppression de l'*alif*, à cause de la mesure. De même qu'on se permet d'ajouter quefquefois un *alif* à des mots hindoustani pour représenter l'*a* bref final sanscrit, de même aussi on le retranche lorsqu'il a passé dans l'usage.

Page 118, ligne 28.

Au lieu de مارکر *ayant frappé*, les mss. B et C portent دانت کر probablement pour دانڈ کر *ayant fait payer l'amende*.

Page 120, ligne 8.

Il y a ici dans le texte کن, au lieu de کنی *auprès*. Voyez le vocabulaire dakhnî des mots de la traduction hindoustani de l'*Anwâr-i Suhailî*.

Page 120, ligne 11.

Je dois faire observer en passant que le verbe پھینکنا *jeter* est presque toujours écrit sans ن dans le ms. A.

Page 120, ligne 14.

Le mot کین qu'on lit dans le texte est ici un mot persan signifiant *haine* : پرکین signifie donc *ennemi* (plein de haine).

Page 121, ligne 15.

Au lieu de نگهبان *gardiens* (les fonctionnaires chargés de l'exécution), les mss. B. et C portent ارکان دولت *les grands officiers de l'empire*.

Page 121, ligne 21.

Le mot كوپن qu'on lit dans le texte est synonyme de كوئى
puits qui est plus usité. On l'a employé ici avec un ن nasal
parce qu'il rime avec انهـيـن, accusatif pluriel du pronom de
la troisième personne وه.

Page 122, ligne 10.

Au lieu du mot پريوا *pigeon* que portent les mss. A et B,
le ms. C porte پكهـيرو *oiseau*.

Page 122, ligne 18.

چكك (ou mieux چقق, ainsi que le porte le ms. B), est
un mot turc signifiant *caillou, pierre à feu.*

Page 123, ligne 1.

موندـ هونا *être renfermé* est un verbe d'intensité neutre, composé de موندـنا *renfermer, etc.*, verbe actif, et de هونا *être*, verbe
neutre. موندـ كرنا serait actif, et signifierait *renfermer.*

Page 123, ligne 18.

Nous avons déjà vu plusieurs exemples de l'addition d'un *alif*
à la fin des mots. Ici, dans le texte, نگرى dérive de نگرا pour
نگر *ville,* et est au datif, la préposition كو étant sous-entendue.
نگرى se trouve encore plus bas.

Page 124, ligne 30, et page 125, ligne 1.

Dans le texte, نيكا est pour نيك *bon,* adjectif persan. On voit
par cet exemple que l'*alif* paragogique ne s'ajoute pas seulement
aux mots indiens.

Page 125, lignes 14-15.

J'ai déjà dit (pag. 184 des notes) que هونا se construit souvent avec un génitif, qui est en concordance de genre et de nombre avec lui. Les mots هو کهانکی d'où êtes-vous? qu'on lit ici dans le texte sont un nouvel exemple de ce genre de construction qui suppose une ellipse.

Page 125, ligne 25.

Le mot بهونرا (on écrit aussi بهونر ـ بهنور ـ بهور) désigne une espèce de taon. De même que les Persans parlent sans cesse, dans leurs écrits, des amours du rossignol et de la rose, les Indiens chantent ceux de l'abeille et de cette fleur ou du lotus. Dans une histoire en vers hindoustani du cheik Saffa, ouvrage dont M. Marcel, ancien directeur de l'Imprimerie royale, possède un exemplaire manuscrit qu'il a acheté en Égypte, le poëte s'exprime ainsi :

هو رها هون ميں تو تجه گل کا بهنور

« Je suis devenu l'abeille de tes joues de rose. »

Page 125, ligne 27.

چکور est la perdrix grecque, nommée par Linnée tetrao rufus. On prétend que cet oiseau est amoureux de la lune et qu'il mange du feu lorsqu'elle est dans son plein.

Page 127, ligne 4.

Au lieu de جوتك astrologue, le ms. B porte پنڈت savant.

Page 127, ligne 5.

Dans le texte, le mot جنم پتری est le cas oblique de جنم پتری horoscope; en sanscrit, जन्मपत्रिका.

Page 127, ligne 24.

Le *kangan* est proprement un petit paquet contenant quelques perles, quelques grains de riz cru, une ou deux fleurs, et un quart de roupie. Tout cela est enfermé dans un morceau d'étoffe rouge et lié avec du fil rouge au poignet. Le futur comme la future ont ce petit paquet lié au poignet. La principale cérémonie relative au *kangan* est celle qui consiste à l'enlever du bras des nouveaux mariés. Voyez à ce sujet des détails très-circonstanciés dans l'ouvrage du Dr Herklots déjà cité, p. 140 et suiv.

Page 128, ligne 6.

Nous avons déjà vu un nom d'action formé par l'addition de ان à la racine. Le mot ملنى *réunion*, qu'on trouve ici dans le texte, nous en offre un second exemple. Voy. p. 140.

Dans le texte on a répété le mot هنس *en souriant*, pour en indiquer l'individualité ; c'est comme s'il y avait هــــر ايك هنس *chacun ayant souri*. Voyez la *Grammaire* de Shakespear, p. 141.

Page 128, ligne 9.

عطر *atr* ou *itr* est l'essence de rose, sur laquelle on peut consulter une curieuse dissertation de feu M. Langlès.

Le mot کلا qu'on lit dans le texte paraît pris ici dans le sens de *art* (*trick*). (Shakespear, *Dictionary*, p. 638.)

Page 128, ligne 10.

Le mot رنگ, *couleur*, exprime ici la poudre jaune ou rouge (nommée proprement *gulâl*), que les Indiens se jettent au visage pendant la fête du holî. Voyez, sur cette poudre et la fête dont il s'agit, ma *Notice sur les fêtes populaires des Hindous*, p. 38 et suiv.

Page 128, lignes 13-14.

L'instrument nommé *barbat* بربط ou بربطه est le même que le grec Βάρϐιτον; il signifie une sorte de luth ou de lyre. Le *mirdang* مردنگ est une sorte de tambour oblong, plus large du milieu que des bords. On voit dans différents ouvrages sur l'Inde, des dessins plus ou moins exacts de la plupart des instruments cités ici. Le mot مندیل ne se trouve pas dans les dictionnaires hindoustani, mais c'est probablement un synonyme de مندل sorte de tambour en bois, et qu'on frappe avec les doigts.

Page 128, ligne 19.

Dans le mot آنکهیان *yeux*, qu'on lit dans le texte, on voit d'abord la terminaison persane et *dakhnî* آن que j'ai fait connaître plus haut, et de plus un *yé* euphonique qui lie cette désinence à la terminaison radicale.

Page 128, ligne 24.

Au lieu de سب قطار *toutes en rang*, le ms. C porte بی شمار *sans nombre*, leçon qui vaudrait peut-être mieux.

Page 128, ligne 26.

Les cérémonies du mariage des Hindous sont décrites au long dans les *Transactions of the royal asiatic Society of Great Britain and Ireland*, t. III. Ce récit est dû au feu colonel Mackenzie.

Page 129, ligne 2.

دمامه est le nom d'un instrument de musique, traduit par نقاره *timbale*, dans le vocabulaire des mots dakhnî, qui se trouve à la suite de la traduction de l'*Anwâr-i Suhaïlî*. Il s'agit plus loin de cet instrument comme étant battu en tête du cortége de Kâmrûp à sa rentrée en Aoude.

La sorte de musique nommée نوبت se compose de grands et petits tambours et d'aigres trompettes. Un orchestre ainsi formé se trouve dans chaque forteresse royale, pour jouer à de certaines heures. (J. Scott, *History of Dekhan and Bengal*, t. II, p. 448.) Dans l'hémistiche suivant, Haçan (*Sihr ul-baian*, p. 139) distingue le son du نوبت de celui des autres instruments :

$$\text{کرکنا وہ نوبت کا باجوں کی ساتھ}$$

« Le bruit du *naubat* se mêlait à celui des autres instruments. »

Peut-être par نوبت entend-on quelquefois simplement *timbale* ou *grand tambour*.

Page 129, ligne 9.

Le mot دیمك, qui signifie proprement *une lampe*, se prend ici pour une sorte de feu d'artifice. Les Indiens aiment beaucoup les feux d'artifice ; il y a en hindoustani des noms différents pour chaque espèce d'artifice. On peut consulter à ce sujet le poëme intitulé *Bârah mâça*, ou les *Fastes de l'Inde*, par Jâwan, p. 66, et le *Qanoun-e islam*, appendice, p. lvij, où trente-deux différentes espèces sont mentionnées. On exécute aussi dans l'Inde des illuminations qui surpassent tout ce qu'on voit en ce genre dans nos villes d'Europe. Mirza abou-Taleb Khan raconte qu'il vit à Laknau, lors du mariage du visir Ali, fils adoptif du nawâb, un fort de cinq milles de circonférence construit (pour cette occasion) en bambou, avec ses bastions et ses tours, entièrement couvert, pendant la nuit, d'une telle quantité de lampes que leur entretien occupait vingt mille hommes. (*Voyages du prince persan Abou-Taleb*, p. 133.)

Page 129, ligne 22.

Le mot یدمنی, qu'on trouve ici dans le texte, indique la plus excellente des quatre classes dans lesquelles sont distribuées les femmes. Voyez le *Dictionnaire hindoustani* de Shakespear, p. 186.

Page 130, lignes 1-2.

Manière couverte d'exprimer ce que beaucoup de poëtes orientaux n'ont pas craint de décrire dans tous ses détails.

Page 130, ligne 13.

Au lieu de طرح *manière* (voie), leçon du ms. C, le ms. A porte نرد, employé peut-être comme synonyme de نر ou de ترين, désinence persane du comparatif et du superlatif.

Page 130, ligne 28.

Le *noun* dans le mot سنبل, étant devant une labiale, prend le son du *mim*. Dans ce cas nous mettons dans nos langues un *m;* mais en hindoustani on laisse le *noun*, qui change seulement de son. Le *sumbul* est le *nard* ou l'*andropogon nardus* de Linnée.

Page 132, ligne 24.

A partir d'ici, la rédaction du ms. A que j'ai suivie est beaucoup plus longue que celle des autres mss.

Page 133, lignes 11-12.

Cette conclusion, où l'auteur fait marier le visir avec une amie de Kala, est tout à fait pareille à celle du roman hindoustani intitulé *la rose de Bakâwalî,* où Bahram, ministre de Chitr-saïn, roi de Ceylan et beau-père de *Tâj-ulmulûc,* héros du roman, se marie avec Rûh Afza, cousine de Bakâwalî épouse favorite du héros.

Page 134, ligne 3.

A propos de l'espèce de palanquin nommée *mahâdol,* dont il s'agit dans le texte, on lira, je pense, avec intérêt une note extraite de l'*Araïsch-i Mahfil*, p. 27, sur les voitures et les palanquins de l'Inde :

« On sait que le gârî [1], dit Afsos, est une invention des gens de « l'Inde. Ceux qui s'en servent y sont à l'abri du chaud, du froid, « du vent et de la pluie. Les bayadères qui en font usage mettent « des ornements d'argent aux cornes des bœufs qui traînent ces « voitures, attachent des sonnettes à l'essieu des roues, et font « placer des nègres sur le timon. Dans cet équipage somptueux, « elles vont parcourir les foires, les lieux de pèlerinage et les jar- « dins. Les spectateurs surpris sont tentés de les prendre pour des « fées sur des trônes ambulants, marchant au son des cymbales....; « mais les voitures ری des femmes chastes sont couvertes de « tentures si bien attachées qu'on n'y verrait pas une ouverture « de la largeur d'un cheveu. . . . .

« Malheureusement les voitures à roues vous cahotent beaucoup, « mais, à part cela, on y est fort bien. Trois ou quatre hommes « assis peuvent sans fatigue aller, tout en causant, où ils veulent « et faire ainsi leur route en jouissant des avantages du repos. Ces « *gârî* ont des rideaux ou en sont dépourvues. Celles qui sont « petites et légères se nomment *manjholî*, les très-petites et très- « légères *gaint*, et les bœufs qui les traînent sont d'une espèce « particulière très-petite, et se distinguent par le nom de *gaina*. Le « *rath*, qui est à quatre roues, n'est pas préférable à ces petites voi- « tures : effectivement, elles cahotent peu et sont dignes de trans- « porter les *amîr*. Il y en a même de si bien faites et qui sont « ornées de si jolies peintures, qu'elles jettent dans la stupéfaction « ceux qui les voient; et leurs stores sont à tel point propres et « élégants que si le soleil était sur le passage de ces voitures, il « descendrait de son char pour y monter, et que si le dieu *Indra* « (roi du ciel) les voyait, il quitterait son trône pour s'y placer. « Aussi les grands personnages ne dédaignent pas de s'en servir, « et en varient la garniture selon les saisons. Pendant les chaleurs, « les stores sont en véti-ver; pendant les pluies, en toile cirée, et

[1] Sorte de voiture à deux roues traînée par des bœufs.

« durant l'hiver, en laine. Toutefois, ceux qui font le plus usage
« de ces sortes de voitures sont les commerçants, les changeurs,
« les joailliers, les employés du gouvernement, les femmes musul-
« manes et les Indiennes. Il n'y a que les bayadères et les courti-
« sanes qui se servent pour leur *rath* de rideaux brochés d'or, qui
« mettent des sonnettes au cou des bœufs et des ornements de
« métal à leurs cornes.

« Outre les voitures dont nous venons de parler, on emploie
« encore, pour les souverains, une sorte de trône nommé *nâlki*;
« pour les *amîr*, des palanquins garnis de franges nommés *pâlki*;
« pour les dames, des palanquins nommés *mahâdol*, *chaundol*,
« *sukhpâl* et *miâna*; et pour les femmes pauvres, des palanquins
« nommés *dolî*; en sorte qu'une femme comme il faut ne va jamais
« à pied et qu'une personne qui n'est pas *mahram*[1] pour elle ne
« voit jamais sa taille. »

Page 137, ligne 3.

[1] Le mot سِهْرَا qu'on trouve ici dans le texte dérive de سِه *trois*
et de هَرا *guirlande*. Ce mot signifie *une sorte de guirlande* ou de
couronne dont les nouveaux mariés ont la tête ornée à la cérémonie de leur mariage.

Page 137, ligne 15.

Le mot اِنْتِظَارِى employé ici dans le texte est le cas oblique
de اِنْتِظَار *attente* (attention), nom d'action arabe de la huitième
forme, auquel on a ajouté l'*alif* paragogique dont il a été question
bien des fois.

Page 137, ligne 18.

On n'aborde jamais dans l'Inde un supérieur sans lui offrir un
présent : c'est ce qu'on nomme *nazar*. Toutefois cet usage a été
récemment aboli dans l'Inde anglaise.

[1] Le *mahram* est celui qui peut entrer dans le *haram*, c'est-à-dire, le
père, les frères, les oncles et les beaux-pères, outre le mari.

16

Page 137, ligne 19.

La cérémonie du نثار consiste proprement à jeter des pièces de monnaie sur les personnes qu'on veut honorer. Ce mot est synonyme de نجهاور qu'on lit au vers suivant, et qui signifie proprement *sacrifice*.

Page 137, ligne 23.

Dans le texte, باتان *parole*, est pour باتين plus usité. Nous avons vu plusieurs fois l'emploi de la désinence plurielle آن.

Page 138, ligne 20.

Ici l'auteur a mis, à cause de la mesure, سروب au lieu de سندروب, ce qui est indifférent, ces deux mots ayant le même sens.

Page 138, ligne 22.

Le sandal joue un grand rôle dans toutes les cérémonies indiennes, surtout dans celles du mariage.

Page 139, ligne 2.

Le jardin d'Irem était un célèbre jardin d'Arabie dont il s'agit souvent dans les poésies orientales.

FIN DES NOTES.

TABLE
DES PRINCIPALES MATIÈRES
CONTENUES DANS LES NOTES
DES AVENTURES DE KAMRUP.

16.

FIN DE LA TABLE DES MATIÈRES.

TABLE GÉNÉRALE.

CPSIA information can be obtained
at www.ICGtesting.com
Printed in the USA
BVHW040245190819
556172BV00016B/1823/P